Matthias Luserke
Lenz-Studien

Matthias Luserke

Lenz-Studien

Literaturgeschichte
Werke · Themen

Röhrig Universitätsverlag
St. Ingbert 2001

Die Deutsche Bibliothek – CIP-Einheitsaufnahme
Luserke, Matthias
Lenz-Studien : Literaturgeschichte - Werke -
Themen / Matthias Luserke. - St. Ingbert :
Röhrig, 2001
ISBN 3-86110-281-1

© 2001 by Röhrig Universitätsverlag GmbH
Postfach 1806, D-66368 St. Ingbert
www.roehrig-verlag.de
Alle Urheber- und Verlagsrechte vorbehalten!
Dies gilt insbesondere für Vervielfältigung, Mikroverfilmung,
Einspeicherung in und Verarbeitung durch elektronische Systeme.

Umschlag: Jürgen Kreher
Satz: Sabina Becker
Druck: Strauss Offsetdruck GmbH, Mörlenbach
Printed in Germany 2001

ISBN 3-86110-281-1

VORWORT

ANSTELLE EINES MOTTOS

I. ANNÄHERUNGEN

    Die Anti-Läuffer. Thesen zur Sturm-und-Drang-Forschung (zusammen mit Reiner Marx)   11
    »Zum Tollwerden sind die vernünftigen Diskurse«. Ein Beitrag zur Wissenschaftsgeschichte des Sturm und Drang.   29
    Der Lenz-Freund Ramond de Carbonnières   53

II. ASPEKTE DES WERKS

    Die *Anmerkungen übers Theater* als poetologische Grundlegungsschrift des Sturm und Drang   83
    Der Hofmeister oder Vorteile der Privaterziehung   93
    Die Soldaten   119
    Pandämonium Germanikum   145
    Lenz und Ossian – eine Anmerkung   163

III. MUTMASSUNGEN ÜBER JAKOB

    Mutmaßung I oder Wer schrieb *Jupiter und Schinznach?*   173
    Mutmaßung II oder Wer schrieb »eine Satire Nielk«? . .   205
    Mutmaßung III oder Die »Eseley«. Spekulation über eine naheliegende Erklärung   229
    Mutmaßung IV oder Schlossers *Anti-Pope*   261

IV. WEITERFÜHRENDE LITERATUR (AUSWAHL) 271

DRUCKNACHWEISE 291

VORWORT

Jakob Michael Reinhold Lenz schreibt in einem Brief an die Frau seines Basler Freunds und Gönners Jakob Sarasin am 11. Mai 1777: »Empfehlen Sie mich [...] und bereiten sich nur auf eine recht beschwerliche Gedächtnisarbeit« (WuBr 3, S. 529). Diese Gedächtnisarbeit etwas zu erleichtern, möchten diese Studien beitragen. Da mein Buch *J.M.R. Lenz: Der Hofmeister – Der neue Menoza – Die Soldaten* (München 1993) vergriffen ist, bin ich der Anregung gefolgt und habe die Kapitel zu den Lenz-Dramen *Der Hofmeister* und *Die Soldaten* und zu den *Anmerkungen übers Theater* leicht überarbeitet in dieses Buch sowie andere Vorstudien mit aufgenommen.

Ich danke meinen Mitarbeiterinnen Johanna May und Anett Rasemann für die zuverlässige Hilfe sowie Renate Soltysiak für die Mitarbeit bei der Manuskriptgestaltung. Ohne diese Unterstützung könnte ein solches Buch nicht entstehen. Priv.-Doz. Dr. Reiner Marx (Saarbrücken), Prof. Dr. Gerhard Sauder (Saarbrücken) und Priv.-Doz. Dr. Christoph Weiß (Mannheim) danke ich für die anregenden Gespräche. Reiner Marx bin ich ganz besonders verpflichtet, da er mir großzügig die Erlaubnis zum Abdruck der gemeinsam mit ihm verfassten Thesen zur Sturm-und-Drang-Forschung erteilte.

Die Werke von Lenz werden nach folgender Ausgabe zitiert: Jakob Michael Reinhold Lenz: Werke und Briefe in drei Bänden. Herausgegeben von Sigrid Damm. München, Wien 1987, unter der Sigle WuBr mit Band- und Seitenzahl. Und nun »nehmen Sie vorlieb, und glauben nur ja nicht alles, was ich Ihnen gesagt habe – « (WuBr 2, S. 598).

Darmstadt, im Frühjahr 2001

ANSTELLE EINES MOTTOS

- Lenz über sich: »Ich [...] ein Bettelmönch« (WuBr 3, S. 495).
- Lenz: »Ich bin ein Fremder [...] unstet und flüchtig« (WuBr 3, S. 559).
- Lenz: »vergeßt mich. Lebt wohl!« (WuBr 3, S. 518).
- Kayser über Lenz: »Närrchen [...] Männchen Du bist ein eigen Geschöpf!« (WuBr 3, S. 348f.).
- Salzmann: »Sie und [...] Göthe [...] Ihr Affengesichter!« (WuBr 3, S. 497).
- Kayser: »Von *Dir Dir*! Dessen Wert ich kaum (wie Goethe auch nicht) kaum in den Augenblicken der trunkensten Phantasei aussprechen kann! – laß mich. Ich weiß was die Welt an Dir hat. Fluch ihr! weil sie fähig ist Dich zu verkennen. [...] Wir wissen was Du bist! Amen!« (WuBr 3, S. 392).
- Merck: »wer Ihre Bücher goutiert, ist ein guter Mensch« (WuBr 3, S. 397).
- Pfeffel an Sarasin: »Lenz ist unter die Dichter der ersten Größe geordnet«. (Zitiert nach: »Lenzens Verrückung«, S. 137).
- Henriette Knebel: »[...] daß ein Goethe weiß, daß auch ich existire [...]«.[1]
- Unter der Überschrift *Gartenzwerge und Kakteen* notiert Kai Borowsky eine fiktive Anekdote:

Goethe war ein Liebhaber von Gartenzwergen, aber Kakteen konnte er nicht leiden. Einmal suchte ihn Jakob Michael Reinhold Lenz, sein unglücklicher Rivale bei Friederike von Sesenheim, in Weimar auf. Und natürlich kamen sie gleich auf Goethes bekannte Abneigung zu sprechen.

---

[1] Aus Karl Ludwig von Knebels Briefwechsel mit seiner Schwester Henriette (1774 – 1813). Ein Beitrag zur deutschen Hof- und Litteraturgeschichte. Hgg. v. Heinrich Düntzer. Jena 1858, S. 9; Brief der Schwester an Karl v. 19.12.1774.

Anstelle eines Mottos

»Daß Sie Gartenzwerge mögen, Kakteen aber nicht, das verstehe ich nicht«, sagte Lenz, »das ist doch ein schreiender Widerspruch.« Da blies Goethe die Backen auf und schrie so laut, daß die Wände zitterten, was in schreiendem Widerspruch zu seinem sonstigen so gravitätischen Wesen stand. Als Lenz diesen furchtbaren Schrei hörte und Goethes Backen sah, mußte er zuerst fürchterlich lachen, denn diese Backen erinnerten ihn an einen wackelnden Hundehintern, wie er später sagte, genau an das: an einen wackelnden Hundehintern. Doch dann verlor der arme Lenz von einem Augenblick auf den andern den Verstand, sodaß er fortan nichts mehr schrieb und nur noch niedrige Dienste verrichten konnte. Unter anderem soll er bis zu seinem Lebensende Goethes Kakteen abgestaubt haben, die dieser sich schließlich doch noch zugelegt hatte. Dabei soll er immer ganz leise »Hundehintern« vor sich hingemurmelt haben, immer dieses Wort: Hundehintern. Aber verstanden hat ihn niemand. Das ist weiter nicht verwunderlich, denn Lenz galt ja auch schon vorher als unverständlich.[2]

- In einem seiner Anagrammgedichte spielt Kurt Mautz mit dem Namen *Jakob Michael Reinhold Lenz*, wobei Vor- und Nachname als Anagramm gelesen werden:

O jene alle im Hochbildkranz!
Ach ja, Herde zolle Lob im Kinn.
O, Blicke modeln ein Zahljahr.
Dich, Jakob, malen leer in Holz
ja zehn Liedkocher im Ballon –
loben dich, Kahler im Lenz, o ja:
Im Jakobiner lechze Holland![3]

---

[2] Kai Borowsky: Goethe liebte das Seilhüpfen. Eine sehr vertrackte Literaturgeschichte der Eigenarten von Goethe bis Handke. Tübingen 1980, S. 10.
[3] Kurt Mautz: Letterntausch. Anagrammgedichte. Gießen 1993, S. 63. – Wer sich weiter über die produktive Rezeption von Lenz informieren möchte, sei ausdrücklich auf das dritte Kapitel von Hans-Gerd Winters Lenz-Monographie verwiesen. Die Autoren Borowsky und Mautz sind dort entsprechend zu ergänzen.

I. ANNÄHERUNGEN

Die Anti-Läuffer. Thesen zur Sturm-und-Drang-Forschung[1]

Chiffrenthese

Die Zeichen S u D (Sturm und Drang) können als Chiffren für *Sexualität* und *Diskursivierung* gelesen werden, wodurch hinreichend charakterisiert wird, was von den Zeitgenossen im Anschluss an Klingers Dramentitel als Sturm und Drang bezeichnet wurde. Es handelt sich also nicht um einen Wechsel des Signifikats, sondern um einen zivilisationshistorisch und d.h. sozial- und psychohistorisch begründeten Signifikantenwechsel. Unübersehbar ist die leidenschaftliche Beschäftigung mit der Sexualität innerhalb des SuD-Diskurses. Sie bezieht sich aber meist nur auf eine Sexualität mit Kindesfolge und nie auf folgenlose Sexualität – von sublimierten Sexualitätsdiskursen, wie sie in Goethes *Werther* oder Klingers *Leidendem Weib* begegnen, ist hierbei nicht die Rede. Dies ist auch der Grund dafür, dass der Onaniekomplex völlig fehlt, obschon es sich dabei für die zweite Hälfte des 18. Jahrhunderts um den dominanten Sexualitätsdiskurs schlechthin handelt.[2] Aufgeklärte Literatur, vor allem ihre pädagogische Richtung, bekämpft unter dem Stichwort der Selbstbefleckung in zahllosen Traktaten vor allem ab den 1770er Jahren die Onanie als das Laster schlechthin. Verdeckt wird dabei mit je unterschiedlichen theologischen, moralischen und medizinischen Argumenten der im Nachhinein erkennbare Zusammenhang von Triebunterdrückung und Ökonomie. Das Bürgertum, welches im Zuge des Emanzipationsprozesses im 18. Jahrhundert normative Verhaltensstandards setzt, begreift den Körper zwangsläufig als Leistungsträger und muss daher jede lustvolle Verschwendung von Leis-

---

[1] Zusammen mit Reiner Marx geschrieben.

[2] Vgl. dazu Reiner Marx: Sexualität und Aufklärung. Studien zum Sexualitätsdiskurs im 18. Jahrhundert (i. Dr.).

tungskraft (Samen = Geld) tabuisieren. Der Begriff der Selbstschwächung, häufig als Synonym für Masturbation verwendet, verrät diesen Zusammenhang. Erstaunlicherweise erheben die Autoren des Sturm und Drang gegen diese Diffamierung von autonomer Sexualität keinen Einspruch. Die Verinnerlichung bürgerlicher Repressionsforderungen lenkt den Blick ausschließlich auf konfliktträchtige Sexualität mit einem anderen oder auf deren unerwünschtes Produkt, einen Dritten, das Kind (Kindsmordthematik). Die dominantorthodoxe Aufklärung legitimiert Sexualität nur in der standesgemäßen Ehe und mit Kindesfolge. Gegen diese Funktionalisierung von Sexualität im Sinne einer Stabilisierung bürgerlich-ökonomischer Machtansprüche, wonach die Sexualität die Reproduktion der Machtträger sichern soll, begehren die Autoren des Sturm und Drang auf. Sexualität wird enttabuisiert und gegen einen aufgeklärt diffamatorischen Zugriff zu schützen versucht. In Einzelfällen – wie beispielsweise bei Lenz – kann man sogar von einer regelrechten Enttabuisierungswut sprechen. Der Einspruch erfolgt immer ex negativo, zur Darstellung gelangt stets nur das Scheitern. Im Kontext der funktional ausgerichteten Aufklärungskritik und deren Sexualitätsnormierungen erscheint plötzlich eine Gruppe von jungen Autoren, denen die Präsentation von Dysfunktionen wichtiger wird als die Darstellung der Affirmation. Unerwünschte Kinder und deren Liquidierung durch die verführten Mütter, scheiternde Familienkonstellationen, ja sogar Selbstkastration als scheinbare Lösung des Sexualitätsproblems (wie im Falle von Lenz' *Hofmeister*) sind die Themen dieser Autoren. Damit unterlaufen sie beständig jegliche Form patriarchal bürgerlicher Lösungs- und Sinnangebote (wie die Rückkehr zur Tugendhaftigkeit, die wiederhergestellte Familie oder die Familiengründung), welche von der bis zu diesem Zeitpunkt vorherrschenden literarischen Gattung des bürgerlichen Trauerspiels eingefordert wurden. Diese Verweigerungshaltung führt zu einer Parodie bzw. Travestie des bürgerlichen Trauerspiels. In dieser Kritik und Desavouierung lassen sich Begehrensanalytik und Machtanalytik verbinden. Während Lessing noch im Schlusstableau des *Nathan* ein kosmisch-harmonisches Familiengemälde vorstellt, wird im *Hofmeister* von Lenz bereits das Schlusstableau durch eine Hyperharmonisierung bissig travestiert oder die Unmöglichkeit von Familiengründung mit Kindern als Folge des (diffamatorischen) Umgangs mit Sexualität am Beispiel der Heirat des Kastraten Läuffer und der naiven Landunschuld Lise vor Augen geführt. In beiden Fällen, die Lenz präsentiert, wird eine versöhnliche Lösung strikt verweigert.

Den Autoren des aufklärungskritischen Sexualitätsdiskurses der Sturm-und-Drang-Literatur ging es um ein emanzipatives Aufbegehren gegen die Herrschaft der aufgeklärten Vernunft und deren Auswirkungen auf die Disziplinierung des Körpers. Es kann zugleich aber keinerlei Zweifel daran bestehen, dass diesen Autoren im Bereich der Sexualität keine befriedigende Lösung gelingt. Doch bereits ihre Einsicht in den Problemzusammenhang ist ein wesentlicher emanzipativer Akt jenseits von Lösungsangeboten, die beispielsweise Lenz ebenso verweigert wie andere Autoren auch. Um es an einem Beispiel zu veranschaulichen: Bedeutet der Schluss von Lessings *Emilia Galotti* noch die selbstverständliche Unterwerfung des ungefügigen weiblichen Individuums bis hin zur physischen Auslöschung unter die unangefochtene Vaterautorität (der begehrende Tochterkörper wird vom aufgeklärten Vater liquidiert), so ist diese Lösungsvariante des bürgerlichen Trauerspiels in Lenzens *Hofmeister* eben nicht mehr möglich. Bereits die Signifikanz des Textsortenwechsels vom bürgerlichen Trauerspiel zur Tragikomödie hebt die Veränderung im Verständnis der Autoren von möglichen Problemkonstellationen hervor. Während das bürgerliche Trauerspiel zwar Problemkonstellationen gesellschaftlicher Art zur Darstellung bringt, aber noch eindeutigen tragischen Lösungen zuführt, exponiert die Tragikomödie Lenzscher Prägung die Unmöglichkeit einer definitiven Lösung für diese Konflikte, indem sie sie in ihrer erschreckenden Ambivalenz stehen lässt. Die Selbstkastration Läuffers ist auf der einen Seite eine todernste und blutige Auslöschung der eigenen Sexualität, welche die Mechanismen der bürgerlichen Repressionsapparatur drastisch ins Bild setzt. Auf der anderen Seite ist die Selbstkastration Läuffers aber auch eine karikierende Darstellung eines vermeintlichen Lösungsangebots. Indem die angebliche Lösung sich als absurde Unlösung präsentiert, erhebt sie den Vorgang zur schwarzen Parodie. In der schonungslosen Offenlegung dieser Ambivalenz liegt ein zutiefst emanzipatorischer Akt des Autors Lenz – denn in welchem anderen fiktionalen Text des 18. Jahrhunderts wird so deutlich gegen die Herrschaft bürgerlicher Vernunft aufbegehrt und diese zugleich karikiert?

Gegen den Familiengedanken in Gestalt einer Erlösung in der ›Weltfamilie‹ schreibt der Sturm und Drang dauerhaft an, indem die Zerstörung von Individuen, die sich selbst zerstören oder die zerstört werden, als Folge der permanenten Repression gezeigt wird, einer sozialen und sexuellen Repression, welche die Aufklärung selbst mit produziert. So betrachtet muss man die so genannte Repressionshypothese geradezu aufrecht erhalten, wenn man die Sturm-und-Drang-Texte als zivilisationshistorische Zeugnisse heranzieht, ganz im Gegensatz zu Michel Foucault, der in seinem Spätwerk *Sexualität und Wahrheit*[3] diese These radikal in Frage gestellt und attackiert hat. Foucault führte darin aus, dass nach herkömmlicher Lesart Macht, Wissen und Sexualität, denen sein analytisches Interesse gilt, auf Repression basieren und repressiv wirken. Er leugnet nicht die Unterdrückung von Sexualität, die Verbote, Gebote und Verneinungen, doch macht er geltend, dass diese Form der Repression nur eine begrenzte Rolle in einer Machtapparatur spiele, die sich keineswegs auf Repression reduzieren lasse.[4] Dagegen stellt Foucault die Hypothese, wonach es im Interesse von Macht liegt, Sexualität nicht zu unterdrücken, sie vielmehr erst auf vielfältige Weise in unterschiedliche Formen des Redens und Schreibens zu bringen. Die Vertreter der Repressionshypothese hingegen sehen in der Verneinung von Sexualität den zentralen Schaltmechanismus für ihre Unterdrückung. Foucault erblickt darin nur eine taktische Maßnahme der Techniken der Macht innerhalb einer übergeordneten Diskursstrategie. Zugespitzt lässt sich sagen, dass die Unterdrückung von Sexualität erst das Reden über ihre Unterdrückung – und

---

[3] Vgl. Michel Foucault: Sexualität und Wahrheit. Übers. v. Ulrich Raulff u. Walter Seitter. Bd. 1: Der Wille zum Wissen. Frankfurt a.M. 1977. Bd. 2: Der Gebrauch der Lüste. Ebd. 1986; Bd. 3: Die Sorge um sich. Ebd. 1986.

[4] Vgl. Foucault: Sexualität und Wahrheit, Bd. 1, S. 22.

damit auch das befreiende und kritische Reden – hervorbringt. Foucault interessieren aber nicht die Gründe, weshalb Sexualität unterdrückt wird, sondern allein die Gründe dafür, weshalb wir so nachdrücklich die Tatsache betonen, dass unsere Sexualität unterdrückt wird. Die Repressionshypothese besagt, dass das beständige Reden und Schreiben über Sexualität in der fiktionalen und nicht fiktionalen Literatur gerade die Unterdrückung von Sexualität zum Ziel habe. Foucault hingegen behauptet, dass sich die Vielfalt von unterschiedlichen Diskursen über Sexualität nicht mit deren zunehmender Repression erklären lasse. Vielmehr treibe gerade die sog. Repression der Sexualität die kritischen und emanzipativen Diskurse über sie hervor, die nicht die Repression der als bedrohlich erfahrenen Sexualität, sondern die Legitimation von Macht zum Ziel haben, Sexualität sei in Macht eingeschrieben.[5] Die Hypothese, worauf Foucault seine Untersuchungen stellt, kann man daher als *Legitimationshypothese* bezeichnen. Der Diskurs über Sexualität dient der Legitimation von Macht. Das Ziel der Instanzen der Diskursproduktion, der Machtproduktion und der Wissensproduktion ist es – so Foucault –, eine Wissenschaft von der Sexualität zu begründen.[6] Anderen Arbeiten soll es vorbehalten bleiben zu entscheiden, ob die Literatur des Sturm und Drang nicht doch diese These Foucaults gründlich widerlegt.

Der Autor J.W. Goethe spielt bei der Beurteilung und Herausbildung der Aufrechterhaltung dieser bürgerlichen Repression die Rolle eines Garanten in der Literaturgeschichte. Sein Begriff der literarischen Revolution, seine verharmlosenden wie diffamierenden Bemerkungen in *Dichtung und Wahrheit* sowie sein Versuch einer Pathologisierung von Sturm-und-Drang-Autoren, brechen dem

---

[5] Vgl. Foucault: Sexualität und Wahrheit, Bd. 1, S. 88ff. – Was Foucault unter Macht versteht, geht aus den Bemerkungen zur Definition hervor (vgl. ebd., S. 113f.). Macht ist demnach weder eine Institution noch eine Struktur, sondern eine Vielfalt von Kräfteverhältnissen, ein »Name, den man einer komplexen strategischen Situation in einer Gesellschaft gibt« (ebd., S. 114).

[6] Vgl. Foucault: Sexualität und Wahrheit, Bd. 1, S. 22f.

Sturm und Drang jene Spitze ab, mit der dieser die Kritik an der bürgerlichen Gesellschaft formuliert hatte. Die Absicht, den Autoren gar einen operativen Wahnsinn zu unterstellen, kann als der Versuch gelesen werden, das Begehren zu entmachten. In *Dichtung und Wahrheit* schreibt Goethe im 11. Buch: »Lenz beträgt sich mehr bilderstürmerisch gegen die Herkömmlichkeit des Theaters, und will denn eben all und überall nach Shakespearescher Weise gehandelt haben. [...] Für seine Sinnesart wüßte ich nur das englische Wort whimsical, welches, wie das Wörterbuch ausweist, gar manche Seltsamkeiten in einem Begriff zusammenfaßt.«[7] Die Flucht in die andere Sprache, in die Sprache Shakespeares, kann nur unschwer verdecken, was selbst zu sagen der Autor sich scheut: Lenz ist zu diesem Zeitpunkt längst als der wahnsinnige Lenz dem Vergessen anheim gestellt gewesen.

Ein zentrales Thema der Sturm-und-Drang-Literatur ist also die Sexualität. Doch nicht die anakreontische und rokokohafte Verbrämung wird gezeigt, sondern deren Scheitern.[8] Die Wirklichkeit und Leibhaftigkeit – im buchstäblichen Sinne – von Repression erzeugt bei den Autoren ein permanentes Diskursivierungsbedürfnis. Der gelehrte und gelernte Sprach- und Schreibfluss wird zum rhapsodisch-wilden Sprech- und Schreibzwang. Die Sturm-und-Drang-Autoren haben sich Hamanns Forderung »Rede, daß ich Dich sehe!«[9] zu eigen gemacht. Das Bürgertum, und das meint die bürgerlichen Autoren und das bürgerliche Publikum, legitimiert sich gerade

---

[7] Johann Wolfgang Goethe: Sämtliche Werke nach Epochen seines Schaffens. Münchner Ausgabe. Hgg. v. Karl Richter u.a. München, Wien, Bd. 1.1ff., 1985ff., hier Bd. 16, S. 527f. [Zitiert unter der Sigle MA mit Band- und Seitenzahl].

[8] Zur neueren Rokoko-Forschung vgl. Literatur und Kultur des Rokoko. Hgg. v. Matthias Luserke, Reiner Marx u. Reiner Wild. Göttingen 2001.

[9] Johann Georg Hamann: Sokratische Denkwürdigkeiten. Aesthetica in nuce. Mit einem Kommentar hgg. v. Sven-Aage Jorgensen. Stuttgart 1983, S. 87. – Hamann weiter: »Reden ist übersetzen – aus einer Engelsprache in eine Menschensprache, das heist, Gedanken in Worte – Sachen in Namen, – Bilder in Zeichen« (ebd.).

erst in Abgrenzung vom Adel durch die Opferung der Sexualität, um sich so als moralischer präsentieren zu können. Das Kindsmordthema kann als der herausragendste Themenkomplex der Sturm- und-Drang-Literatur auf dem Feld der Sexualität gelten. Im Tod des Kindes wird die sichtbar gewordene Folge verbotener Sexualität getötet, Begehren und Schuld bedingen die Tat. Die Kindstötung stellt sich demnach als ein symbolisches Ungeschehenmachen von Lust, als Auslöschung von Sexualität dar, erzwungen durch den Schuldzusammenhang von Sexualität und Sünde in der bürgerlichen Moral. Verschärft wird dieser Schuldzusammenhang durch strikte Klassengrenzen, die das uneheliche Kind oder die unverheiratete Mutter als Bedrohung der bürgerlichen Ordnung diffamieren.[10] Als männliche Variante zur Kindsmordthematik mit derselben Funktion des Auslöschens von Sexualität kann das tabubrechende Thema der Selbstkastration gelten. Auf symbolischer Ebene wird damit die Selbstverstümmelung des Subjekts über die Sexualität hinaus als extremste Folge bürgerlicher Repression deutlich. In den zeitgenössischen Texten des Sturm und Drang läßt sich das Thema Kastration freilich nicht so eindeutig bearbeiten, wie das Kindsmordthema. Die Dinge, über die geredet wird, werden literarisch nicht dargestellt, Läuffers Selbstkastration im *Hofmeister* wird weder im Text noch in der Regieanweisung beschrieben, sondern erschließt sich erst rückblickend im Gespräch zwischen dem Hofmeister und Wenzeslaus. Selbst im Moment der Abtötung präsentiert sich nur die Diskursivierung der Handlung als einzige von der bürgerlichen Moral legitimierte Form der Thematisierung. Aber gerade in dieser Verdecktheit liegt ihre Bedeutung, dies betrifft allgemein den Bereich sexueller oder sexuell konnotierter Handlungen in den Texten, wie beispielsweise Kindsmord, Kastration, Vergewaltigung, Beischlaf. Das Beispiel des *Hofmeisters* zeigt, dass die Tötung des unerwünschten Kindes keine Lösung mehr darstellt, vielmehr bleibt das Kind am Leben und bekommt schließlich einen Adoptivvater. Die Repression verdichtet

---

[10] Vgl. Matthias Luserke: Kulturelle Deutungsmuster und Diskursformationen am Beispiel des Themas Kindsmord zwischen 1750 und 1800, in: Lenz-Jahrbuch/Sturm-und-Drang-Studien 6 (1996), S. 198-229.

sich dergestalt, dass sich die aggressive Handlung, welche Sexualität auszulöschen bestimmt ist, nun gegen den Mann bzw. den Vater selbst kehrt. Nicht mehr das Kind als unerwünschtes Produkt der Begierde wird bestraft – und in der Folge auch die Frau als das Objekt männlichen Begehrens –, sondern das männliche Subjekt selbst. Lenz gelingt damit auch ein präziser Einblick in den Herrschaftsmechanismus des Patriarchats der bürgerlichen Gesellschaft im 18. Jahrhundert.

Auf diese Verschärfung der Repression reagiert der Sexualitätsdiskurs in der Sturm-und-Drang-Literatur auf zweierlei Art: Zum einen durch die Diskursivierung von Kindsmord und Selbstzerstörung (Autoaggression), wenn es um die eigene Gegenwart der Autoren geht, zum anderen antikisierend, als Flucht aus dieser Gegenwart. Dies kann als Indiz dafür gewertet werden, dass das Bedürfnis über Sexualität zu reden, und zwar über eine nicht verstümmelte Sexualität und in einer nicht verstümmelnden Weise, stark ausgeprägt ist. Die Kritik der Autoren richtet sich insofern gegen das Bürgertum, das die Emanzipation der Leidenschaften zu unterdrücken versucht. Von der Möglichkeit eines Gelingens der Emanzipation der Leidenschaften ist aber allenfalls in der antikisierenden Darstellung von nicht-bürgerlichen Gesellschaften die Rede (wie z.B. in Heinses *Ardinghello*), was dessen Unmöglichkeit in der eigenen Gegenwart unterstreicht.[11] Die Auflösung der Chiffre SuD (Sturm und Drang) in Sexualität und Diskursivierung, die Bedeutung der Versprachlichung und Verschriftlichung von Sexualität und des Aufbegehrens gegen deren Repression in den Texten des Sturm und Drang zu erkennen, eröffnet der literaturgeschichtlichen Deutung wie der Einzelinterpretation von Texten eine neue Sicht.

---

[11] Zur anthropologisch-psychohistorischen Bedeutung des Leidenschaftsdiskurses vgl. Matthias Luserke: Die Bändigung der wilden Seele. Literatur und Leidenschaft in der Aufklärung. Stuttgart, Weimar 1995.

Verschiebungsthese

Diese These geht davon aus, dass sich in der Literatur des Sturm und Drang die für die Aufklärung kennzeichnende Kritik an Adel und Hof auf eine Binnenkritik bürgerlicher Normen und Bewusstseinsformen verschiebt, die gleichwohl von Adligen und bürgerlichen repräsentiert werden.

Bei dieser Verschiebung handelt es sich keineswegs um eine Verkürzung der Kritik um ständedistinkte Lebens- und Verhaltensstandards. Bürgerlichkeit ist für die Sturm-und-Drang-Autoren keine Utopie mehr, sondern soziale Realität, die Repression erzeugt. Insofern ist es berechtigt, vom Verlust einer bürgerlichen aufgeklärten Utopie bei den Autoren des Sturm und Drang zu sprechen. Die kritisierte gesellschaftliche Bezugsgruppe der bürgerlichen Autoren des Sturm und Drang stellt nun nicht mehr vorherrschend der Adel dar, sondern auch die eigene Gesellschaftsschicht. In diesem Punkt radikalisiert das Drama des Sturm und Drang Strukturen des bürgerlichen Trauerspiels der Aufklärung so konsequent, dass die dort als Bezugsgruppe ausgewiesenen und kritisierten Adligen jetzt auch als Repräsentanten bürgerlicher Ordnung erscheinen. Die Frage, weshalb die Kritik an der eigenen Herkunft als Adelskritik camoufliert werden muss, lässt sich leicht beantworten. Die Anbindung an Rezeptionserwartungen des bürgerlichen Lesepublikums bedeutet de facto eine Verringerung der Abweichung von bekannten und normierten Mustern (vor allem des bürgerlichen Trauerspiels) und damit eine Rezeptionserleichterung. Die Übernahme von dominanten literarischen Form- und Inhaltselementen erfolgt im Sturm-und-Drang-Drama mit der Absicht, sie avantgardistisch fortschreitend zu unterlaufen. Dies gelingt nur, wenn die Referenz auf die vormalige Handlungs- und Bezugsschicht (Adel) beibehalten wird. Kritik am Bürgertum stellt sich als Kritik am niederen Adel dar, der niedere Adel ist der Signifikantenträger bürgerlicher Verhaltensstandards, die im bürgerlichen Trauerspiel positiv bewertet wurden, aber jetzt als Verursacher von gesellschaftlichem Leiden erkannt werden. Indem dominante Form- und Inhaltselemente (Fünfaktigkeit, Familienkonstellation, niederer Adel etc.) übernommen werden – im Sinne eines Wiedererkennungseffekts auf Seiten des Publikums –, wird gleichzeitig die Möglichkeit ihrer Subversion gesteigert, während im Bereich der großräumigen Gattungsbestimmung die Transformation von der Tragödie zur Tragikomödie bzw. Komödie vollzogen werden kann. Die Komödie wird zur Gattung des Scheiterns von Hoffnungen, die bis dahin das bürgerliche Trauerspiel artikuliert hatte. Die bürgerliche Aufklärung bedient sich des Trauerspiels, um ihre emanzipatorischen Hoffnungen zu artikulieren, der Sturm und Drang bedient sich der Komödie, um deren Scheitern vorzuführen. Zugespitzt lässt sich formulieren, dass Komödien bewusste Verweigerungen von Sublimatpräsentationen sind. Im Unterschied zum bürgerlichen Trauerspiel der Aufklärung, wo der (niedere) Adel die ideologische Bezugsgruppe für die bürgerlichen darstellt nach dem Grundsatz: Seelenadel statt Geburtsadel, kehrt das Drama des Sturm und Drang diese kritische Struktur regelrecht um. Gegenstand der Kritik und nicht Bezugsgruppe ist nun die eigene Gesellschaftsschicht, das Bürgertum. Dargestellt werden die Nöte bürgerlicher Individuen, die aus der Repression der eigenen Gesellschaftsschicht resultieren. Der Adel repräsentiert nun nicht mehr, wie im bürgerlichen Trauerspiel, Verhaltensstandards der Bürgerlichen, sondern die Bürgerlichen reproduzieren ständedistinkte Verhaltens- und Herrschaftsstandards der Adligen und erzeugen damit Repression gegenüber ihren eigenen Standesmitgliedern. Mit diesem für die Stabilisierung der allmählich erworbenen gesellschaftlichen Bedeutung und Macht zwangsläufigen Mechanismus gibt das Bürgertum zugleich jeglichen emanzipatorischen Anspruch preis. Dagegen richtet sich die Kritik der Sturm-und-Drang-Autoren. Das Sturm-und-Drang-Drama ist der notwendige Reflex auf das bürgerliche Trauerspiel, da der vorherrschende Erwartungshorizont von diesem geprägt ist. Nur in der Wiedererkennung derselben Schicht kann beim Zuschauer oder Leser die Kritik an dieser Schicht rezipiert werden. Das bürgerliche Trauerspiel ist das ›Kampfinstrument‹ der Bürgerlichen gegen den Adel gewesen, die Sturm-und-Drang-Komödie wird zum ›Kampfinstrument‹ kritischer bürgerlicher Autoren gegen die Repressionsmechanismen, die dieses Bürgertum zunehmend selbst produziert. Lösungsangebote wie Familie, Tugend, Toleranz, Empfindsamkeit, Mitleid usf. als Beispiele für Sublimate von tatsächlich existierenden Defiziten offerieren die Texte der Sturm-und-Drang-Autoren nicht. Widersprüche werden – am radikalsten bei Lenz – unversöhnbar hervorgetrieben und zur Darstellung gebracht. Die ausweglose historische Lage erzeugt die Depression der Sturm-und-Drang-Autoren, als deren Ausläufer die Verweigerung von Versöhnungsangeboten betrachtet werden kann, sofern man sich nicht für das Modell einer empfindsam überhöhten Lösung entschließt. Aus dieser sozial- und psychohistorischen Verengung resultiert nicht zufällig ein Realismuskonzept wie dasjenige von Lenz, dessen Tragweite vielleicht erst Georg Büchner erkannt hat. So gesehen ist die Literatur des Sturm und Drang gleichermaßen Kompensations- wie Emanzipationsprodukt.

Dialektikthese

Sturm und Drang als Dynamisierung *und* Binnenkritik der Aufklärung zu begreifen, bedeutet, sowohl seinen Emanzipations- als auch seinen Kompensationscharakter geltend zu machen. Emanzipation und Kompensation verschränken sich im Sturm und Drang, sie bedingen sich sogar gegenseitig merkmalspezifisch. Der Begriff der Kompensation hat dabei keinerlei abwertende Nebenbedeutung.

Die einsinnige und immer noch weitergereichte These der älteren Sturm-und-Drang-Forschung heißt es endgültig zu verabschieden, wonach der Sturm und Drang lediglich ein pathologisches Kompensationsprodukt der bürgerlichen Gesellschaft im 18. Jahrhundert, vorgetragen von ›zerrissenen‹ Individuen, sei. Dadurch wurde und wird der Sturm und Drang entweder als ein Irrweg verleumdet oder am Fluchtpunkt Weimarer Klassik auf ein zu überwindendes und überwindbares Vorstadium reduziert. Goethe galt in diesem Zusammenhang für viele als Musterbeispiel dafür, dass man durchaus Klassiker werden kann, auch wenn man zuvor ›ver-rückt‹ gewesen ist. Diese Ansicht vermittelt die Vorstellung, dass sich die ›pubertären Jugendprobleme‹ der Sturm-und-Drang-Autoren durch Ausbildung einer klassischen Form lösen ließen, oder anders formuliert:

Die Ausbildung eines Formbewusstseins führt zwangsläufig zu einer zivilisatorischen Reifung. In diesem Urteil ist pauschal immer das Verdikt der Formlosigkeit der Sturm-und-Drang-Literatur eingeschlossen. Dabei verhält es sich gerade umgekehrt. Die Sturm-und-Drang-Literatur ist die spezifische Wahrnehmungsform einer Avantgarde, die den zivilisatorischen Wandel erkennt, wie er in der sogenannten Verschiebungsthese skizziert wurde: Die ursprünglich emanzipatorische Absicht des Bürgertums schlägt um in Repression. Der Sturm und Drang ahnt die Dialektik der Aufklärung, was ihn zugleich an die Aufklärung bindet. Der Sprung aus der Aufklärung ist nicht beabsichtigt, im Gegenteil, Aufklärung ist jene zivilisatorische Vorgabe, woran sich der Sturm und Drang abarbeitet. Sturm und Drang ist der Aufklärung insofern verpflichtet, als er Aufklärung der Aufklärung bedeutet.

Für die Formdiskussion heißt dies, dass die vermeintliche Formlosigkeit des Sturm und Drang gelesen werden muss als Einspruch gegen den offensichtlich schon verinnerlichten zivilisatorischen Standard einer formalen Bändigung. Diese formale Norm korreliert mit den bürgerlichen Anforderungen des sexuellen Ansichhaltens und der Triebkontrolle. Literarische Form bedeutet in diesem Zusammenhang das Triumphieren des bürgerlichen Korsetts, wohingegen Formlosigkeit der adäquate Ausdruck des Protestes gegen sexuelle Repression bedeutet.

Die Komplexität der Verschränkung von Emanzipation und Repression wird augenfällig am sog. Generationenkonflikt als Merkmal der Sturm-und-Drang-Literatur, über dessen Bedeutung in der Forschung weitgehend Einigkeit besteht. Die einsinnige und abwertende Anwendung der Kompensationsthese geht davon aus, dass es sich beim Generationenkonflikt lediglich um eine Rebellion der Söhne gegen die Väter handelt. Psychoanalytisch gewendet ist dies die reduktionistisch gehandhabte Vatermordthese. Durch diese Reduktion wird der Sturm und Drang aber seiner politischen Implikationen und emanzipatorischen Haltung beraubt. Die Einseitigkeit der Kompensationsthese, wonach die Texte der Sturm-und-Drang-Autoren ausschließlich Kompensationsprodukte ihrer rebellischen Haltung sind, ermöglicht es nicht, dem Emanzipationscharakter, der die

Texte eben auch kennzeichnet, gerecht zu werden. Auch wenn das psychische Substrat durchaus in der Sohnesrebellion gegen die Väter zu sehen ist, darf damit nicht der emanzipatorische Anspruch, mit dem die Sturm-und-Drang-Literatur auftritt, beseitigt werden. Die Rebellion der Söhne ist nicht eine Rebellion gegen irgendwelche Väter, sondern ein Aufbegehren gegen die Väter als Instanzen aufgeklärter bürgerlicher Ordnung und Macht. Der beschriebene Verlust der Familienutopie wie der Utopiefamilie in den Dramen des Sturm und Drang ist ein Indiz für diesen psychohistorischen Prozess.

Die Dialektikthese verweigert sich keineswegs der Frage, die in der Forschung nach wie vor strittig diskutiert wird, ob es sich beim Sturm und Drang um eine ausschließlich innerliterarische Tendenz, letztlich also um ein rein ästhetisches Phänomen handelt (Stichwort ›literarische Revolution‹). Vor dem skizzierten psychohistorischen Hintergrund der 1770er Jahre (Generationenkonflikt, Infragestellung der bürgerlichen Kleinfamilie, Sexualitätsdiskurs etc.) zerfällt eine solche Deutung, die im Sturm und Drang nur eine rhetorische Geste ohne sozial- und psychohistorischen Bezug sehen möchte. Der Sturm und Drang konstituiert auch keinen eigenständigen ästhetischen Autonomiediskurs, gleichsam im Vorgriff auf das autonomieästhetische Kunstverständnis der Weimarer Klassik. Vielmehr bleibt er unmissverständlich einem aufgeklärten und aufklärerischen Diskurs verhaftet. Auch die Rebellion gegen sexuelle Repression und die eingeforderte Emanzipation der Leidenschaften schaffen permanent Zwangsdiskursivierungen, die aufgeklärte Diskursformen fortschreiben. In diesem Bereich bestehen noch erstaunliche Forschungslücken.

Auch die bisherige marxistische Forschung zum Sturm und Drang führt letztlich zu einer reduktionistischen Verharmlosung des emanzipatorischen Potenzials im Sturm und Drang. War für die bürgerlich-geistesgeschichtliche Literaturwissenschaft des 19. und frühen 20. Jahrhunderts die Weimarer Klassik und ihr Autonomiediskurs der teleologische Fluchtpunkt, so war es für die marxistische Literaturwissenschaft die bürgerliche Revolution von 1789. Nach dieser Lesart bedeutet der Sturm und Drang ein vorrevolutionäres Stadium in der Frühphase des Kapitalismus und der Ausbildung der bürgerlichen Gesellschaft, in der die intellektuelle revolutionäre Elite noch keine gesellschaftliche Basis finden konnte. Beide Spielarten von Teleologien sind einsinnig angewandte Kompensationsthesen. Sie versperren den Zugang zur Emanzipationssignatur des Sturm und Drang. Hingegen zu benennen, was diese literarische Tendenz kompensiert und wovon sie sich emanzipiert, heißt, jene Dialektik ins Licht zu rücken, die sich als ein Gravitationszentrum des Sturm und Drang erweist.

Kokonisierungsthese

Vereinzelung, Versinglung und Einzigartigkeit, gebündelt im Begriff der Kokonisierung, sind die Antwort der literarischen Avantgarde der 1770er Jahre auf den Prozess der Verbürgerlichung im 18. Jahrhundert und der damit verbundenen sexuellen Repression.

Vereinzelung ist jener Begriff, womit Lenz in der *Moralischen Bekehrung eines Poeten* (1775) seine Lebenssituation kennzeichnet. In der fünften Selbstunterhaltung schreibt er: »Es ist mir immer nur bange, teure Cornelia! daß ich bei meiner Vereinzelung nicht in Stolz gerate, das heißt mich zu weit über die andern Menschen hinaussetze, daß ich am Ende keinen mehr recht ertragen kann« (WuBr 2, S. 330). Vereinzelung bedeutet als sozialgeschichtlicher Befund eine weitere Radikalisierung des gesamtgesellschaftlichen Prozesses zunehmender Privatheit, Intimisierung und Familialisierung durch bürgerliche Autoren. Das vereinzelte Individuum ist die radikalste folgerichtige Weiterentwicklung der bürgerlichen Kleinfamilie in der zweiten Hälfte des 18. Jahrhunderts. In der Vereinzelung wendet es sich letztlich wieder gegen Stabilisierungsmechanismen der bürgerlichen Gesellschaft. Das vereinzelte Individuum unterläuft die religiösen, gesellschaftlichen und familialen Ordnungserwartungen. Die Theorie der Vereinzelung ist gesellschaftsbezogen, die Vereinzelung enthält damit durchaus einen politischen Anspruch. Sie ist aber keine revolutionäre Antwort auf die absolutistischen Autokraten des 18. Jahrhunderts, insofern ist sie wieder konsequent aufgeklärt. Die Theorie der Vereinzelung widerspricht auch nicht der unübersehbaren Neigung der Sturm-und-Drang-Autoren zu Gruppenbildungen, die den aufgeklärten Verhaltensstandards von Freundschaft und Geselligkeit verpflichtet sind (z.B. die Straßburger Sturm-und-Drang-Gruppe, der Göttinger Hain, der Frankfurter und Züricher Kreis, bedingt auch der Darmstädter Kreis). Die Freundeskreise der Autoren dienen zum einen der Selbstvergewisserung der vereinzelten Individuen und der Selbstbestätigung der ›autonomen‹ Genies. Neben diesem legitimatorischen Aspekt kommt den Gruppenkonstellationen zum anderen die Funktion von Familiensurrogaten zu. Dieses Surrogat ist allerdings, und darin liegt der entscheidende Unterschied zum tatsächlichen bürgerlichen Familienmodell, weit weniger geprägt von Einbindungen und Abhängigkeiten und damit weit eher geradezu Autonomiegarant. Hinzu kommt, dass dieses Surrogat wiederum eine radikalisierte Antwort der Sturm-und-Drang-Autoren auf die Familialisierungszwänge der bürgerlichen Gesellschaft ist. Die Verweigerung der Familienbildung muss zwangsläufig zur Konstituierung der gleichgeschlechtlichen Freundschaftsgruppe führen. Die Freundschaftsgruppe ist im Selbstverständnis und Selbstanspruch der Autoren des Sturm und Drang nachgerade ein kurzzeitiger machtfreier Raum. Darin liegt ein Moment emanzipatorischer Hoffnung jenseits bürgerlicher Vergesellschaftungszwänge. Problematisch bleibt freilich die in der Regel patriarchale Struktur dieser Gruppenbildungen, in denen der leer geräumte Platz des Vaters sehr schnell wieder durch ältere oder ›genialere‹ Gruppenmitglieder besetzt ist, wenn er denn überhaupt in Frage gestellt worden war (z.B. Lavater für den Züricher Kreis, Salzmann für die Straßburger Gruppe, Klopstock für den Göttinger Hain, Goethe für Merck, Klinger, Lenz, Jacobi). Die Utopie einer machtfreien Kommunikationsgemeinschaft – und hier ist man versucht, dies als ein frühes Praxismodell der Habermas'schen Kommunikationstheorie zu begreifen – erweist sich freilich in dem Augenblick als Phantasma, wo die keineswegs konsistente Gruppe endgültig auseinanderfällt. Goethes Weggang aus Straßburg nach Weimar markiert beispielsweise einen solchen Riss.

Versinglung als sozialgeschichtlicher Befund bedeutet die Betonung des Rechts des Einzelnen auf seine Leidenschaften und damit den Akt der Emanzipation der Leidenschaften unter den gegebenen realen historisch-gesellschaftlichen Bedingungen der 1770er Jahre. Leidenschaften sind Äußerungen unmittelbarster Privatheit, insofern konsequent vereinzelt. Sie treiben den Prozess der bürgerlichen Intimisierung auf die Spitze, indem sie ihn auflösen. Die Versinglung als Einforderung der Emanzipation der Leidenschaften und sexueller Autonomie ist der Versuch, die gesellschaftliche Machtkontrolle zu unterlaufen. Gleichzeitig führt dieser Anspruch wiederum zwangsläufig zur Isolierung und Versinglung des einzelnen Individuums, weil der herrschende Diskurs als Ort der Macht diese Einforderung als asozial (bei der Verweigerung der Familienbildung) und maßlos (beim Anspruch auf sexuelle Autonomie) verwirft. Die Zuspitzung dieses Diskurses in Kants Kategorischem Imperativ ist die verspätete, aufgeklärte Antwort auf die ›tollen‹ 70er Jahre.

Einzigartigkeit bedeutet in dieser Lesart, dass das scheinbar ausschließlich poetologische Geniemodell der Sturm-und-Drang-Autoren in Wahrheit die radikale Theorie der Vereinzelung als Ausdruck von Einzigartigkeit enthält. Die Verpflichtung des potenziell Neuen auf Originalität ist das Signum dieser Einzigartigkeit. Das poetische Genie ist aber, sozial- und psychohistorisch gesehen, ein autistisches Genie, das sich in der Hypertrophierung seines Ichs verliert. Eine solche narzisstische Lähmung verunmöglicht es den Autoren des Sturm und Drang, die Gebärde der Einzigartigkeit an gesellschaftliches Handeln anzubinden, ihre Einzigartigkeit bleibt sozial folgenlos. Insofern ist auch das Geniemodell ein Geniephantasma, das sich letzlich elitär, ja solitär geriert, aber keineswegs egalitär. Auf der anderen Seite stellt dieses Modell deutlich den Fluchtpunkt des Prozesses der Versinglung in der bürgerlichen Gesellschaft vor Augen. Im Bewusstsein der Unentrinnbarkeit beschreiben die Sturm-und-Drang-Autoren die Katastrophe dieses Prozesses und verweigern auch hier die Darstellung einer konkreten Utopie. Sie verdeutlichen damit, dass die sexuelle Repression in der bürgerlichen Gesellschaft des 18. Jahrhunderts entweder in die vollständige Auslöschung von Sexualität als extremste Form der Selbstbestrafung (*Hofmeister*), oder in die vollständige Auslöschung der gesamten Person (*Werther*), oder in die Hypertrophierung des Ichs (so genannte Prometheusstimmung, Selbsthelfersyndrom, Kraftkerle, Machtweiber etc.) mündet. Der Einzigartigkeitsanspruch, dem die Autoren natürlich auch selbst unterliegen, ist letztlich ein Phantasma, das die erhoffte Befreiung von jener Repression beschreibt. Auch das Geniephantasma erweist sich somit sowohl als Kompensations- als auch als Emanzipationsprodukt. Die Diskursivierung dieses Phantasmas hält zugleich seine Exklusivität fest und betreibt damit dessen politisch-gesellschaftliche Entschärfung. Dieser Aspekt verhindert den Sturm und Drang als ein demokratisches oder gar revolutionäres Programm zu vereinnahmen.

»*Zum Tollwerden sind die vernünftigen Diskurse*«.[1] *Ein Beitrag zur Wissenschaftsgeschichte des Sturm und Drang*

In Goethes Werther (1774) erklärt der aufgeklärte Herausgeber den ständigen Umgang Werthers mit der geliebten Lotte als ursächlich für seine Leiden, »das stürmende Abarbeiten seiner Kräfte, ohne Zweck und Aussicht, drängten ihn endlich zu der schröcklichen Tat«.[2] Der Autor und die Zeitgenossen ahnten wohl schon sehr früh, dass sich trotz aller Ablehnung der jungen, sich avantgardistisch gebärdenden Literatur des Sturm und Drang diese bald ein literaturgeschichtliches Faktum darstellen werde. Johann Joachim Eschenburg meinte in einer Rezension von Friedrich Maximilian Klingers Stück *Das leidende Weib* (1775), überall »den Nachahmer des Hofmeisters«[3] erkennen zu können. Für Lenz mag dies ein Kompliment gewesen sein nun selbst Nachahmer zugesprochen zu bekommen, galt er doch lange in der Kritik als ein Nachahmer Goethes. Das Jahr 1776 galt schon Christian Heinrich Schmid als »ein denkwürdig Jahr!«[4] In einer Rezension von Klingers Drama *Sturm und Drang* findet sich folgende Bemerkung:

---

[1] [Johann Kaspar Haefeli u. Johann Jakob Stolz:] Vermischte Betrachtungen auf alle Tage im Jahr. Frankfurt, Leipzig 1777 [= Allerley gesammelt aus Reden und Handschriften großer und kleiner Männer. Herausgegeben von keinem Reisenden K.U.E. Zweytes Bändchen.], S. 158. Haefeli und Stolz parodierten mit dieser Schrift das Buch von Ehrmann und Kaufmann: Allerley gesammelt aus Reden und Handschriften großer und kleiner Männer. Hgg. von Einem Reisenden E.U.K. Erstes Bändchen. Frankfurt, Leipzig 1776. – Vgl. Hedwig Waser: Eine Satire aus der Geniezeit, in: Vierteljahrschrift für Litteraturgeschichte 5 (1892), S. 249-270.

[2] Goethe: MA Bd. 1.2, S. 277.

[3] Zitiert nach Matthias Luserke: Sturm und Drang. Autoren – Texte – Themen. 2. Aufl. Stuttgart 1999, S. 186.

[4] Briefe von und an J.M.R. Lenz. Gesammelt und herausgegeben von Karl Freye und Wolfgang Stammler. 1. Bd. Reprint Bern 1969 [Leipzig 1918],

Sturm und Drang. Der Verf. findet es sehr lobenswürdig, das Hr. Klinger, der uns in seinen bisherigen Arbeiten noch immer ein poßirlicher Mann ist, diesen abstrackten, methaphysischen – gewiß nicht zu viel anziehenden – Titel gewählt hat; so teuscht er doch wenigstens keine Seele durch leere Erwartungen, wie bey andern vielversprechenden Titelblättern wohl zu geschehen pflegt. Wer fühlt oder auch nur ahndet, was Sturm und Drang seyn mag, für den ist er geschrieben; wessen Nerven aber zu abgespannt, zur verschlafft sind, vielleicht von jeher keinen rechten Ton gehabt haben; wer die Worte anstaunt, als wären sie chinesisch, der hat hier nichts zu erwarten, mag immer ein alltägliches Gericht sich auftischen lassen. – Wer übrigens Lust und Belieben hat dieses Stück, welches noch nicht gedruckt ist, recht kennen zu lernen, der muß diesen Brief lesen.[5]

Johann Kaspar Haefeli und Johann Jakob Stolz parodierten in ihren *Vermischten Betrachtungen auf alle Tage im Jahr* (Frankfurt, Leipzig 1777) das Buch von Johann Ehrmann und Christoph Kaufmann *Allerley gesammelt aus Reden und Handschriften großer und kleiner Männer. Hgg. von Einem Reisenden E.U.K. Erstes Bändchen* (Frankfurt, Leipzig 1776). Das Motto zur Überschrift dieses Kapitels ist diesen *Vermischten Betrachtungen* entnommen und belegt einmal mehr, dass bereits den Zeitgenossen der Sturm-und-Drang-Literaten deren radikale Kritik an aufgeklärten Diskursen durchaus bewusst war. Anders sah es ein literaturkritischer Kollege Eschenburgs. In der *Allgemeinen deutschen Bibliothek* von 1778 schrieb er, »schwer mag es nicht seyn, dergleichen Sturm- und Drangstücke zu verfertigen, wie denn ihrer auch genug erscheinen«.[6] Und Peter Helferich Sturz spricht 1779 von seinem »Drang, meine Ideen los zu werden, der mich zum Schreiben nöthigte«, und in einer Fußnote dazu er-

---

S. 215. Dieser Brief von Schmid an Lenz ist nicht in der Lenz-Ausgabe von Damm abgedruckt!

[5] Literarisches Wochenblatt, Jg. 1777, Bd. 2, S. 636. – Der Verfasser dieser Rezension (»R-d.«, ebd., S. 632) ist nicht zu ermitteln. Könnte sich dahinter Ramond de Carbonnières verbergen? (S. das Kapitel *Der Lenz-Freund Ramond de Carbonnières*).

[6] Allgemeine deutsche Bibliothek 35/1 (1778), S. 154.

läutert er: »Nicht Drang und Sturm, das ist eine Kinderkrankheit«.[7] Natürlich sind dies keine Zeugnisse einer Wissenschaftsgeschichte des Sturm und Drang, sie machen aber deutlich, dass der Übergang von der Begriffsgeschichte des Sturm und Drang[8] zu deren Wissenschaftsgeschichte sich beinahe nahtlos vollzieht. Erst mit dem Epochenbruch zwischen Spätaufklärung und Frühromantik ändert sich auch die literaturgeschichtliche Einschätzung des Sturm und Drang. Dem Vergessen anheimgestellt, ist es dann wiederum ein Romantiker, der zumindest Jakob Michael Reinhold Lenz vor der endgültigen Marginalisierung in der Literaturgeschichte bewahrt, Ludwig Tieck.

Doch zunächst – um in der chronologischen Darstellung zu bleiben – formuliert der Frühromantiker Friedrich Schlegel am Ende der Aufklärung folgendes Aperçu in den *Athenäums-Fragmenten* (Nr. 306, 1798): »Die Geschichte von den Gergesener Säuen ist wohl eine sinnbildliche Prophezeiung von der Periode der Kraftgenies, die sich nun glücklich in das Meer der Vergessenheit gestürzt haben«.[9] Und 1799 bemerkt Julius in Schlegels *Lucinde* über den Zusammenhang von Sexualität und Drang zur Diskursivierung, womit Schlegel die Sturm-und-Drang-Thesen der Forschung, die im vorigen Kapitel vorgestellt wurden, eindrucksvoll antizipiert: »es brannte und zehrte in meinem Mark; es drängte und stürmte sich zu äußern. Ich griff nach Waffen, um mich in das Kriegsgetümmel der Leidenschaften, [...] zu stürzen«.[10] Wenig später heißt es in demselben Roman: »Alles

---

[7] Peter Helfrich Sturz: Schriften. Erste Sammlung. Leipzig 1779. Reprint München 1971, S. 137.

[8] Zur ausführlicheren Darlegung dieser Begriffsgeschichte vgl. das entsprechende Kapitel in Matthias Luserke: Sturm und Drang. Autoren – Texte – Themen. 2. Aufl. Stuttgart 1999, S. 23-34.

[9] Friedrich Schlegel: Kritische Schriften und Fragmente. Studienausgabe in sechs Bänden. Hgg. v. Ernst Behler u. Hans Eichner. Bd. 2: Kritische Schriften und Fragmente 1798 – 1801. Paderborn, München, Wien, Zürich 1988, S. 134.

[10] Friedrich Schlegel: Lucinde. Ein Roman. Hgg. u. mit einem Nachwort versehen v. Karl Konrad Polheim. Stuttgart 1977, S. 25.

Gute und Schöne ist schon da und erhält sich durch seine eigne Kraft. Was soll also das unbedingte Streben und Fortschreiten ohne Stillstand und Mittelpunkt? Kann dieser Sturm und Drang der unendlichen Pflanze der Menschheit, die im Stillen von selbst wächst und sich bildet, nährenden Saft oder schöne Gestaltung geben?«[11] Schlegels Bruder August Wilhelm attestiert der deutschen Literatur insgesamt »viele Ausgeburten der Originalitätssucht«.[12] Dass er damit auch den Sturm und Drang meinte, geht aus seinen Berliner Vorlesungen (1801/04) hervor, worin er das Verständnis von Sturm und Drang als literarischem Epochenbegriff nachhaltig geprägt hat. A.W. Schlegel spricht im Zusammenhang der Geschichte der Faust-Bearbeitungen auch von Maler Müllers Faust-Fragment, rühmt die »herrliche[n] Anlagen darin, die nur durch die üblen Manieren der damaligen Sturm- und Drang-Periode entstellt werden«.[13] Bei Schlegel taucht der literaturhistorische Ordnungsbegriff der Sturm-und-Drang-Periode erstmals auf. Insofern ist es zutreffend, vom Sturm und Drang im Sinne einer literaturgeschichtlichen Periode als einer Erfindung der Romantik zu sprechen.[14] Neben den Brüdern Schlegel ist vor allem Ludwig Tieck zu nennen, der mit Maler Müller persönlich bekannt war und der die erste Ausgabe mit gesammelten Werken von Lenz herausgab. Er schreibt in der Einleitung zu dieser dreibändigen Lenz-Ausgabe von 1828: »Wir haben jene Zeit halb vergessen und fast ganz vernachlässiget. Den neueren Critikern und

---

[11] Schegel: Lucinde, S. 34.

[12] Schlegel: Kritische Schriften und Fragmente, S. 122, Nr. 197.

[13] August Wilhelm Schlegel: Vorlesungen über schöne Litteratur und Kunst. Dritter Teil (1803 – 1804): Geschichte der romantischen Literatur. [Hgg. v. Jacob Minor]. Heilbronn 1884, S. 154f.

[14] Vgl. Gerhard Sauder: Romantisches Interesse am Sturm und Drang (Maler Müller, Lenz, Goethe), in: Gerhard Sauder, Rolf Paulus, Christoph Weiß (Hgg.): Maler Müller in neuer Sicht. Studien zum Werk des Schriftstellers und Malers Friedrich Müller (1749 – 1825). St. Ingbert 1990, S. 225-242, hier S. 225. – Trotz dieser verdienstvollen Studie bleibt es nach wie vor ein Desiderat der Forschung, das Bild der Sturm-und-Drang-Autoren in der Romantik genauer und umfassend zu untersuchen.

Erzählern ist fast nur der stehende Beiname der Sturm- und Drang-Periode im Gedächtniß geblieben [...]«.[15] Lenz sei der merkwürdigste aus »jener frühen Schule, die sich aus Göthe bildete«.[16]
Die spätromantischen Literaturgeschichten wie beispielsweise Eichendorffs Schrift *Zur Geschichte des Dramas* (1854) setzten die moralische und sich an formalen Kriterien orientierende Verurteilung der Sturm-und-Drang-Literatur fort.[17] Eichendorff etwa schreibt: »Und so brach denn plötzlich – ganz wider Lessing's Geist, dessen Ideen sie auf ihre ungeschlachte Weise sich interpretierten – der Lärm und Zorn der berüchtigten *Sturm- und Drangperiode* herein, welche mit einer Art von Berserkerwut gegen alle wirklichen und eingebildeten Schranken [...] anrannte«.[18] Die Wortführer dieser Revolutionäre, wie Eichendorff die Sturm-und-Drang-Autoren nennt, sieht er in Lenz und Klinger. Sein Interesse an einer Geschichte des Dramas gilt der Frage, wie es die Dichter mit der Gottheit Christi halten.[19] Das »Dioskurenpaar« Goethe und Schiller musste die »verworrene Erbschaft des Sturm- und Dranggeschlechts« antreten, um zu vollenden, was jene begonnen hatten oder wozu sie nicht vermögend waren: »Jene hatten aber, wie echte Revolutionäre, mit der bloßen Negation und dem Niederreißen aller Schranken begonnen, und was sie eigentlich wollten, aber nie erreichten, war eine Bildung ohne positive Religion, eine Selbsterziehung des menschlichen Geistes, der allein sich selbst Gesetz sein sollte«.[20]

---

[15] Zitiert nach Ludwig Tieck: Einleitung zu: Gesammelte Schriften von J.M.R. Lenz [1828], in: Jakob Michael Reinhold Lenz im Spiegel der Forschung. Hgg. v. Matthias Luserke. Hildesheim, Zürich, New York 1995, S. 14-56, hier S. 20.

[16] Tieck: Einleitung, S. 21.

[17] Vgl. Sauder: Romantisches Interesse am Sturm und Drang, S. 228.

[18] Joseph von Eichendorff: Werke in sechs Bänden. Hgg. v. Wolfgang Frühwald, Brigitte Schillbach u. Hartwig Schultz. Bd. 6: Geschichte der Poesie. Schriften zur Literaturgeschichte. Hgg. v. H. Schultz. Frankfurt a.M. 1990, S. 734.

[19] Vgl. Eichendorff: Werke, S. 738f.

[20] Eichendorff: Werke, S. 739. – Ähnlich äußert sich Eichendorff auch in

Goethes Autobiographie *Dichtung und Wahrheit* wurde und wird von der Forschung als ein wichtiges literaturgeschichtliches Dokument gelesen. Doch sollte man bei aller historischen Echtheit und Genauigkeit nicht darüber hinweg sehen, dass es ein Werk des alten Goethe ist, der aus der Sicht seiner späten Werke und persönlichen Erfahrungen die Arbeiten, eigene wie fremde, des Sturm und Drang, nicht unbefangen beurteilt. Als Chronist des Sturm und Drang schreibt Goethe im dritten Teil von *Dichtung und Wahrheit* (1814) im 12. Buch:

> Eine rasche Mitteilung war jedoch unter den Literaturfreunden schon eingeleitet; die Musenalmanache verbanden alle jungen Dichter, die Journale den Dichter mit den übrigen Schriftstellern. [...] Dieses wechselseitige, bis zur Ausschweifung gehende Hetzen und Treiben gab Jedem nach seiner Art einen fröhlichen Einfluss, und aus diesem Quirlen und Schaffen, aus diesem Leben und Lebenlassen, aus diesem Nehmen und Geben, welches mit freier Brust, ohne irgend einen theoretischen Leitstern, von so viel Jünglingen, nach eines jeden angebornem Charakter, ohne Rücksichten getrieben wurde, entsprang jene berühmte, berufene und verrufene Literarepoche [...].[21]

Damit ist bereits das Verständnis des Sturm und Drang als einer eigenständigen, wenngleich ›überholten‹ und überwunden geglaubten Literaturepoche geprägt, das bis heute in Lexikonartikeln, Aufsätzen und gelehrten Arbeiten zu finden ist. Schon Ludwig Tieck sprach 1828 in der Einleitung zu seiner Ausgabe der gesammelten Schriften von J.M.R. Lenz vom Sturm und Drang als von einer »Schule«, die sich gegen die »moderne Aufklärung«[22] gerichtet habe. Doch ein weiterer, aus *Dichtung und Wahrheit* entlehnter Begriff sollte in der Folge noch bestimmender für das Verständnis des Sturm und Drang

---

seiner *Geschichte der poetischen Literatur Deutschlands* (1857).

[21] Goethe: MA Bd. 16, S. 554.

[22] Tieck: Einleitung, S. 39. – Vgl. hierzu auch Sabina Becker: Lenz-Rezeption im Naturalismus, in: Lenz-Jahrbuch/Sturm-und-Drang-Studien 3 (1993), S. 34-63.

werden. Mit dem Begriff der literarischen Revolution operierte die ehemalige DDR-Germanistik ebenso erfolgreich wie die so genannte bürgerliche Literaturgeschichtsschreibung des 19. und 20. Jahrhunderts. Als Belegquelle wird dabei jene Textstelle aus dem 11. Buch von *Dichtung und Wahrheit* angegeben, wo Goethe über die jungen Autoren und die Literatur der 1770er Jahre bemerkt: »Alles dieses und manches andere, recht und törigt, wahr und halbwahr, das auf uns einwirkte, trug noch mehr bei, die Begriffe zu verwirren; wir trieben uns auf mancherlei Abwegen und Umwegen herum, und so ward von vielen Seiten auch jene deutsche literarische Revolution vorbereitet, von der wir Zeugen waren, und wozu wir, bewußt und unbewußt, willig oder unwillig, unaufhaltsam mitwirkten«.[23] Diese Passage wirft die Frage auf, ob Sturm und Drang tatsächlich nur ein literarisches Phänomen war. Ob es einen kunstgeschichtlichen und musikgeschichtlichen Sturm und Drang gab, bleibt dabei unbeantwortet. Als historischer Periodenbegriff ist er in diesem Zusammenhang bislang nicht verifiziert.

Nahezu zeitgleich zu Goethe notiert Friedrich Bouterwek in seiner *Geschichte der Poesie und Beredsamkeit* von 1819 über den Sturm und Drang folgendes apodiktisches Urteil:

Unter den Seltsamkeiten, die aus den Werken einiger Dichter dieser Periode in die Denkart des Zeitalters übergingen, und aus dieser wieder auf die Litteratur zurückwirkten, müssen zwei Geisteskrankheiten genannt werden, die vorher in dieser Himmelsgegend unbekannt waren, und in wenigen Jahren epidemisch wurden, die *Genieaffectation* und die *Empfindelei*. Das Wort Genie, das schon länger in der deutschen Sprache sich festgesetzt hatte, wurde jetzt die Losung aller Derer, die etwas Großes zu leisten glaubten, wenn sie dem Neuen und Unerhörten nachjagten. Schwachköpfe, die kaum Talent genug zu einer geschickten Nachahmung hatten, hielten sich für Genies, weil sie voll stolzen Vertrauens auf ein wenig Phantasie, das ihnen die Natur verliehen hatte, dem gefundenen Verstande Hohn sprachen. Diese Genieaffen wollten

---

[23] Goethe: MA Bd. 16, S. 522f. – Noch Carl Bleibtreu übernimmt diese terminologische Charakterisierung in den Titel seines Buches *Revolution der Literatur* (1886).

von keiner Regel etwas wissen. Gelehrsamkeit war in ihren Augen nicht viel mehr als eine unnütze Last des Geistes. Die Natur sollte ihre große Lehrerin seyn, und diese glaubten sie hinlänglich verstanden zu haben, wenn sie mit stürmender Anmaßung den Drang ihrer erkünstelten Gefühle aussprachen. *Sturm-und Drang-Genies* wurden sie deßwegen betitelt. Mit dem leidenschaftlichen Ungestüme und der raffinierten Wildheit, an denen man diese Art von Genies erkannte, vereinigte die Mode aber auch eine weinerliche Empfindsamkeit. Nicht nur die Litteratur wurde von dieser Thorheit angesteckt, auch im gemeinen Leben machten Gecken, die für Genies gelten wollten, eccentrische Sprünge, die man *Geniestreiche* nannte. Einige, die in Göthe's Werther sich berauscht hatten, sollen sich zuletzt auch erschossen haben, um zu endigen wie Werther. Andre, die nicht so geneigt waren, Hand an sich selbst zu legen, hielten sich schadlos an Seufzern und Thränen, im Geschmacke des Romans Siegwart von dem sanften Dichter Martin Miller; sie weinten, wenn sie eine Blume abpflückten, und klagten ihre Leiden dem Monde. Unter diesen Ueberspannungen kam indessen auch manche merkwürdige, vorher nicht beachtete Seite des menschlichen Herzens zum Vorschein, und wurde ein neuer Stoff für die Poesie. Erst durch die kantische Philosophie wurde die Art von Genieaffectation und Empfindelei, die um das Jahr 1770 anfing, ganz aus der Mode gebracht. Aber die vorige Geisteskrankheit kehrte mit veränderten Symptomen im neunzehnten Jahrhundert wieder, als die erneuerte altromantische Mystik mit der schellingischen Philosophie zusammenfloß. Die seit dieser Zeit Genies in Deutschland vorstellen wollten, stürmten und weinten weniger; aber sie schaueten mit vornehmen Hohnlächeln, zuweilen um so stolzer, je hohler ihre Köpfe waren, auf das *Volk der Platten* herab, wie sie alle diejenigen nannten, die nicht mit ihnen das Absolute anschauen und zur heil. Jungfrau Maria beten mochten; sie lallten in Versen und in Prose unaufhörlich von dem Unendlichen, Heiligen und Höchsten. An die Stelle des leidenschaftlichen Drangs war eine mystische Grübelei getreten; die vorige Empfindsamkeit war nur frömmelnder und romantischer geworden; übrigens war die neumodische Ziererei, die noch dauert, nicht sehr verschieden von der veralteten. Weder die eine, noch die andre, konnte dem wahren Genie die Wege versperren, die es sich selbst bahnt. [...].[24]

---

[24] Friedrich Bouterwek: Geschichte der Poesie und Beredsamkeit seit dem Ende des dreizehnten Jahrhunderts. Geschichte der Künste und Wissen-

Über Lenz urteilt Bouterwek etwas milder:

> Der neue Ton, den Göthe in der dramatischen Poesie angab, wirkte begeisternd auf Jakob Michael Reinhold Lenz aus Liefland, geboren im Jahre 1750. Mit Fleiß den ältern Regeln trotzend, und alle Dichtungsarten, die man Trauerspiel, Lustspiel und rührendes Schauspiel nennt, durch einander werfend, suchte dieser junge Mann, der Witz, Phantasie und lebhaftes Gefühl hatte, in seinem *Hofmeister* und seinem *Neuen Menoza* Thorheiten zu züchtigen, Vorurtheile zu bestreiten, und das Herz zu rühren. Seine Stücke erregten Aufsehen, weil ein Genie aus ihnen zu sprechen schien, das sich einen eignen Weg bahnen wollte. Aber die eccentrischen Sprünge seines Geistes amteten auf kein glückliches Ende. Er galt nicht ohne Grund für einen Sonderling, gerieth in drükkende Armuth, verlor seinen Verstand, und starb zu Moskau im Jahre 1792.[25]

Für die Literaturgeschichtsschreibung des 19. Jahrhunderts war jener Goethesche Begriff der literarischen Revolution eine feste Ordnungsgröße. Georg Gottfried Gervinus zieht in seiner *Geschichte der Deutschen Dichtung* (1835 – 42) denn auch die Parallele zwischen der literarischen und der großen Französischen Revolution, zwischen dem Jahr 1768 und 1789.[26] Einen eigentlichen poetischen Ausbruch sieht er – die Revolutionsmetaphorik fortsetzend – in Goethes *Götz* und *Werther*. Der Sturm und Drang bilde lediglich eine »Durchgangsperiode«[27] auf dem Weg, das große Ziel des Jahrhunderts, Kultur und Humanität, zu verwirklichen. Die Überspanntheit dieser literaturgeschichtlichen Phase habe Dramen hervorgebracht, die mo-

---

schaften seit der Wiederherstellung derselben bis an das Ende des achtzehnten Jahrhunderts. Von einer Gesellschaft gelehrter Männer ausgearbeitet. Dritte Abtheilung. Geschichte der schönen Wissenschaften. Eilfter Band. Göttingen 1819, S. 364-366.

[25] Friedrich Bouterwek: Geschichte der Poesie und Beredsamkeit, Bd. 11, S. 464.

[26] Vgl. G[eorg] G[ottfried] Gervinus: Geschichte der Deutschen Dichtung, Bd. 4 [¹1840]. 5. Aufl. Hgg. v. Karl Bartsch. Leipzig 1873, S. 459ff.

[27] Gervinus: Geschichte der Deutschen Dichtung, S. 466.

ralisch und ästhetisch ungenießbar seien. Gervinus nennt namentlich Lenz, dessen *Engländer*, einem vergleichsweise harmlosen Stück, er Freigeisterei und »geile Wollust«[28] bescheinigt.

Folgt man der *Geschichte der deutschen Literatur im achtzehnten Jahrhundert* (1856-70) von Hermann Hettner, so muss man in der deutschen Sturm-und-Drang-Periode die »eitelste Gefühlssophistik« am Werke sehen und kann diese Jahre des ungebärdigen Aufbrausens nur als die »Flegeljahre der deutschen Bildung«[29] verstehen. Zwischen Ideal und Wirklichkeit, zwischen Herz und Verstand spiele sich der unversöhnte Kampf ab, den Hettner als das »Grundgebrechen«[30] des Sturm und Drang bezeichnet. Den Geniegedanken und Originalitätsanspruch der Autoren verwirft er mit abwertenden Worten, die schließlich in eine Pathologisierung der Sturm-und-Drang-Autoren münden. Von Starkgeisterei, Absonderlichkeiten, Verschrobenheiten, Kraftfülle, prahlerischer Schaustellung, studentischer Rohheit, Orgien der Liederlichkeit, Empfindelei, Selbstverhätschelung usf. bis hin zur krankhaften Überspanntheit und Übererregbarkeit ist die Rede.[31] Aufklärung und Sturm und Drang finden schließlich ihre höhere Einheit in der deutschen Klassik. Gleichwohl räumt Hettner diesem so gescholtenen Gegenstand immerhin Platz auf über 400 Seiten seiner Literaturgeschichte ein.

Noch Wilhelm Scherer, Vertreter einer positivistischen Literaturwissenschaft der wilhelminischen Germanistik, greift, erfüllt vom deutsch-nationalen Pathos, den Begriff der Literaturrevolution in einer Publikation von 1870 auf, die ansonsten wenig mit dem Sturm und Drang zu tun hat.[32] Auch in seine 1880 bis 1883 erstmals er-

---

[28] Gervinus: Geschichte der Deutschen Dichtung, S. 658.

[29] Hermann Hettner: Geschichte der deutschen Literatur im achtzehnten Jahrhundert [¹1856-70]. Drittes Buch: Das klassische Zeitalter der deutschen Literatur. Erste Abtheilung: Die Sturm- und Drangperiode. 3. Umgearbeitete Aufl. Braunschweig 1879, S. 6.

[30] Hettner: Geschichte der deutschen Literatur, S. 420.

[31] Vgl. Hettner: Geschichte der deutschen Literatur, S. 9 u. 12.

[32] Vgl. Wilhelm Scherer: Die deutsche Literaturrevolution [¹1870], in: Sturm und Drang. Hgg. v. Manfred Wacker. Darmstadt 1985, S. 17-24.

schienene *Geschichte der Deutschen Literatur* übernimmt Scherer in das einschlägige Kapitel die Goethesche Formulierung der literarischen Revolution. Das Jahr 1773 bezeichnet er gar als (literarisches) Revolutionsjahr.[33] Scherers historischer Fluchtpunkt bleibt aber die Romantik, in der er vieles fortgesetzt oder wiederaufleben sieht, was den Sturm und Drang kennzeichnete oder dort nicht zur vollen Entfaltung gekommen war. In diesem Zusammenhang fallen gewöhnlich die Begriffe Rationalismus, womit die Aufklärung gekennzeichnet sein sollte, und Irrationalismus, den man beim Sturm und Drang ausgemacht zu haben glaubte. Allerdings taugen, wie die Forschung der letzten Jahrzehnte gezeigt hat, diese Begriffe nicht mehr zur literarhistorischen Arbeit.[34] Denn aus dieser Entgegensetzung speiste sich auch die nicht nur in der englischen und französischen Literaturwissenschaft vertretene Präromantikthese, die all das als Irrationalismus erklärte, was sich zum vorgeblichen Rationalismus der Aufklärung kritisch verhält, und daraus eine Vorbereitung der Romantik konstruierte. Es bleibt eine, wie es Hans Robert Jauß genannt hat, »pseudogeschichtliche Hypothese«.[35] Erich Schmidt, ein Schüler Scherers, hat in der zweiten Hälfte des 19. Jahrhunderts wichtige Beiträge zur Sturm-und-Drang-Forschung wie zum 18. Jahrhundert insgesamt vorgelegt. Er unterfütterte die Sturm-und-Drang-Forschung mit einem soliden positivistischen Fundament, das bis heute trotz mancher Korrektur und manchen Fortschritts Anerkennung findet. So sind hier Schmidts Arbeiten etwa über *Heinrich Leopold Wagner, Goethes Jugendgenosse* (2., völlig umgearbeitete Aufl., Jena 1879) und *Lenz und Klinger. Zwei Dichter der Geniezeit*

---

[33] Vgl. Wilhelm Scherer: Geschichte der Deutschen Literatur [¹1880-83]. Hgg. v. Heinz Amelung. Berlin 1929, S. 564.

[34] Gleiches gilt meines Erachtens auch von den Begriffen ›Stürmer und Dränger‹ anstelle von Sturm-und-Drang-Autoren und ›Sturm-und-Drang-Bewegung‹ statt Sturm und Drang. Vgl. dazu Luserke: Sturm und Drang, S. 39f.

[35] Hans Robert Jauß: Literaturgeschichte als Provokation. Frankfurt a.M. 1970, S. 68.

(Berlin 1878) zu nennen, die eine Fülle heute noch nützlicher positivistischer Detailinformationen enthalten.

Auch Friedrich Nietzsche verwendet den Begriff der Sturm-und-Drang-Periode, allerdings in geschlechterdifferenter Hinsicht und nicht als literaturgeschichtlichen Begriff. In *Menschliches, Allzumenschliches* (1. Bd. 1878) notiert er unter der Nummer 425 folgende Bemerkung:

> *Sturm- und Drangperiode der Frauen.* – Man kann in den drei oder vier civilisirten Ländern Europa's aus den Frauen durch einige Jahrhunderte von Erziehung Alles machen, was man will, selbst Männer, freilich nicht in geschlechtlichem Sinne, aber doch in jedem anderen Sinne. Sie werden unter einer solchen Einwirkung einmal alle männlichen Tugenden und Stärken angenommen haben, dabei allerdings auch deren Schwächen und Laster mit in den Kauf nehmen müssen: so viel, wie gesagt, kann man erzwingen. Aber wie werden wir den dadurch herbeigeführten Zwischenzustand aushalten, welcher vielleicht selber ein paar Jahrhunderte dauern kann, während denen die weiblichen Narrheiten und Ungerechtigkeiten, ihr uraltes Angebinde, noch die Uebermacht über alles Hinzugewonnene, Angelernte behaupten? Diese Zeit wird es sein, in welcher der Zorn den eigentlich männlichen Affect ausmacht, der Zorn darüber, dass alle Künste und Wissenschaften durch einen unerhörten Dilettantismus überschwemmt und verschlammt sind, die Philosophie durch sinnverwirrendes Geschwätz zu Tode geredet, die Politik phantastischer und parteiischer als je, die Gesellschaft in voller Auflösung ist, weil die Bewahrerinnen der alten Sitte sich selber lächerlich geworden und in jeder Beziehung ausser der Sitte zu stehen bestrebt sind. Hatten nämlich die Frauen ihre grösste Macht *in* der Sitte, wonach werden sie greifen müssen, um eine ähnliche Fülle der Macht wiederzugewinnen, nachdem sie die Sitte aufgegeben haben?[36]

---

[36] Friedrich Nietzsche: Sämtliche Werke. Kritische Studienausgabe in 15 Einzelbänden. Bd. 2: Menschliches, Allzumenschliches I und II. Hgg. v. Giorgio Colli u. Mazzino Montinari. München 1988, S. 279. – Ich übergehe bei diesem Überblick die Publikation von Michael Georg Conrad: »Lenzesfrische, Sturm und Drang«. Münchner Novellen und Lebensbilder. Hgg. v. Hermann Wilhelm. München 1996. Conrads Erzählungen wurden zwar in den 1880er und 90er Jahren veröffentlicht, allerdings stammt der

»*Zum Tollwerden sind die vernünftigen Diskurse*« 41

Eine literarische Schwundform des Begriffs und Schlagworts Sturm und Drang finden wir in dem Gedicht *Rote Rosen* von Theodor Storm:

Wir haben nicht das Glück genossen
In indischer Gelassenheit;
In Qualen ist's emporgeschossen,
Wir wußten nichts von Seligkeit.

Verzehrend kam's, in Sturm und Drange
Ein Weh nur war es, keine Lust;
Es bleichte deine zarte Wange,
Es brach den Atem meiner Brust;

Es schlang uns ein in wilde Fluten,
Es riß uns in den jähen Schlund;
Zerschmettert fast und im Verbluten
Lag endlich trunken Mund auf Mund.

Des Lebens Flamme war gesunken,
Des Lebens Feuerquell verrauscht,
Bis wir aufs neu den Götterfunken
Umfangend, selig eingetauscht.[37]

Die Abkehr in der Germanistik vom Positivismus des 19. Jahrhunderts zeigt sich auch in der Wissenschaftsgeschichte des Sturm und Drang. Heinz Kindermann sieht in seiner Wiener Antrittsvorlesung von 1924 den Sturm und Drang lediglich als Wegbereiter und Vorläufer des Doppelgipfels Klassik und Romantik. Sturm und Drang sei ein »notwendiger Vorhof jener Reifezeit deutscher Literatur«.[38] Kin-

---

Titel *Lenzesfrische, Sturm und Drang* vom Herausgeber und stellt ein Zitat aus einem Text Conrads dar.

[37] Theodor Storm: Gedichte. Auswahl. Hgg. v. Gunter Grimm. Stuttgart 1997, S. 11.

[38] Heinz Kindermann: Entwicklung der Sturm- und Drang-Bewegung.

dermann unterscheidet drei Phasen des Sturm und Drang. Wegbereitung, Befreiung des Lebens und der Kunst und Klärung heißen diese drei Stufen, wobei er auf jeder Stufe, gleichsam im synchronen Schnitt, jeweils zwei verschiedene Strömungen unterscheidet. Die zweite Entwicklungsstufe sieht er durch Herder vollzogen. Kindermanns Darstellung schießt freilich ins Kraut wilder Spekulation, wenn er in Goethes und Herders Zusammentreffen in Straßburg ein »gipfelstürmende[s] Schaffen« sieht, das »geradezu zur psychischen Erneuerung der Nation«[39] wird. Bemerkenswert bleibt aber, dass Kindermann Sturm und Drang nicht nur als literarische Revolution, sondern zugleich als allgemein kulturelle Revolution begreift. Dieser kulturgeschichtliche Aspekt verliert sich allerdings in seinen weiteren Arbeiten.

Erstaunlicherweise sind es gerade Vertreter der bürgerlichen Literaturwissenschaft des 20. Jahrhunderts gewesen, die trotz der kritiklosen Übernahme von Goethes sozial- und literarhistorischem Urteil, der Sturm und Drang sei nur eine literarische Revolution, dennoch die eigentliche Leistung der Sturm-und-Drang-Literatur im Aufbegehren gegen die sexuelle Repression der bürgerlichen Gesellschaft erkannten. Hermann August Korff hat im ersten Band seiner Epochendarstellung *Geist der Goethezeit* (1923) darauf verwiesen, der Sturm und Drang unterscheide sich von der Geschlechtsmoral der Aufklärung gerade darin, dass er das Recht einer »Auffassung des außerehelichen Geschlechtsverkehrs«[40] bekunde. An anderer Stelle brachte Korff dies auf die Formel vom »Kampfe um die Befreiung der Liebe von der Alleinherrschaft der bürgerlichen Geschlechtsmoral.«[41] Korff folgt dieser Einsicht allerdings nicht, sondern beurteilt

---

Wien 1925, S. 124.

[39] Kindermann: Entwicklung der Sturm- und Drang-Bewegung, S. 132.

[40] H.A. Korff: Geist der Goethezeit. Versuch einer ideellen Entwicklung der klassisch-romantischen Literaturgeschichte, I. Teil: Sturm und Drang. Unveränderter reprographischer Nachdruck 1988 der 8., unveränderten Auflage, Leipzig 1966. Darmstadt 1988 [¹1923], S. 238 (im Original kursiv).

[41] H.A. Korff: Die Dichtung von Sturm und Drang im Zusammenhange der Geistesgeschichte. Ein gemeinverständlicher Vortragszyklus. Leipzig

den historischen Befund abwertend im Verhältnis zur positiv stabilisierenden Moral der Aufklärung, wenngleich er sich abwertender Äußerungen enthält. Dass Korffs Darstellung im jüngsten Epochenwerk zum Sturm und Drang als Standardwerk bezeichnet wird, muss nicht als konservative Trendwende in der Forschung gelten.[42]

Anders Friedrich Gundolf, der in seinem Buch *Shakespeare und der deutsche Geist* (1911) den Sturm und Drang folgendermaßen definiert hatte: »eine bestimmte Bewegung mit bestimmten Gedanken oder Gefühlsinhalten, oder weiter: als ein Tempo, als einen Wirbel des deutschen Geistes, in welchen alles mitgerissen wurde, was sich nicht bewußt entgegenstellte.«[43] Unbestimmter, ungenauer und belangloser kann eine literarhistorische Definition kaum ausfallen. Dieser Position, welche die Geistesgeschichte als kollektive Erbauung zelebriert, wird vor allem ein Autor geopfert, Jakob Michael Reinhold Lenz. Für die Geschichte der deutschen Literatur bedeute dieser Autor »bestenfalls eine Kuriosität«, den zu retten ein »unmögliches und törichtes Unterfangen« darstelle, er sei »der durchschnittliche Typus eines Zerrissenen mit Genieprätentionen, ein Vorläufer Grabbes und des weit begabteren Georg Büchner. [...] Die Geistesgeschichte hat es nicht mit Privatschicksalen zu tun, sondern mit Leistungen«.[44] Einen ähnlichen Ton schlägt Gundolf auch im Abschnitt über Wilhelm Heinse an. Heinse kennzeichne eine »brutale, fast hengstmäßige Begehrlichkeit [...]. Heinse denkt, Heinse sieht, fühlt und schmeckt mit dem Phallos«, er sei ein »ausschließlich heidnischer Hengst«.[45] Gundolf erkennt gleichsam wider bessere Absicht einen Grundzug der Sturm-und-Drang-Literatur, insbesondere des literarischen Werks von Lenz. Die Kritik an der repressiven

---

1928, S. 65 (im Original kursiv).

[42] Vgl. Ulrich Karthaus: Sturm und Drang. Epoche – Werke – Wirkung. München 2000, S. 263.

[43] Friedrich Gundolf: Shakespeare und der deutsche Geist. 11. Aufl. München, Düsseldorf 1959 [¹1911], S. 221.

[44] Gundolf: Shakespeare und der deutsche Geist, S. 225.

[45] Gundolf: Shakespeare und der deutsche Geist, S. 236.

Disziplinierung von Leidenschaften und Sexualität ist Thema dieser Literatur.

Umso mehr erstaunt es, dass gerade wieder die Tabuisierung dieser Erkenntnis die bürgerlich-geistesgeschichtliche Literaturwissenschaft mit den Anfängen einer marxistisch-materialistischen Deutung des Sturm und Drang verbindet. Dieser Schulterschluss findet sich in dem Buch *Die Verbürgerlichung der deutschen Kunst, Literatur und Musik im 18. Jahrhundert* (1936) von Leo Balet und E. Gerhard (Pseudonym für Eberhard Rebling). In Verkennung der historischen Situation und in Anlehnung an die abfälligen Bewertungskategorien mancher Vertreter der bürgerlichen Literaturwissenschaft schreiben sie über die Autoren des Sturm und Drang: »Bei Lenz und den übrigen Goethianern schlug die versuchte Steigerung wieder ins Bürgerliche und noch tiefer ins Kleinbürgerliche zurück«.[46] Besonders einen Aspekt heben sie hervor: »Auf keinem Gebiete aber ist die typisch bürgerliche Theorie des Ausnahmerechts für den Ausnahmemenschen so in eine Sackgasse geraten, wie auf dem *Sexualgebiet*.«[47] Dies führt letztlich zur Diagnose einer pathologischen Veranlagung bei einzelnen Autoren.[48] Es liegt auf der Hand, dass sowohl mit dem materialistischen als auch mit dem geistesgeschichtlichen Befund und den entsprechenden Bewertungen über den Sturm und Drang insgesamt und über einzelne Autoren wie Lenz, Klinger und Heinse nur polemische wissenschaftshistorische Einsichten verknüpft sind.

Ferdinand Josef Schneiders Darstellung der *Geniezeit* – im Manuskript bereits 1950 abgeschlossen – erschien 1952.[49] Das Publikationsdatum täuscht darüber hinweg, dass Schneiders Buch seine eigene

---

[46] Leo Balet u. E. Gerhard: Die Verbürgerlichung der deutschen Kunst, Literatur und Musik im 18. Jahrhundert. Hgg. u. eingeleitet v. Gert Mattenklott. 2. Aufl. Frankfurt a.M., Berlin, Wien 1981 [¹1936], S. 224.

[47] Balet u. Gerhard: Die Verbürgerlichung der deutschen Kunst, S. 227.

[48] Vgl. Balet u. Gerhard: Die Verbürgerlichung der deutschen Kunst, S. 229.

[49] Vgl. Ferdinand Josef Schneider: Die deutsche Dichtung der Geniezeit. Stuttgart 1952.

»*Zum Tollwerden sind die vernünftigen Diskurse*« 45

Monographie zum gleichen Thema aus dem Jahre 1924 zugrunde liegt, auch wenn der Autor im Vorwort versichert, dass es sich um eine völlig neue Darstellung mit verschwindend kleinen Anleihen beim älteren Werk handelt. Entscheidend ist, dass Schneider, wie der Titel seines Buches schon hervorhebt, historisch weiter ausgreift, als die anderen Darstellungen des Sturm und Drang. Schneider betont, dass man Sturm und Drang und Geniezeit nicht gleichsetzen könne, der literarhistorische Begriff ›Geniezeit‹ sei umfassender. Auf der anderen Seite grenzt Schneider Geniezeit deutlich von der Aufklärung ab und versteht auch jene als Vorläuferin der Romantik. Nach seinen Darlegungen muss man sich die Epochenfolge nach diesem Schema vorstellen: Aufklärung – Geniezeit – Romantik. Diesem Dreischritt mag ein Hegelsches Denkmuster zugrunde liegen, jedenfalls kehrt es in den meisten geistesgeschichtlichen Darstellungen des Sturm und Drang aus der ersten Hälfte des 20. Jahrhunderts wieder. Über die Zeit zwischen 1770 und 1780 schreibt Schneider am Ende seines einleitenden Kapitels *Die geistige Physiognomie der Geniezeit*:

> Versteht man unter Sturm und Drang [...] nur die erwähnte, durch angespannte seelische Aktivität bewirkte Aufgipfelung der Geniezeit, so hat er in An- und Ablauf nicht länger als ein Jahrzehnt gewährt. Er glich der Stauungswoge, die sich beim Aneinanderprallen zweier feindlicher Strömungen bildet: ein mächtiges Aufbäumen und Aufschäumen, und dann die allmählich eintretende Beruhigung. Man darf auch von den wenigen Trägern der Bewegung, die geniehaften Raketensatz in sich hatten, behaupten, daß sie trotz ihres Sinns für soziale Fragen aristokratische Naturen waren, die sich über die ›Allzuvielen‹ erhaben dünkten, und dass sie isoliert blieben, weil sie mit ihren Ideen, Bestrebungen und Maßlosigkeiten die Menge nicht für sich zu gewinnen vermochten. Es fehlte ihnen auch die Anlage zu bürgerlicher Seßhaftigkeit und die zur Ausübung von Berufspflichten erforderliche Lebenstüchtigkeit.[50]

Ein Jahr später veröffentlichte der englische Germanist Roy Pascal seine Monographie des Sturm und Drang. Pascal versteht den Sturm

---

[50] Schneider: Die deutsche Dichtung der Geniezeit, S. 34f.

und Drang als den »bürgerliche[n] Nachfolger der Kultur der ›galanten Gesellschaft‹. Er ist der Vorbote der Romantik und des Realismus des neunzehnten Jahrhunderts«.[51] Pascal grenzt den Sturm und Drang historisch eng ein, um 1770 zeigten sich die ersten Erscheinungen und um 1778 ginge er zu Ende. Insgesamt bemüht sich Pascal um eine ausgewogene Darstellung, die gänzlich auf die geistesgeschichtlichen Aufgeregtheiten der deutschen Sturm-und-Drang-Forschung der 20er Jahre verzichtet. Doch orientiert sich Pascal fast ausschließlich an den so genannten Höhenkammtexten des Sturm und Drang, so dass ihm Varianten, Widersprüche, andere Bedeutungen nicht in den Blick geraten. Am Ende seines Buches rückt der Autor seine literaturgeschichtlichen Koordinaten zurecht und verkleinert die Bedeutung des Sturm und Drang für die Romantik, hebt statt dessen die Linien hin zum Realismus stärker hervor.

Ein Kollektiv für Literaturgeschichte legte 1957 einen entsprechenden Erläuterungsband zum Sturm und Drang vor, mit dem das Verständnis des Sturm und Drang in der DDR-Lehre nachhaltig geprägt wurde. Sturm und Drang wird gleich zu Beginn als die »heroische Durchbruchsperiode der *Klassik*«[52] definiert. Die literarische oder ästhetisch-literarische Revolution wird mit der Krise des Feudalismus im 18. Jahrhundert gekoppelt, ja erklärt. Nicht die Tat selbst, die politische Revolution, sondern ihre ideologischen Vorbereitungen sehen die Verfasser in der Sturm-und-Drang-Literatur erfüllt. Insofern seien die Sturm-und-Drang-Autoren literarisch revolutionär gewesen. Die Bedeutung der Sturm-und-Drang-Dichter als bürgerliche Avantgarde wird unmissverständlich hervorgehoben, ein Aspekt, der in anderen Literaturgeschichten gerne unterschlagen wird.[53] Die These vom Bürger-Bauern-Bündnis – das Kollektiv spricht von einer »Interessengemeinschaft zwischen Bürgern, Bauern

---

[51] Roy Pascal: Der Sturm und Drang. Autorisierte deutsche Ausgabe v. Dieter Zeitz u. Kurt Mayer. 2. Aufl. Stuttgart 1977 [¹1953], S. 1f.

[52] Sturm und Drang. Erläuterungen zur deutschen Literatur [¹1957]. Hgg. v. Kollektiv für Literaturgeschichte, Leitung Kurt Böttcher. 7. Auflage. Berlin 1988, S. 18.

[53] Vgl. Sturm und Drang. Erläuterungen zur deutschen Literatur, S. 20.

und Plebejern«[54] – muss allerdings verworfen werden, fehlen doch zur Bestätigung schlicht die Belege. Ebenso muss auch die Gewichtung des Volksbegriffs für die Autoren des Sturm und Drang relativiert werden, denn für die Literatur des Sturm und Drang wie der Aufklärung insgesamt gilt, dass ihre Autoren in der Regel streng zwischen Volk und Pöbel unterscheiden. Während Volk die eigene Klasse meint, dient Pöbel in der Gesellschaftshierarchie zur Abgrenzung nach unten. Das Volk wird als literatur- und bildungsfähig entdeckt (so etwa in Herders Volksliedverständnis), bleibt aber in den Beschreibungen und Entwürfen der Autoren historisch und soziologisch blutleer (eine der wenigen Ausnahmen bildet dabei Lenz). Der Pöbel hingegen ist für die Literatur nicht hoffähig. Auch die These von der Widerspiegelung der geschichtlichen Wirklichkeit in der künstlerischen Hervorbringung wurde von der (westdeutschen) Forschung widerlegt, sie bleibt ein zurückprojiziertes Wunschbild marxistischer Literaturwissenschaft. Anders als die ›bürgerlichen‹ Literaturgeschichten verlegt das Kollektiv den Höhepunkt und gleichermaßen das Ende des Sturm und Drang mit Schillers *Kabale und Liebe* in das Jahr 1784.[55] Vom literaturgeschichtlichen Befund her gesehen ist diese Datierung nicht unproblematisch.

Edith Braemer veröffentlichte 1959 eine Arbeit über *Goethes Prometheus und die Grundpositionen des Sturm und Drang*, worin sie die Lesart des Autorenkollektivs weiter präzisierte. Sie formulierte zwei zentrale Positionen des Sturm und Drang und ging, wie die marxistische Forschung zum Sturm und Drang insgesamt, dabei von folgendem Herder-Zitat aus: »Du Philosoph und du Plebejer! macht einen Bund um nützlich zu werden – das kann er von einem jeden Bürger fodern, und von dir, der du ein Muster seyn solltest – der du so lange das Mark des Staates gegessen und stets zweideutigen Nutzen geschafft.«[56] Braemer bestimmt diese Aufforderung als »ideologi-

---

[54] Sturm und Drang. Erläuterungen zur deutschen Literatur, S. 30.
[55] Vgl. Sturm und Drang. Erläuterungen zur deutschen Literatur, S. 37.
[56] Johann Gottfried Herder: Sämtliche Werke. Hgg. v. Bernhard Suphan. 33 Bde. Berlin 1877-1913, hier Bd. 32, S. 51.

sches Ferment«,⁵⁷ das in allen Sturm-und-Drang-Texten direkt oder indirekt nachzuweisen sei. Damit wird den Texten wie den Autoren des Sturm und Drang eine vorrevolutionäre Gesinnung untergeschoben, die im Programmatischen möglicherweise gelegentlich zu bemerken ist, durch die aufgeklärt-bürgerlichen Argumentationszusammenhänge aber stets widerrufen wird. Gegen diese Sakralisierung eines einzelnen Zitats muss man aber auch philologische Argumente geltend machen. Denn Braemer entnimmt diesen vorgeblichen Solidarisierungsappell einem Textfragment des jungen Herder. Dieser notierte zwischen 1763 und 1765 einige Gedanken zur Beantwortung der Preisfrage der Berner Patriotischen Gesellschaft *Wie können die Wahrheiten der Philosophie zum besten des Volkes allgemeiner und nüzlicher werden*. Die Preisfrage war in den *Briefen, die neueste Literatur betreffend*, 1763 öffentlich ausgeschrieben worden.⁵⁸ Das Bemerkenswerte an diesen keineswegs als endgültige Niederschrift zu verstehenden Bemerkungen ist, dass Herder neben dem bereits angeführten Zitat eine Vielzahl gegenteiliger Positionen formuliert. Müsste man das Pro und Contra Herders, ob also die Philosophie dem Volk nütze, gewichten, würde das Contra überwiegen. Philosophische Fähigkeiten bezeichnet Herder als »schädlich«⁵⁹ für das Volk, das auf die Pragmatik des gesunden Menschenverstands verwiesen wird. Ausdrücklich beruft sich Herder an dieser Stelle auf die konservative Kulturkritik Rousseaus. Herder sichert auf diese Weise der Philosophie ihre Führungsrolle. »Philosoph muß das Volk nicht werden, denn alsdann bleibt's nicht Volk – es ist ihm schädlich – es braucht eine Leitung – durch die Philosophie«.⁶⁰ Das Volk verlöre seinen »ehrwürdigen Namen Volk«,⁶¹ wenn es philo-

---

⁵⁷ Edith Braemer: Goethes Prometheus und die Grundpositionen des Sturm und Drang. 2. Aufl. Weimar 1963, S. 71.

⁵⁸ Vgl. Friedrich Nicolai, Gotthold Ephraim Lessing u. Moses Mendelssohn: Briefe, die neueste Literatur betreffend. Nachdruck der Ausgabe Berlin 1762 – 64. Hildesheim, New York 1974, 16. Tl., S. 139.

⁵⁹ Herder: Sämtliche Werke, Bd. 32, S. 40.

⁶⁰ Herder: Sämtliche Werke, Bd. 32, S. 42.

⁶¹ Herder: Sämtliche Werke, Bd. 32, S. 48.

sophisch würde. Herder resümiert: »Nein! o Volk, du bleibst ehrwürdig, ohne durch Philosophie dir Federn zu schmücken«,[62] und notiert summarisch den Gedanken, dass es Nachteile mit sich bringt, wenn der Pöbel für die Philosophen denkt.[63] Diese wenigen Bemerkungen zeigen, dass von einem Bürger-Bauern-Bündnis, ausgehend von Herders Gedankenskizze, nicht gesprochen werden kann. Außerdem sind weder Lenz' *Anmerkungen übers Theater* ein Appell an revolutionäre Massen noch verfolgt Goethes *Götz* das Ziel einer klassenlosen Gesellschaft. Die Revolution bleibt Spiel, die Autoren verlangen allenfalls Neuordnungen im Rahmen eines aufgeklärten Absolutismus. Herders Volksbegriff wird bei Braemer und der marxistischen Germanistik prärevolutionär aufgeladen und zu einem unhistorischen Monstrum, das Herders durchaus subtilen schichtendistinkten Begriffsgebrauch nicht mehr erkennen läßt.

Die zweite Grundposition des Sturm und Drang sieht Braemer in Herders *Journal meiner Reise im Jahre 1769* formuliert und benennt sie als Streben nach Aktivität, das mit der ideologischen Vorbereitung der Tathandlung (Revolution) gleichzusetzen ist.[64] Da dies sehr unspezifisch bleibt, kann man darin auch ein allgemeines Merkmal aufgeklärter und aufklärungskritischer Literatur erkennen. Denn der Boden eines aufgeklärten Perfektibilitätsgedankens, wonach die Menschen grundsätzlich einer allmählichen Vervollkommnung durch Aufklärung teilhaftig sind, wird von den Autoren des Sturm und Drang nie verlassen. Es ist eine Frage der Mittel und des Weges, nicht aber des grundsätzlichen Ziels schlechthin. So lehnt Lenz beispielsweise in seiner Schrift *Über Soldatenehen* nicht allgemein das Militär ab und plädiert für eine entmilitarisierte Gesellschaft, sondern für eine Neuordnung des Soldatenwesens. Diese Vorstellungen

---

[62] Herder: Sämtliche Werke, Bd. 32, S. 49.
[63] Vgl. Herder: Sämtliche Werke, Bd. 32, S. 57. – Vgl. dazu Rudolf Haym: Herder. [¹1880 u. 85]. 2 Bde. Mit einer Einleitung v. Wolfgang Harich. Berlin 1954, S. 63f., der den Fragmentcharakter von Herders Abhandlung, die ihm etwas verworren erscheint, nicht würdigt und eine verblüffende Übereinstimmung mit Kantschen Philosophemen erkennt.
[64] Vgl. Braemer: Goethes Prometheus, S. 72 u. 77.

laufen – konsequent zu Ende gedacht – zum Teil auf das Vorbild einer antiken Kriegerkastengesellschaft hinaus. Herder stellt in seinem *Journal* nicht die Funktion und Notwendigkeit aufgeklärten Wissens generell in Frage, sondern die Art und Weise, wie man es erwirbt und zu welchem Zweck man es bewahrt.

Christoph Siegrist betonte 1978 stärker das Nebeneinander von Aufklärung und Sturm und Drang und deren Gleichzeitigkeit. Eingedenk des grundsätzlichen Behelfscharakters von literaturgeschichtlichen Periodisierungen hebt Siegrist den »Gesichtspunkt der Komplementarität«[65] des Wechselverhältnisses von Aufklärung, Empfindsamkeit und Sturm und Drang hervor. »Abwandlung und Ergänzung«[66] bestimmen in dieser Sicht das geschichtliche Verhältnis von Aufklärung und Sturm und Drang. Die Autoren des Sturm und Drang bemühten sich aufgeklärte Positionen zu erweitern und fortzuführen. Siegrists lapidarer zutreffender Bemerkung, dass der Sturm und Drang am Fürstenhof zu Weimar untergegangen sei, kann man nur zustimmen.[67]

Über die Sturm-und-Drang-Forschung des vergangenen Vierteljahrhunderts, die größtenteils ein sehr differenziertes Bild des Problemzusammenhangs von Literatur und Gesellschaft der 70er und 80er Jahre des 18. Jahrhunderts erarbeitet hat, habe ich an anderer Stelle ausführlich geschrieben.[68] Deshalb beschränke ich mich lediglich auf die Nennung von drei, die Forschung prägenden Namen. Allen drei Arbeiten ist gemeinsam, dass sie die Sturm-und-Drang-Forschung sowohl aus der geistesgeschichtlichen Isolation als auch aus der posi-

---

[65] Vgl. Christoph Siegrist: Aufklärung und Sturm und Drang: Gegeneinander oder Nebeneinander?, in: Walter Hinck (Hg.): Sturm und Drang. Ein literaturwissenschaftliches Studienbuch. Durchgesehene Neuauflage. Kronberg/Ts. 1989 [¹1978], S. 1-13, hier S. 1.

[66] Siegrist: Aufklärung und Sturm und Drang, S. 2.

[67] Siegrist: Aufklärung und Sturm und Drang, S. 11.

[68] Vgl. Matthias Luserke: Jakob Michael Reinhold Lenz. Der Hofmeister – Der Neue Menoza – Die Soldaten. München 1993, S. 12ff.

»*Zum Tollwerden sind die vernünftigen Diskurse*« 51

tivistischen Selbstverliebtheit herausgeführt haben: 1.) Peter *Müller* mit der umfangreichen Einleitung zum ersten Band seiner Sturm-und-Drang-Textsammlung aus dem Jahr 1978.[69] 2.) Andreas *Huyssen* mit seinem Kommentar zum Sturm-und-Drang-Drama von 1980.[70] 3.) Gerhard *Sauder* mit dem Epochenüberblick von 1984,[71] der unter Berücksichtigung der Arbeiten von Werner Krauss[72] 1985 die inzwischen gängige Formel vom Sturm und Drang als *Dynamisierung und Binnenkritik* der Aufklärung prägte.[73] Im Anschluss an diese Forschungsimpulse haben Reiner Marx und ich 1992 vier Thesen zur Sturm-und-Drang-Forschung vorgelegt, welche diese Formel vom Sturm und Drang als Dynamisierung und Binnenkritik, als »Seelengeographie«[74] der Aufklärung psychohistorisch erweiterten.[75] Sturm-

---

[69] Vgl. Sturm und Drang. Weltanschauliche und ästhetische Schriften. Hgg. v. Peter Müller. 2 Bde. Berlin, Weimar 1978. Die ebenfalls von Müller herausgegebene Textsammlung *Sturm und Drang. Ein Lesebuch für unsere Zeit* (Berlin 1992), steht hier nicht zur Diskussion (vgl. Gerhard Sauder: Zwei ›Einleitungen‹. Anmerkungen bei Gelegenheit des neuen Sturm-und-Drang-Lesebuchs von Peter Müller, in: Lenz-Jahrbuch/Sturm-und-Drang-Studien 2 [1992], S. 227-232).

[70] Vgl. Andreas Huyssen: Drama des Sturm und Drang. Kommentar zu einer Epoche. München 1980.

[71] Vgl. Gerhard Sauder: Die deutsche Literatur des Sturm und Drang, in: Neues Handbuch der Literaturwissenschaft, Bd. 12: Europäische Aufklärung (II. Teil). Wiesbaden 1984, S. 327-378.

[72] Vgl. Werner Krauss: Zur Periodisierung Aufklärung, Sturm und Drang, Weimarer Klassik [¹1961], in: Sturm und Drang. Hgg. v. Manfred Wacker. Darmstadt 1985, S. 67-95.

[73] Vgl. Goethe: MA Bd. 1.1 u. 1.2: Der junge Goethe 1757 – 1775. Hgg. v. Gerhard Sauder. München, Wien 1985, S. 756 (»Einführung«).

[74] Vgl. [Christian Gottlob Klemm:] Die Seelengeographie. Ein deutsches Originallustspiel in fünf Aufzügen. Leipzig 1772. Ich übernehme lediglich den Titel, der auf S. 24 des Stücks näher erklärt wird. Das Drama selbst führt einen theaterfähigen Ehekonflikt und dessen harmonische Lösung vor Augen, hier siegt noch der Verstand über den ›Sturm und Drang‹ der Leidenschaften.

und-Drang-Forschung scheint zum Beginn des neuen Jahrtausends mehr und mehr den Charakter einer Literaturgeschichte des Kleinen anzunehmen. Es wird anderen Wissenschaftlergenerationen vorbehalten sein dies zu beurteilen.

---

[75] Vgl. zum Wortlaut dieser Thesen das vorige Kapitel. – Ich selbst habe in meinem Buch *Sturm und Drang* eine Überblicksdarstellung über den Sturm und Drang versucht. Auch Ulrich Karthaus geht diesen Weg in seinem bilanzierenden Überblick *Sturm und Drang. Epoche – Werke – Wirkung* (München 2000), der aber eher eine traditionelle Perspektive entfaltet.

Der Lenz-Freund Ramond de Carbonnières

Im Frühjahr 1771 kam Lenz als Begleiter der Barone Friedrich Georg und Ernst Nikolaus von Kleist in Straßburg an. Goethe und Herder hatten sich dort schon im Spätsommer 1770 in einer Gruppe um den Aktuar Salzmann kennen gelernt. Aus dieser lockeren Verbindung von Literaten und Literaturinteressierten ging die Straßburger Sturm-und-Drang-Gruppe hervor, zu der neben Lenz, Wagner und Lerse auch Ramond de Carbonnières gehörte. Lenz zählte zu den Hauptakteuren dieser Gruppe. Schlosser aus Emmendingen und Pfeffel aus Colmar waren der Gruppe wohlwollend bis kritisch verbunden.[1] Als Lenz am 1. Dezember 1776 Weimar in Richtung Süden verließ, fand er für einige Zeit bei Schlosser in Emmendingen Unterkunft. Von da aus unternahm er mehrere Reisen. Eine von ihnen führte ihn Mitte April 1777 in die Schweiz. Das Fernziel war der Gotthard. Lenz verbrachte einige Tage bei dem Basler Freund und Förderer Sarasin und seiner Frau. Am 5. Mai führte ihn sein Weg weiter nach Zürich. Dort besuchte er Lavater, den er schon seit Jahren persönlich kennen lernen wollte. Vom 12. bis zum 15. Mai hielt sich Lenz anschließend auf Einladung der Helvetischen Gesellschaft in Schinznach auf.[2]

Schlosser drängte die Familie von Lenz, den Sohn in seine Heimat zurückzuholen. Die Verhaltensauffälligkeiten häuften sich.[3] Im Juni 1779 reiste Lenz, von seinem Bruder begleitet, nach Riga zurück. Auf der Reise zeichnete er mit Bleistift ein Selbstporträt und

---

[1] So finden sich im Fremdenbuch Pfeffels beispielsweise die Einträge von Lenz und Carbonnières, vgl. Gottlieb Konrad Pfeffel's Fremdenbuch. Mit biographischen und culturgeschichtlichen Erläuterungen. Hgg. v. H. Pfannenschmid. Colmar 1892, S. 35f. und S. 241.

[2] Vgl. dazu das Kapitel »Jupiter und Schinznach« in diesem Buch.

[3] Vgl. dazu die quellendokumentarische Arbeit von Burghard Dedner, Hubert Gersch, Ariane Martin (Hgg.): »Lenzens Verrückung«. Chronik und Dokumente zu J.M.R. Lenz von Herbst 1777 bis Frühjahr 1778. Tübingen 1999 (= Büchner-Studien 8).

schrieb ein kleines Gedicht dazu. Der Adressat war Ramond de Carbonnières, die Widmung trägt das Datum 12. Juli 1779:

A Ramond.
De vieil ami ci voistu la Semblance;
Amour a dit ne le connaitre plus,
Mais de ses traites jadis au coeur recus
L'ami saitmieux Garder la Souvenance.[4]

Louis Ramond de Carbonnières wurde am 4. Januar 1755 in Straßburg geboren.[5] Dort studierte er Jura, doch galten seine Interessen

---

[4] Ich zitiere nach einer Reproduktion des Originals. Zeichnung und Gedicht sind im Besitz eines Nachfahren von Carbonnières, Herrn Louis Martin, dem ich herzlich für seine Unterstützung danke, erhalten. Das Gedicht wurde erstmals gedruckt in einem Ausstellungskatalog: Musee Pyreneen 1755 - 1827. Exposition L.F.E. Ramond. Lourdes 1953, S. 46, Nr. 101 (ich danke der Bibliothèque nationale de France, Paris, für die Überlassung einer Kopie). Wiederabdruck bei Cuthbert Girdlestone: poésie, politique, Pyrénées, Louis-François Ramond (1755 - 1827), sa vie, son oeuvre littéraire et politique. Paris 1968, S. 64. Die Reproduktion des bislang unbekannten Selbstporträts von Lenz ist für das *Lenz-Jahrbuch/Sturm-und-Drang-Studien* (Band 10, 2000) vorgesehen. Da Lenz nachweislich Selbstporträt und Gedicht vor seiner Abreise nach Livland an Carbonnières geschickt hat, ist auch die Behauptung Osbornes falsch, Carbonnières' freundschaftliches Interesse an Lenz und seine Verehrung dieses Autors sei taktisch begründet gewesen (wir wissen nicht einmal, wie viele Briefe überhaupt gewechselt wurden), er sei einem »eindimensionalen Bild seines Gegenübers« gefolgt, und Lenz sei »plötzlich verschwunden, und zwar (schon wieder!) ohne Abschied genommen zu haben«, vgl. John Osborne: Sehnsucht nach Weimar. Bemerkungen zu den Briefen von Louis-François Ramond de Carbonnières an Jakob Michael Reinhold Lenz, in: Lenz-Jahrbuch/Sturm-und-Drang-Studien 5 (1995), S. 67-78, hier S. 76.

[5] Ich stütze mich im Folgenden weitgehend auf meinen Aufsatz: Matthias Luserke: Louis Ramond de Carbonnières und sein Sturm-und-Drang-Drama *Die letzten Tage des jungen Olban*, in: Lenz-Jahrbuch 4 (1994), S. 81-100. Was das *Olban*-Drama betrifft, ergänze oder revidiere ich teilweise Erkenntnisse, die ich dort vorgetragen habe. – Zu den biographischen Daten

schon früh naturwissenschaftlichen Themen. Seine ersten literarischen Versuche fallen in diese Zeit. Ob er engeren Umgang mit Goethe hatte, ist umstritten. Ferdinand Heymach meinte, Goethe dürfe nicht zu seinen Freunden gerechnet werden.[6] Dagegen spricht aber zum einen, dass Goethe den jungen Elsässer gekannt haben muss. Denn Wilhelm von Humboldt schreibt am 28. November 1799 aus Madrid an Goethe, der einzig interessante Mensch, den er in den Pyrenäen getroffen habe, sei Carbonnières gewesen, »dessen Sie sich wohl von alter Zeit her aus Straßburg erinnern. Wenigstens sagte er mir, daß er Sie mehrmals gesehen habe und Lenzens vertrauter Freund gewesen sei.«[7] Carbonnières hatte sich selbst schon am 9. Juni 1780 brieflich an Goethe gewandt. Das Briefende ist in diesem Zusammenhang aufschlussreich: »C'est en Suisse que j'ai vu M. Lenz pour la dernière fois, ses malheurs qui ont suivi ce voyage m'ont vivement affecté et j'ai appris dans le temps avec intérêt qu'il rentrait enfin dans le sein de sa famille. Puisse le désordre de son imagination lui permettre le repos!«[8] Carbonnières kannte Goethes Freund Jakob Michael Reinhold Lenz recht gut. Beide, Lenz und Carbonnières, waren aktive Mitglieder der *Deutschen Gesellschaft* in Straßburg. Lenz hatte in der am 2. November 1775 neu gegründeten Gesellschaft, die 1767 als *Société de Philosophie et de Belles-Lettres* ins

---

vgl. ferner: Ferdinand Heymach: Ramond de Carbonnières. Ein Beitrag zur Geschichte der Sturm- und Drangperiode, in: Jahresbericht des Fürstlich Waldeckschen Gymnasiums zu Corbach [= 1887. Progr. Nr. 361]. Mengeringhausen 1887, S. 3-20. – Vgl. auch André Monglond: La Jeunesse de Ramond, in: Chronique des Lettres Françaises 4 (1926), Nr. 23-24, S. 561-704.

[6] Vgl. Heymach: Ramond de Carbonnières, S. 4.

[7] Goethes Briefwechsel mit Wilhelm und Alexander v. Humboldt. Hgg. v. Ludwig Geiger. Mit einer Gravüre, die beiden Standbilder in Berlin darstellend. Berlin 1909, S. 107.

[8] Goethes Briefe und Briefe an Goethe. Hamburger Ausgabe in 6 Bänden. Hgg. v. Karl Robert Mandelkow. Briefe an Goethe, Bd. 1: Briefe der Jahre 1764 – 1808. Gesammelt, textkritisch durchges. u. mit Anm. vers. v. K.R.M. München 1988, S. 68.

Leben gerufen worden war, die Funktion eines Sekretärs übernommen. Bereits sechs Wochen später, am 21. Dezember 1775, wurde Carbonnières in die *Gesellschaft* eingeführt.

1777 traf Carbonnières Lenz nochmals auf einer Schweizreise beim Rheinfall von Schaffhausen. In seiner Übersetzung der *Briefe an William Coxe* von 1781 schreibt er gleich zu Beginn in einer Anmerkung:

› Un jeune Auteur Allemand, si connu dans sa Patrie par la fougue de son imagination, sa sensibilité & ses malheurs, Lentz, descendant avec moi sur cet échaffaud, tomba à genoux en s'écriant: *voilà un enfer d'eau!* Le vent qui nous lançoit l'épaisse vapeur de la cataracte, ne l'empêcha pas de rester un quart-d'heure entier dans la même situation, immobile, &, pour ainsi dire, sans aucun autre sentiment que celui qui lui avoit dicté les seuls mots qu'il prononça.‹ *Note du Traducteur.*[9]

In demselben Jahr 1777, in dem auch *Jupiter und Schinznach* veröffentlicht wurde, erschien Carbonnières Drama *Die letzten Tage des jungen Olban* auf Französisch. Ein Jahr später folgte anonym der 91 Seiten umfassende Gedichtband *Elégies* (Yverdon 1778). 1781 erschien in deutscher Übersetzung Carbonnières zweites Drama *Hugo der Siebente, Graf von Egisheim*, sein zugleich letzter belletristischer Text.[10] In der Vorrede schreibt er: »[...] ich werde die Natur getreu kopiren, auch da, wo die Fiktion Thatsachen aufhelfen soll, welche die Zeit in die Finsternisse der Vergessenheit vergraben hat«.[11] In ei-

---

[9] Lettres de M. William Coxe, à M.W. Melmoth, sur l'état politique, civil et naturel de la Suisse; traduites de l'anglois, et augmentées des Observations faites dans le même Pays, par le traducteur [Ramond de Carbonnières]. Paris 1781, S. 15f., Anm. 10.

[10] [Ramond de Carbonnières:] Hugo der Siebente, Graf von Egisheim. Ein historisches Drama. Aus d. Franz. übers. Regensburg 1781. – Die französische Originalausgabe lautet: [Ramond de Carbonnières:] La guerre d'Alsace[,] pendant le grand schisme d'occident terminée par la mort du vaillant comte Hugues surnommé le soldat de Saint Pierre. Drame historique. Basel 1780.

[11] [Carbonnières:] Hugo der Siebente, S. XI.

ner Fußnote beruft sich Carbonnières auf die literarischen Vorbilder seines Historiendramas, das im Spätsommer des Jahres 1089 spielt: die Stücke Shakespears, die politischen Trauerspiele Bodmers und Goethes *Götz von Berlichingen*.[12] 1785 wurde das Drama in der *Allgemeinen deutschen Bibliothek* ausgesprochen schlecht rezensiert.[13] Nach einem kurzen Aufenthalt in Paris kehrte Carbonnières 1781 nach Straßburg zurück. Als Geheimrat stand er nun die nächsten Jahre in den Diensten des Bischofs Rohan, der durch die so genannte Halsbandaffäre bekannt geworden ist. In dieser Angelegenheit reiste Carbonnières 1785 nach England. 1787 brach er zu einer

---

[12] Vgl. [Carbonnières:] Hugo der Siebente, S. XII. – In dem unbeschnittenen Exemplar der Staatsbibliothek Regensburg findet sich ein Schlussblatt, das in den beschnittenen Exemplaren anderer Bibliotheken nicht mehr vorhanden ist. Dieses Blatt enthält folgende Mitteilung des Übersetzers: »Der Uebersetzer an seine Leser. Es soll dieses Schauspiel zur Aufführung auf der Bühne ausgearbeitet werden. Man wird dabey den Bedacht nehmen, die noch zu moderne Sprache in die Sprache des damaligen Zeitalters umzuändern« (o.S. [= S. 215]). Aufführungen des Dramas sind allerdings nicht belegt. Erich Schmidt nennt es »eine Art dramatisierter Chronik« (Heinrich Leopold Wagner. Goethes Jugendgenosse. 2. völlig umgearbeitete Aufl. Jena 1879, S. 120).

[13] Vgl. Anhang zu dem sieben und dreyßigsten bis zwey und funfzigsten Bande der allgemeinen deutschen Bibliothek. In vier Bänden. Berlin, Stettin 1785, S. 366f.: »Das französische Original ist dem Recensenten unbekannt. Das Stück soll in der Manier wie Götz von Berlichingen geschrieben seyn, aber wie viel fehlt daran? Wo ist die Lebhaftigkeit im Colorit, die Haltung, die Einheit in den Nüancen der Charaktere, die Stärke und Wahrheit in Darstellung der Person der damaligen Zeiten, der feurige Dialog, die hinreissende Größe des Ganzen? – Und dazu wimmelt das Stück von Sprachfehlern. Statt *nicht mehr* steht aller Orten *nimmer*; Ein Freund *zum* Grafen: statt *des* Grafen; *für dir*; *Umrungen* statt *umringt*. Hier ist keine einzige Scene einzeln schön, groß, hinreissend, und das Ganze hat kein andres Interesse, als daß man jeden Augenblick andre Personen auftreten und sich durch einander arbeiten sieht.« Das Kürzel »Yr.«, womit diese Kurzrezensionen summarisch unterzeichnet sind, steht für Adolph Freiherr von Knigge.

Expeditionsreise in die Pyrenäen auf, seine Beobachtungen und Erfahrungen veröffentlichte er 1789 in den *Observations faites dans les Pyrénées [...]*, noch im gleichen Jahr erschien die deutsche Übersetzung in Straßburg.[14] Seine Reisebeschreibungen, meteorologischen und geologischen Forschungen machten Carbonnières zwar berühmt und führten zur Benennung einer Pflanze nach ihm (ramondia pyrenaica) und heutigentags sogar zur Internetpräsenz, als Literat blieb er aber unbekannt. Er starb am 14. Mai 1827.

Carbonnières war also ein berühmter Naturforscher und unbekannter Literat des 18. Jahrhunderts. Sein Name ist eng mit der Geschichte der Naturwissenschaften in der Aufklärung und mit seinen Reiseberichten verbunden. So notiert etwa Lavater in seinem Reisetagebuch unter dem Datum 31. Juli 1785, er habe viel von Goethe, Cox und Ramond de Carbonnières »durchblättert und gelesen«.[15] Dass Carbonnières auch als Dramatiker hervorgetreten ist, dass er kurze Zeit Anschluss an die Gruppe des Straßburger Sturm und Drang um Jakob Michael Reinhold Lenz und andere hatte, und dass er selbst ein Theaterstück im Stil des Sturm und Drang geschrieben hat, war kaum bekannt. Die beiläufige Erwähnung im Katalog zur großen Frankfurter Sturm-und-Drang-Ausstellung von 1988/89

---

[14] [Ramond de Carbonnières:] Reise nach den höchsten französischen und spanischen Pyrenäen, oder physikalische, geologische und moralische Beschreibung der Pyrenäen, ihrer Höhe, der Gletscher oder Eisberge auf denselben u.s.f. ihrer Bewohner, deren Geschichte, Sitten, Lebensart etc. nebst einer Vergleichung dieser Gebirge mit den Alpen etc. von Herrn Ramond de Carbonnieres. Als ein Gegenstük zu dessen Beobachtungen über die Alpen. Aus dem Französischen unter der Aufsicht des Verfassers übersetzt. Mit Landcharten und einem Kupfer. 2 Bde. Strasburg 1789. Dem zweiten Band dieses Textes ist das folgende Werk beigebunden: [Ramond de Carbonnières:] Reise in die französischen Pyrenäen. Als ein Anhang zu den Reisen des Hrn. Ramond de Carbonnieres. Aus dem Französischen. Strasburg 1790.

[15] Johann Kaspar Lavater: Reisetagebücher. Hgg. v. Horst Weigelt. Teil II: Reisetagebuch nach Süddeutschland 1778, Reisetagebuch in die Westschweiz 1785, Brieftagebuch von der Reise nach Kopenhagen 1793. Göttingen 1997, S. 70.

macht hier eine Ausnahme. Carbonnières wird als »früheste[r] ›Götz‹-Nachahmer« und als »ein erster französischer Liebhaber der jüngsten deutschen Literatur«[16] bezeichnet. 1960 erschien von Francesco Orlando eine Carbonnières-Monographie und Cuthbert Cirdlestone hat 1968 ein umfassendes Werk zu Carbonnières vorgelegt. In literaturgeschichtlicher Hinsicht lassen beide Arbeiten allerdings manche Fragen unbeantwortet.[17] Insgesamt muss man immer noch auf die sehr spärlichen Forschungen und regionalgeschichtlichen Erkundungen des 19. Jahrhunderts zurückgreifen, um überhaupt etwas über den Literaten Carbonnières in Erfahrung zu bringen.[18] Freilich bleiben einige Quellen auch weiterhin ungesichert. In der umfangreichen Einleitung etwa von Desceltes' Nachdruck des *Rheinischen Most* von 1904 erwähnt der Autor eine unveröffentlichte Autobiographie Carbonnières. Bereits 1909/10 hat Max Morris Desceltes' Ausführungen zu Carbonnières und dem jungen Goethe als »eine

---

[16] Christoph Perels: Die Sturm und Drang-Jahre 1770 bis 1776 in Straßburg. In: Sturm und Drang [Ausstellungskatalog]. Hgg. v. Christoph Perels. Frankfurt a.M. 1988, S. 47-62, hier S. 61f.

[17] Vgl. Francesco Orlando: L'opera di Louis Ramond. Milano 1960, bes. S. 19-25, und Cuthbert Cirdlestone: poésie, politique, Pyrénées, Louis-François Ramond (1755 - 1827), sa vie, son oeuvre littéraire et politique. Paris 1968. - Zu den literaturgeschichtlichen Zusammenhängen vgl. Luserke: Sturm und Drang, S. 311ff. - Vgl. ferner Stuart Pratt Atkins: The Testament Of Werther In Poetry and Drama. Cambridge 1949, S. 137.

[18] Eine umfassende Bibliographie der Werke von Carbonnières bietet Jacques Reboul: Un grand précurseur des Romantiques Ramond (1755 - 1827). Nice o.J. [ca. 1910]. - Vgl. auch [Ramond de Carbonnières:] Naturel et légitime. O.O. o.J. [1803/04]. - Lettres inédites de Ramond de Carbonnières à Sarrazin le Jeune 1783 - 1792. Note par Henri Beraldi. Bagnères-de-Bigorre 1927. - G. Cuvier: Éloge historique de Ramond, lu le 16 Juin 1828, in: Ders.: Recueil des Éloges historiques lus dans les séances publiques de l'institut de France. Nouvelle édition, Tome troisiéme. Paris 1861, S. 53-81. - Eduard Strasburger: Die Central-Pyrenäen, in: Deutsche Rundschau 106 (1901), S. 264-295. Strasburger streift in diesem Aufsatz Carbonnières als Naturforscher, vor allem Pyrenäen-Erforscher.

dreiste Mystifikation«[19] und ihren Urheber als einen »Fälscher«[20] bezeichnet und forderte den Verfasser auf, seine Identität preiszugeben. Das tat dieser nicht, gestand aber seine Fälschung ein.[21] Die in Deceltes' Einleitung erwähnte Autobiographie von Carbonnières ist bis heute nicht aufgetaucht. Allerdings war der Gedanke einer Autobiographie Carbonnières' nicht ganz aus der Luft gegriffen, denn ein Jahr nach der Publikation des *Rheinischen Most* erschien in Frankreich ein Text mit dem Titel *Une Autobiographie du Baron Ramond*. Bei dieser *Autobiographie* handelt es sich aber lediglich um einen Brief Carbonnières vom 19. Februar 1827, worin er einen lebensgeschichtlichen Abriss bietet und beiläufig, die Straßburger Jahre streifend, vom »l'original Lenz, l'immortel Goethe«[22] spricht. Die Äußerungen, die Desceltes aus der Autobiographie Carbonnières zitiert, sind in diesem Brief allerdings nicht zu finden. Es bleibt also ungeklärt, ob Desceltes diese Passagen aus der Autobiographie nur fingiert, oder ob er sich tatsächlich auf unveröffentlichtes, handschriftliches Material von Carbonnières stützen konnte.

Im April 1778 erschien erstmals die Zeitschrift *Olla Potrida*, die bis 1797 fortbestand und von Heinrich August Ottokar Reichard herausgegeben wurde. Gelegentliche Mitarbeiter waren Goethe, Iffland, Meißner, Moritz, Musäus, Unzer, Voß, Vulpius, H.L. Wagner und Zschokke. Unter der Rubrik »Dramatische Aufsätze«[23] findet sich die deutsche Übersetzung von Carbonnières *Les dernières des*

---

[19] Max Morris: »M. Desceltes«, in: Das Literarische Echo 12 (1909/1910), Sp. 1632-1635.

[20] Max Morris: »Gotthold Deile«, in: Das Literarische Echo 13 (1910/1911), Sp. 687-689.

[21] Vgl. Morris: »Gotthold Deile«, Sp. 687, Anm. 1.

[22] [Ramond de Carbonnières:] Une Autobiographie du Baron Ramond, in: Journal des savants. Nouvelle série 3 (1905), S. 121-130, hier S. 123 (möglicherweise hat Desceltes selbst diese Publikation veranlaßt?). Ein auszugsweiser Wiederabdruck findet sich auch bei Orlando 1960, S. 135-141. – Vgl. dazu auch Girdlestone: poésie, politique, Pyrénées, S. 8, doch bietet auch er keinen weiteren Aufschluss über eine ›andere‹ Autobiographie.

[23] Olla Potrida 1 (April 1778), S. 14.

aventures du jeune d'Olban. Die Entstehungs- und Druckgeschichte dieses Dramas lässt sich folgendermaßen rekonstruieren. Carbonnières dachte ursprünglich, wenn man der Darstellung von Heymach auf der Grundlage des Sitzungsprotokolls der *Deutschen Gesellschaft* folgt, an eine Trilogie, innerhalb derer die *Abenteuer des jungen Olban* das Schlussstück darstellen sollten.[24] Der Gesamttitel der dramatischen Trilogie sollte *Amours alsaciennes* heißen. Dieser Titel erscheint dann nur noch als Untertitel in der französischen Buchausgabe des *Olban*.[25] Der erste Teil der Trilogie wurde am 25. Januar 1776 in der *Deutschen Gesellschaft* verlesen. Der Titel ist unbekannt, das Manuskript wurde – soweit sich dies heute noch feststellen lässt – nie zum Druck befördert. Der zweite Teil hatte den Titel *Der Duell* und wurde am 22. August 1776 von Carbonnières selbst vorgetragen. Auch dies war ein französisch geschriebener Text. Der Schlussteil der Trilogie hieß ursprünglich *Les malheurs de l'amour* und wurde am 21. Dezember 1775 und am 8. Februar 1776 vorgelesen. Im Druck ist nur dieser Teil mit dem dann geänderten Titel *Les dernières aventures du jeune d'Olban* erschienen. Soweit der Stand der Forschung, doch was Fritz Ernst über Lenz' Briefwechsel geschrieben hat, er sei »überhaupt voller Hinweise und Rätsel bezüglich Ramonds«, gilt nicht minder für die dürftige Faktenlage »bei der Seltenheit direkter Nachrichten über die Frühzeit Ramonds«.[26] Am 2. November 1775 wurde im Haus des Straßburger Aktuars Johann Daniel Salzmann, einem Förderer junger Literaten, die *Gesellschaft deutscher Sprache*, auch *Deutsche Gesellschaft* genannt, gegründet.[27] Im

---

[24] Wie Osborne eine »Tetralogie« vermuten kann, erschließt sich mir nicht, vgl. Osborne: Sehnsucht nach Weimar, S. 72.

[25] Vgl. die französische Originalausgabe: [Ramond de Carbonnières:] Les dernières aventures du jeune d'Olban; fragment des amours Alsaciennes. Yverdon 1777. – Zur französischen Ausgabe vgl. Girdlestone: poésie, politique, Pyrénées, S. 37-45, sowie Heymach: Ramond de Carbonnières, S. 12.

[26] Fritz Ernst: Iphigeneia und andere Essays. München, Berlin 1933, S. 70-88 u. S. 157-160, hier S. 158.

[27] Vgl. zum Folgenden das bruchstückhaft überlieferte Protokoll der einzelnen Sitzungen in: Protokoll der vom Aktuar Salzmann präsidirten lite-

Protokoll der Gesellschaft wird Carbonnières siebenmal namentlich erwähnt, wovon für unseren Zusammenhang vier Eintragungen, die mutmaßlich von Lenz stammen, interessant sind:[28]

1.) »Den 21ten Dezb. [...] erwies uns Herr Ramond, ein Fremder aus Colmar, der bey dieser Gelegenheit mit in die Gesellschaft trat, die Ehre uns ein Drama seiner Arbeit mitzutheilen, das den Titel führte: ›les malheurs de l'amour‹ und sowohl in Ansehung des Plans als der Ausführung das Gepräge des originellsten und hoffnungsvollsten Genies hatte«.[29] Ob Carbonnières den bewunderten Schriftstellerkollegen Lenz bereits ein Jahr zuvor kennen gelernt hatte, ist zwar wahrscheinlich, lässt sich aber nicht eindeutig belegen. Ledig-

---

rarischen Gesellschaft in Straßburg, (2. November 1775 – 9. Jänner 1777), in: Alsatia. Beiträge zur elsässischen Geschichte, Sage, Sitte und Sprache. Hgg. v. August Stöber. 1862 – 1867. Mülhausen 1868, S. 173-181. [Zitiert als: Protokoll, mit Seitenangabe]. – Froitzheim rügt zwar die Wiedergabe des Protokolls durch Stöber, dem der Text nicht selbst vorgelegen habe, doch konnte auch er die Handschrift des Protokolls nicht autopsieren; im Übrigen sind die Abweichungen marginal (vgl. Joh. Froitzheim: Zu Strassburgs Sturm- und Drangperiode 1770 – 1776. Urkundliche Forschungen nebst einem ungedruckten Briefwechsel der Strassburgerin Luise König mit Karoline Herder aus dem Herder- und Röderer-Nachlass. (= Beiträge zur Landes- und Volkeskunde von Elsass-Lothringen, Heft 7). Strassburg 1888, S. 33ff. Das Protokoll muss als verschollen gelten. Froitzheim korrigierte aber einen elementaren Fehler, der sich bis heute in der Forschung gehalten hat: Der im Protokoll der Gesellschaft genannte Salzmann ist nicht der Aktuar Johann Daniel Salzmann, sondern dessen jüngerer Vetter Friedrich Rudolf Salzmann. – Zur Gesellschaft vgl. die immer noch instruktiven Ausführungen von Joseph Lefftz: Die gelehrten und literarischen Gesellschaften im Elsass vor 1870. Colmar 1931, bes. S. 74, sowie J. Keller: Les sociétés culturelles a Strasbourg vers 1770, in: Revue d'Allemagne 3/1 (1971), S. 223-235, und Timothy F. Pope: J.M.R. Lenz's ›Literarischer Zirkel‹ in Strasbourg, in: Seminar 20/1 (1984), S. 235-245, und zusammenfassend Hans-Gerd Winter: J.M.R. Lenz, S. 40f.
[28] Vollständige Mitteilung bei Luserke: Louis Ramond de Carbonnières, S. 84f.
[29] Protokoll, S. 177.

lich eine Briefnotiz von Lenz an Lavater vom 18. Juni 1774 ist überliefert, worin er schreibt: »[...] heut ist ein Franzos bei mir gewesen sich Deine Schrift wider den Landvogt Grewel auszubitten« (WuBr 3, S. 300).

2.) Vier Wochen später findet sich ein zweiter Eintrag ins Protokoll: »Den 25ten Jan. [1776, M.L.] las Herr Lenz etwas üb. die Veränderungen des Theaters in Shakespeare und Herr Matthieu das erste Drama seines Freundes Ramonds, das dem bereits verlesenen zur Einleitung diente«.[30]

3.) Der dritte Eintrag lautet: »Den 8ten Febr. las Herr Matthieu das am 21ten Dezb. vorgelesene Drama seines Freundes zum andern vor um es dem kühlern Urtheil der Herrn auszusetzen«.[31]

4.) »Den 22ten Augst. las Hr. Ramond von Colmar sein franz. Drama vor: ›der Duell‹ betitelt, welches ein Zwischenstück eines größern Werkes ist, das den Namen *Amours alsaciennes* führt«.[32]

5.) Über die Sitzung der *Gesellschaft* vom »5ten Sept.« heißt es: »Hr. Ramond schloß mit einem kleinen Gedichte: *à Mdlle avec une Trad. de l' Ecclésiaste.*«[33]

6.) »Den 27ten Sept. las [...] Hr. Ramond: *le Pié de né* auch eine Erzählung.«[34]

7.) Auch die letzte Eintragung im Protokoll vom »9ten Januar 1777« betrifft Carbonnières: »Hr. Ramond von Colmar las die drey ersten Akte seines elsässischen Trauerspiels: ›le comte d' Egisheim‹ vor.«[35]

---

[30] Protokoll, S. 178.
[31] Protokoll, S. 178.
[32] Protokoll, S. 180.
[33] Protokoll, S. 180.
[34] Protokoll, S. 180.
[35] Protokoll, S. 181.

Unzweifelhaft ist, dass Ramond selbst im Dezember 1775 ein Drama vorgelesen hat, das mit Titel *Les malheurs de l'amour* belegt ist. Anzunehmen ist, dass der Text französisch geschrieben war und auf Französisch vorgetragen wurde. Dies ist nach gruppeninternen Diskussionen durchaus wieder möglich gewesen, obgleich Lenz zunächst stark sprachpflegerische Absichten mit der Neugründung der ›Deutschen Gesellschaft‹ verknüpft hatte.[36] Der Hinweis »Drama seiner Arbeit« lässt den Schluss zu, dass es sich um ein eigenes Stück von Carbonnières handelt. Im Januar und Februar 1776 wird von einem Freund ein anderes Drama Carbonnières' vorgetragen, das inhaltlich als »Einleitung« den *Malheurs de l'amour* voranzustellen ist. Der Titel dieses ›Einleitungsdramas‹ wird nicht mitgeteilt; doch auch hier liegt es nahe, von einem französischen Text auszugehen. Im August 1776 liest Carbonnières wiederum selbst ein französisches Drama vor, von dem der deutsche Titel *Duell* genannt wird und das als Mittelstück eines größeren Werks – logisch gefolgert einer Trilogie – *Amours alsaciennes* bezeichnet wird. In deutschen Bücherverzeichnissen und in den Beständen deutscher und französischer öffentlicher Bibliotheken ist ein solches Drama oder eine Einzelpublikation dieses Titels bislang nicht nachzuweisen. Was den Titel *Les malheurs de l'amour* betrifft, so ist ein solcher Titel bibliographisch durchaus zu belegen.[37] Ein Drama *Les malheurs de l'amour* wurde ohne Verfasserangabe 1775 in Bern gedruckt. Dieses Werk wird bis heute dem Schweizer J.R. Sinner zugeschrieben. Ein Überlieferungsfehler? Die Dissertation von Hans Schnorf über den Schweizer Sturm und Drang zählt immer noch zu den materialreichsten und genauesten Arbeiten zu diesem Thema. Er formuliert seine Autorzuschreibung über die *Werther*-Dramatisierung *Les malheurs de l'amour* vorsichtig: »Sie stammt wahrscheinlich von [...]

---

[36] Vgl. Lefftz: Die gelehrten und literarischen Gesellschaften im Elsass vor 1870, S. 74.

[37] Insofern ist die Aussage Osbornes, das Drama *Les malheurs de l'amour* sei nie veröffentlicht worden, nicht zutreffend, vgl. Osborne: Sehnsucht nach Weimar, S. 72.

Sinner«.[38] Schnorf stützt sich auf Adolf Burri.[39] Er selbst kannte ganz offensichtlich den »schwer zugänglichen«[40] Text nicht, wie aus einer Anmerkung in seiner Arbeit hervorgeht. Pierre Grappin und andere folgten dieser Zuschreibung.[41] Was aber, wenn diese tradierte Vermutung über die Autorschaft falsch ist? Worauf stützen sich also die Argumente? Obwohl diese Fragen offen bleiben, ergeben sich zwei mögliche Schlussfolgerungen daraus. Erstens kann Carbonnières möglicherweise an zwei Trilogien gleichzeitig gearbeitet haben, denn von zwei Mittelstücken zu reden macht nur Sinn, wenn man von zwei parallel laufenden Trilogien ausgeht. Das aber ist äußerst unwahrscheinlich. Spätestens zu dem Zeitpunkt, als er 1777 den *Olban* veröffentlichte, gestand er sich selbst das Scheitern dieser Trilogie ein, denn der Untertitel lautet unmissverständlich *fragment des amours Alsaciennes*. Damit hatte er die Konzeption einer Trilogie gleichen Namens verworfen. Bleibt zweitens der Verdacht, dass sich ein Gedächtnisfehler überliefert hat; vielleicht gehören alle drei Stücke zusammen zu einer einzigen Trilogie? Vielleicht hat aber Carbonnières auch den Titel seines schon fertigen Dramas *Les malheurs de l'amour* nachträglich geändert, als er erfuhr, dass ein gleichlautendes Werk soeben erschienen war? Doch wie wahrscheinlich ist dies? Erich Schmidt hat ohne nähere Angaben ein anderes, zweiunddreißigseitiges Werk aus dem Straßburger Umkreis Carbonnières zugeschrieben, *Les amours malheureux d'un vendéen à Strasbourg*, das ohne Orts- und ohne Jahresangabe veröffentlicht wurde. Dieser Text ist heute nur noch in einem Straßburger Exemplar mit geringen Textverlusten an den oberen Seitenrändern nachweisbar.

---

[38] Hans Schnorf: Sturm und Drang in der Schweiz. Zürich 1914, S. 169.

[39] Vgl. Adolf Burri: Johann Rudolf Sinner von Ballaigues 1730 – 1787. Bern 1912, S. 110-122.

[40] Schnorf: Sturm und Drang in der Schweiz, S. 170, Anm. 291. Vgl. auch ebd., Anm. 292.

[41] Vgl. Pierre Grappin: Aspekte der Rezeption Werthers in Frankreich im 18. Jahrhundert, in: Historizität in Sprach- und Literaturwissenschaft. Hgg. v. Walter Müller-Seidel u.a. München 1974, S. 412-421, hier S. 412.

Von fremder Hand (Bibliothekar?) findet sich auf dem Titelblatt der Bleistiftzusatz »Verfasser vielleicht Louis François Elisabeth Ramond de de [!] Carbonnières«.[42] Schmidt argumentiert sachlogisch. Seite 39 beginnt in der französischen Erstausgabe des *Olban* die Rede der Figur Sinval mit den Worten »Un duel malheureux a appellé la vengeance des loix sur moi«. Daraus leitet er folgendes Resümee ab: »*Amours alsaciennes* 1. Titel unbekannt (nicht erhalten) 2. *Le duel* (desgl.) 3. *Les dernières aventures* = *les malheurs de l'amour*«.[43] Auffällig ist in der Tat die Ähnlichkeit der Titel *Les malheurs de l'amour*, *Les amours malheureux* und *Amours alsaciennes*. Doch folgt daraus, dass Schmidts Schlussfolgerung unter Punkt drei richtig ist? Keineswegs.

Schließlich kann man aber auch den zweiten Protokolleintrag anders lesen, als dies bislang getan wurde. Die Formulierung »das dem bereits verlesenen zur Einleitung diente« wurde als Referenz auf das ›Mittelstück‹ des im ersten Protokolleintrag genannten Dramas *Les malheurs de l'amour* verstanden. Sie kann sich aber auch auf den Vortrag von Lenz selbst beziehen, er referiert über das Thema *Über die Veränderung des Theaters im Shakespear* (vgl. WuBr 2, S. 744ff.), worin er sich mit den Themen der Charakterzeichnung der Figuren, der Bedeutung der dramatischen Illusion, dem Verhältnis der poetologischen Postulate von Wahrheit und Wahrscheinlichkeit und der Freiheit im Umgang mit Orts- und Zeitangaben auseinandersetzt. Themen also, deren Aktualität ohne Weiteres auf den *Olban* auch zu beziehen wären. Dann hätte man sich diese Gruppensitzung so vorzustellen, dass zuerst das Drama von Carbonnières und anschließend die dramentheoretische Abhandlung von Lenz verlesen wurde und für die Teilnehmer zwischen den beiden Texten ein diskursives Junktim bestand. Nur, welches Drama von Carbonnières war gemeint? Im Anhang zu seiner Schrift *Über die Veränderung des Theaters* berichtet Lenz, er habe einige Empfindungen »bei der Vorstellung des tugendhaften Verbrechers« (WuBr 2, S. 746) niedergeschrie-

---

[42] Mir liegt die Verfilmung des Straßburger Exemplars mit der Signatur R 100770 vor.

[43] Schmidt: Heinrich Leopold Wagner, S. 119.

ben. Die Lenz-Forschung bezieht diese Bemerkung auf das Stück *L' Honnete Criminel* (1768; dt. Titel *Der ehrliche Verbrecher oder die erkannte Unschuld*) des französischen Dramatikers Charles Georges Fenouillot de Falbaire de Quingey (1727 - 1800), dessen Drama Lenz im französischen Theater in Straßburg gesehen haben soll. Belege hierfür gibt es nicht. Nun fährt Lenz in seinen Überlegungen folgendermaßen fort:

> Es hinderte nichts, daß ich mir unaufhörlich in die Seele zurück rief: Die Geschichte ist wahr – sie war mir nicht wahrscheinlich, und wie groß war mein Erstaunen – soll ich sagen meine Schadenfreude, als ich dies demütigende Bekenntnis von dem Dichter selbst hörte, der es im letzten Akt Olbanen in den Mund legt: *Cette scène est trop vraie pour être vraisemblable.* Wie denn, wenn das nicht Armut der Kunst ist, m. H. was soll es denn sein? (WuBr 2, S. 747; vgl. auch gleichlautend ebd., S. 741)

Wer ist mit jenem »Olbanen« gemeint? Der von Lenz zitierte Satz findet sich weder in *Les malheurs de l'amour* noch im *Olban*. Wurde Carbonnières durch eine Aufführung des Straßburger französischen Theaters zur Namensgebung angeregt oder erst durch den Vortrag von Lenz in der *Deutschen Gesellschaft*? Oder ist dies doch eine versteckte, eine verschlüsselte Anspielung von Lenz auf den *Olban* von Carbonnières? Der von Lenz zitierte Satz findet sich indes in ähnlicher Formulierung in Falbaires Stück, von der Figur des Magister d' Olban gesprochen: »Une relle action / Est trop belle aujord'hui pour être vraisemblable«.[44]

Carbonnières zählte neben Lenz selbst zu den produktivsten Mitgliedern der *Deutschen Gesellschaft*. Seine Arbeiten wurden von dem literarisch aufgeschlossenen Kreis, zu dem auch der junge Heinrich Leopold Wagner gehörte, geschätzt und durchaus im Kontext der Sturm-und-Drang-Literatur gesehen. Schon Anfang Februar

---

[44] Charles Georges Fenouillot de Falbaire de Quingey: L'Honnete Criminel, Dragme en cinq actes en vers. Stockholm 1768, S. 49 (= Beginn des fünften Akts).

1776 schrieb Lenz an Boie: »[...] in Colmar kenne ich einen jungen Franzosen, von dem ich etwas in Lausanne werde drucken lassen, das Ihnen die Beschaffenheit des Bodens im Elsaß zur Hervorbringung poetischer Köpfe näher bezeichnen wird« (WuBr 3, S. 381). Am 25. Mai 1776 teilte Carbonnières, der sich zu diesem Zeitpunkt bereits in Weimar aufhielt, in einem Brief mit:

Meine kleine Eigenliebe fühlt sich, mein teurer Freund, viel zu geschmeichelt über die angenehme Art, in der Sie sich meiner erinnern, als daß ich nicht sofort Ihrer Bitte nachkäme; ich mache mich daran, mein Freund, Ihnen meine Arbeit zuzuschicken; sie gehört Ihnen in mehrfacher Hinsicht, ich schulde Ihnen Lektionen, schuldete sie Ihnen sogar, ehe ich Sie persönlich kennenlernte; vergeben Sie dem Schüler die Huldigung, die er seinem Lehrer entgegenbringt. Wäre ich freier und glücklicher, wäre ich nicht so unbezwinglich unterjocht, hätte ich vielleicht den Plan entwickelt, sie Ihnen selbst zu bringen; [...] man muß danach streben, die Bekanntschaft von Genies zu machen, die man bewundert, man gewinnt durch den Umgang mit ihnen für den Geist, man gewinnt dabei noch mehr in bezug auf das Herz. [...] was ist denn wirklich meine Stimme, nach der Stimme von ganz Deutschland und der aller empfindsamen Herzen?
Herr Spener aus Berlin übernimmt die Drucklegung meines Dramas; ich wage es. Sie waren so gütig, mich zu diesem Versuch zu ermutigen; ich habe mich allein auf Ihren Rat hin entschlossen; er wog alle andere auf. [...] Sie sind jetzt ruhiger und glücklicher als ich. Pflegen Sie die Musen zur Bezauberung der empfindsamen Herzen; sie schulden Ihnen schon so viel. Geruhen Sie sich manchmal meiner zu erinnern. Ich werde niemals die wenigen Augenblicke vergessen, die wir zusammen verbrachten; damals glaubte ich nicht, daß es die letzten sein würden (WuBr 3, S. 870).[45]

Lenz muss also, dies ist dem Brief zu entnehmen, Carbonnières um eine Abschrift des *Olban* gebeten oder sogar das Originalmanuskript vom Autor erhalten haben. Denn auf einem Zettel an Goethe und dessen Diener Seidel, datiert vom 27. Juni 1776, bittet er ausdrück-

---

[45] Vgl. das französische Original WuBr 3, S. 454f.

lich darum, ihm »*Ramonds Drame*« (WuBr 3, S. 472) nach Berka nachzuschicken. In jenem Mai-Brief berichtet Carbonnières zudem, dass der Berliner Verleger Johann Karl Philipp Spener die Drucklegung seines Dramas übernehmen werde, womit wohl vor allem die Kosten für den Druck gemeint sind. Zweierlei ist an diesem Brief Carbonnières' bemerkenswert, er nennt zum einen Lenz ausdrücklich seinen Lehrer und bezeichnet sich selbst als dessen Freund und Schüler; zum anderen hebt er die Ermutigung für den Druck seines Dramas hervor, die er durch Lenz erfahren habe. Lenz hat also Carbonnières' Drama *Die letzten Tage des jungen Olban* als ein wichtiges Zeugnis der zeitgenössischen modernen Literatur eingestuft. Am 21. September 1776 berichtet dann Salzmann Lenz, »*Ramond* hat angefangen den Werther zu übersetzen – ich glaube er wirds besser machen als alle andere« (WuBr 3, S. 498). Ist dies ein Hinweis auf ein weiteres bislang nicht Carbonnières' zugeschriebenes Werk? Die *Les malheurs de l'amour* können damit nicht gemeint sein, selbst wenn man das unter diesem Titel erschienene Drama Carbonnières' Feder zurechnen will, denn es handelt sich um eine Dramatisierung und nicht um eine Übersetzung. Zudem schreibt dies Salzmann als Neuigkeit, ein Jahr, nachdem das Buch bereits erschienen war. Auch hier bleiben also Fragen offen. Insofern kann Salzmanns Äußerung lediglich als ein weiteres Indiz für die Bedeutung des *Werthers* im Kreis der Straßburger Sturm-und-Drang-Literaten gedeutet werden.

In Lenz' Brief an Haffner vom 13. Dezember 1776 wird dann noch einmal Carbonnières Drama erwähnt. Lenz trägt dem Adressaten Grüße an Carbonnières und dessen Freund Matthieu auf und wünscht Carbonnières »Glück«, »falls er schon abgestiegen ist von seinem *hölzernen* Pferde. [...] Ramond wird vermutlich schon von dem Herrn Aktuarius erfahren haben, daß Ihre Durchl. die Herzogin Mutter sein Drama, nachdem sie mich darum gefragt, behalten haben« (WuBr 3, S. 521). Trotz aller Nachforschungen in der Herzogin Anna Amalia Bibliothek und im Thüringischen Hauptstaatsarchiv in Weimar konnte ein Manuskript von Carbonnières' *Olban* oder ein anderes Autograph seiner Hand nicht gefunden werden. Grundsätzlich wäre auch denkbar, dass nicht der *Olban*, sondern *Les malheurs de l'amour* in diesem Brief gemeint sind. Insgesamt stellt dieses Briefzeugnis den Versuch von Lenz dar, Beiträger aus seinem Straßburger Freundeskreis für Wielands *Teutschen Merkur* zu gewinnen. Noch in demselben Monat erwidert Carbonnières die Grüße via Salzmann (vgl. WuBr 3, S. 523). Lenz begegnet einem Bruder Carbonnières, auch dieser dient als Multiplikator der mündlichen Kommunikation. Der Züricher Philipp Christoph Kayser, Dichter, Musiker und ›externes‹ Mitglied der *Deutschen Gesellschaft* in Straßburg, schreibt am 23. Januar 1776 an Johann Gottfried Röderer: »[...] mit *Ramond* kann ich nichts zu schaffen haben, ihr liebe Seelen, so gern ich auch wolte. Und zudem ists französisch das macht alles unmöglich. Wäre denn nicht da Strasburg oder überhaupt Elsaß der beste Ort für so was ?!?«[46] Man kann aus diesen Bemerkungen schließen, dass sowohl der Versuch von Kayser Carbonnières' *Olban* zum Druck zu befördern als auch der Versuch von Lenz selbst nicht erfolgreich gewesen sind. Unzweifelhaft aber ist, dass Lenz sich als Geburtshelfer von Carbonnières' Drama engagierte, dass er das Stück auch schätzte und dass der jüngere Carbonnières dem bewunderten Lenz wie auch seinen literarischen Arbeiten Wertschätzung entgegenbrachte.

Ein zweiter erhaltener Brief von Carbonnières an Lenz stammt vom 5. April 1777. Es handelt sich um den Begleitbrief zu einer Büchersendung, Carbonnières' *Olban*-Drama war nun endlich erschienen: »Voicy, mon cher ami, mon pauvre drame, imprimé tant bien que mal« (WuBr 3, S. 525).[47] Carbonnières bringt seine Freude da-

---

[46] Johann Gottfried Röderer, von Straßburg, und seine Freunde. Biographische Mittheilungen nebst Briefen an ihn von Goethe, Kayser, Schlosser, Lavater, Pfenninger, Ewald, Haffner und Blessig. Hgg. v. August Stöber. 2. Aufl. Mit einem Nachtrag von Briefen an Röderer und Lenz, sowie mit Aufsätzen des Letztern vermehrt. Colmar 1874, S. 51.

[47] Vgl. die deutsche Übersetzung WuBr 3, S. 900f.: »Hier, mein teurer Freund, ist mein armes Drama, recht und schlecht gedruckt«. Carbonnières fährt fort: »[...] und gewöhnt durch die Ohrfeigen des Korrektors an die Ohrfeigen der Kritiker. Ihr Name ist das beste an der Arbeit, und Ihre Zustimmung ist ihr Verdienst. [...] Ich war sehr geschmeichelt durch die Gutheißung, mit der Ihre Hoheiten die Herzoginnen von Weimar meine Arbeit zu ehren geruhten; diesen Triumph verdanke ich Ihnen [...]«.

rüber zum Ausdruck, dass der Weimarer Hof sein Drama – den *Olban?* – gelobt habe. Dies ist ein Indiz dafür, dass es einen weiteren brieflichen (oder mündlichen) Kontakt – über die erhalten gebliebene Korrespondenz hinaus – zwischen ihm und Lenz gegeben haben muss. Am 4. Juli 1777 schrieb Lenz von Basel aus an Füssli: »Meine itzige Schweizerreise geht (in Gesellschaft eines sächsischen Freiherrn v. Hohenthal) über Neuburg u. Yverdon nach Lausanne und Genf, von da ins Walliserland und zu den Eisgebirgen« (WuBr 3, S. 536). Das Fernziel war Italien, doch kehrte Lenz rhôneaufwärts »hinter Sitten« (WuBr 3, S. 541), französisch Sion, der Hauptstadt des Kantons Wallis, um. Am Fuße des Simplon sei er bereits gewesen. In Yverdon-Les-Bains, das am Südzipfel des Lac de Neuchâtel liegt, ist Lenz also gewesen – und ist es Zufall, dass Carbonnières' *Olban* ebenfalls 1777 dort gedruckt und Anfang April oder sogar schon Ende März ausgeliefert wurde? Auf dem Titelblatt der französischen Erstausgabe steht unter dem Druckort Yverdon »De l'Imprimerie de la Soc. Litt. & Typ.« War es Lenz möglich gewesen, den Druck durch diese literarische und typographische Gesellschaft in Yverdon zu veranlassen, hatte sein Aufenthalt dort damit etwas zu tun? Fragen, die möglicherweise erst eine hartnäckige Detailforschung beantworten kann.

Der Buchpublikation von 1777 des *Olban* folgte im Oktober 1777 ein Nachdruck in Dorats *Journal des Dames*, allerdings mit erheblichen Eingriffen durch den Herausgeber der Zeitschrift.[48] Im April 1778 erschien dann die erste deutsche Übersetzung in der *Olla Potrida*, auch diese Textwiedergabe war erheblich gekürzt worden, und 1792 folgte noch ein Nachdruck in der Wiener *Theatralischen Sammlung*.[49] Der Hinweis, dass es sich um ein ungedrucktes Stück

---

[48] Der vollständige Titel lautet: Les dernieres aventures du jeune d'Olban, fragment des amours Alsaciennes, in: Mélanges littéraires, ou journal des dames, dé dié à la reine. Octobre 1777. Tome III. Par M. Dorat. Paris 1777, S. 211-280. Dem Stück ist auf den Seiten 212 bis 215 ein nicht von Carbonnières stammendes Vorwort mit dem Titel *Lettre a Madame de* *** vorangestellt.

[49] Vgl. [Ramond de Carbonnières:] Die letzten Stunden des jungen Olbans.

handle, wie es im Untertitel heißt, war also schon irreführend. Im zweiten Anhangsband zur *Allgemeinen deutschen Bibliothek* von 1780 wurden die *Olla Potrida* und Carbonnières Stück schlecht rezensiert. Über *Die letzten Tage des jungen Olban* ist dort nur knapp vermerkt, es sei »ziemlich übertrieben und überspannt, von der empfindsamen Gattung«.[50]

Daneben existiert eine weitere deutsche Übersetzung, auf die schon Fritz Ernst 1933 aufmerksam machte. Sie stammt von David Hess und wird in der Züricher Zentralbibliothek verwahrt.[51] Das Manuskript mit dem Titel *Die Lezten Tage des Jungen Olban's. aus dem französischen. 1786* ist nicht paginiert und umfasst insgesamt 68 Seiten, von denen 66 beschrieben sind.[52] Weshalb es 1786 übersetzt wurde, ist nicht bekannt, zum Druck wurde es jedenfalls nicht befördert. In der französischen Erstausgabe ist das Carbonnières-Stück eindeutig als Lesedrama konzipiert, Akt- und Szeneneinteilungen fehlen, das chronologische Grundmuster bildet die Zeiteinheit von drei Tagen, die als solche auch – äquivalent zu einem herkömmlichen dreiaktigen Drama – ausgewiesen und denen jeweils längere Gedichte vorangestellt sind. In der deutschen Übersetzung fallen diese Vorgaben einer radikalen Kürzung zum Opfer: Zwar bleibt die Einteilung in erster, zweiter und dritter Tag erhalten, auch wird der Charakter des Lesedramas dadurch bewahrt, dass der Text unter der Rubrik *Dramatische Aufsätze* erscheint. Doch fügen Herausgeber und Übersetzer der *Olla Potrida* eine strikte Szeneneinteilung hinzu, welche den spezifischen Sturm-und-Drang-Kurzszenen Rechnung tragen. Plötzliche, fast drehbühnenartige Szenenwechsel, die den

---

Ein Trauerspiel in drey Aufzügen. Nach Dorat von H., in: Theatralische Sammlung, Bd. 24. Wien 1792, S. 194-234.

[50] [Anon.:] [Rez. zu:] Olla Potrida 1 (April 1778), in: Anhang zu dem fünf und zwanzigsten bis sechs und dreyßigsten Bande der allgemeinen deutschen Bibliothek. In sechs Bänden. Berlin, Stettin 1780, Bd. 2, S. 722f., hier S. 722.

[51] Vgl. Ernst: Iphigeneia, S. 160.

[52] Signatur Zentralbibliothek Zürich FA David Hess 38.3. Mein Dank gilt der Zentralbibliothek Zürich für Mithilfe.

Umbau der Bühne voraussetzen, werden ihrer direkten Rede beraubt und als Regieanweisungen wiedergegeben. Dadurch erfährt das Stück insgesamt eine Straffung. Der französische Erstdruck blieb bei den Zeitgenossen unbeachtet. Die erste Nummer der *Olla Potrida* mit der deutschen Übersetzung referiert programmatisch auf die Leitfigur der Literatur des Sturm und Drang. Das Titelblatt dieser Nummer ziert das Kupfer mit einem Porträt von Lenz. In der deutschen Übersetzung wird Carbonnières' Widmung »A Monsieur Lenz.«,[53] die einem der führenden jungen Autoren der Zeit gilt und der französischen Erstausgabe vorangestellt war, weggelassen. Als Carbonnières erfuhr, dass Lenz inzwischen gestorben sei – und diese Annahme konnte sich nur auf eine falsche Mitteilung in der *Litteratur- und Theater-Zeitung* von 1780 beziehen[54] –, ergänzte er die Dedikation in seinem Handexemplar des *Olban* mit folgenden Worten:

A M. Lenz.
A sa Cendre.
Malheureux Lenz! toi que ta famille et ta patrie ont rejeté, parce que ton ame valait mieux que les ames qui t'environnaient; toi qui ne reçus de la gloire que le sceau d'infortune qu'elle imprime à ses favoris; toi que n'ont pu consoler ni l'admiration stérile de ta nation, ni l'impuissante amitié de ceux qui connaissaient ton coeur; innocente victime! tu n'as pas voulu poursuivre une carrière hérissée de tant de ronces; et dédaignant le repentir tardif des méchans qui t'avaient repoussé, tu t'es hâté de chercher l'asile où l'on se repose des fatigues de la vie.... Cruel! en quittant le monde où tu nous laisses, tu ne nous as pas dit un dernier adieu! – Eh bien! j'irai vers ces mers glacées dont les rivages recèlent ta cendre, j'irai porter sur ta tombe ce *d'Olban* que tu aimais, et ces larmes que tu vis tant de fois couler pour toi!
3 octobre 1780.[55]

---

[53] Carbonnières: Les dernières aventures du jeune d'Olban, S. 3.

[54] Vgl. Luserke: Jakob Michael Reinhold Lenz, S. 119.

[55] Zitiert nach dem Nachdruck unter dem Titel: Les dernières aventures du jeune d'Olban fragment des amours Alsaciennes. Précédées d'une notice par M. Charles Nodier. Nouvelle Edition. Paris 1829, S. 1.

Äußerlich betrachtet geht es im Stück um eine Liebesgeschichte. Die Waise Lali, eine der Hauptfiguren der insgesamt 12 dramatis personae (in der Reihenfolge ihres Auftretens: Solfa, Lali, Birk, Sinval, Missionar, Nina, Serci, Vater, Sohn, Fritz, Mutter, Tochter) und von dem gedienten Soldaten Birk an Tochter statt aufgenommen, liebt Sinval, alias Olban; dieser aber liebt Nina, die Nichte Birks; Serci, der Freund Olbans, wiederum liebt Nina; und ein Missionar begehrt so heftig Lali, dass die deutsche Zensur die Reduktion der liebestollen Missionarsszenen auf unverfänglichere Regieanweisungen, die österreichische Zensur hingegen die ersatzlose Streichung dieser Szenen mutmaßlich notwendig machten. Zu diesem Liebeskonflikt tritt ein religiöser Konversionskonflikt Lalis, der insgesamt die Gegebenheiten konfessioneller Pressionen karikiert. Sinval bzw. Olban war bis zu seiner Aufnahme bei Birk Ninas Freund. Nach einem Duell wird er für vogelfrei erklärt, der Vorfall liegt zwei Jahre zurück, und inzwischen ist Nina mit Serci verheiratet. Erst das Auftauchen Ninas und die Enthüllung von Olbans Vergangenheit spitzen den dramatischen Konflikt zu, Olban verläßt das Haus, irrt durch den Wald und erschießt sich schließlich vor idyllischer Schlossruinenkulisse.

In der deutschen Übersetzung wird Carbonnières' Widmung unterschlagen, »A Monsieur Lenz.«,[56] die nicht einem kirchlichen oder weltlichen Potentaten gilt, sondern einem der führenden jungen Autoren der Zeit. Schon in der zwei Zeilen umfassenden »Vorrede« werden dem Leser gleichsam programmatisch lenkende Rezeptionsstrukturen vorgegeben: »Sieh hier die Verirrungen, die Leiden empfindsamer Herzen. Lies, unempfindliche Seele – und verdamme!« (Originalpaginierung S. 14). Mit dem Term ›empfindsame Herzen‹ wird die soziale und literarische Tendenz der Empfindsamkeit beschworen. In der Übernahme des Plurals ›die Leiden‹ wird der *Werther* als Carbonnières Referenztext benannt, worauf auch schon die Altersangabe ›jung‹ im Titel verweist. Und schließlich gewinnt die direkte Leseranrede vor dem Hintergrund von Empfindsamkeit und aufklärungskritischem Skandalbuch eine unvermutete Schärfe:

---

[56] Carbonnières: Les dernières aventures du jeune d'Olban, S. 3.

»Lies, unempfindliche Seele – und verdamme!«, imperativisch wird zur Lektüre aufgefordert. Der Autor ist sich bewusst, Lesekonventionen und rezeptive Erwartungshaltungen vorsätzlich zu unterlaufen. Und gerade in dieser kämpferischen Formulierung wird die Abgrenzung des neuen Textes von der herkömmlichen Literatur der Aufklärung deutlich. Wer das Stück oder zumindest die darin zur Darstellung gebrachten Probleme und Themen ablehnt, sieht sich des Vorwurfs einer ›unempfindlichen Seele‹ ausgesetzt. In Widmung und Vorrede bündelt Carbonnières also programmatisch seine eigenen Ansprüche. Sturm und Drang, Empfindsamkeit und Aufklärungsskepsis bilden den literarischen Horizont, in den Carbonnières seinen Text hineinstellt. Der Autor präsentiert sich von Beginn an in der Haltung des literarischen Rebells und folgt darin seinem Vorbild Lenz. Formal und stilistisch erfüllt Carbonnières diesen Selbstanspruch beispielsweise durch den Verzicht auf eine dramaturgisch sinnvolle Akt- und Szeneneinteilung. Damit geht er weit über Lenz hinaus. Die Häufung der Kurzszenen (vgl. S. 26 Originalpaginierung, Szene VII und VIII, S. 42f. Szene VI, S. 47 Szene X und S. 56 die Schlussszene) ist unbeschadet der Tatsache, dass sie als ›Szenen‹ erst in der Übersetzung gekennzeichnet werden, auffällig. Durch die abrupten Szenenübergänge entsteht eine Art Ästhetik des Plötzlichen, welche eine Simultaneität unterschiedlicher Handlungselemente erzeugt und damit dem Illusionscharakter einer linearen Entwicklung die Dynamik der augenblicklichen Katastrophe ohne retardierende Umständlichkeiten entgegenstellt. Die Häufung von Anakoluthen und Elisionen und elliptischem Reden, im Druck typographisch durch in der Regel vier Auslassungspunkte oder durch Gedankenstriche gekennzeichnet, sind weitere Besonderheiten. Ebenso ist der häufige Gebrauch von Ausrufungszeichen zu beachten, wobei das imperativische Reden auch zur Charakterisierung der Repräsentanten einer aufgeklärten Weltordnung gebraucht wird und nicht nur Kennzeichen kraftgenialischer Gebärden oder tosender Leidenschaften ist. Augenfällig sind auch die Interjektionen wie »Ha!« (S. 15, 33, 46), »Bah!« (S. 37) und Kraftausdrücke wie »zum T...« (S. 17), »zum Henker!« (ebd., S. 35) oder »Er soll dich heyrathen, oder ich schieß ihm's Gehirn aus dem Kopfe heraus« (S. 40).

Formale und stilistische Kennzeichen müssen, wenn sie denn sinnvoll eine Sturm-und-Drang-Dramaturgie geltend machen sollen, ihre inhaltliche Entsprechung finden. Dass dabei Sinval/Olban von Birk als »Original« (S. 18) bezeichnet wird, ist nebensächlich. Einen Verstoß gegen fundamentale Glaubenswerte der aufgeklärten Gesellschaft des 18. Jahrhunderts stellt der Selbstmord Olbans dar. Darin hat Carbonnières in Goethes *Werther* wieder seinen Vorgänger. Und wenn man sich der kirchlichen Attacken auf dieses Buch, insbesondere des Verbotsantrags der Leipziger theologischen Fakultät vom 28. Januar 1775 erinnert, ist in etwa abzuschätzen, welche Provokation im Tod aus Liebeskummer des jungen Katholiken Olban für die Zeitgenossen hätte liegen können. Dies ist aber nur insofern erwähnenswert, als durch den Freitod Birks in der Schlussszene, auch er ist katholisch, die Selbstmordthematik an Schärfe zunimmt. »Birk knöpft sich auf. Da ist eine Wunde ... hier eine ... da noch eine ... zwey ... drey ... tiefe Wunden! sie sind geheilt; aber (er zeigt aufs Herz) hier ist eine, hier .... Armer Birk! und die heilt niemals« (S. 56). Das Versagen empfindsamer Lebensführung wird damit evident. Das Herz als Ausdruck des Vermögens der Ausbildung von Sozialtugendhaftigkeit (man denke an die zeitgenössische Formel vom Seelenadel statt Geburtsadel), ist zu sehr verletzt. Birk verliert damit seine Sozialfähigkeit, ein alternatives Modell hierzu etwa im Sinne eines harmonisierenden Schlusstableaus gibt es nicht, das Stück offeriert nur die Aporie. In der Radikalität der Thematisierung und der Darstellung geht Carbonnières wiederum über Lenz hinaus, wenn man die Schlussszene des *Hofmeisters* als Karikatur auf die Schlusstableaus des bürgerlichen Trauerspiels zu lesen und den Schluss der *Soldaten* als kritisiertes Angebot einer empfindsamen Lösung begreifen will. Damit verweigert Carbonnières auch eine tragikomische Lösung und folgt hierin nicht seinem Vorbild Lenz.

Neben der Figur Birk ist auch der Musiklehrer Solfa Vertreter der empfindsamen Aufklärung. Gleich in der Eingangssequenz evoziert er empfindsame Topik (vgl. auch S. 26). Dem durch die musikalischen Harmonien enthusiasmierten Musikus hält Lali aber ein kühles »Was Sie nicht alles in einigen Noten finden!« (S. 15) entgegen. Der Titelheld, Olban selbst, ist trotz allen Geniegebarens auch empfindsam. Allerdings streift er seine Empfindsamkeit wie eine zweite Haut im Laufe des Stücks ab und macht dadurch deutlich, dass sich die empfindsame Tendenz in den 1770er Jahren bereits zu ihren Schwundformen hin zu entwickeln begonnen hat. Am deutlichsten wird dies im Vergleich dreier Textstellen. In der ersten Szene, wo Lali und Olban sich allein unterhalten können, sagt Olban: »Mein Herz ist verschlossen, Lali! da wohnt der Gram. Wenn ich gegen die Welt ein Fremdling bin, so schreiben Sie's nur der äußersten Empfindsamkeit zu« (S. 19). In der monologischen Schlussszene des ersten Tages beschwört Olban dann empfindsame Todesmetaphorik. »Reich mir, reich mir den Kelch, er ist bitter, aber ich muß ihn leeren« (S. 33). Und nachdem Olban die Situation richtig einschätzen gelernt hatte, dass nämlich Nina und Serci verheiratet sind und die versprochene Frau untreu geworden war, formuliert er die affektive Selbsterkenntnis: »Dieß Herz soll für seine Empfindlichkeit, für seine Erinnerungen bestraft werden ...« (S. 41). In der deutschen Übersetzung wird also die Erkenntnis der Empfindsamkeit als Empfindlichkeit und damit als deren affektive Schwundform deutlich. Und dass ausgerechnet der Missionar derjenige ist, der Empfindsamkeit als ganz und gar nicht sublimierte Sexualität, sondern als nacktes Begehren begreift («Nicht blos zu unsrer Quaal gab er [Gott, M.L.] unsern Herzen das himmlische Geschenk, Empfindsamkeit«, S. 34), sei der Vollständigkeit halber erwähnt. Demgegenüber operiert Lali mit dem für die Sturm-und-Drang-Literatur spezifischen Begriff der Leidenschaft. Sie spricht von »der brennenden Liebe [...], die in allen meinen Sinnen tobt« (S. 34f.), ihre »Leidenschaft« (S. 33) ist für sie zugleich aber auch ein Weg der religiösen Selbstfindung. In der Kurzszene X sagt sie: »Was soll ich thun? – wo bin ich? – wie wird sich das enden? – In den Schooß eines Gottes will ich mich werfen, ihn fragen, warum er diese Liebe in meine Seele goß, diese Leidenschaft, die nichts stillen kann, will zu ihm rufen. Gott! gieb mir Sinval! – Sinval! – oder den Tod! – –« (S. 47). Sinval/Olban hingegen ist nur für Nina »von einer glühenden Leidenschaft« (S. 29) erfasst, deren Unbesonnenheit ihn zum Verlust der bürgerlichen Ehrenrechte führte. Bereits zu Beginn des Stücks stellt er die Frage: »Was sind nun weiter die Leidenschaften der Welt für mich?« (S. 20). Während bei Olban also die allmähliche Deszendenz der Leidenschaften mit der Entwicklung des Dramas korreliert ist, gilt für die weibliche Hauptperson Lali gerade das Gegenteil. Auch für sie bietet der Ausgang des Stücks keinen versöhnlichen oder utopischen Schluss. Die Widersprüche zwischen Begehren und dem Tod des Liebesobjekts bleiben bestehen, Carbonnières bietet keine vorschnelle Lösung an. Dies ist insofern bemerkenswert, als Lali eine ganz bestimmte Funktion im Drama einnimmt. Ein Konstituens des bürgerlichen Trauerspiels ist in der Regel die bürgerliche Kleinfamilie, meist allerdings eine mutterlose Schrumpffamilie, in deren Mittelpunkt die Vater-Tochter-Beziehung steht (man denke etwa an Lessings *Miß Sara Sampson*). Erst das Verschwinden der Mutter treibt die Dominanz patriarchaler familialer und gesellschaftlicher Strukturen deutlich hervor. Carbonnières spitzt nun dieses Modell des bürgerlichen Trauerspiels weiter zu, indem es sich bei Birk, Lali und Olban nicht mehr um eine Blutsverwandtschaft, sondern um eine Wahlfamilie handelt. Birk ist kinderlos und ›adoptiert‹ Lali als Tochter (vgl. S. 16), auch Olban möchte er an Sohnes statt annehmen: »Eine Tochter hatte ich, (er zeigt auf Lali) ich brauchte noch einen Sohn. (er nimmt ihn bey der Hand) Gefunden!« (S. 18). Die Auflösung, ja der Zusammenbruch der bürgerlichen Kleinfamilie ist also von Beginn an evident und bestätigt das für die Sturm-und-Drang-Literatur charakterisierende Symptom der Kokonisierung des Individuums.[57] Denn durch den Tod des Sohns und des Vaters bleibt nur die Tochter übrig. Der »Papa« (S. 25) als zentrale Instanz familialer »Ordnung« (ebd.) in der aufgeklärten Gesellschaft scheitert. Für den Bürgerlichen Birk, der die Hand seiner Tochter und sein Vermögen Olban regelrecht andient (vgl. S. 26f.), spielen Stand und Geld nur so lange eine Rolle, bis er die unerschütterliche Liebe Lalis zu Olban erkennt. Damit setzt sich Birk über ein weiteres sozial- und literarhistorisches Distinktionsmerkmal hinweg. Anstelle einer nach den Maßgaben von ständischer Abkunft und Vermögen ausgerichteten Konvenienzehe unterstützt er die Absicht einer Lie-

---

[57] Vgl. das Kapitel »Die Anti-Läuffer. Thesen zur Sturm-und-Drang-Forschung« in diesem Buch.

besheirat seiner Tochter. Moniert er anfänglich noch, dass Olban ein Mann sei »ohne Vermögen, ohne Stand, der nichts thut, als seufzen ...« (S. 25), so betont er nur vier Szenen später Olban gegenüber »Du bist ein Mensch; was mach' ich mir aus Stand und Geburt ... du bist arm, ich war's auch; du bist nicht vornehm? Ich bin gemeiner Soldat gewesen« (S. 28). Diesen Aspekt des radikalen Verzichts auf Stand, Vermögen und bürgerliche Ehre dupliziert der Autor Carbonnières nochmals in einer eigenen Sequenz am Ende des Stücks, nun aber in der gesellschaftlichen Hierarchie gleichsam nach unten gebrochen. Die Personen agieren nicht mehr im Haus des Hauptmanns Birk in einem Saal (vgl. S. 14, 35, 43, 51, Regieanweisungen) oder in einem Garten (vgl. S. 26, 44, Regieanweisungen). Dem locus amoenus eines kultivierten Gartens wird nun der locus terribilis der wilden Natur entgegengesetzt:[58] »Hütte in einem Fichtenwald. Nacht. Mitten in der Hütte ein großes Feuer, davon der Rauch durchs Dach hinausgeht. Eine alte und eine junge Frau am Fenster sitzend« (S. 47, Regieanweisung). In die Hütte dieser intakten, aber verarmten Familie dringt Olban ein und wird angeschossen. Die Schwundform einer Anagnorisisszene schließt sich daran an. Fritz, dem Olban einst das Leben gerettet hat und dessen Namen an die gleichnamige Person aus Lenz' *Hofmeister* denken läßt (wie ja auch der Hauptmann Birk an Lenz' Major von Berg erinnert), erkennt seinen Lebensretter wieder. Doch Olban bezichtigt die Hüttenbewohner als »Bösewichter in einer Räuberhütte« (S. 50), er kriminalisiert die Armen und gibt auf die Frage des Vaters »Was soll man aber machen, wenn man nichts hat?«, die ebenso lakonische wie für die Betroffenen zynische Antwort »Sterben« (ebd.). Carbonnières kehrt diese auf den ersten Blick befremdlich anmutende Situation augenblicks um und macht so die Antwort des Verletzten verständlich. Olban gibt den Geldlosen sein gesamtes Barvermögen, das er bei sich führt. Nun ist er derjenige, der, wie der Vater sagte, »nichts hat«, und die Hüttenbewohner sind unversehens vermögend gewor-

---

[58] Zur literarhistorischen Bedeutung dieses Wandels vgl. Klaus Garber: Der locus amoenus und der locus terribilis. Bild und Funktion der Natur in der Schäfer- und Landlebendichtung des 17. Jahrhunderts. Köln, Wien 1974.

den. Olbans Antwort, dass dem, der kein Geld habe, nur zu sterben bliebe, trifft nun ihn selbst. Als Armer und schwer Verwundeter verlässt er die Hütte, um sich auf den Weg zum »wüsten Schloß Honak« (ebd.) zu machen und sich dort zu töten.

In der Figur Olbans bündeln sich damit drei Problembereiche. Zum einen der Liebeskonflikt mit Lali und Nani, zum anderen der Familienkonflikt mit Birk und schließlich der Sozialkonflikt mit Fritz und den Namenlosen. Ob diese drei Konfliktebenen zureichend motiviert und überzeugend entwickelt und miteinander verwickelt, also zum dramatischen Knoten eingängig geschürzt sind, mag dahin gestellt bleiben. Vergleicht man insbesondere den Bereich des Sozialkonflikts mit der Sensibilität Lenzscher Dramen, so sind Zweifel angebracht. Doch Carbonnières hat sich von dem Begehrenskonflikt des *Hofmeisters*, dem Familienproblem des *Neuen Menoza* und der Ständethematik der *Soldaten* produktiv anregen lassen und ist in vielem über sein Vorbild hinaus eigene Wege gegangen. Für einen literarischen Erstling ist dies eine respektable Leistung. Carbonnières' *Olban* bleibt ein Stück des Übergangs, es ist eines jener wenigen Dramen, die einer aufgeklärten Empfindsamkeit noch verpflichtet sind und doch deutliche Bestimmungsmerkmale eines Sturm-und-Drang-Stücks aufweisen.

Ferdinand Heymach bemängelte an der Sprache des *Olban*, sie sei »leidenschaftlich empfindsam [...], den krankhaft überreizten Charakteren der Liebenden [...] entsprechend«.[59] Er sprach aber dem Autor das literarhistorische Verdienst zu, Carbonnières zähle »zu den frühesten Vertretern der neuen Richtung in Frankreich«,[60] womit die Literatur des Sturm und Drang gemeint war. Über die Dedikation urteilte er: »Die Widmung ›A monsieur Lenz‹ ist für das Stück bezeichnend. Prägnanter konnte die Adresse gar nicht gewählt werden. Das Drama ist ganz im Sinne des bekannteren Strebensgenossen gehalten: derselbe zwanglose Aufbau – der gleiche abgerissene Stil«.[61] Louis Spachs Urteil über den *Olban* fiel noch härter aus:

---

[59] Heymach: Ramond de Carbonnières, S. 15.
[60] Heymach: Ramond de Carbonnières, S. 4.
[61] Heymach: Ramond de Carbonnières, S. 13.

»Es ist ein dramatisches Machwerk, das Product einer unerfahrenen, jugendlichen Feder; die Widmung kam an den rechten Mann. Der declamatorische Schwulst, der zusammenhangslose Plan, die geschraubte Leidenschaftlichkeit bethätigen ganz die Nachahmung des Lenzischen Verfahrens«.[62] Und Erich Schmidt meinte, der Dramatiker Ramond sei »mit Recht längst vergessen«.[63] Diesen Urteilen muss aus heutiger Sicht widersprochen werden. Carbonnières *Olban* ist ein immer noch verkanntes Drama, es gehört zur Literaturgeschichte des Sturm und Drang ebenso wie die enge freundschaftliche Verbindung, die zwischen Ramond de Carbonnières und Jakob Michael Reinhold Lenz bestanden hat.

---

[62] Louis Spach: Der Naturforscher Ramond de Carbonnière [!]. Strasbourg o.J. [ca. 1871], S. 2. In der Bemerkung Spachs, Lenz sei »der unglückliche Nebenbuhler Goethe's« (ebd., S. 4), drückt sich gebündelt das Lenz-Bild des 19. Jahrhunderts aus. Spachs 19 Seiten umfassende Broschüre ist in deutschen öffentlichen Bibliotheken nicht mehr nachzuweisen. Mir lag das Exemplar der Bibliothèque Nationale et Universitaire Strasbourg vor. Zuvor (oder zeitgleich?) war eine fanzösische Fassung erschienen: Louis Spach: Ramond de Carbonnières, in: Ders.: Œuvres Choisies Tome Cinquième: Biographies Alsaciennes nouvelle Série, Archéologie, Histoire et Littérature Alsatiques. Paris, Strasbourg 1871, S. 129-160.
[63] Schmidt: Heinrich Leopold Wagner, S. 121.

II. Aspekte des Werks

Die ›Anmerkungen übers Theater‹ als poetologische Grundlegungsschrift des Sturm und Drang

Die programmatische Schrift *Anmerkungen übers Theater nebst angehängtem übersetzten Stück Shakespears* von Jakob Michael Reinhold Lenz erschien erstmals 1774 durch Goethes Vermittlung im Druck. Lenz hatte der Schrift seine Übersetzung der Shakespeare-Komödie *Loves Labour Lost* unter dem Titel *Amor vincit omnia* beigefügt und damit das Stück dem deutschsprachigen Publikum zugänglich gemacht. Entstanden waren die *Anmerkungen übers Theater* allerdings schon früher. Wie die kleine Notiz vor Beginn des eigentlichen Textes ausweist, wurden die *Anmerkungen* zwei Jahre vor Erscheinen der von Herder herausgegebenen Sammlung *Von deutscher Art und Kunst. Einige fliegende Blätter* und Goethes *Götz von Berlichingen mit der eisernen Hand* in der Straßburger Sozietät vorgelesen. Für diese *Société de Philosophie et de Belles-lettres*, deren Mitglied Lenz in den Jahren seines Straßburger Aufenthalts 1771 bis 1776 war, hatte er einen Vortrag zum Thema der *Anmerkungen* ausgearbeitet. Der in mehreren Schreibphasen entstandene Text wurde von Lenz für den Druck überarbeitet, der Vortragscharakter blieb aber grundsätzlich erhalten. Darin drückt sich eine bewusste konzeptuelle Entscheidung des Autors aus. Belegen auf der inhaltlichen Ebene die schweren Angriffe gegen Positionen aufgeklärter Dichtungstheorie die Entschlossenheit von Lenz, andere, zeitgemäßere Formen der Dramatik zu finden, so unterstreicht die Konzeption des Textes diese offensive Haltung. Entschieden unterläuft Lenz die bis dahin geläufigen und erwarteten Regeln des aufgeklärt-theoretischen Diskurses. Nicht in logisch-systematisch eingeteilte Sinnabschnitte oder Paragraphen, die einen stringenten Aufbau mit klaren Grundthesen erkennen lassen, gliedert Lenz seinen Text, sondern »rhapsodienweis« (WuBr 2, S. 641). Scheinbar assoziativ trägt Lenz seine Thesen vor, wobei man durchaus auch eine homiletische Grundstruktur annehmen kann, die auf die Frage nach dem Skopus, dem Sitz im

Leben des Gehörten hinausläuft (vgl. ebd., S. 659).[1] In der Forschung ist lange übersehen worden, dass der Assoziationscharakter der *Anmerkungen* nur äußerlich ist, vielmehr gehorcht auch die ästhetische Rhapsodie eigenen Gliederungs- und Inhaltsregeln.[2] Bedeutend sind die *Anmerkungen* im Hinblick auf die Lektüre des *Hofmeisters* insofern, als sie Positionen des *Hofmeisters* (die erste handschriftliche Fassung) resümieren wie auch projizieren (die Druckfassung), also im engen Zusammenhang mit Lenz' erstem selbstständigem Drama entstanden sind. Darüber hinaus sind die *Anmerkungen* eine der wichtigsten ästhetischen Programmschriften der Sturm- und-Drang-Literatur.[3] Dies soll im Folgenden näher untersucht werden.

Lenz fordert die Leser auf regelrecht mitzureiten (vgl. ebd., S. 645). Er spricht gar von der Aristotelischen *Poetik* als einer »poetischen Reitkunst« (ebd., S. 650) und evoziert damit das Bild geschlechterdistinkter und sozialer Disziplinierung von Leidenschaften, das in der Aristoteles-Phyllis-Legende seinen ikonographischen

---

[1] Vgl. weiterführend Gerhard Sauder: Konkupiszenz und empfindsame Liebe. J.M.R. Lenz' ›Philosophische Vorlesungen für empfindsame Seelen‹, in: Lenz-Jahrbuch/Sturm-und-Drang-Studien 4 (1994), S. 7-29.

[2] Vgl. Fritz Martini: Die Einheit der Konzeption in J.M.R. Lenz' ›Anmerkungen übers Theater‹, in: Jahrbuch der deutschen Schillergesellschaft 14 (1970), S. 159-182.

[3] Wieland hat Lenz' *Anmerkungen übers Theater* keineswegs euphorisch rezensiert, wie dies oft dargestellt wird (vgl. W.[ieland, Christoph Martin:] [Rezension zu *Anmerkungen übers Theater*] Zusaz des Herausgebers, in: Der Teutsche Merkur 1775, Erstes Vierteljahr, S. 95f.). Vielmehr schreibt er in diesem »Zusaz des Herausgebers« (ebd., S. 95): »Der Verfasser der A.ü.Th. mag heißen wie er will, traun! der Kerl ist'n Genie, und hat blos für Genien, wie er ist, geschrieben, wiewohl Genien nichts solches nöthig haben« (ebd., S. 95-96). Von »Gemssprüngen« und »wunderbare[m] Rothwelsch« (ebd., S. 96) ist die Rede, der Verfasser sage nichts, »das sich der Mühe verlohnte, das Maul so weit aufzureissen« (ebd.). Wielands Spott gipfelt darin, dass er Lenz »Nothzüchtigung der Sprache« (ebd.) vorwirft.

Höhepunkt erfuhr.[4] Das Beispiel von Lenz und seinen *Anmerkungen* zeigt aber zugleich, dass es bei der Destruktion von philosophischer und poetologischer Autorität auch zu gravierenden Missverständnissen gekommen ist. Lenz lehnt - und dabei orientiert er sich an Louis-Sébastien Mercier - jeglichen Autoritätsanspruch der *Poetik* ab. Mercier hatte in seinem *Neuen Versuch über die Schauspielkunst* (1773) die *Poetik* sogar als »rêveries [Träumereyen]«[5] bezeichnet. Anknüpfungspunkt ist für Lenz einer der zentralsten Punkte abendländischer Dichtungstheorie, das Aristotelische Postulat der *Nachahmung (Mimesis) der Natur*. Die Dichtung habe die Natur nachzuahmen (moderner und korrekter wird der Mimesis-Begriff mit Darstellen und Gestalten wiedergegeben). Im französischen Klassizismus des 17. Jahrhunderts und in der deutschen Poetologie des frühen 18. Jahrhunderts erfährt der Nachahmungsbegriff eine entscheidende Bedeutungserweiterung, Nachahmung heißt nun 1.) *Nachahmung der Natur* und 2.) *Nachahmung* (der dichterischen Leistungen) *der Alten*, der durch die Bildungstradition kanonisierten antiken griechischen und römischen Autoren. Nachahmung der Natur definiert Lenz als Nachahmung »aller der Dinge, [...] die durch die fünf Tore unserer Seele in dieselbe hineindringen« (ebd., S. 645). Bemerkenswert ist, dass die Natur auf den Bereich sinnlicher Wahrnehmbarkeit eingeschränkt wird. Die Wahrnehmung durch Sehen, Hören, Riechen, Schmecken und Tasten betrifft ausschließlich die Sinneswelt, den mundus sensibilis, der in der rationalistischen Aufklärungsphilosophie von Leibniz, Wolff und Baumgarten stets dem mundus intelligibilis, der Wahrnehmungskoordination und Erkenntnisleistung der menschlichen Vernunft unterstellt ist. Lenz be-

---

[4] Vgl. zu diesem Thema Luserke: Die Bändigung der wilden Seele, S. 195-206.

[5] Louis-Sébastien Mercier: Du Théâtre ou nouvel essai sur l'Art Dramatique. Nachdr. der Ausg. Amsterdam 1773. Hildesheim, New York 1973, S. 99. Dt. Übersetzung nach: [Mercier - Wagner:] Neuer Versuch über die Schauspielkunst. Aus dem Französischen. Mit einem Anhang Aus Goethes Brieftasche. Faksimiledruck nach der Ausgabe von 1776. Mit einem Nachwort v. Peter Pfaff. Heidelberg 1967, S. 130.

stimmt also gleich zu Beginn den Ort seiner Überlegungen innerhalb einer sensualistischen Theorie – nicht von ungefähr wird auch deren französischer Vertreter Dubos genannt. Als Grundtrieb des Menschen benennt Lenz nun den Nachahmungstrieb. Durch die sinnliche Wahrnehmung der Natur, die säkular-theologisch noch als Produkt eines Weltenschöpfers verstanden wird, ist der Trieb zur Nachahmung im Menschen geweckt, das Begehren, eine »Schöpfung ins Kleine zu schaffen« (ebd., S. 645). Zugleich leitet Lenz mit dieser Feststellung, die durchaus noch im traditionellen Dichtungsverständnis vom Dichter als alter deus, als zweiter Gott, steht, die Tiraden auf die größte Autorität in Dichtungsfragen, auf Aristoteles ein. Diese Auseinandersetzung mit Aristoteles, die, wenn man die Argumente genauer prüft, fast immer die Aristoteles-Exegeten treffen sollte, bildet gleichsam die Folie, vor der Lenz den radikalen Bruch mit Positionen aufgeklärter Dichtungstheorie vollzieht. Dadurch tritt die historische Bedeutung dieses Bruches deutlich hervor. Dass Lenz dabei die literarische Form der Rhapsodie wählt, also auf eine frühe zivilisatorische Form literarischer Rede zurückgreift, belegt das Bewusstsein und die Bedeutung des eigenen Sprechens. Die Rhapsodie eröffnet mit genialischer Geste den Vorausblick. Neben den menschlichen Grundtrieb zur Nachahmung setzt Lenz eine zweite Quelle der Poesie, das Synthetisieren und Analysieren der durch die sinnliche Wahrnehmung gewonnenen Verstandesbegriffe. Doch bedarf es neben Nachahmungstrieb und Verstandesarbeit noch einer dritten Bedingung, um Dichtung zur »Sprache der Götter« (ebd., S. 645) werden zu lassen, des Genies. »Wir nennen die Köpfe Genies, die alles, was ihnen vorkommt, gleich so durchdringen, durch und durch sehen, daß ihre Erkenntnis denselben Wert, Umfang, Klarheit hat, als ob sie durch Anschaun oder alle sieben Sinne zusammen wäre erworben worden« (ebd., S. 648).

Generell bedeutet bei Lenz Genie nicht ausschließlich nur literarisches Genie. Doch tritt zu dieser genialen Veranlagung der unmittelbaren situativ-spontanen Durchdringung von Eindrücken noch »Begeisterung, Schöpfungskraft, Dichtungsvermögen« (ebd., S. 648) hinzu, und vermag das Genic »den Gegenstand zurückzuspiegeln« (ebd.), dann handelt es sich um ein *poetisches Genie*. In diesen und ähnlich lautenden Formulierungen der Rückspiegelung des Gegenstandes ist in der Forschung Lenz' Programm eines literarischen Realismus gesehen worden, eine Linie, die historisch dann meist von Lenz über Büchner und Grabbe bis zu Brecht gezogen wird. Allerdings ist diese Sicht sehr stark durch Büchners *Lenz*-Novelle und das dort ausgeführte sogenannte Kunstgespräch geprägt. Der Realismusbegriff ist für Lenz sicherlich nur eingeschränkt richtig, geht es ihm doch niemals um die Deckungsgleichheit von Bild und Abbild. Die Wirklichkeitsdarstellungen bei Lenz sind maßgeblich durch die Arbeit fiktionaler Vernunft charakterisiert.

Hauptgegenstand der Nachahmung ist der Mensch, insbesondere der individuelle Charakter als »der kenntliche Umriß eines Menschen auf der Bühne« (ebd., S. 651). Damit wendet sich Lenz deutlich von den Mustern der antiken Tragödie ab, in denen die Menschen ausnahmslos als dem Schicksal Unterworfene dargestellt wurden. Ebenso lehnt er die leidenden Helden der christlich-stoizistischen Märtyrerdramen des 17. Jahrhunderts ab. Beide, schicksalsgebeutelter Held und leidender Märtyrer, sind Produkte von Allmachtsphantasien, die ein ästhetisches Ideal verfolgen und einer poetischen Norm gehorchen, nicht aber die unmittelbare Identifikation, das Wiedererkennen des einzelnen Zuschauers in der dargestellten Handlung zulassen. Diesem Bedürfnis nach Unmittelbarkeit, nach lebensweltlicher Nähe auf Rezipientenseite versuchte bereits Lessing in seinem *bürgerlichen* Trauerspiel *Miß Sara Sampson* nachzukommen. Doch Lenz radikalisiert diese Position noch weiter, indem er die Dominanz eines ästhetischen Ideals der vorgestellten Figur zugunsten der Exaktheit der Wirklichkeitsdarstellung des handelnden Charakters einschränkt und damit die Bedeutung der Produzentenseite für seine Position hervorhebt. Es genügt nicht, den adligen Helden und dessen Fall durch die patriarchale Ordnung der bürgerlichen Kleinfamilie zu ersetzen, solange die Figuren charakterlos, ohne individuelles Profil bleiben, denn »es gehört zehnmal mehr dazu, eine Figur mit eben der Genauigkeit und Wahrheit darzustellen, mit der das Genie sie erkennt, als zehn Jahre an einem Ideal der Schönheit zu zirkeln, das endlich doch nur in dem Hirn des Künstlers, der es hervorgebracht, ein solches ist« (ebd., S. 653).

Selbstständig handelnde Menschen und Charaktere sind schließlich für Lenz Synonyme (vgl. ebd., S. 654), die allein die Maßgabe dessen bilden, was das poetische Genie zu leisten hat. Dieser (neuen) Norm – denn um eine solche handelt es sich ja – müssen sich auch die technisch-handwerklichen und dramaturgischen Erfordernisse eines Schauspiels unterordnen, wie z.b. »die so erschröckliche jämmerlichberühmte Bulle von den drei Einheiten« (ebd., S. 654). Diese drei Einheiten von Ort, Zeit und Handlung waren den Poetologen aller Zeiten sakrosankt. Und Lenz ist sich, dies macht der sich steigernde pathetische Stil und die Häufung rhetorischer Fragen deutlich, durchaus bewusst, dass er ein Tabu bricht. Wolle man nur grob und willkürlich klassifizieren, könne man leicht auf 100 Einheiten kommen, doch entscheidend wäre allein die *eine* Einheit, die der Dichter und das Publikum fühlen müssten (vgl. ebd., S. 655). Was aber ist diese Einheit? Lenz wechselt unmerklich den Standpunkt, gelangt von der Binnensicht auf die (klassischen) Regeln dramatischen Schreibens zur Außenperspektive, wenn er ausführt, dass diese Einheit der »Gesichtspunkt« sei, »aus dem wir das Genie umfangen und überschauen können« (ebd.). Dies ist gewissermaßen der archimedische Punkt des Schauspiels oder, modern gesprochen und aus der Romananalyse entlehnt, der point of view. Deutlich wird dies am Beispiel der Einheit der Handlung: »Bei uns ist's die Reihe von Handlungen, die wie Donnerschläge auf einander folgen, eine die andere stützen und heben, in ein großes Ganze zusammenfließen müssen, das hernach nichts mehr und nichts minder ausmacht als die Hauptperson, wie sie in der ganzen Gruppe ihrer Mithändler hervorsticht« (ebd., S. 656).

Diese Bemerkungen weisen schon auf den *Hofmeister* voraus. Bis hierher hat Lenz fast ausschließlich vom dramatischen Dichter oder Schauspieldichter und dem Schauspiel gesprochen. Am Ende der *Anmerkungen* geht er auf die folgenschwere differenzierte Gattungsbestimmung ein. Die »Hauptempfindung« (ebd., S. 667), die in der griechischen Tragödie erregt werden sollte, war – so führt Lenz aus – »blinde und knechtische Furcht vor den Göttern« (ebd., S. 667). Und doch sei diese Furcht das Einzige gewesen, was die Leidenschaften der Zuschauer und die Reinigung (Katharsis) der Leidenschaften habe evozieren können. Leidenschaften seien also auf »Religionsbegriffe gepfropft« (ebd.). Diese religionshistorisch und sozialpsychologisch zweifelsohne richtige Erkenntnis schließt Lenz ebenso thetisch, wie er den Text begonnen hatte, ab. Er verlässt die historische Beschreibung und formuliert normativ (auch hierin, im Wechsel der Methode, durchaus Aristoteles verpflichtet): Die Hauptempfindung der Komödie ist die »Begebenheit«, die Hauptempfindung der Tragödie ist die »Person, die Schöpfer ihrer Begebenheiten« (ebd., S. 668). Dieser Satz enthält bereits Lenz' Programm einer modernen Tragikomödie. Die historische Vorlage fand er bei dem römischen Dichter Plautus, von dem er fünf Dramen übersetzt und ebenfalls 1774 veröffentlicht hatte.

Die Hauptempfindung, so hatte Lenz kurz zuvor erklärt, ist diejenige Empfindung, »welche erregt werden sollte« (ebd., S. 667) durch das dramatische Geschehen. Waren dies in der griechischen Tragödie Furcht und Mitleid – oder moderner übersetzt Jammer und Schaudern (éleos und phóbos), wie es Aristoteles in seiner *Dichtkunst* beschrieben hatte – in der Komödie hingegen das Lachen, so erweitert Lenz nun diese Definition entscheidend. Die *Begebenheit* (also die dramatische bzw. komische Handlung, die komische Situation) nennt Lenz auch »eine Sache« (ebd., S. 669). Bei der Tragödie dagegen steht die *Person* im Mittelpunkt, die im Prozess der Selbstdynamik ihre eigene tragische Situation entwickelt.[6]

Mit dem unmerklichen Wechsel von der historisch-deskriptiven Position (etwa in den Ausführungen zu den religionsgeschichtlichen Wurzeln der tragischen Furcht, die ihren Ursprung in der Furcht vor den Göttern habe) zu einer normativen Position (die sich im Definitionscharakter der Bestimmung ausdrückt) gelangt Lenz zugleich auch zu seiner Bestimmung der Tragikomödie, die für die weitere literarhistorische Entwicklung dieser Mischgattung richtungsweisend geworden ist.[7] Ist die Person zugleich auch Schöpferin

---

[6] Ich lese hier »die Schöpfer« als Schreibversehen von Lenz. Der Term müsste korrekt heißen »die Schöpferin«, da er sich unzweifelhaft auf »die Person« bezieht.

[7] Vgl. dazu Karl S. Guthke: Geschichte und Poetik der deutschen Tragi-

der dramatischen Situation (Begebenheit), kommt es über sie zur Vermittlung von tragischem Konzept und komischem Konzept, genauer: Die handelnde Person, der Mensch, stiftet in der Dynamik seiner dramatischen Entwicklung die komische Situation. Im Menschen als Subjekt und Objekt des dramatischen Geschehens konstituieren sich Tragödie und Komödie als Tragikomödie. Damit vollzieht Lenz bewusst den Bruch mit einem bis dahin gültigen Lehrsatz, wonach der Regelverstoß gegen die Ständeklausel in der Tragikomödie durchaus erlaubt ist. Die Ständeklausel besagt, dass der sozialen Führungsschicht entstammende Personen die tragischen Helden stellen und diese meist als Repräsentanten der Herrschaftsschicht neben dem Hauptakteur der Komödie, dem Volk, vertreten sind. Adel und Volk treten so nebeneinander. Dies betrifft die soziologische Bestimmung des Lehrsatzes. Die ethisch normative geht davon aus, dass die Tugendhaftigkeit des tragischen Helden, die letztendlich wieder der Stabilisierung von Machtverhältnissen dient, mit *Lob* bedacht wird, während den komischen Helden Spott oder *Tadel* treffen. Die historische Ständeklausel impliziert also eine Lob-Tadel-Poetik. Sowohl die soziologische (Adel/Volk) als auch die ethisch-normative (Lob/Tadel) Bestimmung des Dramas unterläuft Lenz durch sein Konzept der Tragikomödie. Im Zentrum der Bestimmung von Tragödie und Komödie und der Fusionsgattung Tragikomödie stehen nicht mehr Repräsentanten einer bestimmten sozialen Schicht, sondern schlicht der *Mensch*, nicht mehr holzschnittartige Typen, sondern individuelle Charaktere. Unter dem Blick einer Funktionsanalyse lässt sich dabei Folgendes feststellen. Die Funktion der Komödie ist, die Bedeutung der Situationen zu evozieren. Die Funktion der Tragödie ist, die Bedeutung der Menschen als die Urheber dieser Situationen zu evozieren. Funktion der Tragikomödie ist, die Bedeutung der Verschränkung von Mensch und Situation hervorzuheben. Das Komische liegt in der Situation selbst, das Tragisch-Komische liegt darin, dass der Mensch diese Situation selbst hervorbringt. Damit formuliert Lenz auch direkten Widerspruch zur unangefochtenen Autorität in Fragen aufgeklärter Literatur,

---

komödie. Göttingen 1961.

nämlich zu Lessing. Zehn Jahre zuvor hatte dieser in der *Hamburgischen Dramaturgie* (1768 - 69) im 51. Stück unter Rückgriff auf die Aristotelische *Poetik* festgelegt: »Da in der Komödie die Charaktere das Hauptwerk, die Situationen aber nur die Mittel sind, jene sich äußern zu lassen, und ins Spiel zu setzen: so muß man nicht die Situationen, sondern die Charaktere in Betrachtung ziehen, [...]. Umgekehrt ist es in der Tragödie, wo die Charaktere weniger wesentlich sind, und Schrecken und Mitleid vornehmlich aus den Situationen entspringt«.[8] Wie fast überall, wo Lenz vermeintlich antiaristotelische Positionen bezieht, ist der Kontrahent in Wirklichkeit meist Lessing als pars pro toto aufgeklärter Literatur und Poetik.

Die Erkenntnisfunktion des rhapsodisch konzipierten und wohl auch vorgetragenen Textes *Anmerkungen übers Theater* von Lenz besteht demnach nicht darin, die Versöhnung der Widersprüche vorzutragen, sondern diese erst erkennbar hervorzutreiben. Erst wenn das Publikum die Widersprüche im Text erkennt – und die Interpretation des *Hofmeisters* wird zeigen, dass dies ungleich mehr noch von den Dramen gilt – und es erkennt, dass Position und Negation unvermittelt nebeneinander stehen, dann ist es auch in der Lage, sich selbst in Widerspruch zu setzen, dann führt es sich selbst zum Bewusstsein von Widersprüchlichkeit, entdeckt die Möglichkeit und erlangt die Fähigkeit zum Widerspruch. Dem liegt nun nicht mehr ein an göttlichen und staatlichen Ordnungsmustern ausgerichtetes versöhnliches Gesellschafts- und Literaturverständnis zugrunde, sondern vielmehr das Wissen, dass das Begehren dem Widerspruch den Weg weist.

---

[8] Gotthold Ephraim Lessing: Werke und Briefe, Bd. 6: Werke 1767 - 1769. Hgg. v. Klaus Bohnen. Frankfurt a.M. 1985, S. 437-438. Allerdings ist Lessings Haltung in dieser Frage nicht einheitlich. Vgl. das informative Kapitel *Vorrang der tragischen Handlung (oder ›Fabel‹) vor den Charakteren* in: Alberto Martino: Geschichte der dramatischen Theorien in Deutschland im 18. Jahrhundert, Bd. I: Die Dramaturgie der Aufklärung (1730 - 1780). Aus d. Ital. v. Wolfgang Proß. Tübingen 1972, S. 305-312.

›Der Hofmeister oder Vorteile der Privaterziehung‹

»Ja der Haß gegen die Hofmeister ist ein ewiges Grundgesetz der Natur«,[1] meinte Goethe. Nicht von ungefähr kommt es, dass Beruf und Lebensform des Hofmeisters im 18. Jahrhundert Gegenstand zahlreicher fiktionaler Texte wurden. Die meisten schreibenden Intellektuellen, die sich in der Mitte des 18. Jahrhunderts als eigene bürgerliche Intelligenzschicht formierten, kannten den Hofmeisterstand aus eigener Erfahrung. Nach wie vor bestimmte die soziale Herkunft die Berufswahl. Während Angehörige der Oberschicht ihre Universitätsausbildung meist mit einem juristischen Studium abschlossen, studierten Angehörige der Mittelschicht, die aus ökonomisch beengten Verhältnissen stammten, ein philologisches Fach oder Theologie. Nach Beendigung des Studiums wurden sie in aller Regel nicht sofort von ihren Heimatkirchen in eine feste Pfarrstelle übernommen. Sie mussten als Privatinformatoren oder Hofmeister – beides sind zeitgenössische Berufsbezeichnungen – einige Jahre überbrücken.[2] Für die konkrete Erziehungsarbeit der Hofmeister bedeutete dies, dass sie neben den Lerninhalten im engeren Sinn auch Sozialstandards einer aristokratischen Schicht vermitteln mussten, die sie nicht von ihrer eigenen Erziehung her kannten. Dies betraf neben der erwarteten Universalbildung vor allem Formen des gesellschaftlichen Umgangs, z.B. Benimmregeln, ebenso wie schichtenspezifische Ausdrucksformen, z.B. musische Erziehung, Klavierspiel, Malerei, Tanz etc. Wie ein Hofmeister von einer adligen Familie behandelt wurde, hing ausschließlich von dieser ab. Berufsständische Regeln, die seine Rechte formulierten – denn der Hofmeister gehörte nicht zu den Dienstboten –, gab es nicht, lediglich umfangreiche Pflicht- und Tugendkataloge.[3] Allerdings gab es Empfehlun-

---

[1] Goethe: Über das was man ist, in: MA Bd. 1.2, S. 300.

[2] Vgl. Walter H. Bruford: Die gesellschaftlichen Grundlagen der Goethezeit. Mit Literaturhinweisen von Reinhardt Habel. Frankfurt a.M., Berlin, Wien 1979 [¹1936], S. 233.

[3] Vgl. etwa Anton Friedrich Büsching: A.F.B's Unterricht für Informatoren und Hofmeister. Zweyte verbesserte Ausgabe. Leipzig 1802 [¹1760],

gen, Verhaltensrichtlinien und Bücher, in denen die Vor- und Nachteile der Privaterziehung thematisiert wurden, wie beispielsweise August Bohses *Der getreue Hofmeister adelicher und bürgerlicher Jugend* (Leipzig 1706), Wolff Bernhard von Tschirnhauß' *Getreuer Hofmeister auf Academien und Reisen* (Hannover 1727), Carl Müllers *Schädlichkeit der Hauserziehung für Erzieher, Zögling und Staat* (Stendal 1783) u.a.m. Noch Adolph Freiherr von Knigge hatte 1788 in seinem Buch *Über den Umgang mit Menschen* im Kapitel über die Erziehung und Schulbildung des Menschen Grund zu der folgenden Feststellung:

> Überhaupt verdienen ja diejenigen wohl mit vorzüglicher Achtung behandelt zu werden, die sich redlich dem wichtigen Erziehungsgeschäfte widmen. Es ist wahrlich eine höchst schwere Arbeit, Menschen zu bilden – eine Arbeit, die sich nicht mit Gelde bezahlen läßt. Der geringste Dorfschulmeister, wenn er seine Pflichten treulich erfüllt, ist eine wichtigere und nützlichere Person im Staate als der Finanzminister, und da sein Gehalt gewöhnlich sparsam genug abgemessen ist, was kann da billiger sein, als daß man diesem Manne wenigstens durch einige Ehrenbezeugung das Leben süß und das Joch erträglich zu machen suche? Schämen sollten sich die Menschen, die den Erzieher ihrer Kinder als eine Art von Dienstboten behandeln! Möchten sie nur bedenken (wenn sie auch nicht fühlen können, wie unedel dies Betragen an sich schon ist), welchen nachteiligen Einfluß dies auf die Bildung der Jugend hat. Es kann mir durch die Seele gehn, wenn ich den Hofmeister in manchem adeligen Hause demütig und stumm an der Tafel seiner gnädigen Herrschaft sitzen sehe, wo er es nicht wagt, sich in irgendein Gespräch zu mischen, sich auf irgendeine Weise der übrigen Gesellschaft gleichzustellen, wenn er sogar den ihm untergebenen Kindern von Eltern, Fremden und Bedienten der Rang vor ihm gegeben wird, vor ihm, der, wenn er seinen Platz ganz erfüllt, als der wichtigste Wohltäter der Familie angesehn werden sollte. – Es ist wahr, daß es unter den Männern dieser Art hie und da solche gibt, die eine so traurige Figur außer ihrer Studierstube spielen, daß man nicht wohl auf einem bessern Fuß mit

---

und Helmuth Kiesel, Paul Münch: Gesellschaft und Literatur im 18. Jahrhundert. Voraussetzungen und Entstehung des literarischen Markts in Deutschland. München 1977, S. 74.

ihnen umgehn kann; allein das widerlegt nicht dasjenige, was ich von der Achtung gesagt habe, die man diesem Stande schuldig ist. – Wehe den Eltern, die ihre Kinder solchen selbst nicht erzogenen Mietlingen anvertrauen! –[4]

Wurde ein Hofmeister von einer Familie zur Erziehung der Kinder benötigt, so konnte man sich an regelrechte Vermittlungsbüros wenden.[5] Die bekanntesten »Hofmeistermakler«[6] der Aufklärung waren August Hermann Francke, Christian Felix Weiße, Christian Fürchtegott Gellert und Johann Jakob Engel. Der Pietist Francke hatte in Halle ein Waisenhaus gegründet und wurde wegen seines sozialen und pädagogischen Engagements geschätzt. Weiße begründete die erste deutschsprachige Kinderzeitschrift (*Kinderfreund*) und war in Leipzig tätig. Gellert lehrte ebenfalls in Leipzig und war einer der wichtigsten empfindsamen Schriftsteller der Aufklärungsliteratur. Seine Tätigkeit als Hofmeistervermittler wird auch von Lenz in der Erzählung *Zerbin oder die neuere Philosophie* angesprochen. Engel schließlich lehrte in Berlin und war neben Nicolai einer der wichtigsten Vertreter der Aufklärung in Deutschland und entschiedener Gegner der Sturm-und-Drang-Literatur. Zu den bekanntesten Hof-

---

[4] Adolf Freiherr von Knigge: Über den Umgang mit Menschen. Hgg. v. Gert Ueding. Mit Illustrationen v. Chodowiecki u.a. Frankfurt a.M. 1987 [¹1788], S. 246. – Ein ironisches Epigramm auf einen Hofmeister findet sich bei Lange:
»Der Informator.
Bav [!] kam die Kinder zu erziehen;
Der Amtmann freu'te sich.
Im kurzen ward, durch sein Bemühen,
Der Hühnerhund erzogen meisterlich.«
(Samuel Gotthold Lange: Einer Gesellschaft auf dem Lande poetische, moralische, ökonomische und kritische Beschäftigung. Erstes Stück. Halle 1777, S. 28.)

[5] Vgl. Ludwig Fertig: Die Hofmeister. Ein Beitrag zur Geschichte des Lehrerstandes und der bürgerlichen Intelligenz. Stuttgart 1979, S. 57ff. u. 60ff. Dort auch weiterführende Literatur.

[6] Fertig: Die Hofmeister, S. 60.

meistern des 18. und 19. Jahrhunderts zählen neben Gellert und Weiße noch Gleim, Heyne, Musäus, Hamann, Winckelmann, Herder, Boie, Voß, Lenz, Wagner, Jean Paul, Kant, Hölderlin, Fichte, Hegel und Schleiermacher.[7] Der Hofmeisterhandel fand in Jean Pauls *Geträumten Schreiben an den sel. Prof. Gellert, worin der Verfasser um einen Hofmeister bittet* aus dem *Komischen Anhang und Epilog des ersten Bändchens zum Levana* eine eindrucksvolle parodistische Gestaltung.

Ein Hofmeister verdiente im Durchschnitt pro Jahr nicht mehr als 50 Taler, bei freier Kost und Logis.[8] Das reichte kaum aus, um die ökonomische und soziale Abhängigkeit vom Arbeitgeber zu überwinden. Hierin kann man durchaus die Anfänge der Herausbildung eines akademischen Proletariats und den Beginn einer schleichenden Verelendung vieler Intellektueller sehen, die also eng mit der Emanzipationsbewegung des Bürgertums im 18. Jahrhundert verknüpft ist. Nicht besser stand es mit den Lehrern in öffentlichen Schulen.[9] Die meisten Lehrer, beispielsweise in der Kurmark, verdienten 1774 zwischen 10 und 40 Taler jährlich und waren damit auf eine Nebenbeschäftigung als Küster, Gemeindeschreiber, Handwerker oder Lohnarbeiter angewiesen.[10] Zu der ökonomischen Misere des Bildungssystems kam der mangelnde Bildungsgrad der Lehrer hinzu. So berichtet z.B. das Protokoll einer Dorfschullehrerwahl von 1729, das mit der Aufzählung der von dem Kandidaten gesungenen Lieder beginnt:

a) O Mensch, beweine dein ...; b) Zeuch ein zu deinen Thoren ...; c) Wer nur den lieben Gott läßt ...; Doch Melodie ging ab in viele andere

---

[7] Vgl. Bruford: Die gesellschaftlichen Grundlagen der Goethezeit, S. 235.

[8] Bruford: Die gesellschaftlichen Grundlagen der Goethezeit, S. 234.

[9] Zum Schulwesen im 18. Jahrhundert vgl. Hans-Ulrich Wehler: Deutsche Gesellschaftsgeschichte. 1. Bd.: Vom Feudalismus des Alten Reiches bis zur Defensiven Modernisierung der Reformära 1700 – 1815. München 1987, S. 281-292 und Helmuth Kiesel, Paul Münch: Gesellschaft und Literatur im 18. Jahrhundert, S. 67-76.

[10] Vgl. Kiesel, Münch: Gesellschaft und Literatur im 18. Jahrhundert, S. 69.

Lieder; Stimme sollte stärker sein, quekte mehrmalen, so doch nicht sein muß. Gelesen Josua 19, 1 – 7 mit 10 Lesefehlern; buchstabirte Josua 18, 23 – 26 ohne Fehler. Dreierlei Handschriften gelesen – schwach und mit Stocken; drei Fragen aus dem Verstand, hierin gab er Satisfaction. Aus dem Catech. den Decalog und die 41. Frage recitirt ohne Fehler; dictando drei Reihen geschrieben – fünf Fehler; des Rechnens auch nicht kundig.[11]

Die allenthalben von der Volksaufklärung geforderte Alphabetisierung und Bildung der unteren Schichten barg für die herrschende Feudalaristokratie auch die Gefahr möglicher Revolutionsbereitschaft. Deshalb war dem aufgeklärten Absolutismus in Deutschland wenig daran gelegen, die soziale Situation der Hauslehrer wie der Lehrer an öffentlichen Schulen nachhaltig zu verbessern. Die hofmeisterliche Erziehung und die universitäre Ausbildung junger Adliger hatten das Ziel, den status quo der Machtverhältnisse langfristig zu sichern, es war eine Erziehung zu loyalen Staatsbürgern oder Hofbeamten. Dieser Zwang gegenüber der eigenen gesellschaftlichen Schicht und der eigentlichen politischen Macht, wurde direkt an die Hofmeister weitergegeben, die damit einem dreifachen Zwang unterworfen waren. Der *soziale Zwang* erlaubte es ihnen nicht, sich über ihre bürgerliche Herkunft und damit über sozialdistinkte Lebens- und Verhaltensweisen hinwegzusetzen. Der *ökonomische Zwang* führte die Hofmeister in immer größere Abhängigkeit von der adligen Familie. Um diese Abhängigkeit etwas zu mildern, mussten sie sich dem sozialen Zwang bedingungslos, und das heißt: widerspruchslos, unterwerfen. Dies führte schließlich zu einem *psychischen Zwang*, der Verinnerlichung des sozialen Loyalitätsgebots. Der Hofmeister musste sich selbst nach Innen zur äußersten Affektkontrolle zwingen, um seine durch den sozialen und den ökonomischen Zwang bedingte Lebenssituation etwas zu mildern. Dies betrifft nicht nur die affektive Reaktion auf adlige Herrschaftsarroganz, sondern vor allem den extrem tabuisierten Bereich der Sexualität zwi-

---

[11] Zitiert nach Kiesel, Münch: Gesellschaft und Literatur im 18. Jahrhundert, S. 69.

schen adliger Mutter oder Tochter und dem Hofmeister. In der extremsten Form konnte dieser Zwang durchaus zu autoaggressiven Handlungen führen, wie die Selbstkastration in Lenz' *Hofmeister* zeigt. Die nachfolgend zitierte zeitgenössische Notiz belegt, dass dies kein literarisierter, schon gar kein fiktional überhöhter Einzelfall war:

> Der Hofmeister.
> In einem deutschen Intelligenzblatt las ich neulich folgende Anzeige:
> Il est arrivé ici la ville de M-, un ecclésiastique (*Eunuque*) qui souhaite d'être gouverneur d'enfans. Sa bonne conduite, moeurs & talens le rendent recommendable à celui qui voudroit lui confier ses enfans.
> Es ist weit mit den Verderbnissen unsrer Sitten gekommen, wenn unter die Talente eines Hofmeisters auch der *Eunuque* als eine vorzügliche Empfehlung gehört.[12]

Lenz hat diesen dreifachen Zwang im *Hofmeister* auf zwei unterschiedlichen Ebenen thematisiert, zum einen im *Sexualitätsdiskurs* und zum anderen im *Erziehungsdiskurs*. Die Handschrift des *Hofmeister*-Dramas, die 1771/72 in der endgültigen Gestalt entstand und nicht unerhebliche Abweichungen zur Druckfassung von 1774 zeigt, trägt im Untertitel die später wieder gestrichene Gattungsbezeichnung Lust- und Trauerspiel.[13] Dass hiervon im Druck nur noch

---

[12] Olla Potrida (1779), Nr. 4, S. 313. Übersetzung: »In der Stadt M– ist ein Geistlicher (*Eunuch*) eingetroffen, der als Hauslehrer tätig zu sein wünscht. Sein gutes Betragen, seine guten Sitten und Begabungen weisen ihn als empfehlenswert für diejenigen aus, die ihm gerne ihre Kinder anvertrauen wollen.« (Traduction de: Mimi, que je remercie ici).

[13] Seit 1986 liegt die Handschrift des *Hofmeisters* zusammen mit dem Erstdruck in einer mustergültigen Parallelausgabe vor, J.M.R.Lenz: Der Hofmeister. Synoptische Ausgabe von Handschrift und Erstdruck hgg. v. Michael Kohlenbach. Basel, Frankfurt a.M. 1986. – Ein gründlicher textphilologischer und inhaltsanalytischer Vergleich von Handschrift und Druckfassung steht in der Forschung noch aus. Vgl. John Guthrie: Revision und Rezeption: Lenz und sein Hofmeister, in: Zeitschrift für deutsche Philologie 110/2 (1991), S. 181-201.

die Bezeichnung »eine Komödie« übrig geblieben ist, zeigt wohl keine generelle theoretisch-konzeptuelle Neubestimmung von Lenz an, wenn man zum Vergleich Lenz' Überlegungen aus den *Anmerkungen übers Theater* heranzieht. Der *Hofmeister* ist als Tragikomödie angelegt und knüpft unmittelbar an die programmatischen Aussagen der *Anmerkungen* an. Nimmt man diesen Text als Leitfaden der Interpretation des *Hofmeisters*, erschließt sich erst die tragikomische Struktur des Dramas.

Äußerlich betrachtet bleibt der *Hofmeister* der von Horaz postulierten fünfaktigen Dramenkonzeption verpflichtet.[14] Doch zeigt bereits die Szenenfolge innerhalb der einzelnen Akte, dass die Fünfaktigkeit des Dramas lediglich ein Zugeständnis des Autors an den Erwartungshorizont seines zeitgenössischen Publikums ist. Der Sinn der Verteilung des dramatischen Geschehens auf fünf Akte lag ja gerade darin, dass sich damit eine dramaturgische Gesetzmäßigkeit entwickeln konnte. Der erste Akt sollte der Exposition des dramatischen Themas dienen. Der zweite Akt hatte eine die Handlung beschleunigende und damit dynamisierende Funktion. Im dritten Akt wurde der Höhe- und Umschlagpunkt (Peripetie) der Handlung erreicht. Der vierte Akt hatte eine retardierende Funktion. Und im fünften Akt vollzog sich die erwartete Katastrophe, sofern es sich um eine Tragödie handelte, oder die im Gelächter aufgehende Lösung der komischen Situation, sofern es sich um eine Komödie handelte.

Bei Lenz nun übernehmen die einzelnen Szenen die recht unterschiedlichen Funktionen in der Entwicklung des Spannungsbogens. Damit wird bereits ein konzeptuelles Prinzip von Lenz evident, das er sowohl auf der äußerlichen, scheinbar ausschließlich technischen Ebene entfaltet wie auf der inhaltlichen Ebene der Signifikantenketten (Figurenkonstitution, Diskursführungen, Motiventwicklungen etc.). Man kann dieses Prinzip durchaus als Kontrastierungsverfahren bezeichnen. Es besagt, dass nicht die ausschließliche Darlegung der Negation den Widerspruch bezeichnet, vielmehr eröffnet die Darstellung von Position und Negation den Blick auf das Wider-

---

[14] Vgl. Horaz: Ars poetica, Vers 189f.

sprüchliche. Lenz unterläuft mit allen dramaturgisch zur Verfügung stehenden Mitteln und Finessen die Vorgaben der normativen Aufklärungspoetik. Er setzt den Widerspruch an die Stelle der Affirmation und zwingt die Zuschauer so zur ständigen Auseinandersetzung mit ihrem Erwartungshorizont, bestenfalls zu dessen Korrektur. Das Gesetz der Fünfaktigkeit des Dramas und damit der formalen Geschlossenheit des Spannungsbogens bleibt im *Hofmeister* erhalten, zugleich aber wird es auch unterlaufen durch die Aufwertung der Szenenfunktionen. Eine Strukturskizze des *Hofmeisters* kann veranschaulichen, wie die Architektonik des Dramas in die einzelnen Szenen und in die dramatischen Situationen hinein verlagert wird:

Akt I/Szene 1: Monolog Läuffers – Erziehungsdiskurs
I/2: Hofmeisterthema – Erziehungsdiskurs
I/3: Vorführung der Verhaltensstandards eines Hofmeisters – Erziehungsdiskurs
I/4: Verschränkung des Erziehungsdiskurses mit dem Sexualitätsdiskurs (Gustchen)
I/5: Sexualitätsdiskurs (konventionelles Liebesversprechen)
I/6: Sexualitätsdiskurs als Fiktion (»Romane«) diffamiert; Ausbildung zur Vernünftigkeit als Überwachen von Sexualität (Fritz von Berg)

II/1: Herrschaftsdiskurs als Erziehungsdiskurs, Aufklärungspositionen: orthodoxe Aufklärung (Pastor) versus kritische Aufklärung (von Berg)
II/2: Sexualitätsdiskurs (Läuffer – Gustchen)
II/3: Thematisierung des Komischen (Studentenleben, Lessings *Minna von Barnhelm*)
II/4: Exemplifizierung von Lenz' Komödiendefinition, komische Situation
II/5: Sexualitätsdiskurs, Kastrationsmotiv
II/6: Sozialleben von Gustchens Eltern
II/7: Erziehungsdiskurs, der anonyme Hofmeister (als Kontrastfigur zum Hofmeister Läuffer) des Herrn von Sciffenblase vertritt Aufklärung als Zitat

›Der Hofmeister oder Vorteile der Privaterziehung‹

III/1: Knüpft an II/6 an; Peripetie
III/2: Erziehungsdiskurs, kritische Aufklärungspädagogik (Dorfschullehrer Wenzeslaus)
III/3: Erziehungsdiskurs (von Seiffenblases Hofmeister – von Berg)
III/4: Erziehungs- u. Sexualitätsdiskurs (Läuffer – Wenzeslaus)

IV/1: Erziehungs- und Sexualitätsdiskurs
IV/2: Sexualitätsdiskurs (Kind als Folge nicht überwachter Sexualität)
IV/3: Zusammenführung von erziehungs- und sexualitätsdiskursivem Handlungsmotiv
IV/4: Erziehungsdiskurs (Vaterbild Gustchens)
IV/5: Erziehungsdiskurs (Versöhnung Vater – Tochter)
IV/6: Erziehungsdiskurs; Fritz als Repräsentant des aufgeklärten Ordnungsdiskurses; Sozialcharakter (Verhaltensstandards) der Unterschicht (Rehaar)

V/1: Anagnorisisszene, Läuffer erkennt sein Kind
V/2: Sozialcharakteristik (vgl. IV/6)
V/3: Sexualitätsdiskurs (Kastration)
V/4: Erziehungsdiskurs (vgl. IV/6 u. V/2)
V/5: Erziehungsdiskurs (Verhaltensstandards), Teichoskopieszene
V/6: Sexualitätsdiskurs, Gustchen als Opfer männlicher Verführung
V/7: Sexualitätsdiskurs; Zusammenführung der Kontrastierungsebenen (Jungfer Rehaar bekommt auch ein Kind)
V/8: Handlungssteigerung (dynamisierende Funktion)
V/9: Sexualitätsdiskurs (Läuffer – Wenzeslaus)
V/10: Sexualitätsdiskurs (Läuffer – Lise)
V/11: Versöhnungsszene; Vorbereitung eines empfindsamen Schlusstableaus
V/12: Sexualitäts- und Erziehungsdiskurs (Gustchens Reue; die Heirat von Pätus und Rehaar); ironische Destruktion des Schlusstableaus.

Das Recht auf Emanzipation der Sinnlichkeit, das sich als diffuser ›Trieb‹ Anspruch verschafft und auch so von der Aufklärungstheorie logofiziert wird, kollidiert mit den Ansprüchen und Forderungen einer feudalaristokratisch-bürgerlichen Gesellschaft. Die Affekt- und Leidenschaftsmodellierung soll in erster Linie Gegenstand der hofmeisterlichen Erziehung sein. Das ständische Privilegiendenken des Städters wie des Landadligen kennt kein Recht auf eine Liebesbeziehung oder gar auf wilde, undisziplinierte Leidenschaften. Dem Adligen bleibt das Vorrecht seiner Klasse auf Verführung oder Vergewaltigung, dem Bürger der Gang ins Bordell und dem Repräsentanten der unteren Mittelschicht, dem Dorfschullehrer Wenzeslaus nur die Empfehlung diätetischer Lebensführung (vgl. III/4, insbesondere den »Toback«, der »die bösen Begierden mit einschläfert«).[15] Lenz reproduziert mit dieser Perspektive natürlich den Standpunkt des männlichen Blicks, der der einzig legitime Blick der patriarchalen Gesellschaft der 1770er Jahre ist.

Der Diskurs über die Erziehungsfrage, ob das Kind eines Adligen eine öffentliche Schule besuchen oder privat durch einen Hofmeister erzogen werden soll, wird von Lenz mit einem zweiten Diskurs verknüpft, der Frage nach der Mündigkeit weiblicher Sexualität. In diesem Sinn gebrauche ich in dieser Interpretation auch den Diskursbegriff. Der Diskurs ist jener Ort, wo sich Macht und Begehren treffen, wo das Begehren gegen Machtverhältnisse opponiert und die Herrschaft der Vernunft als Organ der Macht das Begehren kontrolliert.[16] In einer Anmerkung zu *Sexualität und Wahrheit* spricht Foucault mit Blick auf Lenz' *Hofmeister* von einer »Überlagerung des Familiendispositivs durch das Sexualitätsdispositiv«.[17] Der literarische Diskurs insbesondere ist jener Ort, der als Bedingung der Mög-

---

[15] Zitate aus den Dramen werden stets mit römischer Akt- und arabischer Szenenzahl im Haupttext belegt.

[16] Vgl. Michel Foucault: Die Ordnung des Diskurses. Aus d. Franz. v. Walter Seitter. Mit einem Essay v. Ralf Konersmann. Frankfurt a.M. 1991 [¹1972].

[17] Michel Foucault: Sexualität und Wahrheit. Übers. v. Ulrich Raulff u. Walter Seitter. Bd. 1: Der Wille zum Wissen. Frankfurt a.M. 1977, S. 113.

lichkeit von Rebellion des Begehrens gegen die Macht und Repression der Macht gegenüber dem Begehren Umkehrungsverhältnisse und Gegenmodelle erproben oder reale Gewaltverhältnisse darstellen oder karikieren kann. Literatur kann hier beschreibend, analytisch oder antizipatorisch wirken. In der Kontrastierung von Rebellion und Repression entfaltet beispielsweise Lenz die Macht des Widerspruchs. Von den insgesamt 35 Einzelszenen des *Hofmeisters* befassen sich nahezu alle mit dem Erziehungs- oder Sexualitätsdiskurs, in einigen werden beide Diskurse augenfällig zusammengeführt oder einem dritten Diskurs, dem Herrschaftsdiskurs, eingeschrieben.

In Szene II/1, deren Bedeutung schon aus der inhaltlich parallelen Anordnung zu Szene I/1 hervorgeht, wird das Thema der Erziehung erstmals ausführlich entfaltet. Der Vater des Hofmeisters, also des ›Titelhelden‹, spricht beim Geheimen Rat Herrn von Berg vor. Die Szene spielt in Insterburg, es entwickelt sich ein sehr einseitiges Streitgespräch, da Vater Läuffer sich von Beginn an in die Defensive gedrängt sieht. Der junge Herrmann Läuffer (vgl. II/5) ist bereits im dritten Jahr Hofmeister bei der Familie des Majors von Berg. Der Beruf des Adjunkts, einer Art Hilfskraft im öffentlichen oder kirchlichen Dienst, und der Beruf des Pfarrers wurden vom Vater dem jungen Hofmeister versagt, und »bei der Stadtschule hat mich der Geheime Rat nicht annehmen wollen« (I/1), heißt es in der Expositionsszene des Dramas. Von Berg ist also selbst derjenige, der – ungeachtet seiner Rolle als Verfechter der öffentlichen Schulerziehung – in den nachfolgenden Gesprächen dem jungen Läuffer die Anstellung in einer öffentlichen Schule verweigert. Bereits hier zeigt sich Lenzens Kontrastierungstechnik. Der Adlige von Berg, der die Macht über die Anstellung als Schullehrer in einer öffentlichen Schule hat, zwingt den Bewerber Läuffer dazu, sein Auskommen als Hofmeister zu suchen, wenn er sich seinen Lebensunterhalt selbst verdienen will. Damit unterstreicht Lenz den falschen Gestus der Emanzipiertheit von Bergs in II/1. Dessen Forderung nach einer öffentlichen Schulerziehung in Dorf- und Stadtschulen von Adligen und Bürgerlichen erweist sich als bloß rhetorische Geste. Lenz charakterisiert den Adligen als das, was er ist. Der Rekurs auf eine emanzipiert-aufgeklärte Erziehungshaltung wird vom Geheimen Rat nur so lange gepflegt, wie es nicht einer Veränderung bestehender Verhältnisse bedarf. Die Ironie oder der Zynismus von Bergs gehen soweit, dem Vater zu sagen, er solle froh sein, wenn sein Sohn die Anstellung als Hofmeister verlöre. Wäre Herr von Berg jetzt bereit – man befindet sich in II/1 ja bereits am Anfang des dritten Jahres der Anstellung Herrmann Läuffers als Hofmeister –, den jungen Läuffer als Lehrer in der Stadtschule anzustellen? Der Text wirft die Frage in dem Augenblick auf, wo hinter der Rolle des Geheimen Rats nicht länger der Autor Lenz vermutet wird. Insbesondere gibt die Aufdringlichkeit, mit der von Berg das Wort »Freiheit« im Munde führt, zu denken: »Ohne Freiheit geht das Leben bergab rückwärts, Freiheit ist das Element des Menschen wie das Wasser des Fisches, und ein Mensch der sich der Freiheit begibt, [...] ermordet sich selbst« (II/1). Zweifelsohne vertritt im Pädagogischen wie in der Frage der Staatsordnung der Geheime Rat die Position des aufgeklärten Absolutismus. Danach wird zwar die Teilhabe von Bürgerlichen an gesellschaftlicher Macht und Verantwortung durchaus zugestanden, dem bürgerlichen Emanzipationswillen also nachgekommen, nicht aber generell die monarchische Regierungsform in Frage gestellt. Die göttliche und weltliche Ordnung sind im Sinne des aufgeklärten Absolutismus unantastbar. Vor diesem Hintergrund ist nun von Bergs Sprache der politischen Emanzipation kritisch differenziert zu sehen. Die wichtigsten Punkte seiner aufgeklärten Kritik sind im Wesentlichen folgende: 1.) individuelle Freiheit (Selbstbestimmung), 2.) Selbstachtung (integre Lebensführung, Harmonie von Handeln und moralischem Sollen), 3.) Staatsdienerfunktion, Staatsgehorsam (Staatsräson), und 4.) selbstverschuldete Unmündigkeit, Selbstbetrug.

Der Verlust der individuellen Freiheit (vgl. Punkt 1), der als Selbstmord bezeichnet wird, ist nach von Bergs Meinung einzig auch individuell zu verantworten. Ökonomische oder gesellschaftliche Zwänge, die einen jungen Menschen wie Läuffer überhaupt erst in die Lage gebracht haben, den Verlust von Freiheit, so er sie denn je zuvor besessen hatte, zu riskieren, interessieren den Adligen nicht. Für ihn bedeutet Freiheit eher ein Definitionsmerkmal gefälliger Lebensführung, denn eine soziale und historische Notwendigkeit. Dies geht besonders aus dem zweiten Argument seines Plädoyers für die öffentliche Schulerziehung hervor: »wenn er [sc. der junge Läuffer] sich's gefallen läßt, desto schlimmer; er hat den Vorrechten eines Menschen entsagt, der nach seinen Grundsätzen muß leben können, sonst bleibt er kein Mensch« (II/1). Auch hier stellt sich wieder die Frage, ob das Thema der Selbstachtung (vgl. Punkt 2) und der moralischen Integrität, die meist mit der Vorstellung einer Autonomie des Willens verknüpft ist, ausschließlich moralisch-definitorisch abgehandelt werden kann, oder ob nicht vielmehr Selbstachtung und Lebensgrundsätze Ausdruck eines sozialständischen Privilegs sind. Die Einwände des Vaters, Pastor Läuffer, versuchen, die idealistisch aufgeklärte Kritik des Geheimen Rats mit pragmatischen Überlegungen zu konterkarieren: »Was wollte mein Sohn anfangen, wenn Dero Herr Bruder ihm die Kondition aufsagten? [...] Man muß eine Warte haben, von der man sich nach einem öffentlichen Amt umsehen kann. [...] Hauslehrer taugen zu nichts – wie können Sie mir das beweisen?« (ebd.). Der Bürgersohn Herrmann Läuffer genießt nicht die Geburtsprivilegien eines Adligen – diese Sicht verstellt sich aber von Berg, da er den Pragmatismus des Vaters als Ursache für die hofmeisterliche Unfreiheit verdächtigt. Denn die individuelle Freiheit und die Maxime der Selbstachtung haben dort ihre Grenzen, wo sie utilitaristischen Ansprüchen (vgl. Punkt 3) genügen müssen. Der junge Läuffer soll nicht Staatsbürger werden, sondern Staatsdiener, nicht gehorsam gegenüber einem »Edelmann« (ebd.) sein, sondern dem Staat gegenüber – der aber auch durch diese Edelmänner repräsentiert wird –, seine Freiheit nicht einer Privatperson verkaufen, sondern dem Staat – der aber auch durch diese Privatpersonen repräsentiert wird. »Laßt den Burschen was lernen, daß er dem Staat nützen kann. Potz hundert Herr Pastor, Sie haben ihn doch nicht zum Bedienten aufgezogen, und was ist er anders als Bedienter, wenn er seine Freiheit einer Privatperson für einige Handvoll Dukaten verkauft? Sklav ist er, über den die Herrschaft unumschränkte Gewalt hat [...]« (II/1). Wer diesen Staat repräsentiert, durch wen er verkörpert wird in einem Duodezfürstentum der 1770er Jahre, bleibt vom Geheimen Rat unreflektiert. »*Läuffer läuft fort*« (II/5), heißt es am Ende dieser Szene, und in der Tat verweist der Name auf diese Bedeutungsebene. Das Lakaienhafte des Hofmeisterstandes wird damit ebenso bezeichnet wie die getriebene, nomadische Existenz. Im Livländischen bedeutet ›Läufling‹ Flüchtling.[18] Läuffer ist ein Mensch, der nicht den geraden und direkten Weg gehen kann, da ihm gesellschaftlich-ständische Regularien dies versagen. Er ist diagonal sich fortzubewegen gezwungen, vielleicht spielt daher, dies sei wenigstens der Vollständigkeit halber angemerkt, bei der Namenswahl auch Lenz' Erfahrung im Schachspiel eine Rolle.

Schließlich entlarvt Lenz auch das letzte Argument (vgl. Punkt 4) als nur vermeintlich emanzipatorisches. Der Furor (»meine üble Gewohnheit, daß ich gleich in Feuer gerate, wenn mir ein Gespräch interessant wird«, ebd.) aufgeklärt-kritischer Rede treibt von Berg zu einer fast zynischen Feststellung. Das Elend der Hofmeister sei selbst verschuldet, die Unmündigkeit selbst gewählt, die Misere Ergebnis eines vorsätzlichen Selbstbetrugs:

Ihr beklagt euch so viel übern Adel und über seinen Stolz, die Leute sähn Hofmeister wie Domestiken an, Narren! was sind sie denn anders? [...] Aber wer heißt euch [!] ihren Stolz nähren? Wer heißt euch [!] Domestiken werden?, wenn ihr was gelernt habt, und einem starrköpfigen Edelmann zinsbar werden [...]? (Ebd.)
Wes ist die Schuld? Wer ist schuld dran, als ihr Schurken von Hauslehrern? Würde der Edelmann nicht von euch in der Grille gestärkt, einen kleinen Hof anzulegen, wo er als Monarch oben auf dem Thron sitzt [...], so würd er seine Jungen in die öffentliche Schule tun müssen. (Ebd.)

Der Geheime Rat redet an dieser Stelle als Standesrepräsentant, der sich nicht an den bürgerlichen Pastor Läuffer richtet, sondern der sich allgemein an den anderen Stand (»euch«) wendet. So verräterisch dieser unmerkliche Wechsel vom höflichen Personalpronomen

---

[18] Vgl. August Wilhelm Hupel: Idiotikon der deutschen Sprache in Lief- und Ehstland. Nebst eingestreuten Winken für Liebhaber. Riga 1795. Reprint Zwickau o.J., S. 135.

(»Euch«) zum Kollektivsingular (»euch«) ist, so bezeichnend ist er für die Position des Geheimen Rats. Von Berg stellt gesellschaftliche, Ökonomie und Macht betreffende Verhältnisse auf den Kopf, macht die Opfer zu mitverantwortlichen Tätern, wenn er den Bürgerlichen vorwirft, dass sie die Adligen in ihrer Herrschaftsrolle bestätigten. Damit reduziert er ein komplexes Machtverhältnis auf die letztlich transzendentalphilosophisch begründete Behauptung, dass der Gang in die Sklaverei eine Frage des freien Willens sei. Auch hier tritt die Frage nicht in von Bergs Reflexionshorizont (und gerade dadurch erscheint sie als umso deutlicher aufgeworfen), inwieweit überhaupt die sozialhistorische Realität eines Hofmeisters die Rebellion gegen solche Herrschaftspraktiken zulässt und wer und aus welchen Gründen an der Perpetuierung dieser Verhältnisse interessiert ist. Lenz konnte insbesondere diesen Punkt der Emanzipationsrhetorik von Bergs nicht besser kontrastieren, als durch Läuffers zornigen Ausruf »mit dem verfluchten Adelstolz!« (II/5). Die weitere Entwicklung nach II/1 entlarvt die Rede des Geheimen Rats eben als rhetorische Geste. Lenz bringt das falsche Bewusstsein von Bergs auf den Punkt, seinen Charakter bezeichnet er in der Handschrift sogar als hochmüthig:

Aug. Mein Onkel ist eben so eigensinnig als mein Vater [...].
Läf. [!] Eigensinnig nennst du das? hochmüthig nenn' es. der Teuffel hole den Adel der euch immerfort sticht.[19]

Die ›Lösung‹ der Hofmeisterfrage deutet sich in der Empfehlung an den Pastor an: »Lernt etwas und seid brave Leut« (II/1). Die Frage, wovon man währenddessen leben solle, gerät dem Geheimen Rat nicht in den Blick.

Lenz lenkt also von Beginn an die Aufmerksamkeit der Leser auf die Bedeutung herrschaftlicher Strukturen im Erziehungsdiskurs. Der

---

[19] Vgl. J.M.R. Lenz: Der Hofmeister. Synoptische Ausgabe v. Handschrift u. Erstdruck hgg. v. Michael Kohlenbach. Basel, Frankfurt a.M. 1986, S. 64.

Geheime Rat von Berg nimmt dabei die Position der *aufgeklärten Kritik* ein, die letztlich aber nicht zur Änderung der bestehenden Machtverhältnisse führt, sondern Verhaltensstandards und Bewusstseinsformen eines aufgeklärten Absolutismus fortsetzt. Die Kritik ist Gegenstand eines Gesprächs und nur insoweit lebensweltlich fundiert, als von Berg seine Söhne Fritz und Karl nicht von Hofmeistern erziehen lässt. Die Kritik endet aber dort, wo das Stück beginnt, wo nämlich der Bürgerliche Herrmann Läuffer die Möglichkeit hätte haben können, statt seine Freiheit aufzugeben und als Hofmeister zur Festigung der Standesprivilegien (Privaterziehung der Adligen) beizutragen, eher dem Staat hätte als Lehrer in der Stadtschule dienen können. Die aufgeklärte Kritik ändert also allenfalls etwas für die herrschenden Adligen und deren Söhne, nicht aber für die Bürgerlichen.

Der Vater Herrmann Läuffers hingegen ist Repräsentant einer *orthodoxen Aufklärung*, deren Pragmatismus nicht darüber hinwegtäuscht, dass auch sie an den bestehenden Verhältnissen nichts ändert oder ändern kann. Auch sie vertritt ein ständedistinktes Denken, die patriarchalen Einschreibungen sind offensichtlich. Ihre Vertreter sind Bürgerliche, ihr Medium der Kritik und Affirmation sind Wort und Schrift. Einen weiteren Typus im Diskutantenensemble des Erziehungsdiskurses stellt der Hofmeister des adligen Studenten von Seiffenblase dar, der in II/7 eingeführt wird. Bei diesem Hofmeister verkommt die pädagogische Aufklärung zur *zitierten Aufklärung*. Das Zitat dient nur noch der Selbststilisierung und enthebt sich jeglicher reflexiven Kritik und jedweder Form von Pragmatismus. Selbst unter vermutlich Gleichaltrigen geriert sich der von Seiffenblasesche Hofmeister, der bezeichnenderweise namenlos bleibt, also lediglich einen Typus repräsentiert, als Vertreter aufgeklärter Weltklugheit: »Aber Herr von Berg, wir müssen in der Welt mit Vernunft handeln« (II/7),[20] und »man muß erst eine Weile unter den Menschen gelebt haben um Charaktere beurteilen zu können« (ebd.). Diese Szene (II/7) kontrastiert mit I/3 und I/4, in allen drei

---

[20] In der Handschrift folgt noch der Zusatz »und die Gutherzigkeit ist oft sehr übel angebracht« (Lenz: Der Hofmeister. Synoptische Ausgabe, S. 76).

›*Der Hofmeister oder Vorteile der Privaterziehung*‹

Szenen werden neben der eigentlichen Handlungsführung zugleich auch Verhaltensstandards der adligen Gesellschaft vorgestellt. In I/3 wird die Komplimentierkunst Läuffers durch die Majorin auf die Probe gestellt. Lenz zeigt hier, dass sich das Komplimentierwesen, jene Zeremonialwissenschaft, die sich auf einen Regelkatalog von Verhaltensweisen bei Hofe gründete, als Relikt der feudalen Gesellschaft noch in der Umbruchphase zur bürgerlichen Gesellschaft im ausgehenden 18. Jahrhundert erhalten hat. Der Hofmeister wird entindividualisiert, zum bloßen Träger herrschaftlicher Zeichenhaftigkeit: »Merk Er sich, [...] daß Domestiken in Gesellschaften von Standespersonen nicht mitreden« (I/3). Für die Majorin ist der Hofmeister nicht mehr als ein Domestik. Der Umgangston des Majors hingegen ist freundlicher. Er spricht mit Läuffer nicht im Befehlston der dritten Person Singular, sondern redet ihn an mit seinem bürgerlichen Namen »Herr Läuffer« (I/4). Auch erlaubt er ihm sich während des Gesprächs zu setzen. Allerdings verliert sich der freundliche Ton in dem Augenblick, wo das Gespräch auf die noch offene Honorarfrage kommt. In absolutistischer Manier kürzt der Major das Jahresgehalt um ein Weiteres, bevor er zum eigentlichen Anliegen kommt, »ich habe eine Tochter« (ebd.). Mit dieser Bemerkung überstellt der Major dem Privatlehrer die schulische Ausbildung seiner Tochter, die damit indirekt in das Handlungsgeschehen eingeführt wird, bevor sie selbst zu Wort kommt. Die Macht des Vaterwortes ist der Tochterleibhaftigkeit stets voraus, es ist die Signifikanz einer patriarchalen Geste, die Ökonomie, Erziehung und Überwachung der Sexualität umspannt. Beide Männer, Adliger wie Bürgerlicher, Vater und Lehrer, Militär und angehender Pfarrer sprechen über die abwesende Frau. Im Gegensatz zur Majorin, deren Appell sich auf Verhaltensstandards bezieht, hat der Appell des Vaters die Tochter zum Gegenstand. »Merk Er sich das – und wer meiner Tochter zu nahe kommt oder ihr worin zu Leid lebt – die erste beste Kugel durch den Kopf. Merk Er sich das« (I/4).

Die kontrastierenden Szenen II/7 und I/3 bzw. I/4 zeigen also, dass Aufklärung im Mund des namenlosen Hofmeisters zum Zitat wird. Lenz wird dies in ähnlicher Form auch in seinem Drama *Der neue*

Menoza (1774) in der Figur des Magisters Beza gestalten, der aufgeklärtes ABC-Wissen sinnentleert reproduziert. Ein Hofmeister hat lediglich eine bestimmte Funktion zu erfüllen. Diese fragt nicht nach den vom Geheimen Rat selbst vorgebrachten Kriterien von individueller Freiheit, Selbstachtung, Willensautonomie und Mündigkeit. Nun soll ein weiterer Vertreter des Erziehungsdiskurses im *Hofmeister* betrachtet werden, der Dorfschullehrer Wenzeslaus. In III/2 wird er als eine Person eingeführt, die vollständig dem Idealbild des aufgeklärten Menschen zu entsprechen scheint. Wenzeslaus wird zum Statthalter einer idealen Aufklärung. Er fragt weder nach Läuffers Stand noch nach seinem Ansehen, er gewährt ihm vielmehr Schutz vor Verfolgung, ohne die Gründe dafür zu kennen. Eine für realhistorische Verhältnisse durchaus mutige Haltung, denn das Dorf und die Dorfschule stehen unter dem Patronat des Schlossherrn Major von Berg. Läuffer nimmt Wenzeslaus gegenüber den falschen Namen »Mandel« (III/2) an, der selbst wieder auf die Schutzbedürftigkeit (Mantel) des Weggelaufenen und die ursprüngliche Bedeutung seines Namens verweist. Die Charakteristik des Hofmeisterstands durch den Dorfschulmeister treibt die Kontrastierung beider Figuren erst deutlich hervor. Lenz rückt in unmittelbarem Anschluss an die Peripetie des Dramas in III/1 noch einmal die Frage nach der richtigen Erziehung in den Mittelpunkt, nachdem bereits die Positionen des Geheimen Rats, des Pastors und von Seiffenblases Hofmeister vorgestellt worden waren. Der Hofmeisterstand ist für Wenzeslaus »einer von denen, [...], die alleweile mit Rosen und Lilien überstreut sind und wo einen die Dornen des Lebens nur gar selten stechen. Denn was hat man zu tun? Man ißt, trinkt, schläft, hat für nichts zu sorgen« (ebd.). Im Gegensatz zum Geheimen Rat verhandelt Wenzeslaus das Erziehungsthema nicht aufgeregt oder mit ständischer Arroganz, sondern mit fast stoischer Gelassenheit. Selbst durch den plötzlichen Einfall des Grafen Wermuth in das Schulzimmer läßt er sich nicht in der Ausführung seiner Überlegungen stören. Jetzt ist nicht mehr der lehrende Hofmeister Objekt eines Verweises auf zivilisatorische Verhaltensstandards, sondern ein Adliger. »Herr, in unserm Dorf ist's die Mode, daß man den Hut abzieht, wenn man in die Stube tritt und mit dem Herrn

›Der Hofmeister oder Vorteile der Privaterziehung‹   111

vom Hause spricht« (III/2), reglementiert der Dorfschullehrer den Adligen. Wenzeslaus verkörpert jetzt jenes selbstbewusste Auftreten, das der Geheime Rat zuvor von den Hofmeistern gefordert hatte.

In III/4 wird das Gespräch über das Erziehungsthema fortgeführt. Läuffer scheint nun die wahren Herrschaftsverhältnisse erkannt zu haben und ruft emphatisch aus »Haben Sie [sc. Wenzeslaus] nie einen Sklaven im betreßten Rock gesehen? O Freiheit, güldene Freiheit!« (III/4). Diese Erkenntnis nähert seinen Standpunkt der Position des Geheimen Rats an. Die Kontrastierung der Diskutanten und ihrer je unterschiedlichen Argumente wird im dritten Akt auf die Spitze getrieben. Die ursprüngliche Allianz von Vater und Sohn Läuffer, die darin bestand, den Hofmeisterstand zu rechtfertigen, ist nun zerbrochen. Der Sohn unterzieht seine eigene Existenz und Tätigkeit einer eingehenden Kritik und geht damit scheinbar ein Argumentationsbündnis mit dem Geheimen Rat ein. Die Argumente des Vaters Läuffer werden hingegen durch Wenzeslaus noch weiter zugespitzt, gleichsam von einer Rechtfertigung hin auf einen Lobgesang. Es kommt zu einer für die Schürzung des dramatischen Knotens konstitutiven diskursiven Überkreuzstellung. Herrmann Läuffer stellt sich gegen seinen Vater, er handelt zum erstenmal eigenständig und eigenverantwortlich, wie es im Erziehungsgespräch zwischen dem Geheimen Rat und dem Pastor in II/1 der Geheime Rat gefordert hatte. Doch ist das Argumentationsbündnis zwischen Adligem und dem bürgerlichen Pastorensohn nur scheinbar. Aufgrund der Vorgabe in der Expositionsszene I/1, wonach Läuffer vom Geheimen Rat nicht in der Stadtschule als Lehrer angestellt worden war, sind auch hier die Kontraste noch deutlicher hervorgetrieben. Unter der Freiheit, die er emphatisch vom Hofmeister verlangt hatte, begriff von Berg vor allem die eigene Freiheit, weniger die Freiheit des anderen. Vor diesem Hintergrund lässt sich eine dreifache Widerspruchsposition ausmachen, die der Hofmeister bezieht:

1.) Widerspruch zum Vater,
2.) Widerspruch zu Wenzeslaus, und

3.) Widerspruch zum Geheimen Rat. Diese Widerspruchsposition des Hofmeisters ist in die vier unterschiedlichen Positionen der Diskutanten des Erziehungsdiskurses und in die Entfaltung des Sexualitätsdiskurses integriert. Die Figur Läuffer erweist sich damit als jenes diskursives Gelenk, das dramaturgisch die Verschränkung von Erziehungsdiskurs und Sexualitätsdiskurs gewährleistet. Dies soll im Folgenden genau untersucht werden.

In Szene II/5 wird das Thema der verbotenen Sexualität von Lenz im *Hofmeister* erstmals expressis verbis problematisiert. Auch hier zeigt sich in der dramaturgischen Anordnung der Szene Lenz' geschickte Kontrastierungstechnik, steht doch II/5 (Gustchen – Läuffer) in direktem Kontrast zu I/5 (Gustchen – Fritz). Szene II/2 kann vernachlässigt werden, sind doch Gustchen und Läuffer noch weit von einem sexuellen Verhältnis entfernt. Zudem scheint Läuffer noch die Rolle des postillon d'amour zu erfüllen (»Hätt ich das gewußt; ich hätt Ihren Brief so lang zurückgehalten, [...]«). Diese Szene fehlt übrigens in der Handschrift vollständig.

Bereits das Szenenrequisit von II/5 hebt die Bedeutung des Sexualitätsdiskurses hervor. Gustchen liegt auf dem Bett, während Läuffer darauf sitzt. Die Atmosphäre von Privatheit und Vertrautheit kann kaum exakter evoziert werden. Im Gegensatz zu I/5 (im Übergang zu I/6) treten nun nicht mehr der Onkel Gustchens und Fritz' Vater plötzlich herein, präsentieren sich die Protagonisten nicht mehr in deutlich übersteigerter Pathetik, vielmehr ist der Gesprächston vertraut und äußerst direkt. Die Szene wird durch den Hinweis auf die ökonomische Notsituation Läuffers eröffnet. Auf 40 Dukaten hat der Major inzwischen den Jahreslohn für den Hofmeister gedrückt. Das entspricht etwa 180 Gulden, die wiederum einen Wert von etwa 360 Reichsmark hatten.[21] Zum Vergleich: Ein Lehrer an einer Lateinschule in Preußen bekam zwischen 600 und 1200 Reichsmark, das Ministergehalt von Goethe betrug zwischen 2400 und 3600 Reichsmark.[22] Die Intervention von Läuffers Vater beim

---

[21] Umrechnung nach Bruford: Die gesellschaftlichen Grundlagen der Goethezeit, S. 310f.

[22] Vgl. Bruford: Die gesellschaftlichen Grundlagen der Goethezeit, S. 313.

›Der Hofmeister oder Vorteile der Privaterziehung‹

Geheimen Rat, dieser möge sich für seinen Sohn beim Major verwenden, war ergebnislos, »der Geheime Rat will nicht« (II/5). Zum zweitenmal versagt der Adlige also dem bürgerlichen Bittsteller die entscheidende Hilfe. Auch in dieser Szene erweist sich nicht der Vater von Gustchen, sondern deren Onkel als die entscheidungsbefugte Macht- und Autoritätsperson. Dies ist eine interessante Variante zum herkömmlichen bürgerlichen Trauerspiel des 18. Jahrhunderts mit dem Mittelpunkt einer fest in sich ruhenden väterlichen Autorität. Läuffers Entschluss scheint gefasst, er muss den Dienst quittieren, außerdem gesteht er das Scheitern seiner pädagogischen Arbeit mit Gustchens Bruder Leopold ein. Für Gustchen hingegen ist Läuffer die einzige Person in ihrer »Einsamkeit« (ebd.), die sie als Mensch und als Frau wertschätzt. Unter dem Diktat einer »barbarischen Mutter« (ebd.), vom Vater, von der ganzen Familie missachtet, fühlt sie sich »gehaßt, verachtet, ausgespien« (ebd.). Hinzu kommt, dass es Läuffer verboten ist, Briefe an seine Schülerin zu schreiben. Von Pastor Läuffer selbst stammt dieses Verbot, »deines Vaters Verbot, Briefe mit mir zu wechseln« (ebd.). Die beiden Individuen befinden sich daher in einer extremen Lebenssituation, ihre Leidenschaft ist förmlich umstellt vom Erwartungsdruck der bürgerlichen Gesellschaft, die keine Beziehungsidentität zwischen Gustchen und Läuffer zulässt. Die Bündelung der Krisen, angefangen bei Läuffers ökonomischer und beruflicher Krise, über das Vaterverbot bis zu Gustchens Identitätskrise, weist auf die Katastrophe voraus. Läuffers Kastrationsangst zeigt die elementare Krisenhaftigkeit der Liebesbeziehung. Zunächst scheint das Kastrationsmotiv nicht mehr als ein literarisches Motiv zu sein, das effektvoll die dramatische Handlung dynamisiert, und ist so auch von der älteren Forschung lange gelesen worden. Doch bündelt sich darin zugleich auch die Bedeutung des Sexualitätsdiskurses im *Hofmeister*. In der Handschrift heißt es:

Aug. Aber um meinetwillen Läuffer – halt noch ein wenig aus! Soll ich dich erinnern was wir uns beyde versprochen haben.
Läuff. Ganz gut, aber was soll denn endlich aus uns werden Gustchen? Ich hab Ursache zu vermuthen daß es mit dir nicht zum bes-

ten steht und wenn einer deiner Verwandten nur das geringste einmal merkte, könnt' es mir gehen wie Abälard –
Aug. (richtet sich auf) Was hat das zu vermuthen? ich versichere dich du irrst dich. Wenn es so weit kommt, werde ich dirs gewiß vorher sagen. Ich befind mich nicht wohl, das ists alles – Aber sage mir wie gieng es dem Abä – Abard – wie hieß er? was war das für einen?
Läuff. Es war auch ein Hofmeister, der seine Untergebene heyrathete, hernach erfuhrens die Anverwandte und liessen ihn kastriren
Aug. (legt sich wieder auf den Rücken) O pfuy doch! wenn geschah das? ists lange, daß das geschehen ist –
Läuff. Ja ich weiß es nicht, ich habe nur so bisweilen in der neuen Heloïse geblättert u da die Geschichte gefunden, es kann auch wol nur eine blosse Erdichtung seyn. Willst du das Buch lesen?[23]

Läuffers Verdacht, dass Gustchen schwanger ist, wird in der Handschrift entschiedener als in der Druckfassung von Gustchen zurückgewiesen. Stattdessen sagt sie in der Druckfassung: »Meine Krankheit liegt im Gemüt – Niemand wird *dich* mutmaßen-« (II/5, Hervorhebung M.L.). Des Weiteren wird die Anspielung auf die Kastration Abälards nur in der Handschrift verständlich, denn in der Druckfassung sagt Gustchen, Liebe setze sich »über Verbot und Todesgefahr selbst« (ebd.) hinweg, kalkuliere also vorsätzlich die Verletzung von bürgerlichen Verhaltensnormen ein. Läuffer reagiert auf diese Forderung mit Angst vor der Kastration. Gustchen scheint die Anspielung zu kennen, dementiert den Verdacht und sie fragt dann unvermittelt: »Hast du die Neue Heloïse gelesen?« (ebd.). In der Handschrift hingegen wird der Schwangerschaftsverdacht von *Läuffer* formuliert, und *darauf* gründet sich die geäußerte Kastrationsangst. Zudem kommt der Hinweis auf Rousseaus *Julie ou La Nouvelle Héloïse* von ihm selbst. Läuffer hat also Angst davor, dass *andere* ihn kastrieren als Strafe dafür, dass er Gustchen unstandesgemäß heiraten möchte und vorehelichen Geschlechtsverkehr mit ihr hatte. Dies galt als Sakrileg, bedeutete doch die Jungfräulichkeit der Tochter für den Vater symbolisches Kapital. Lenz thematisiert also zweierlei, das Verbot der vorehelichen Sexualität und den Verstoß gegen

---

[23] Lenz: Der Hofmeister. Synoptische Ausgabe, S. 66.

die Standesnorm, eine unstandesgemäße Beziehung zwischen einem Bürgerlichen und einer Adligen ohne garantiertes Einkommen einzugehen. Das bedeutet die Unmöglichkeit einer Liebesheirat in der bürgerlichen Gesellschaft des 18. Jahrhunderts über Standesgrenzen hinweg. Die Frage ist nun, wie es von der Kastrationsangst als Angst vor der Drohung des väterlichen Verbots von sexueller Aktivität zur Selbstkastration, von der Angst zur Selbstbestrafung kommt? Vor dem Hintergrund dieser Fragestellung wird dann die Frage, »wer hat Gustchens Kind gezeugt?« weniger wichtig, ist doch die Vaterschaftsfrage aus dem Stück eindeutig nicht zu beantworten.[24]

Die Angst Läuffers vor der Realisierung der Drohung ist indes nicht unbegründet. »Ein ganzes Jahr« (IV/1), nachdem Gustchen zu der alten Marthe in eine »Bettlerhütte im Walde« (IV/2) geflohen war – das genaue Fluchtmotiv bleibt vage – und Läuffer beim Schulmeister Wenzeslaus Schutz gefunden hatte, dringen der Major, sein Bruder, Graf Wermuth und Bediente in das Schulhaus ein. In dem Augenblick, wo der Major von Berg den ehemaligen Hofmeister Läuffer sieht, »*schießt und trifft Läuffern in Arm*« (IV/3). Die Angst Läuffers bekommt damit nachträglich ihre Rechtfertigung. Der Beutel mit Geld, den der Geheime Rat Läuffer als ›Entschädigung‹ für die Verwundung zuwirft, ist weniger Ausdruck einer sozialen Tat als vielmehr Ausdruck des Hochmuts, dass ein Adliger sogar noch einem verwundeten Bürgerlichen das Schweigen abkaufen zu können glaubt, wenn man die Textstelle von der Handschrift her deu-

---

[24] Vgl. Claus O. Lappe: Wer hat Gustchens Kind gezeugt? Zeitstruktur und Rollenspiel in Lenz' Hofmeister, in: DVjs 54 (1980), S. 14-46. Lappe analysiert auch ausführlich die Zeitebene des Stücks. – Helmut Schmiedt: Wie revolutionär ist das Drama des Sturm und Drang, in: Jahrbuch der deutschen Schillergesellschaft 29 (1985), S. 48-61, hier S. 52, vermutet, dass Lenz die Dauer einer Schwangerschaft offenbar nicht gekannt habe. Eine ganz andere Frage ist es allerdings, ob man von einem bewussten oder unbewussten Irrtum Lenz' sprechen soll, denn m.E. zeigt sich auch gerade in der Durchbrechung von Zeitstrukturen eines Dramas, die durch die Aufklärungspoetik vorgegeben sind, das Widerspruchsbegehren des Autors, das sich bis zur Travestie überkommener Ordnungsmuster wie etwa in der Schlussszene des *Hofmeisters* steigern kann.

tet: »[...] lassen Sie sich davon kuriren u schweigen Sie [...]«.[25] Im *Hofmeister* geht es dann überhaupt nicht um die Frage, ob der Hofmeister Herrmann Läuffer Gustchen geschwängert hat oder nicht, sondern es geht Lenz um die Darstellung folgender tragischer Situation: Ein auch zur Erziehung der Tochter angestellter bürgerlicher Hofmeister verursacht den sozialen Fall der adligen Tochter durch den Tabubruch einer Liebesbeziehung. Dass die Tochter später dann auch noch ein uneheliches Kind bekommt, unterstreicht die soziale Dramatik des Falls, bestätigt aber nicht quasi nachträglich den Grund dafür. Denn Läuffer erkennt sehr wohl – in der Handschrift ist dies noch deutlicher exponiert als in der Druckfassung –, dass Gustchens Kind nicht sein eigenes Kind ist (vgl. Schluss von V/1), dass er also *verantwortlich* ist für Gustchens enttabuisierte Sexualität *und* ihren Tod. Eine doppelte Schuldverstrickung zeichnet sich ab. Nach der Aussage Marthes muss Läuffer annehmen, dass sich seine ehemalige Geliebte getötet hat. Der etwas dunkle Satz »du gehst mir auf, furchtbares Rätsel!« (IV/1) erfährt so seine Erklärung, wenn man ihn nach Maßgabe des Lenz'schen Kontrastierungsprinzips interpretiert. In der vorletzten Szene des Stücks fragt Fritz seinen Vater: »Sie haben mir das furchtbare Rätsel noch nicht aufgelöst. Hat Seiffenblase gelogen?« (V/11). Fritz will wissen, ob Gustchen lebt und ob sie tatsächlich »entehrt« (ebd.) ist. Das Rätsel besteht also darin, dass weder Läuffer noch Fritz wissen, ob sich Gustchen tatsächlich getötet hat. Beide Männer entwickeln ein schlechtes Gewissen und formulieren Schuldvorwürfe an sich selbst. Läuffer tut dies in V/3, »Reue, Verzweiflung« nennt er als »Beweggründe« für seine Selbstkastration, und Fritz in V/6, »ich bin schuld an ihrem Tode«. Lediglich die Frau selbst, Gustchen, leidet unter der Macht der internalisierten väterlichen Autorität. »Mein Gewissen treibt mich fort von hier. Ich hab einen Vater [...]« (IV/2), die versuchte Selbsttötung bestätigt dies nochmals: »Mein Vater! Mein Vater! [...] Sein Bild, o sein Bild steht mir immer vor den Augen!« (IV/4). Damit tritt deutlich die patriarchale Grundstruktur im Sexualitätsdiskurs zutage. Selbst die Zusammenführung und Harmonisierung der

---

[25] Lenz: Der Hofmeister. Synoptische Ausgabe, S. 112.

Parallelfälle Jungfer Rehaar und Gustchen stiftet die oberste patriarchale Autorität des Stücks, der Geheime Rat (vgl. II/7). Und er ist es auch, der die Frauen, insbesondere Gustchen, zum Verstummen bringt. Lediglich als Glücksbringerinnen männlicher Wünsche dürfen sie in stummen Rollen und hinter der Bühne ›agieren‹, die Szene ist vollständig patriarchal besetzt. Die Abwesenheit der betroffenen Frauen zeigt, dass eine Lösung der Erziehungsfrage, die zugleich auch die Kritik des Sexualitätsdiskurses impliziert, nicht ohne die Betroffenen zu finden ist. Die Schlussszene ist eine »Satire« (I/1) auf alle Harmonisierungssehnsüchte des Bürgerlichen Trauerspiels. Die bemühte Empfindsamkeit (vgl. V/11 und V/12) und das künstlich gestiftete Schlusstableau konstituieren eine Erwartungshaltung, die grotesk unterlaufen wird. Fritz, der Stiefvater des unehelichen Kindes, kennt nicht einmal dessen Geschlecht, er hält es für einen Jungen (»mein süßer Junge!«) und bestätigt damit seine männliche Ideologie. Was Torheit ist bei den Männern, nennt er »Schwachheit« (V/12) der Frauen und reproduziert damit seine über drei Jahre alte Ansicht, dass nur »Frauenzimmer allein« (I/5) sexuell »unbeständig« (ebd.) sind. Das Stück spiegelt in dieser Hinsicht die patriarchale Misere in Deutschland wider.[26] Und Läuffer? Er flüchtet sich in eine Liebesidyllik, die von Lenz so grotesk überzeichnet wird,[27] dass auch sie nicht als Lösung oder Antwort im Sexualitätsdiskurs gelesen werden kann. So wie es im Erziehungsdiskurs keine Lösung gibt, bleibt auch die Sexualitätsthematik widerspruchsvoll.[28] Solange sich

---

[26] Vgl. Barbara Becker-Cantarino: Jakob Michael Reinhold Lenz: ›Der Hofmeister‹, in: Interpretationen. Dramen des Sturm und Drang. Stuttgart 1987, S. 33-55, hier S. 34, deren Deutung man vorbehaltlos zustimmen kann.

[27] Karl Eibl spricht sich gegen eine zu positive Deutung der Lise-Figur aus, »Lise ist nicht ›naiv‹ oder ›rein‹, sondern eher dumm« und kommunikationsunfähig (vgl. Karl Eibl: ›Realismus‹ als Widerlegung von Literatur. Dargestellt am Beispiel von Lenz' ›Hofmeister‹, in: Poetica 6 [1974], S. 456-467, hier S. 463, Anm. 17). Lise nimmt sich des kastrierten Hofmeisters an.

[28] Zu einer anderen, harmonieweisenden Deutung gelangt Klaus Bohnen, der gerade die Funktion der Erziehungsdebatte darin sieht, »die Richtung

die gesellschaftlichen Voraussetzungen nicht ändern, kann auch ein veränderter Diskurs über jene Themen nicht geführt werden, die man als genuine Themen der Familie im bürgerlichen Zeitalter bezeichnen kann, Erziehung und Sexualität. Dem Sexualitätsdiskurs sind ebenso wie dem Erziehungsdiskurs Machtstrukturen eingeschrieben, deren Widerspruch zu utopischen oder komischen Lösungen Lenz überdeutlich hervorgetrieben hat. Man kann also auch heute noch der Empfehlung Friedrich Maximilian Klingers aus seinem Drama *Das Leidende Weib* (1775) nur folgen: »Lesen Sie den Hofmeister, wie ich schon hundertmal sagte.«[29]

---

des Wegs in eine ›neue Zeit‹ anzuweisen [...]« (Klaus Bohnen: Irrtum als dramatische Sprachfigur. Sozialzerfall und Erziehungsdebatte in J.M.R. Lenz' ›Hofmeister‹, in: Orbis Litterarum 42 [1987], S. 317-331, hier S. 329).
[29] 3. Akt, 2. Szene.

›Die Soldaten‹

Die Entstehungszeit der *Soldaten* lässt sich auf den Winter 1774/1775 datieren, der Druck des Dramas erfolgte im Frühjahr 1776. Wie die meisten Dramen von Lenz haben auch die *Soldaten* einen konkreten biographischen Hintergrund des Autors, der die inhaltlichen Vorgaben für das Drama liefert. Lenz hielt sich 1774 in Straßburg als Reisebegleiter des kurländischen adeligen Brüderpaares von Kleist auf. Friedrich Georg Baron von Kleist hatte mit der Straßburger Bürgerstochter Cleophe Fibich ein Verhältnis begonnen. Deren Vater, von Beruf Juwelier und zugleich Ratsherr in Straßburg, bestand nun auf einem notariell beglaubigten Heiratsversprechen von Kleists. Diese so genannte Promesse de Mariage – im 18. Jahrhundert in solchen und ähnlichen Fällen nicht unüblich – wurde am 27. Oktober 1773 aufgesetzt und enthielt, trotz der »Ungleichheit des Standes«, folgende zentrale Übereinkunft: »Als[o] sind beide Parteien mit einander übereinkommen, daß derjenige, so von seiner Parole abstehen wollte, er möchte Namen oder Ursachen vorbringen welche er auch wollte, gehalten und verbunden sei, dem andern Teil eine Entschädigung von vierzehntausend Livres zu bezahlen«.[1] Im Mai 1777 wurde dieser Kontrakt dann gelöst. Baron von Kleist hatte sich unter dem Vorwand, die Heiratserlaubnis seiner Eltern einholen zu wollen, in seine kurländische Heimat abgesetzt. Cleophe Fibich, deren bürgerliche Integrität verloren war, blieb ledig, die vereinbarte Entschädigungssumme wurde nie ausbezahlt.

Lenz hatte sein Stück 1775 an Johann Gottfried Herder geschickt, der es zum Druck weiter vermittelte. Lenz versuchte vergeblich, die Drucklegung noch zu verzögern, der Stoff des Dramas nahm zu direkt Bezug auf das noch schwebende Verfahren zwischen Fibich und von Kleist. An Herder schrieb er in einem Brief Ende März 1776:

---

[1] Zitiert nach WuBr 1, S. 735-736.

> Ich will Dir alles sagen, Herder! Das Mädchen das die Hauptfigur meiner ›Soldaten‹ ausmacht, lebt gegenwärtig in der süßen Erwartung ihren Bräutigam, das ein Offizier ist, getreu wiederkehren zu sehen. Ob der's tut oder sie betrügt, steht bei Gott. *Betrügt er sie*, so könnten die ›Soldaten‹ nicht bald genug bekannt gemacht werden um den Menschen zu zerscheitern oder zu seiner Pflicht vielleicht noch zurückzupeitschen. *Betrügt er sie nicht*, so könnte vielleicht das Stück ihr ganzes Glück und ihre Ehre verderben, obschon nichts als einige Farben des Details von ihr entlehnt sind und ich das Ganze zusammengelogen habe (WuBr 3, S. 416).

Schließlich bat Lenz den Freund und Schriftstellerkollegen Friedrich Maximilian Klinger, die Autorschaft für das Stück zu übernehmen. Als das Drama endlich erschien, wurde es von der zeitgenössischen Kritik kaum beachtet.

So offensichtlich der konkrete biographische Anlass für die Niederschrift ist, so wichtig ist es aber auch zu berücksichtigen, dass Lenz, von der persönlichen Betroffenheit ausgehend, auf die Darstellung allgemeiner gesellschaftlicher Missverhältnisse zielt. Entsprechend seiner Komödientheorie ist somit nicht das Schicksal einer Einzelperson tragikomisch, sondern die soziale und psychische Situation, welche die Einzelhandlungen der Akteure motiviert und die dramatische Handlungssituation konstituiert. Im Stück geht es also nicht um das Schicksal des bürgerlichen Mädchens Cleophe Fibich bzw. Mariane Wesener, vielmehr um die Skrupellosigkeit und Konfliktbereitschaft einer sozialen Schicht, der adligen Soldaten. Erst das Gesamt der sozialen und psychischen Konflikte bedingt das ›Schicksal‹ von Mariane. Lenz' Absicht ist es in der Tat, wie er in einem Brief an Sophie von La Roche im Juli 1775 schreibt, »die Stände darzustellen, wie sie sind; nicht, wie sie Personen aus einer höheren Sphäre sich vorstellen« (WuBr 3, S. 325-326). Und er gibt zu bedenken, »daß mein Publikum das ganze Volk ist; daß ich den Pöbel so wenig ausschließen kann, als Personen von Geschmack und Erziehung [...]. Auch sind dergleichen Sachen wirklich in der Natur« (ebd., S. 326). Damit geht Lenz einen entscheidenden Schritt über die aufgeklärten Theoretiker des Bürgerlichen Trauerspiels hinaus.[2] Er definiert das Drama nicht mehr ständedistinkt, sondern bezieht den Pöbel, den beispielsweise noch Lessing, Nicolai und Mendelssohn in ihrem Briefwechsel über das Trauerspiel für nicht kathartisierbar und damit für rezeptionsuntauglich gehalten hatten, ausdrücklich mit ein als rezeptionsfähige Zuschauerschicht. Inwieweit Lenz' Programm an der sozialhistorischen Realität vorbeigeht, was die Aufführungspraxis, die Alphabetisierung unterer Bevölkerungsschichten, die Funktion von *Lese*dramen usw. betrifft, ist eine andere Frage. Wie im *Hofmeister* verbindet Lenz auch in den *Soldaten* in seiner Herrschafts- und Gesellschaftskritik den Diskurs über die soziale Ungleichheit mit einem Sexualitätsdiskurs. Herrschaftskritik bedeutet demnach in den Stücken von Lenz auch Kritik der sexuellen Machtverhältnisse. Dies soll in den folgenden Interpretationen zu Einzelszenen verdeutlicht werden.

In der Forschung wurde wiederholt festgestellt, dass Lenz' Stück *Die Soldaten* keine eigentliche Expositionsszene habe, worin klar umrissene Charaktere die Ausgangsbedingungen für die dramatische Situation beschrieben.[3] In den beiden ersten Szenen ist lediglich die Liebesbeziehung zwischen Mariane und Stolzius angedeutet, vor deren Hintergrund dann umso kontrastiver in I/3 Baron Desportes als zweites Subjekt männlichen Begehrens eingeführt wird. Gleichzeitig wird damit auch der ständische Unterschied der beiden Männer markiert. Während der Tuchhändler Stolzius die persönliche Bekanntschaft (vgl. I/2) mit Mariane brieflich fortzusetzen gezwungen ist, vermag der Adlige aufgrund seiner ständischen, privilegierten Herkunft sich über den anfänglichen Widerstand von Marianes Vater hinwegzusetzen und geradlinig seine Begehrensstrategie zu verfolgen. Desportes lädt Mariane in die Komödie ein – ein Motiv, das bereits aus dem *Hofmeister* und dem *Neuen Menoza* bekannt ist.

---

[2] Vgl. Karl S. Guthke: Das deutsche bürgerliche Trauerspiel. 4., durchgesehene Aufl. Stuttgart 1984.

[3] Vgl. Edward McInnes: Jakob Michael Reinhold Lenz. Die Soldaten. Text, Materialien, Kommentar. München, Wien 1977, S. 88.

Die Komödie oder das Theater ist jener Ort, wo sich die Tochter der väterlichen Überwachung entzieht und sich zugleich das bedenkliche Begehren operativen Raum verschafft. Die Doppeldeutigkeit des Komödienbegriffs setzt Lenz in den *Soldaten* durchaus gezielt ein. Desportes bittet den Vater, »Ihre Mademoiselle Tochter einmal in die Komödie zu führen« (I/3), dem der Vater entgegen hält: »Meine Tochter ist nicht gewohnt in die Komödie zu gehen« (ebd.). Der väterlichen Vernunft steht das männliche Begehren des Barons gegenüber. Lenz drückt auf sprachlicher Ebene subtil, fast schon sexualmetaphorisch das Drängen des Begehrens im Buchstaben aus. In die Komödie zu gehen bedeutet für die jungfräuliche Tochter neben dem neuen ästhetischen Erlebnis eine Art Aufnahmeritual in die bürgerlich-patriarchalische Gesellschaft, es bedeutet die gesellschaftlich-kulturelle Ritualisierung einer Begehrensinitiation. Wenn die Tochter den geschützten Raum des elterlichen Hauses verlässt, macht sie sich zum möglichen Objekt männlichen Begehrens – in diesem Wissen liegt Weseners Abwehr begründet. Es schicke sich nicht, mit einem jungen Mann, zudem Soldat, in die Komödie zu gehen. Die Tochter ist es »nicht gewohnt«, das Neue für die Tochter ist das Bedrohliche für die patriarchale Vernunft. Der Entschluss von Desportes, »wir wollen Ihrem Vater einen Streich spielen« (I/3), eröffnet eine komische List, deren Protagonistin zur tragischen Heldin avanciert. Mariane betritt einen doppelten, zudem tragischen Weg in die Komödie. Sie geht erstens mit dem jungen Baron in die Komödie (»ich bin in der Komödie gewesen«, I/5), trotz des väterlichen Verbots. Der Vater erteilt im Nachhinein sein Placet, als sich die Chance zum sozialen Aufstieg der Tochter (»kannst noch einmal gnädige Frau werden närrisches Kind«, I/6) und damit auch für ihn eröffnet. Mariane wird zweitens aber auch durch ihren Komödienbesuch als Handlungsträgerin des Stücks regelrecht *in* die Komödie entlassen. Wie unverhohlen deutlich Lenz das Motiv des Theaterbesuchs mit dem Sexualitätsdiskurs verknüpft, zeigt die Besorgnis des Vaters: »[...] lehr du mich die jungen Milizen nit kennen. [...] eh man sich's versieht, wips ist ein armes Mädel in der Leute Mäuler. Da und mit der und der Jungfer ist's auch nicht zum besten bestellt und die und die kenn ich auch und die hätt ihn

›Die Soldaten‹ 123

auch gern drin -« (I/3). Für den Vater ist der reale Komödienbesuch der symbolische Verlust der Jungfräulichkeit der Tochter, des immateriellen Kapitals einer weiblichen bürgerlichen Existenz im 18. Jahrhundert. Grob ausfällig reagiert er auf Marianes Bekenntnis, mit Desportes im Theater gewesen zu sein; »du Luder«, »Mätresse«, »du gottlose Seele« und »schlechte Seele« (I/5) beschimpft er sie. Von der Schwester Charlotte wird Mariane gar als »gottsvergeßne Allerweltshure« (ebd.) diffamiert. Vor diese Szene, welche die Ängste des Vaters sprachlich veranschaulicht, und im unmittelbaren Anschluss an I/3 hat Lenz allerdings eine andere Szene gestellt, die für die Entfaltung des doppelten Wegs Marianes in die Komödie zum Verständnis unverzichtbar ist. Darin zeigt sich dramaturgisch gesehen einmal mehr ein klares Kompositionsschema von Lenz. Nicht die stringente Entfaltung einer Handlung leistet die Abfolge der einzelnen Szenen, sondern der Bezug zu einem übergeordneten Diskursschema ordnet die Einzelszenen. In I/4 diskutieren mehrere Offiziere, ein Pfarrer und ein Hofmeister (!) über Nutzen und Nachteile des Theaters, insbesondere der Komödie. Der namenlose Hofmeister propagiert als Stichwortgeber die Einrichtung eines Theaters als »fast unentbehrliche Sache« (I/4) für Soldaten. Dem widerspricht der Feldprediger Eisenhardt, für Soldaten habe das Theater keinen Nutzen. Der Offizier Haudy weist auf die präventive Funktion der Triebabfuhr durch das Theater hin, »was für Unordnungen werden nicht vorgebeugt oder abgehalten durch die Komödie« (ebd.). Damit sind die beiden konträren Positionen abgesteckt. Lenz führt nun im nachfolgenden Schlagabtausch im Charakter eines aufgeklärten Dialogs den Sexualitätsdiskurs mit dem Soldatendiskurs zusammen. In der Debatte über die Komödie und deren gesellschaftlichen Nutzen entfaltet sich die vorausweisende konstitutive Bedeutung beider Diskurse für das Stück. Haudy hebt hervor, dass eine Komödie erheblich größeren gesellschaftlichen Nutzen habe als »alle Predigten zusammengenommen« (I/4). Er begegnet damit dem Einwand des Pfarrers, dass Komödien bei den Offizieren (nicht bei den Soldaten insgesamt) stets nur sittliche Unordnung auslösten. Der Prediger erweist sich auch in diesem Stück als Repräsentant einer aufgeklärten Weltauffassung, deren oberstes Anliegen die Unversehrtheit der göttlichen und staatlichen Ordnung ist. Seine Frage danach, was die Offiziere in der Komödie eigentlich lernen würden und worin denn ihr Nutzen begründet wäre, reproduziert die von Horaz stammenden, für die moralisch-didaktische Poetik der Aufklärung zentral gewordenen literaturästhetischen Kriterien. Literatur müsse nutzen (prodesse) oder erfreuen (delectare) oder beides zusammen.[4] Literatur bekommt in der Aufklärung eine eindeutige moralisch-didaktische Funktion zugewiesen. Die Antwort des Offiziers gibt die Rezeptionshaltung derer wieder, die sich nicht dem Diktat der Moraldidaxe beugen wollen, »wir amüsieren uns ist das nicht genug« (ebd.). Eisenhardts Argument, dass es nicht beim Amüsement bliebe, die Offiziere vielmehr die Ebene der literarischen komischen Handlung in ihre eigene lebensweltliche Handlungsebene verkehrten und die theatralische Handlung dann selbst nachahmten, in der Komödie mithin eine Handlungsanleitung zur Destruktion der bürgerlichen Ordnung selbst liege, diesem Argument des Aufklärers haben die Offiziere Graf von Spannheim und Haudy nur den Zynismus patriarchaler Arroganz entgegenzusetzen. Danach ist eine Frau für eine ungewollte Schwangerschaft selbst verantwortlich. Mehr noch, die Bemerkung, dass eine Frau zur Prostituierten werde, weil sie ohnehin ›von Natur aus‹ eine Prostituierte sei, ist Ausdruck einer sozialdeterministischen, fast schon biologischen Vorstellung des männlichen Adligen, welche gesellschaftliche und ökonomische Ursachen der Prostitution im 18. Jahrhundert nicht kennt. In den Worten des Offiziers: »Eine Hure wird immer eine Hure, gerate sie unter welche Hände sie will« (ebd.). Auch Desportes wird sich so äußern: »Es ist eine Hure von Anfang an gewesen« (V/3). Demgegenüber beharrt der Feldprediger darauf, dass es gesellschaftliche Zwänge sind, die eine Frau zur Prostitution treiben. Deshalb müssten die »honetten Mädchen« (I/4), die Bürgerstöchter, vor dem Besuch der Komödie regelrecht Angst haben. Sie bekämen dort »die gröbsten Verbrechen gegen die heiligsten Rechte der Väter und Familie unter so reizenden Farben vorgestellt« (ebd.). Eisenhardt ist der Wortführer der väterlichen Interessen Weseners. Er kann aufgrund seiner

---

[4] Vgl. Horaz: Ars poetica, Vers 333f.

Stellung als Feldprediger den Offizieren gegenüber eine engagiert aufgeklärte Haltung vertreten, die Wesener selbst wegen seiner ökonomischen Abhängigkeit von den Aufträgen der Offiziere einzunehmen verwehrt ist. Der Prediger vertritt den abwesenden Vater im Disput um den gesellschaftlichen Nutzen der Komödie. »Einen wachsamen Vater zu betriegen oder ein unschuldig Mädchen in Lastern zu unterrichten, das sind die Preisaufgaben, die dort aufgelöst werden« (ebd.), resümiert er das Gespräch.

In I/6 hebt der Vater das Verbot auf. Mariane darf nun mit Desportes in die Komödie gehen. Literatur als Zitat stellt dem Vater den sozialen Aufstieg in Aussicht. Die Aufhebung des väterlichen Verbots ist ausschließlich damit begründet. »Der höchste Gegenstand von meinen reinen Trieben« (I/6) ist jene Verszeile aus einem Gedicht Desportes', die dem Vater die drohende Gefahr der Sexualisierung des Tochterkörpers gegenüber dem möglichen sozialökonomischen Gewinn geringer erscheinen läßt. Die Aussicht, dass die Tochter »noch einmal gnädige Frau werden [könne]« (ebd.), täuscht ihn über den Zitatcharakter der Verszeile. Diese stellt nichts anderes dar – und von Lenz wird dies auch entsprechend in der Rede Desportes' exponiert – als die Wiedergabe einer handelsüblichen trivialen literarischen Formel. Im Gestus patriarchaler Bevormundung erklärt der Vater Mariane, »laß mich nur machen, ich weiß schon was zu deinem Glück dient, [...] du kannst nur immer allesfort mit ihm in die Komödien gehn [...]« (ebd.). Sein eigenes Glück hat er damit untrennbar auch ökonomisch an Marianes Schicksal gebunden. Damit potenziert Lenz die Bedeutung der Peripetie des Stücks in IV/5, der wohl kürzesten Szene der Dramenliteratur des 18. Jahrhunderts überhaupt. Sie besteht nur aus diesem einen Satz des Vaters: »Mariane fortgelaufen–! Ich bin des Todes« (IV/5).

Am Ende von I/6 war Wesener bereit, den sehr diffizilen Brief an den betrogenen Liebhaber Stolzius für die Tochter zu schreiben. Nun aber versagt seine literarische Urteilskraft, Marianes Existenz erweist sich im weiteren Fortgang als durch eine Fiktion betrogen. Die Komödie ist Realität geworden, die wirkliche Komödie der Literatur wird die literarische Komödie der Wirklichkeit, die Fiktion hat die Wirklichkeit eingeholt. In Szene II/2 wird dann die Komödie, deren Hauptfigur und tragisches Opfer zugleich Mariane ist, von den Offizieren generalstabsmäßig vorbereitet. Wiederum ist es die Figur Eisenhardt, die Lenz mit der wichtigsten Diskursposition besetzt. Dem aufgeklärten, durchaus kritischen Prediger steht der Aufklärer Hauptmann Pirzel gegenüber, der unermüdlich im Gestus plakativer Nachdenklichkeit einen Allgemeinplatz der bürgerlichen Aufklärung zitiert. Dies geschieht zwar weniger ornamental als bei von Seiffenblases Hofmeister im gleichnamigen Lenz-Stück. Aber doch so übersteigert, dass darin deutlich die Aufklärungskritik des Autors zum Ausdruck kommt. Pirzels Hauptaussage erschöpft sich in der Feststellung, »daß die Leute nicht denken« (II/2). In seinen Betrachtungen über den Menschen geriert er sich als Freidenker. Die Parole »denken, denken, was der Mensch ist« (ebd.) kontrastiert die operativen Vorbereitungen zu Marianes Untergang durch die anderen Offiziere. Obwohl Haudy und Rammler unterschiedlicher Auffassung darüber sind, wie Stolzius am ehesten eifersüchtig gemacht werden kann, verfolgen sie doch das gemeinsame Ziel, eine Komödie nach herkömmlichem Muster zu inszenieren, wonach der Betrogene verlacht und der Lasterhafte verspottet, die Tugendhaften aber gelobt werden. Allerdings ist ihre Bühne nicht das Theater, sondern ihre Lebenswelt. Rammler entfaltet eine intrigante Energie, die vor der Diffamierung Marie Weseners nicht zurückschreckt. Sie soll, so lässt er Stolzius wissen, die Absicht haben, zusammen mit Desportes aus Lille zu flüchten. Damit entwickelt das Motiv des vermeintlichen Liebesverrats eine tragische Dimension, obwohl es von den Offizieren als Ausgangspunkt einer Komödie gedacht war. Der Standesunterschied zwischen dem Bürgerlichen Stolzius und den Offizieren lässt eine verbale Auseinandersetzung nicht zu, geschweige denn – wegen der Ehrverletzung – die Satisfaktionsmöglichkeit im Duell. Stolzius und Rammler entwickeln aus der tragisch zugespitzten Situation heraus nun auch kriminelle Energien. Rammler muss sein männlich soldatisches Ansehen bei den anderen Offizieren, insbesondere in Auseinandersetzung mit Haudy, unter Beweis stellen, »ihr sollt nur sehen, was ich aus dem Stolzius noch machen will« (II/2). Stolzius hingegen entwickelt wegen des angeblichen Liebesverrats durch Mariane einen mörderischen Plan. Allerdings richtet sich seine Aggression von Anfang an gegen die Personen, die Mariane überhaupt erst in ihr tragisches Unglück gebracht haben. Stolzius ist die einzige Figur des Stücks, welche die ständebedingte Ungleichheit durchschaut und die individuelle Unschuld Marianes erkennt. Aber auch er richtet letztlich die Aggression gegen sich selbst, ungleich konsequenter als Herrmann Läuffer im *Hofmeister*. Parallel zu Haudys und Rammlers Intrige entfaltet Stolzius eine gegenläufige List, deren tragisches Ende er ebenso planmäßig und zielstrebig verfolgt, wie die beiden Offiziere die vermeintliche Komödie (vgl. III/5). Zuvor allerdings, als eine weitere Variante der ›Binnenkomödie‹, beschließen die Offiziere am Ende der Szene, Rammler eine »Komödie« zu spielen, »die ihres gleichen nicht hat« (II/2).

Das Gespräch zwischen Eisenhardt und Pirzel wird in III/4 fortgesetzt und umspannt damit jenen dramatischen Punkt, an dem die adlige Männerkomödie in die bürgerliche Lebenswelt Marianes eingegriffen hat und zu deren Tragik wird. Desportes ist »weggelaufen« (III/3), Mariane ist bei Stolzius und dessen dominanter Mutter denunziert. Die Aussichten auf den gesellschaftlichen Aufstieg – suggeriert durch den Vater wie durch Desportes selbst (»Sie sind für keinen Bürger gemacht«, II/3) –, den Mariane stets für unmöglich gehalten hat (»mein Herr Baron, davon wird nichts«, II/3), erweisen sich als wertloses Heiratsversprechen Desportes'. Die »*Promesse de Mariage*« (III/3) behält nur noch einen juristischen Sinn zur Rettung der bürgerlichen Integrität der Familie Wesener. Nicht in diätetischen Lebensregeln, wie sie noch der Dorfschulmeister Wenzeslaus im *Hofmeister* empfohlen hatte, allein in der Fähigkeit des Denkens sieht Pirzel ein Sublimat männlicher Sexualität. Doch ist auch dieses Denken wiederum patriarchal exklusiv, ein Privileg der Männer, denn über den *Menschen* zu denken heißt für Pirzel über den *Mann* zu denken (vgl. III/4). Lenz stellt damit dem patriarchalen Handeln, wonach Mariane das Objekt männlichen Begehrens ist, gewissermaßen das patriarchale Denken als dessen Komplement zur Seite. Dieses Denken kreist entweder sinnentleert in sich selbst (Pirzel) oder verfolgt instrumentell die Maximierung der eigenen Lust (Desportes, Mary). Ob sich demgegenüber das weibliche Denken und Handeln, figuriert in der Gräfin La Roche, als das prinzipiell Andere erweist oder nicht vielmehr auch im vermeintlich Anderen patriarchale Strukturen eingeschrieben sind, muss die Deutung der empfindsamen Lösung zeigen.

Lenz gestaltete die Figur der Gräfin La Roche nach der für viele Literaten der 1770er Jahre wichtigen Schriftstellerin und wohl berühmtesten deutschsprachigen Autorin der zweiten Jahrhunderthälfte, Sophie von La Roche (1730 – 1807). Lenz und Goethe redeten sie brieflich sogar mit ›Meine Mutter‹ an. Sie war die Großmutter von Clemens Brentano und Bettina von Arnim und hatte mit ihrem Briefroman *Geschichte des Fräuleins von Sternheim* (1771) den bedeutendsten empfindsamen Roman geschrieben. Sophie von La Roche wird bis heute als mustergültige Vertreterin weiblicher Aufklärung und empfindsamer Literatur verstanden.[5]

Noch vor dem dramatischen Höhepunkt des Stücks, der in Marianes Flucht in IV/5 liegt, wird die empfindsame Weltanschauung der Gräfin La Roche in III/8 vorgestellt. Lenz hält sich damit noch weniger als im *Hofmeister* an die strenge Architektonik des regelmäßigen, d.h. nach konventionalisierten klassischen Regeln strukturierten Dramas, wonach die Peripetie des Stücks im dritten Akt erfolgt. In der Figur des jungen Grafen stellt Lenz einen weiteren Vertreter männlichen Begehrens vor, eines empfindsam überhöhten Begehrens, dessen Objekt wiederum Mariane ist. Die dominante adlige Mutter stellt ihren Sohn wegen einer vermeintlichen Liebesangelegenheit zur Rede. In der doppelten Mutter-Sohn-Konstellation einmal aus der bürgerlichen (Mutter – Stolzius) und einmal aus der adligen Schicht (Gräfin – junger Graf) zeigt sich wiederum Lenz'

---

[5] Vgl. Barbara Becker-Cantarino: Sophie von La Roche, in: Deutsche Dichter, Bd. 3: Aufklärung und Empfindsamkeit. Stuttgart 1988, S. 247–253, und Gudrun Loster-Schneider: Sophie La Roche. Paradoxien weiblichen Schreibens im 18. Jahrhundert. Tübingen 1995. Vgl. zum Thema der empfindsamen Tendenz die grundlegende Arbeit von Gerhard Sauder: Empfindsamkeit. Bd. I: Voraussetzungen und Elemente. Stuttgart 1974; Bd. III: Quellen und Dokumente. Ebd. 1980.

Parallelisierungstechnik, die das Thema des männlichen Begehrens als keineswegs ständedistinkt ausweist. Vielmehr sind die *Diskursivierungs*möglichkeiten und *Diskurs*gebote des Begehrens wie z.B. der derbe soldatische Diskurs, der aufgeklärt-theologische Diskurs Eisenhardts, der zitat- und scheinhafte Bildungsdiskurs Desportes' oder der empfindsame Diskurs der Gräfin je schichten- und bildungsspezifisch. Im Sexualitätsdiskurs konstituiert sich also das *Tragikomische*, wonach die Handlung das Komische und die handelnden Personen das Tragische bedingen (vgl. die *Anmerkungen übers Theater*) als der zeitgemäße *literarische Diskurs*. Die Handlung, die dramatische Situation besteht in der Verführungsgewalt aristokratischer männlicher Sexualität. Das Tragische besteht darin, dass sich ein bürgerliches, dazu weibliches Individuum in der Gesellschaft der 1770er Jahre gegen diese Gewalt nicht wehren kann, weil es sich nicht wehren darf. Die Freiheit des Willens, die Kant am Ende des Jahrhunderts postuliert, ist nicht die Entscheidungs- und Handlungsfreiheit einer bürgerlichen Frau. Mariane darf sich dieser Gewalt nicht entziehen, da sie förmlich eingesperrt ist in die Phantasien patriarchaler Gewalt. Das betrifft die Begehrensphantasien der Offiziere ebenso wie die Phantasie des Vaters vom sozialen Aufstieg. Für Mariane gilt einmal mehr, was Lessing in seiner *Emilia Galotti* (1772) auf den Punkt gebracht hat, »Verführung ist die wahre Gewalt« (V/5). Und wie wenig klar erkennbar für Außenstehende und Beteiligte die Grenze zwischen Verführung und Vergewaltigung zu erkennen ist, dokumentiert Heinrich Leopold Wagner in seinem Stück *Die Kindermörderin* (1776).[6] In der Sexualität reproduzieren sich gesellschaftliche und patriarchale Herrschaftsinteressen. Dieser Befund macht den Autor Lenz zweifelsohne zu einem der scharfsichtigsten Diagnostiker seiner Zeit.

Die Frage, die sich nun in III/8 stellt und die damit das Spektrum der am Sexualitätsdiskurs beteiligten Diskutanten erweitert, lautet:

---

[6] Vgl. Matthias Luserke: Heinrich Leopold Wagner: *Die Kindermörderin*, in: Interpretationen. Dramen des Sturm und Drang. Erweiterte Ausgabe. Stuttgart 1997, S. 161-196.

Kann sublimierte Sexualität als soziale Tugend das Begehren kanalisieren und patriarchale wie ständisch-gesellschaftliche Machtregularien unterlaufen, offeriert mithin der empfindsame Diskurs eine Lösung des Sexualitätsproblems?[7]

In Szene III/8 werden von der Gräfin die zentralen Topoi empfindsamer Literatur genannt, das (empfindsame) Herz und das (soziale) Mitleiden, Letzteres auch der Basisbegriff für Lessings Theorie des bürgerlichen Trauerspiels. Ihr Sohn habe, so reflektiert die Gräfin, ein »so empfindliches Herz« (III/8), der Sohn wiederum erkennt bei Mariane »ein so leichtes offenes unschuldiges Herz« (ebd.) und überträgt damit die standesdistinkte Begehrensdiskursivierung auf das Objekt seines Begehrens. Dieser Übertragung begegnet die Gräfin aber mit einem moralischen Appell: »Überlaß das Mitleiden mir. Glaube mir [...], ich habe kein härteres Herz als du. Aber mir kann das Mitleiden nicht so gefährlich werden« (ebd.). Der Rat der Mutter, ihr Sohn solle wegen der Verführungsgefahr durch Mariane aus der Stadt reisen, führt das Fluchtmotiv des Stücks weiter. Desportes' Flucht (vgl. III/3 und III/7), die Flucht des jungen La Roche (vgl. III/8) und schließlich Marianes Flucht (vgl. IV/5) geben dem Stück eine Binnendynamik, die den Sexualitätsdiskurs als ›Handlungsebene‹ im Sinne von Lenz' Komödientheorie weiter spezifiziert, ohne dass dabei das jeweilige und sehr unterschiedliche Fluchtmotiv nivelliert würde. Desportes flieht, nachdem er Mariane entjungfert und ihr damit auch die bürgerlich-gesellschaftliche Unschuld genommen hatte, also nach der Realisierung seines Begehrens. Der junge Graf flieht vor dem eigenen Begehren (vgl. auch III/9). Und Mariane selbst muss als Opfer männlichen Begehrens fliehen.

---

[7] Ich schließe mich damit der Lesart Gerhard Sauders an, der die empfindsame Tendenz als sozial- und psychohistorisch bedingtes Sublimat des Triebpotenzials der bürgerlichen Gesellschaft im 18. Jahrhundert interpretiert (vgl. Gerhard Sauder: Empfindsamkeit« – sublimierte Sexualität, in: Empfindsamkeiten. Hgg. v. Klaus P. Hansen. Passau 1990, S. 167-177). – Vgl. auch Silvia Bovenschen: Die imaginierte Weiblichkeit. Exemplarische Untersuchungen zu kulturgeschichtlichen und literarischen Präsentationsformen des Weiblichen. Frankfurt a.M. 1979, S. 150ff.

In III/10 scheint es zunächst, als ob sich die Gräfin tatsächlich über den Standesunterschied zwischen ihr und Mariane hinwegsetzt und die empfindsam-moralische Gleichheit beider Frauen die weibliche Utopie der ständefreien Gesellschaft antizipiert. Ihr Versprechen dem Sohn gegenüber, sich um Marie als ihre »zärtlichste Freundin« (III/8) zu kümmern, löst die Gräfin nun ein. Sie begibt sich selbst zur Bürgerlichen – auch darin unterläuft sie einen adeligen Verhaltensstandard –, um ihr sogleich die vorurteilsfreie und das bedeutet die genuin aufgeklärte Freundschaft anzubieten. »Sehen Sie mich als Ihre beste Freundin an« (III/10), »meine neue liebe Freundin« (ebd.). Mit diesem Freundschaftsangebot versucht sie Mariane zu gewinnen. Die empfindsam-zärtlich übersteigerte Sympathie, das Mit-Leiden als soziales und menschliches Tugendgebot (»ich liebe Sie mein Engel!«, ebd.) verdeckt aber die Herrschaftsgeste, die sich in der demonstrativ betonten moralischen Gleichheit beider Frauen trotz allem zeigt. Zu Beginn der Unterhaltung betont die Adlige noch das Offene und Einnehmende von Marianes Charakter. Sie spricht noch davon, dass sich Mariane »ihr Unglück durch kein Laster zugezogen [habe]« (ebd.). Doch bereits die moralischen Wertbegriffe zeigen die mentalitätsspezifische Situierung des Bewusstseins von der Gnade der privilegierten Geburt. Das Konstrukt des Seelenadels als einem wichtigen Ergebnis des bürgerlichen Emanzipationsprozesses im 18. Jahrhundert bleibt dem Privileg des Geburtsadels stets unterlegen. Die Seelengleichheit aus empfindsamer Lebenshaltung heraus motiviert, impliziert nicht die gesellschaftlich-soziale Gleichheit. Im Gegenteil, die Gräfin erweist sich als durchaus vorurteilsbefangen. Allein die Schlagfertigkeit Marianes demaskiert die gräfliche Freundschaft als empfindsam camouflierte Herrschaftsgeste:

»GRÄFIN: [...] Ihr einziger Fehler war, daß Sie die Welt nicht kannten, daß Sie den Unterschied nicht kannten, der unter den verschiedenen Ständen herrscht, daß Sie die Pamela gelesen haben, das gefährlichste Buch das eine Person aus Ihrem Stande lesen kann.
MARIANE: Ich kenne das Buch ganz und gar nicht. [...]

GRÄFIN: [...] wie kamen Sie doch dazu, über Ihren Stand heraus sich nach einem Mann umzusehen (III/10).

In diesem Gespräch wird Mariane durch die Gräfin in die Rolle derjenigen gedrängt, die sich verteidigen muss. Bereits in dieser Kommunikationssituation spiegelt sich das Machtverhältnis der beiden Frauen wider. Signifikant daran ist, dass die Gräfin fünfmal explizit auf den Ständeunterschied zwischen der bürgerlichen Mariane Wesener und dem adligen Stand hinweist. Diese Hinweise reklamieren den Charakter eines Naturgesetzes, das nicht verletzt werden darf, da sonst die sittliche und gesellschaftliche Ordnung bedroht ist. Der Vorwurf der Gräfin lautet, »sie wollten die Welt umkehren« (ebd.). In der zusätzlichen Infantilisierung der bürgerlichen Frau durch die Adlige liegt die Voraussetzung einer Stabilisierung des Ständeunterschieds und damit des Machtverhältnisses. Mariane ist nun nicht mehr die »liebe Freundin«, sondern ein »armes Kind«, ein »armes betrogenes durch die Eitelkeit gemißhandeltes Kind«, ein »bestes Kind! unglückliches Mädchen« und »liebes Kind«, das aus Unwissenheit über den Ständeunterschied und aus persönlicher Eitelkeit sich anschickte, die Herrschaftsverhältnisse umzukehren, und dem am Schluss der Szene ein »Adieu Kind!« (ebd.) gilt.

Aus dem Einzelschicksal und Einzelvergehen Mariane Weseners blickt für die Aristokratin die generelle Gefahr revolutionärer Umtriebe. In die Figur der Gräfin ist mehr als nur ein ausgeprägtes Standesbewusstsein eingeschrieben. Sie artikuliert bereits – und darin liegt zweifelsohne eine kritische Absicht des Autors Lenz – die Angst des Adels vor dem Emanzipationsanspruch des Bürgertums. Selbst das aristokratische Herrschaftswissen über gute und schlechte Bücher muss die Gräfin anführen, um die Drastik von Marianes ständischem Vergehen aufzuzeigen. Die Behauptung allerdings, Mariane habe die *Pamela*, das »gefährlichste Buch« (ebd.), gelesen, dementiert diese schlagfertig. Samuel Richardson (1689 – 1761) hatte den Roman *Pamela, or Virtue Rewarded* 1740 veröffentlicht und darin die Situation des Dienstmädchens Pamela Andrews beschrieben, die trotz zahlreicher Verführungs- und Vergewaltigungsversuche ihres adligen Dienstherrn tugendhaft bleibt und dadurch schließlich als dessen Frau den sozialen Aufstieg erfährt. Richardsons Roman, 1772 ins Deutsche übersetzt (*Pamela oder die belohnte Tugend eines Frauenzimmers*) wurde mit seiner empfindsamen Motivik sehr schnell populär. Der Vorwurf der Gräfin La Roche in den Soldaten koppelt also Lektürepraxis und Standesbewusstsein, aus der Wahl der falschen Lektüre erkläre sich Marianes falsches Standesbewusstsein. Interessant ist hierbei, wie unvermittelt die Gräfin ihre Sympathie in Schuldzuweisung umkehrt. Hatte sie im Gespräch mit ihrem Sohn noch gesagt, Mariane wäre »nicht aus ihrer Schuld« (III/8) hintergangen worden, unterstellt sie nun Mariane das Begehren nach sozialem Aufstieg als autonome Willensentscheidung. »Wie kamen *Sie* doch dazu, über Ihren Stand heraus sich nach einem Mann umzusehen« (III/10, Hervorhebung M.L.), und »Sie wollten von Ihresgleichen beneidet werden« (ebd.). Die Gräfin stellt damit die wahren Verhältnisse auf den Kopf, waren es doch der Vater (vgl. I/6) und der Adlige Desportes (vgl. II/3), die Mariane zum Begehren nach sozialem Aufstieg gedrängt hatten, um ihre eigenen Interessen – den Gewinn sozialer und ökonomischer Reputation beim Vater, das sexuelle Interesse bei Desportes – zu verfolgen. Zudem kriminalisiert die Gräfin das sexuelle Begehren Marianes. Sie unterstellt ihr die Objektbildung männlichen Begehrens als kalkulatorische Größe ihres eigenen Begehrens. Die Gräfin macht sich damit zur Apologetin des Patriarchats, es seien Marianes »Gestalt«, »Schönheit«, »schön Gesicht«, »fürtreffliche Gesichtszüge«, »einnehmende[s] bezaubernde[s] Wesen«, dem die (aristokratischen) Männer als »unbarmherzige Verräter« (ebd.) erlägen. Mariane wird als Opfer für das verantwortlich gemacht, was die Täter zur Tat motivierte.

Neben dieses moralische Urteil der Gräfin tritt ein zweites, ein staatspolitisches Urteil. Mariane warb um die »Liebe eines Offiziers« (ebd.) und gefährdete damit nicht nur die Macht des Adels, sondern die innere und äußere Sicherheit des Staates insgesamt. Ein Offizier – so die Gräfin – hört auf, »ein braver [!] Soldat zu sein [...], sobald er ein treuer Liebhaber wird, dem König schwört es nicht zu sein und sich dafür von ihm bezahlen läßt« (ebd.). Schließlich unterstellt die Gräfin der Bürgerstochter jene instrumentelle Vernunft, die im Stück als planmäßige List der Offiziere vorgestellt wird. Mariane soll, »da Sie nun sehen, daß es fehlgeschlagen hat« (ebd.), vorsätzlich das Begehren des jungen Grafen La Roche auf sich gelenkt haben. Das Gebot, der Sohn müsse die Stadt verlassen, wird mit dem Verbot gegenüber Mariane korreliert: »Lassen Sie sich alle Anschläge auf meinen Sohn vergehen« (ebd.). Mariane ist trotz des empfindsamen Mitleidens aus der Sicht der Gräfin die inkarnierte Bedrohung für den Sohn, für das männliche Begehren, für den adligen Stand und für den Staat. Vor der Folie dieser vierfachen Bedrohung stilisiert die Gräfin sich selbst in christlicher Ikonographie, wodurch der empfindsame Duktus ihrer Rede einen empfindsam-topologischen Ausdruck erhält. Sie möchte ihr »Blut hergeben« (ebd.), um die Tat, nämlich den Ausblick auf den sozialen Aufstieg, ungeschehen zu machen. Pathetisch bestimmt sie ihren Stellvertretertod (»ich will sterben, wenn ich dich nicht herausziehe«, ebd.). Diese diskursive Ikonographie wird durch die Regieanweisungen ergänzt, »*mit gefalteten Händen*« (ebd.) sinkt Mariane vor der Gräfin auf die Knie, »*wie im Gebet*« (ebd.) verharrt sie am Szenenende. Diese Demutshaltung gilt nicht nur der Adligen, sie gilt auch der vernünftigen Erlöserin, die ihr den »Abgrund« (ebd.) aufgezeigt und Hilfe angeboten hat, »kommen Sie mit in mein Haus, [...] werden Sie meine Gesellschafterin«, »es ist nie zu spät vernünftig zu werden« (ebd.). Die Schuld(en) der Eltern muß das Opfer tilgen, auch Vernünftigkeit ist eine Kapitalanlage (»tausend Taler zur Aussteuer«, ebd.). Anders als im *Hofmeister*, wo Wenzeslaus dem *Hofmeister* Läuffer diätetische Maßnahmen zur Triebkontrolle und Affektmodellierung empfiehlt, stellt die Gräfin in den *Soldaten* Mariane eine symbolische Kasernierung, die soziale und sexuelle Isolation als Modell der Triebkontrolle in Aussicht. In diesem Modell wird der zivilisationshistorische Prozeß der Umwandlung von Fremdzwang in Selbstzwang evident. Mariane wird zum sozialen Verzicht gezwungen, um dadurch den Zwang zur Kontrolle ihres eigenen Begehrens zu erlernen. Auf diese Weise wird der adlige Erziehungs- und Verhaltensstandard an die Bürgerliche weitergegeben. In der Apologie des Patriarchats durch die Gräfin trifft die Männer keine Schuld, weder den adligen Verführer noch den verführenden Vater. Die Gräfin ignoriert das doppelte Herrschaftsverhältnis, dessen Opfer Mariane geworden ist.

Mariane ist Opfer des Standesunterschieds und damit der Ständegesellschaft und sie ist Opfer des Patriarchats. Der empfindsame Sexualitätsdiskurs der Gräfin scheint folglich Mariane keine Lösung zu bieten.

Der Sexualitätsdiskurs bildet in den *Soldaten* stärker noch als im *Hofmeister* jene Handlungs- und Gesprächsebene, auf der ein fünffaches männliches Begehren in Mariane als Liebesobjekt fokussiert. Stolzius, der betrogene bürgerliche Liebhaber, Desportes, der adlige Verführer, Mary, der verliebte Offizier, Graf von La Roche, der empfindsam Schwärmende, und der namenlose Jäger, der sich in rüden Vergewaltigungsphantasien ergeht (vgl. IV/8). Diesem Begehrensdruck steht Mariane als eine bürgerliche Frau gegenüber, der es versagt bleibt, autonom Lebensentscheidungen zu treffen. Sie muss sich der angebotenen sozialen Tugendhaftigkeit der Gräfin unterwerfen, so wie sie sich der väterlichen Erziehung hatte bedingungslos unterordnen müssen, will sie nicht aus dem ohnehin grobmaschigen Netz sozialer Strukturen herausfallen. Im fünften Akt wird das Begehren des Offiziers Mary nach dem Frauenkörper als das entlarvt, was es von Anfang an gewesen ist, eine Phantasie der unbedingten Verfügbarkeit über diesen. Die vermeintliche Verliebtheit (»ich bin zum Rasendwerden verliebt in sie«, IV/1) und das angedeutete Schuldbewusstsein, als er erfährt, dass Mariane geflohen ist (»ich bin schuld an allem«, IV/6), sind Formen von Marys Begehrensstrategie. Nicht nur Mariane ist sein Liebesobjekt. Marianes Mutter weist ihre Tochter darauf hin, dass »die ganze Welt sagt, er hab sich verliebt in die kleine Madam Düval« (III/9). Die Schutzbehauptungen Marys sind wie alle Heiratsversprechen im Stück, einschließlich des Arrangements von Desportes, wonach sein Jäger Mariane heiraten dürfe (vgl. V/3), Begehrensformen einer patriarchalen Gesellschaft, die nur das Recht männlicher Gewalt kennt. Dies macht die zeitgenössische Diskussion um die in den 1770er Jahren rapide angestiegenen Kindsmorde besonders deutlich. Die Frau ist Opfer sexueller Gewalt und gesellschaftlicher Ächtung. Ob das Modell, das Lenz in dieser Situation anbietet, wirklich auch als ein Lösungsmodell taugt, muss sich zeigen.

Während Desportes sich darin bestätigt sieht, dass Mariane »eine Hure vom Anfang an gewesen [ist]« (V/3) und Mary »aller Appetit zu ihr verging« (ebd.), tritt der verratene Stolzius in dieser Bekenntnisszene als der sich selbst rächende Richter auf. »Ich bin Stolzius, dessen Braut du zur Hure machtest. [...] Du bist gerochen meine Mariane!« (ebd.). Diese Sequenz kann als die radikalste Lösung des Sexualitätsproblems gedeutet werden. Die Täter werden liquidiert, dem Opfer ist damit aber nicht geholfen. Die Szene, die in direktem Kontrast zum empfindsamen Lösungsangebot der Gräfin La Roche steht, verdeutlicht, dass eine patriarchale Lösung nur die Gewalt fortsetzt. Der Tod der Täter bedeutet nicht nur die Rache für das weibliche Opfer, er schließt auch Sühne für die beleidigte Ehre des betrogenen Liebhabers mit ein, ist also doppelt motiviert (darauf weist auch der Freitod von Stolzius hin). Denn die Frage bleibt offen, weshalb Stolzius nicht beispielsweise Mariane gesucht und sie gerettet und damit das für die Komödie konstitutive Ende ermöglicht hat. Lenz verweigert sich dieser einfachen Lösung, eine allgemeine Problemlösung gibt es für ihn nicht. Er treibt die Widersprüche auch in diesem Stück so deutlich hervor, dass in dem Spannungsgefüge von Wirklichkeit und Absicht, von Realität und Lösung sogar noch eine Utopie Platz hat, die Utopie einer friedlichen Gesellschaft oder das Modell einer *sozialen* Affektkontrolle.

Von der Kontrolle des Begehrens und von gesellschaftlicher Macht handeln die Szenen IV/3 und V/5. In der Forschung wurde die Schlussszene des Stücks allgemein als eine Antwort von Lenz auf das Soldatenproblem gedeutet. Doch sollte man wie bei der Beurteilung der Rolle des Geheimen Rats im *Hofmeister* die beschriebenen Positionen der Gräfin und des Obristen nicht vorschnell mit der Ansicht des Autors gleichsetzen. Zumindest sollten zuvor einige kritische Fragen gestellt werden, zum Beispiel erstens: Was ist von der kritischen Darstellung der Figur der Gräfin in III/10 in die Schlussszene eingegangen? Gibt es möglicherweise eine Mitverantwortung der Gräfin an Marianes Flucht? Und zweitens: Worin besteht eigentlich das Soldatenproblem?

Zwischen der Szene, in der die Gräfin kritisch dargestellt wird, und der Schlussszene des Stücks liegt die Szene IV/3, in der Lenz die Kritik an der moralischen Empfindsamkeit der Adligen weiter vorantreibt. Insofern greift es auch zu kurz, in der Gräfin La Roche des Stücks ausschließlich die historische Person Sophie von La Roche zu sehen. Vielmehr bietet der literarische, poetische Diskurs Lenz die Möglichkeit direkter Gesellschafts- und Adelskritik. Lenz verschiebt die Kritik an der Frau, die er schätzt, auf die Kritik ihrer Literarisierung. Der literarische Diskurs erlaubt ihm, was ihm die Realität des Standesunterschieds mit ihren erzwungenen definierten Verhaltensstandards verwehrt. Die historische Person ist zwar Wunschfreundin und Wunschmutter, wie dies im Briefwechsel zwischen Lenz und Sophie von La Roche zum Ausdruck kommt. Zugleich vertritt aber die Gräfin des Stücks als moralische Instanz auch ein System von Überwachen und Strafen, dem der Bürgerliche Lenz selbst ausgeliefert war. Im literarischen Diskurs manifestiert sich dies in der Überwachung Marianes durch die Gräfin, genauer, sie überwacht ihr Gebot, dass Mariane sich einer erzwungen-freiwilligen sozialen und sexuellen Askese unterwirft. Nur so scheint ihr die moralische Tugendhaftigkeit Marianes wiederherzustellen zu sein (vgl. III/10). Auch die Gräfin besitzt – wie der Vater – eine eigene Vorstellung davon, was das »eigen Glück« (IV/3) Marianes konkret bedeutet. Indem sie durch Regeln und Vorschriften festlegt, was für Marianes Leben Glück heißt, reproduziert sie Erziehungsmechanismen der patriarchalen Gesellschaft. Bereits die Erziehungsabsicht der Gräfin unterliegt also Lenz' Kritik. Die Überwachung ihrer Regeln überprüft die Gräfin nicht durch diskursive Praktiken, sie delegiert auch nicht die Verantwortung der Kontrolle an andere. Sie selbst ist moralische Instanz und Kontrolle in einem. Neben die *diskursive* Herrschaft, nämlich das Gebot, tritt die soziale Macht, Kontrolle und Bestrafung. Die Gräfin »*legt ihr Ohr an die grüne Wand des Gartens*« (IV/3). Der klassische Ort für Liebesgespräche, der locus amoenus, wird zum Ort eines moralischen und gesellschaftlichen Herrschaftsrituals. Die Adlige belauscht ein Gespräch zwischen Mary und Mariane, sie kann sogar Marianes aufrichtige Haltung ihr gegenüber vernehmen: »Die Frau Gräfin ist die scharmanteste Frau die auf

Gottes Erdboden ist« (ebd.). Der Versuch der Gräfin Mariane zu desexualisieren wird als solcher auch von der Außenwelt erkannt, klösterlich, dem männlichen Begehren entzogen, wirkt Marianes Lebensform auf Mary. Der Lüge, dass ihr ehemaliger Geliebter Desportes Marianes Aufenthalt erfahren wolle, begegnet diese tugendhaft, er solle sie vergessen. Damit erfüllt Mariane die von ihr erwartete Abwehr des Begehrens. Sie hat den erzwungenen moralischen Rigorismus der Gräfin durchaus erfolgreich verinnerlicht und den Fremdzwang in Selbstzwang umgewandelt. Und dennoch erfährt sie durch die Gräfin die höchste Bestrafung, die dieser möglich ist. Weshalb? Der Bestrafung voraus gehen zwei Verhaltensformen, die Lenz geschickt auf engstem Raum komprimiert und die allein die Tragik der Strafe und damit die implizite Kritik am Verhalten der Gräfin veranschaulichen. Die Gräfin muss die Situation zwischen Mary und Mariane denunzieren, sie spricht von einem »Rendez-vous« (ebd.), obwohl sie das Gespräch eingestandenermaßen belauscht hat (»ich habe alles gehört«, ebd.) und ihr die Verführungsstrategie Marys und Marianes Standhaftigkeit bekannt sind. Mariane hat das Gebot ein Jahr lang keinen Mann mehr zu sehen, das Verbot also überhaupt Kontakt mit Männern zu pflegen verletzt. Die Gräfin wertet diese Verletzung auf und setzt damit ihre diskursive Herrschaft maßlos fort. Es ist kein *Gespräch*, das ihr den Erfolg ihrer moralischen Erziehung und Maßnahme zeigen könnte, sondern ein *Rendezvous*. Sie besetzt damit die Situation mit einem Begriff, der ihr nachträglich die Strafe legitimiert. Nun ist es Mariane, die Verrat an ihrer »beste[n] Freundin« (III/10) begeht, es ist sogar Liebesverrat, wenn man bedenkt, dass es sich um eine empfindsam sublimierte Liebesbeziehung handelt (vgl. ebd.). Mariane begeht Verrat an der Gräfin und wird wieder zum Opfer patriarchal diskursiver Macht. Diese Herrschaftsform, die zum Ziel die Repression der Sexualität hatte (durch den Vater wie durch die Ersatzmutter Gräfin), findet ihr Komplement in der Reproduktion gesellschaftlicher Machtverhältnisse in dieser Situation. Der bürgerlichen Mariane wird von der Aristokratin keine Möglichkeit gegeben, sich zu rechtfertigen, denn dadurch würde die diskursive Herrschaftspraxis der Gräfin offenbar, sie müsste der Beschuldigten eingestehen, dass es sich in der Tat um

›Die Soldaten‹ 139

kein Rendezvous gehandelt hat. Nicht einmal die Demutsgeste wie in III/10, allerdings jetzt nur noch »halb auf Knien« (IV/3), und Marianes Bitte um Verzeihung als Ausdruck der Internalisierung des gräflich-mütterlichen Gebots, können die Gräfin zur Einsicht bewegen. Nicht eigentlich Mariane ist es, die in dieser Szene als uneinsichtig Handelnde vorgestellt wird, sondern die Gräfin selbst. Ihr moralischer Rigorismus, ihre Verblendung gegenüber den wahren diskursiven und gesellschaftlichen Machtverhältnissen bestimmen Marianes weitere Zukunft. Das Wissen um deren Glück will aber das Wissen um deren Unglück nicht kennen. »Hätt ich das gewußt, ich hätte mich deiner nicht angenommen. [...] Ich verzeih es dir niemals wenn du wider dein eigen Glück handelst. Geh!« (ebd.). Die imperativische Kürze ist mehr als eine Herrschaftsgeste, es ist zugleich die reduzierteste Form eines Diskurses, der von Beginn an die Repression des Bedrohlichen, der Sexualität, zum Ziel hatte. Dieses verweigerte Verständnis gegenüber der Bürgerlichen kontrastiert deutlich die Diskursbereitschaft der Gräfin dem standesgleichen Obristen gegenüber. Der empfindsame Lösungsversuch jedenfalls, das »Herz« Marianes zu »zwingen«, der Gräfin zu folgen und ihre »Klugheit« mit Marianes »Phantasei« (ebd.) zu vereinigen, ist endgültig gescheitert.

Die Schlussszene des Stücks (V/5) bietet eine eigenartige Lösung des Soldatenproblems an. Der empfindsame Diskurs der Gräfin wird mit dem Soldatendiskurs, vertreten durch den Offizier Graf von Spannheim, verschränkt. Die Diskussion einer Lösung findet also in jener gesellschaftlichen Schicht statt, durch die auch das Problem im absolutistischen Staat entsteht, dem Adel. Dass bei diesem Gespräch auch noch der Graf und die Gräfin allein in der Wohnung des Offiziers sich aufhalten, verdichtet die Spannung von Privatheit und Öffentlichkeit des Problemlösungsversuchs. Die empfindsame Seelenhaltung der Aristokratin erkennt keine Mitverantwortung an Marianes Situation. Sie geht nicht einmal von der Wohnung des Offiziers aus zu Mariane, obwohl es ihr offensichtlich möglich ist, die Wiedererkennungsszene (vgl. V/4) zu beobachten. Die Drastik der sozialen Realität wehrt die Gräfin mit den Worten ab. »Der Anblick würde mich töten« (V/5). Graf von Spannheim entlarvt unfreiwillig diese Haltung wenig später, geht es der Gräfin doch weniger um die Abwehr einer zu erwartenden Traumatisierung, als vielmehr um den Schutz ihrer Standesehre. Über Mariane sagt der Graf: »Ihre Ehre ist hin, kein Mensch darf sich ohne zu erröten ihrer annehmen« (ebd.). Mit dieser Bemerkung werden alle weiteren Bemühungen um Mariane von vornherein als unehrenhaft diffamiert. Der Adel hat sich selbst entlarvt.

Die Metapher des Schlachtopfers bringt Marianes Lage im Stück auf den Punkt. Als Objekt männlichen Begehrens wurde sie in Handlungen gezwungen, als infantilisiertes Objekt der väterlichen und ›mütterlichen‹ Erziehung wurde sie entindividualisiert und zum sozialen Fall. Geopfert wurde sie für einen gesellschaftlichen Stand, dessen gesamtgesellschaftliche Bedeutung auch vom Autor Lenz nicht generell in Frage gestellt wird. Die Ausflucht des Offiziers, dass eben ein »Schicksal des Himmels über gewisse Personen« (ebd.) verhängt sei, macht zugleich auch die Hilflosigkeit des Autors Lenz dem Problem gegenüber deutlich. Ihm als Bürgerlichem sind keine *Handlungs*möglichkeiten gegeben, er *muss* auf ein utopisches Lösungsmodell ausgreifen, das bezeichnenderweise zu seinen Lebzeiten nicht veröffentlicht wurde. Allein der literarische Diskurs erlaubt ihm die unmittelbare Reaktion auf die Problemsituation. Die Gräfin führt – und darin stimmt sie dem Feldprediger Eisenhardt zu (vgl. III/4) – die Ursache für die katastrophalen sozialen Folgen männlichen Begehrens, das den »unvermeidlichen Untergang« (V/5) einer bürgerlichen Familie bedeuten kann, auf die erzwungene Ehelosigkeit des »Standes der Herren Soldaten« (ebd.) zurück. Sie weist damit auf die Bedeutung der Ehe als zentraler Instanz der Triebkontrolle der bürgerlichen Gesellschaft im 18. Jahrhundert hin. Auch der Graf erkennt sehr genau den Zusammenhang von männlichem Begehren und Macht, garantiert doch unkontrolliertes männliches Begehren immer noch kampfbereite Soldaten. Dem »Ungeheuer« (ebd.) Soldat, das stellvertretend für die gesamte Gesellschaft die Verschränkung von Sexualität und Aggressivität, von Begehren und Macht vertritt, muss immer wieder ein »Frauenzimmer freimütig aufgeopfert« (ebd.) werden, damit die anderen Frauen »verschont«

(ebd.) bleiben. Der Text lässt an dieser Stelle an Deutlichkeit nichts zu wünschen übrig. Denn dass es sich bei diesem Frauenopfer stets nur um bürgerliche Frauen handelt und handeln soll, ist der mentale Vorbehalt der Gräfin. Das Begehren lässt sich auch in einer noch so radikal aufgeklärten Gesellschaft nicht völlig diskursivieren, deshalb gilt es, mit den Folgen pragmatisch umzugehen. »Den Trieb haben doch alle Menschen« (ebd.), darin stimmt auch der Obrist mit dem Theologen überein (vgl. I/4: »der Trieb ist in allen Menschen«). Diese Einsicht hält den Sexualitätsdiskurs im Stück gewissermaßen zusammen. Mit dem emphatischen Ausruf der Gräfin, dass dem gesamten Staat geholfen würde, wenn sich jemand fände, der die Konkubinenlösung vortrüge, scheint sich Lenz selbst als Reformer zu empfehlen. Danach figurieren Frauen als willfährige Geschlechtsobjekte zur Stimulierung der männlichen soldatischen Aggressivität und zur Sicherung der gesellschaftlichen Ordnung nach innen und außen. Signifikant ist auch hier, dass der Blick auf die Problemlösung den Blick auf die Ursachen des Problems verstellt. In der Schrift *Über die Soldatenehen* stellt Lenz seine militärreformerischen Vorschläge zur Diskussion. Zwischen Frühjahr und Winter 1776 entstanden, aber erst 1913 gedruckt,[8] ist diese Schrift direkt an die Herrschenden, nämlich die »Könige« (WuBr 2, S. 787) gerichtet. Die Adressaten im engeren Sinne sind der absolutistisch aufgeklärte Herzog Carl August und der französische Minister Graf Saint-Germain (vgl. ebd., S. 496). Lenz erweist sich hier keineswegs als radikaler Gesellschaftsreformer, in dessen Reformvorschlägen zum Militärwe-

---

[8] Der erstmals durch Karl Freye edierte Text ist lediglich ein kleiner Teil aus einem umfassenden, bis heute unveröffentlichten Konvolut von Studien zu Fragen der Militär- und Weltgeschichte (wiederabgedruckt in WuBr 2, S. 787–827). Vgl. dazu David Hill: J.M.R Lenz' ›Avantpropos‹ zu den ›Soldatenehen‹, in: Lenz-Jahrbuch/Sturm-und-Drang-Studien 5 (1995), S. 7-21 (mit Textedition). W. Daniel Wilson: Zwischen Kritik und Affirmation. Militärphantasien und Geschlechterdisziplinierung bei J.M.R. Lenz, in: »Unaufhörlich Lenz gelesen ...«. Studien zu Leben und Werk von J.M.R. Lenz, hgg. v. Inge Stephan u. Hans-Gerd Winter. Stuttgart, Weimar 1994, S. 52-85.

sen der 1770er Jahre bereits gesellschaftspolitische Positionen der Jakobiner vorweggenommen würden. Es ist zwar durchaus zutreffend, dass Lenz' Militärreform »Teil einer allgemeinen Gesellschaftsreform«[9] ist, doch zielt diese Gesellschaftsreform auf die Wiederherstellung einer aufgeklärt vernünftigen Monarchie, wenn man etwa den Anfang der *Soldatenehen* heranzieht. Wer von Lenz also eine radikale Gesellschaftskritik mit einem großen utopischen Gegenentwurf erwartet, wird enttäuscht. Wer Lenz allerdings an seinem eigenen in den *Soldatenehen* formulierten Anspruch misst – »ich deklamiere nicht, ich protokolliere nur« (ebd., S. 807) –, wird erstaunt sein über die analytische Schärfe und den diagnostischen Blick seines Gesellschaftsprotokolls. Lenz weist nachdrücklich darauf hin, dass seine »Platonische Träume« (ebd., S. 798) keine »systematische Abhandlung« (ebd., S. 809) seien. Wurde in den *Soldaten* wiederholt darauf hingewiesen (zuletzt in der Schlussszene durch Gräfin von La Roche), dass Sexualität die menschliche Natur konstituiere, so ergänzt Lenz in den *Soldatenehen* diesen Befund mit der Feststellung, dass auch »Macht [...] in die menschliche Natur geschrieben [ist]« (ebd., S. 789). Analyse des Menschen in einer jeweiligen sozialen und historischen Situation bedeutet demnach für den Autor Lenz auch immer Analytik der Diskurse über Sexualität und Macht. Das Ziel von Lenz' Argumentationsgang ist – soweit der fragmentarische Charakter des Textes diese Schlussfolgerung zulässt –, dem drohenden Zerfall der sittlichen Ordnung durch eine gesellschaftliche Reform zu begegnen, die sowohl das Bewusstsein der Soldaten von sich selbst als auch den gesellschaftlichen Wert und die Bedeutung des Soldatenstandes im Bewusstsein der übrigen Bevölkerung stärken soll. Genau besehen läuft aber diese Überlegung von Lenz auf eine umfassende Militarisierung der Gesellschaft hinaus. Dazu sind mehrere Schritte erforderlich:

1.) Die Soldaten sind ihrem Sozial- und Bewusstseinsstatus nach nicht mehr als »ausgelernte Mörder«, sondern als »Verteidiger ihres Vaterlandes« (ebd., S. 792) zu betrachten. Der ›Bürger in Uniform‹

---

[9] Winter: J.M.R. Lenz, S. 71.

steht am Ende dieser bis in die Gegenwart hinein verlängerbaren Linie.

2.) Damit ist die Umwandlung einer Angriffsarmee in eine Armee mit reinen Verteidigungsaufgaben verbunden. Lenz sagt ausdrücklich, auch ein Präventivkrieg sei gerechtfertigt, zumal wenn er vom König von Preußen geführt wird. Um die Verteidigungsbereitschaft der Soldaten aufrecht zu erhalten, ist eine entsprechende motivationale Grundlage erforderlich. Die Soldaten müssen wissen, was sie verteidigen. An dieser Stelle nun führt Lenz den Militärdiskurs mit dem Sexualitätsdiskurs zusammen. Der Soldat müsse die sinnlichen »Vorteile« (ebd., S. 798) kennen, mit deren Genuss die Bereitschaft zum Kampf verbunden sei. Diese Verlockungsprämie – um einen psychoanalytischen Begriff aufzunehmen – sieht Lenz in der notwendigen Verehelichung aller Soldaten. Die Aussicht auf die »ehlichen Freuden« (ebd., S. 802) macht den Soldaten mutig und kampfbereit. Durch die monogame Lebensführung werde zugleich auch verhindert, dass die Soldaten in Folge ihres ausschweifenden Lebenswandels und ihrer Promiskuität körperlich geschwächt würden und die Dauer eines »zwölfstündige[n] Gefecht[s]« (ebd., S. 797) nicht durchhielten. Und schließlich sieht Lenz in der Monogamisierung des männlichen Begehrens das einzige Mittel, die Sitten der Frauen und damit »die Sitten des ganzen Staats zu verbessern« (ebd., S. 802, im Original gesperrt). Der Soldatenstand wird als »das Muster guter Sitten« (ebd., S. 821) ausgerufen. Lenz beschreibt drastisch den Kasernenalltag, er plädiert für eine humanere Soldatenausbildung und eine effektivere – im Sinne seiner pragmatischen Schrift heißt dies auch ökonomischere – »militärische Erziehung« (ebd., S. 817). Häufigere Besuchsmöglichkeiten könnten den verheirateten Soldaten sogar erlauben, die Erziehung der »Soldatenkinder« selbst in die Hand zu nehmen und mit den »Buben exerzieren« (ebd., S. 819). In einer Anmerkung ergänzt Lenz, »solange keine Soldatenkinder da sind, könnten die Brüder der Soldatenweiber zum Dienst abgerichtet [!] werden« (ebd., S. 819). Werden die Söhne der Soldaten in Lenz' Modell der »Soldatenfamilien« (ebd., S. 824) wiederum zu Soldaten ausgebildet, so sollen die »Töchter aus Soldatenehen« (ebd., S. 825) aus der Staatskasse eine Aussteuer erhalten.

Dieses familiale Modell militärischer Ausbildung umfasst alle gesellschaftlichen Schichten, den gemeinen Soldaten ebenso wie den adligen Offizier. Das Konkubinenmodell, das Lenz noch in den *Soldaten* durch die Gräfin und den Obristen diskutieren ließ, ist also in seiner Programmschrift *Über die Soldatenehen* wesentlich modifiziert. Der Soldatenstand erfährt keine soziale Exklusivität mehr, sondern wird in die aufgeklärte Ordnung der bürgerlichen Gesellschaft integriert. Evident wird, dass damit das Wohl des Staates auf die Kampfbereitschaft der Soldaten abgestellt ist und die ›Soldatisierung‹ aller Stände droht. Entscheidender allerdings ist, dass Lenz' Wechsel vom Konkubinenmodell zum Integrationsmodell auch ein Moment der Kritik enthält, sind es doch Adlige (Gräfin von La Roche und Graf von Spannheim), die das Modell des öffentlichen Konkubinats in den *Soldaten* vortragen, das letztendlich in ihrem eigenen Standesinteresse liegt. Man sollte daher nicht vorschnell die Schlussszene des Stücks im Sinne einer offenbarten Autorintention deuten.

›Pandämonium Germanikum‹

Vom *Pandämonium Germanikum* gibt es zwei Autorhandschriften und eine komplette Abschrift. Dennoch herrschte in der Lenz-Forschung lange Zeit ein Durcheinander, wenn es darum ging, sich editionsphilologische Klarheit über dieses Stück zu verschaffen. Es scheint nicht nur ein philologisches Problem zu sein, mit dem *Pandämonium Germanikum* umzugehen, es ist auch eine interpretatorische und generell literarhistorische Schwierigkeit.

Um kurz zu bilanzieren, wie sich die Lage oder besser die editorische Misslage darstellt. Nach vorsichtiger Schätzung gibt es nahezu 20 verschiedene Ausgaben dieses Lenz-Textes, die sich in zwei Fraktionen teilen lassen. Die einen drucken das *Pandämonium Germanikum* nach der älteren Handschrift, die anderen nach der jüngeren. Über die einzelnen editorischen Beweggründe und die Beweggründe einzelner Editoren soll hier nicht gemutmaßt werden. Die ältere handschriftliche Fassung (H_1) ist diejenige Handschrift, die in der Berliner Staatsbibliothek Preußischer Kulturbesitz (SPK) aufbewahrt wird. Die jüngere Fassung (H_2) ist diejenige Handschrift, die in der Bibliotheka Jagiellonska in Kraków liegt. Eine Abschrift des *Pandämonium Germanikum* befindet sich in der Bibliothek der Stiftung Weimarer Klassik.[1] Diese Abschrift ist vollständig, es handelt sich weder um das Fragment einer Abschrift noch gar um das Fragment einer dritten Handschrift des *Pandämonium Germanikum*. Eine kritische Edition beider Autorhandschriften liegt seit 1993 vor.[2]

---

[1] Die Handschrift stammt aus dem Goethe-Nachlass und ist mit diesem zusammen überliefert (Teilbestand Sammlungsstücke, Fremdliterarisches). Die Handschrift trägt die Signatur GSA 36/Nachtrag 8. In dem von Kräuter angelegten ›Repertorium über die Goethesche Repositur‹ von ca. 1823 wird sie unter der Rubrik ›Originale und Copien der zwischen den 1775 verbündeten Freunden gewechselten Spottgedichte‹ aufgeführt. Der Schreiber dieser *Pandämonium*-Abschrift ließ sich trotz ausgedehnten Handschriftenvergleichs nicht ermitteln.

[2] Vgl. Jakob Michael Reinhold Lenz: Pandämonium Germanikum. Synoptische Ausgabe beider Handschriften. Mit einem Nachwort hgg. v. Matthi-

Die Ausgaben von Blei (1910), Freye (ca. 1910), Lewy (1917), Kindermann (1935), Titel/Haug (1967), Daunicht (1970), Richter (1980) und Damm (1987) drucken den Text nach der älteren Handschrift. Die Ausgaben von Dumpf (1819), Schmidt (1896), Sauer (ca. 1890), Stellmacher (1976), Unglaub (1988), Lauer (1992) und Voit (1992) geben den Text nach der jüngeren Handschrift wieder.[3] Erich

---

as Luserke u. Christoph Weiß. St. Ingbert 1993. (= Kleines Archiv des achtzehnten Jahrhunderts Bd. 17). Nach dieser Ausgabe wird der Text im Folgenden zitiert.

[3] Vgl. Jakob Michael Reinhold Lenz: Gesammelte Schriften. Hgg. v. Franz Blei. Bd. 3: Dramen, Dramatische Fragmente, Coriolan. München, Leipzig 1910, S. 1-28. – Sturm und Drang. Dichtungen aus der Geniezeit. In vier Teilen. Hgg. mit Einl. u. Anm. vers. v. Karl Freye. Mit 6 Beilagen in Kunstdruck u. zahlreichen Vignetten. Zweiter Teil: Lenz – Wagner. Hgg. v. K.F. Berlin, Leipzig, Wien, Stuttgart o.J. [ca. 1910], S. 387-408. – Gesammelte Schriften von Jacob Mich. Reinhold Lenz. In vier Bänden. Hgg. v. Ernst Lewy. Bd. 1: Dramen. Leipzig 1917, S. 301-324. – Deutsche Literatur. Sammlung literarischer Kunst- und Kulturdenkmäler in Entwicklungsreihen. Hgg. v. Heinz Kindermann. Reihe Irrationalismus, 20 Bde., hgg. v. H.K. Bd. 6: Von Deutscher Art und Kunst. Hgg. v. H.K. Leipzig 1935, S. 283-303. – Jakob Michael Reinhold Lenz: Werke und Schriften Bd. 2. Hgg. v. Britta Titel u. Hellmut Haug. Stuttgart 1967, S. 249-277. – Jakob Michael Reinhold Lenz: Werke und Schriften. Hgg. v. Richard Daunicht. Reinbek b. Hamburg 1970, S. 101-122. – Lenz: Werke in einem Band. Auswahl, Textrevision u. Anmerkungen v. Helmut Richter. Einleitung v. Rosalinde Gothe. 3. Aufl. Berlin, Weimar 1980. (= Bibliothek Deutscher Klassiker). – Jakob Michael Reinhold Lenz: Werke und Briefe in drei Bänden. Hgg. v. Sigrid Damm. Bd. 1: Dramen. München, Wien 1987, S. 247-271 (auch als Taschenbuchausgabe Frankfurt a.M. 1992). [Zit. als WuBr mit Band- und Seitenzahl]. – [Friedrich Georg Dumpf:] Pandaemonium germanicum. Eine Skizze von J.M.R. Lenz. Aus dem handschriftlichen Nachlaße des verstorbenen Dichters herausgegeben. Nürnberg 1819. – J.M.R. Lenz: Pandaemonium Germanicum (1775), nach den Handschriften hgg. u. erläutert [v. Erich Schmidt]. Berlin 1896. – Deutsche National-Litteratur. Historisch-Kritische Ausgabe. Hgg. v. Joseph Kürschner. Bd. 80: Stürmer und Dränger II: Lenz und Wagner. Hgg. v. A. Sauer. Berlin, Stuttgart o.J. [ca. 1890], S. 137-160. – Komödien und Satiren des Sturm und Drang. Goethe – Lenz

Schmidt gab 1896 das *Pandämonium* erstmals in einer Edition heraus, die von Emendationen nahezu frei war, nachdem sich zuvor Dumpf (1819), Tieck (1828) und Sauer (ca. 1890) daran versucht hatten. Allerdings entschied sich Schmidt für den Abdruck der jüngeren Handschrift, statt H$_1$ druckt Schmidt H$_2$. Er greift gelegentlich in Interpunktion und Orthographie der Handschrift ein, geringfügige Lesefehler sind im Variantenverzeichnis zu H$_1$, das er im Fußnotenapparat anführt, auszumachen. Franz Blei (1910) kompiliert in seiner fünfbändigen Lenz-Ausgabe die beiden handschriftlichen Fassungen des *Pandämonium Germanikum*, unterliegt dabei aber einem gravierenden Irrtum. Im Kommentar zur Druckvorlage schreibt Blei: »Die Stellen, welche nur die ältere Fassung des Pandämonium enthält [sic] sind in unserem Druck in eckige Klammern gesetzt«.[4] Tatsächlich druckt Blei aber in eckigen Klammern in seiner Ausgabe Varianten nach H$_2$, der jüngeren Handschrift. Darüber hinaus ist die Wiedergabe von H$_1$, der älteren Handschrift, gezeichnet von Lesefehlern und orthographischen Modernisierungsversuchen. Ich möchte die Verdienste von Blei keinesfalls schmälern, doch hatte seine Edition des *Pandämonium Germanikum* zur Folge, dass einige

---

– Klinger – Wagner – Maler Müller – Schiller. Hgg. u. mit Einleitung u. Anmerkungen v. Wolfgang Stellmacher. Leipzig 1976, S. 289-315. – Jakob Michael Reinhold Lenz: Dramen des Sturm und Drang. Hgg. u. mit einem Nachw. vers. v. Erich Unglaub. München 1988. – Jakob Michael Reinhold Lenz: Werke in einem Band. Ausgewählt u. kommentiert v. Karen Lauer. Nachw. v. Gerhard Sauder. München, Wien 1992 (auch als Taschenbuchausgabe München 1992). – Jakob Michael Reinhold Lenz: Werke. Hgg. v. Friedrich Voit. Stuttgart 1992. – Vgl. auch die älteren Ausgaben J.M.R. Lenz: Gesammelte Schriften. Hgg. v. Ludwig Tieck. 3 Bde. Berlin 1828, hier Bd. 3, S. 207-229. – Paul Falck: Eine neue Ausgabe des Pandaemonium Germanicum von J.M.R. Lenz, in: Stern's Literarisches Bulletin der Schweiz Nr. 1, 5. Jg., 1. Juli 1896, S. 742-743 u. Nr. 2, 5. Jg., 1. August 1896, S. 762-763. – Sturm und Drang. Dramatische Schriften. 2 Bde. Plan u. Auswahl v. Erich Loewenthal u. Lambert Schneider. 3. Aufl. Heidelberg 1972, S. 407-431.

[4] Lenz: Gesammelte Schriften. Hgg. v. Franz Blei, Bd. 3, S. 457.

Editoren nach ihm seine kodikologische Altersangabe unbefragt übernahmen. Erst Titel/Haug (1967) und in deren Folge Damm (1987) druckten die tatsächlich ältere Handschrift, allerdings unterlaufen auch ihnen zahlreiche Transkriptionsfehler. Als Beispiel mögen folgende Verlesungen genügen: (1.) In I/2 transkribieren Titel/Haug: »ERSTER: [...]. Ich will mich auf jenen Stein stellen dort gegen mich über.«[5] Richtig müsste es nach H_1 heißen: »Ich will mich auf jenen Stein stellen dort gegen ihm über[.]«. (2.) Titel/Haug lesen: »O weh! er zermalmt uns die Eingeweide, er wird einen zweiten Ätna auf uns werfen.«[6] Statt: »O weh! er zermalt uns die Eingeweyde, er wird einen zweyten Aetna auf uns werfen[.]«. Die neueren Sammelausgaben der Werke von Lenz, die demzufolge auch das *Pandämonium Germanikum* abdrucken, haben es leider versäumt, die Handschriftenwirrnis, die so verworren eigentlich gar nicht ist, etwas zu lichten. Als Beispiele genügen die Ausgaben von Unglaub (1988) und Voit (1992). Erich Unglaub weist im Kommentar zu seiner Ausgabe den Druck von Erich Schmidt als H_1 aus, meint aber H_2.[7] Demzufolge druckt Unglaub selbst auch H_2. Friedrich Voit (1992) erkennt zwar die Schmidtsche Entscheidung, erkennt sie aber an und gibt den Text nach H_2 wieder. Lange Zeit gab es also keine Ausgabe, welche die ältere Handschrift von Lenz' *Pandämonium Germanikum* nicht modernisiert oder nahezu fehlerfrei druckte, geschweige denn kritisch wiedergab.

Die meisten Editoren geben das Titelwort *Germanikum* stets mit ›c‹ anstatt mit ›k‹ wieder. Eine Autopsie der Handschriften, von zahlreichen Editoren in ihren Kommentaren zum Druck immerhin beschworen, kann leicht aufweisen, dass es hierüber keinerlei Unklarheit gibt. *Germanikum* wird von Lenz sowohl in H_1 als auch in H_2 mit ›k‹ geschrieben. Die wenigsten Editoren beabsichtigten freilich eine kritische Ausgabe des *Pandämonium Germanikum*. Meist

---

[5] Lenz: Werke und Schriften. Hgg. v. Britta Titel u. Hellmut Haug, Bd. 2, S. 254.

[6] Lenz: Werke und Schriften. Hgg. v. Britta Titel u. Hellmut Haug, Bd. 2, S. 255.

[7] Vgl. Lenz: Dramen des Sturm und Drang (hgg. v. Unglaub), S. 386.

ging es zunächst einmal darum, durch Leseausgaben den Autor selbst überhaupt erst bekannt oder bekannter zu machen. Richard Daunicht kam mit seiner Ausgabe von 1970 dann schon sehr nahe an eine kritische Ausgabe von H_1 heran.

»Meinen [...] Freunden ein Rätsel« (WuBr 2, S. 323f.). Diesen resignierenden Satz schrieb Lenz am 28. August 1775 an Herder. Will man dieses ›Rätsel Lenz‹ ein wenig auflösen, muß man den Signifikanzen des Textes größte Beachtung schenken. In der ersten Szene des ersten Akts – auf die ich mich im Folgenden beschränke – heißt es in einer Regieanweisung des Autors: »Lenz versucht zu stehen« (S. 10).[8] Die Eingangsszene des ersten Aktes kann insgesamt als Lenz' Versuch verstanden werden, sich über sich selbst und über sein Verhältnis zu Goethe zu orientieren. Darauf weist schon die parallele Struktur der beiden Redeanteile von Lenz- und Goethe-Figur im Text hin. Goethe eröffnet die Szene mit einer Frage, die allein schon Lenz überfordert, er kann sie nicht beantworten. Beide wissen nicht, wo sie sich befinden. Diese Orientierungslosigkeit wird mit der Angabe »Der steil' Berg« (ebd.) deutlich hervorgehoben. Goethe hat also zunächst Lenz nichts voraus. Mit der Unterstreichung des subjektiven Willensentschlusses als rhetorische Duplikation einer topischen Sturm-und-Drang-Gebärde (»Ich will hinauf«, ebd.) wird aber bereits die Differenz deutlich. Es bleibt nicht bei dem sprachlichen Entschluss, die Tat folgt unmittelbar, »Goethe [...] verschwindt« (ebd.). Dem Verschwinden Goethes im »Gebirg« ist diese Differenz vorgängig: *Lenz* stellt nun eine Frage (»wo willt du hin«, ebd.), Goethe antwortet nicht; Lenz möchte verweilen, »Goethe geht« (ebd.); Lenz möchte »erzehlen« (ebd.), Goethe verschwinden. Das Sprechen des Freundes erreicht Goethe nicht mehr. In der Situation der Orientierungslosigkeit lässt der Freund den Freund allein zurück, er erwartet Antworten, antwortet selbst aber nicht. In dem sich nun anschließenden Monolog von Lenz bricht die Diffe-

---

[8] Seitenbelege beziehen sich auf die Ausgabe Jakob Michael Reinhold Lenz: Pandämonium Germanikum. Synoptische Ausgabe beider Handschriften (1993).

renz vollends auf. Nur dem abwesenden Freund, nur im Sprechen mit sich selbst, kann Lenz mitteilen, was ihm Bedürfnis ist: »Hätt' ihn gern, kennen lernen« (ebd.). Lenz kennt Goethe nicht, der Traum – denn um einen solchen handelt es sich ja bei diesem Stück, wenn man die Regieanweisung des Schlusssatzes des letzten Akts zur Deutung heranzieht – imaginiert die Identitätslosigkeit Goethes. Neben die Desorientierung tritt die ausgelöschte Identität des Freunds. Was Lenz zu Lebzeiten droht und was sich schließlich realisieren wird, das Ausgelöschtwerden aus dem Gedächtnis des Freunds, nimmt der Autor hier vorweg, die drohende Verwirrung des späteren Lebenswegs ahnend. Darauf verweist das Requisit, Lenz erscheint in dieser Szene »im Reis'kleid« (ebd.). Natürlich kennt der Träumende wie die Lenz-Figur selbst Goethes Identität.

Misst man den Präfixen ›herauf‹ und ›hinauf‹ Bedeutung zu, so lässt sich schon an dieser Stelle eine subtile Veränderung zwischen H_1 und H_2 ausmachen. In H_1 spricht Lenz: »Wenn er hinaufkommt« (ebd.), in H_2 heißt es: »Wenn er heraufkommt« (S.11). Die Bedeutung des Unterschieds beider Terme liegt in der Gewichtung des Standpunkts. Wenn Goethe *hinauf*kommt, bedeutet dies, dass Lenz *unten* steht; wenn Goethe *herauf*kommt, setzt dies voraus, dass Lenz bereits schon oben ist. Dem Einwand, dass es sich hier um ein Alogon handelt, wenn man die tatsächliche Situation der beiden Figuren berücksichtigt, sei damit begegnet, dass ein Traum – und dazu muss man nicht erst die Psychoanalyse bemühen – nur selten logisch strukturiert erscheint. Ist also der Träumende in H_1 noch durchaus bereit, dem Freund den Vorsprung zuzugestehen, wird dies in H_2 rückgängig gemacht. Auch der Trost, den Lenz sich selbst spendet (»Ich denk' er wird mir winken wenn er auf jenen Felsen kommt«, S. 10), wird in H_2 getilgt. Lenz bedarf des Trostes nicht mehr, er weiß – der Traum realisiert es ihm –, dass Goethe nicht winken wird. Die Geste der Verbundenheit ist ersatzlos gestrichen. Statt dessen erklärt er die Begegnung mit Goethe zum Phantasma. Der Träumende zensiert sogar im Traum noch die Realität, die Wirklichkeit der Differenz.

Das Traumbild der Desorientierung und der drohenden Auslöschung verdichtet sich in der nun folgenden Regieanweisung noch weiter, der steile Berg ist »ganz mit Busch überwachsen« (ebd.). Der Boden ist demnach kaum mehr oder nur schwer auszumachen, die Wirklichkeit – als deren Sinnbild der Boden gelesen werden kann – droht Lenz verloren zu gehen. Diese Textanmerkung bezieht sich nur auf Lenz, Goethe hingegen ist auf einer »andere[n] Seite des Berges« (ebd.). Lenz wählt also nicht denselben Weg wie Goethe. Anders formuliert, Goethe macht aus seinem Wissen, wie man am leichtesten auf den Berg gelangt, welcher Weg kommod und welcher gefährlich ist, ein Herrschaftswissen. Lenz erkämpft sich den Zugang zum Gipfel des Bergs selbst. Der Tribut, den er dafür zollen muss, ist hoch. Er regrediert auf eine frühkindliche Phase seiner psychischen Entwicklung. »Lenz kriecht auf allen Vieren« (ebd.). Diese Bemerkung ist nicht ironisch, selbstironisch gemeint, wie man vorschnell einer ähnlichen Formulierung in der vierten Szene des ersten Akts entnehmen könnte. Dort antwortet Lenz, von Goethe auf den Verfall der Künste angesprochen: »Ich wünschte denn lieber mit Rousseau wir hätten gar keine und kröchen auf allen Vieren herum« (WuBr 1, S. 256). Der Weg zur Dichterelite, die Regression und die Traumarbeit werden von Lenz als »böse Arbeit« (S. 10) bezeichnet. Und doch rastet Lenz nicht, er geht weiter seinen beschwerlichen Weg. Wieder weist Lenz auf die Wichtigkeit von Kommunikationssituationen hin. Das Bedürfnis, mit jemandem »reden« (S. 10) zu können, jetzt nochmals artikuliert, verweist auf die Orientierungslosigkeit und zunehmende Isolation von Lenz. Wie man später dem Autor Lenz bei seinem Aufenthalt in Waldersbach und Emmendingen aus Furcht vor unkontrollierbaren Wahnsinnsausbrüchen Papier und Schreibzeug entzog und ihm damit die Möglichkeit zur Selbsttherapie nahm, so verweigert auch hier der beste Freund nicht nur die Hilfe, sondern auch das Wort. Während Lenz noch das Solidaritätsgefühl der Straßburger Gruppensituation beschwört (»Goethe, Goethe! wenn wir zusammenblieben wären«, ebd.) und auch jetzt noch nicht die Realität der Trennung akzeptiert, schwelgt Goethe auf »wieder eine[r] andere[n] Seite des Berges« (ebd.) im unmittelbaren Naturgefühl: »Lenz! Lenz! daß er da wäre – Welch herrliche Aussicht« (ebd.). Auch diese Sequenz erfährt in H_2 eine Zuspitzung, getilgt ist Goethes Wunsch nach Lenz' Gegenwart. Goethe bestätigt, nachdem er den Fels leichtfüßig erstiegen hat (»springt 'nauf«, ebd.), lediglich, was er zu Beginn der Szene bereits ausgesprochen hatte, »ists doch herrlich dort [...] oben« (ebd.) und »Welch herrliche Aussicht!« (ebd.). Dieser Parallelismus ist auf der Ebene sprachlicher Mikrostruktur der versteckte Hinweis auf die Ursache der drohenden Differenz. Was Goethe sehen will, das sieht er – oder in die Sprache der Freundschaftsbeziehung übersetzt: Wie Goethe Lenz sehen will, so sieht er ihn. Auch hier muss Lenz die Auslöschung seiner Individualität gewärtigen. Das »Nachdenken« (ebd.), das Bedenken der realen Situation von Orientierungslosigkeit, Isolation und drohender Trennung, das Denken an die Differenz verursacht Lenz physischen Schmerz (»Kopfweh«, ebd.). Auch dies ist eine erschreckende Antizipation der späteren Biographie. Am Gelenk dieser Szene steht nun jener anagrammatisch zu lesende Satz »Lenz versucht zu stehen« (ebd.) – ›Lenz sucht zu verstehen‹. Die Verlassenheit, in der sich Lenz auf dem Berg wiederfindet, hat für ihn eine existenzielle Dimension, er konnotiert Einsamkeit und Isolation mit Todessehnsucht (»O so allein. Daß ich stürbe!«, S. 12). Die Differenz, die zur Trennung führt, bedeutet für Lenz den Tod. Zunächst den ›bürgerlichen‹ als endgültigen Verlust von Individualität, dann den psychischen, schließlich den physischen Tod. Lenz betont noch einmal seine Eigenständigkeit und offenbart damit das äußerst ambivalente Verhältnis zu Goethe. Das *Pandämonium Germanikum* ist in diesem Sinne ein Stück der Selbstvergewisserung. Zwar wäre Lenz gerne mit Goethe zusammen auf den Berg gestiegen, die Paaridentität ist nachgerade signifikant. Doch ist der Stolz und der damit verbundene Anspruch auf die eigene Leistung an dieser Gelenkstelle der Szene überdeutlich pointiert und fast drohend an die Adresse Goethes gerichtet: »Ich sehe hier wohl Fustapfen, aber alle hinunter, keinen herauf« (ebd.). Lenz geht seinen Weg allein, er ist weder auf Goethes noch auf eines anderen Hilfe angewiesen. Der eigene Weg betont die Eigenständigkeit des poetischen Schaffens. Lenz hat es nicht nötig, in jemandes Fussstapfen zu treten. Lenz gehört nicht zu den Nachahmern Goethes, die dann gleich anschließend in der zweiten Szene persifliert werden, er ist nicht jener »Nachahmer« (S. 18), als der er in I/2 diffamiert wird. Lenz steht gleichrangig neben Goethe; wenn es ein Dioskurenpaar gibt, dann heißt es Lenz und Goethe.

Der einsame Ort, der nicht nur locus amoenus der Schriftstellertopik ist, wird zum Ort der drohenden Vereinsamung. Auch in der Regieanweisung zu Beginn von Szene I/3 sitzt Lenz »an einem einsamen Ort ins Tal hinabsehend, seinen Hofmeister im Arm« (S. 20). Die Isolation und die Differenz zu Goethe, das sich drohend abzeichnende Weimartrauma, inszeniert der Autor Lenz nochmals überdeutlich in dem anschließenden Dialog der Eingangsszene. Goethe erblickt Lenz, er ist »mit einem Sprung [...] bey ihm« (S. 12). Die spontane Affektivität der Wiederbegegnung geht aber von Lenz aus. Die Frage Goethes, was Lenz denn hier mache, ist weniger Ausdruck der Freude, als vielmehr Erstaunen darüber, dass es Lenz gelungen ist, überhaupt so weit gekommen zu sein. Er beantwortet die Frage denn auch nicht, vielmehr beschwört Lenz noch einmal gestisch die Paaridentität. Er geht Goethe »entgegen« (ebd.) und »drückt ihn ans Herz« (ebd.). Der »Bruder Goethe« (ebd.) aber reagiert auf die Nähe wie auf eine Bedrohung, die er sogleich abwehrt. Erst in II/5 wird er diese Anrede erwidern, wiederum Lenz anspringen, ihn von hinten umarmen und auch ihn »Mein Bruder« (S. 56) nennen. Allerdings erst, und das ist das eigentlich Pikante an dieser Sequenz, nachdem Lenz den Segen Klopstocks erhalten hat. Jetzt, in der Eingangsszene, da sich Klopstock noch nicht über Lenz geäußert hat, reagiert Goethe unwirsch: »Wo zum Henker bist du mir nachkommen?« (S. 12). Lenz befindet sich auf einem Territorium, zu dem ihm kein Zugang erlaubt ist. Die nachfolgende Wechselrede zwischen Lenz und Goethe findet in I/2 eine nachträgliche Erklärung. Lenz soll, so berichtet dort einer der Nachahmer, »sich einmal verirrt haben ganzer drei Tage lang« (S. 18). Ein Fremder fragt, wer denn der Lenz sei, darauf die Antwort: »Ein junges aufkeimendes Genie« (ebd.). Noch führt die Verirrung nicht in die endgültige Isolation. Noch ist Lenz in der Nähe Goethes und noch erfährt er den Respekt der wichtigsten Autoritäten, nämlich Herder und Klopstock. Analog zu dieser Sequenz in I/2 ist die Sequenz in I/1 aufgebaut. Goethe fragt, wo Lenz denn herkomme, aber Lenz stellt hier die entscheidende Frage, »Wer bist du denn?« (S. 12). Damit wird deutlich, dass das eigentliche Rätsel demnach nicht Lenz ist, sondern Goethe. Und Goethe ist derjenige, der die Auskunft über seine Identität verweigert (»Weiß ich wo ich her bin«, ebd.). Diese Asymmetrie in der Freundschaftsbeziehung legt nun endgültig die Differenz zwischen beiden frei. Wer sich zu erkennen gibt und sich öffnet, kann auch etwas verlieren; wer sich verschließt, braucht den Verlust nicht zu fürchten. Goethe infantilisiert den Freund, nennt ihn ein »Bübgen« (ebd.) – wie Lenz übrigens später auch von Herder tituliert wird (vgl. S. 54) – und positioniert damit die Machtanteile eindeutig nach patriarchalem Muster. Väterlich lobt Goethe die Absicht von Lenz, nur »gut seyn« (S. 12) zu wollen – und dann fällt der vielsagende Satz: »Es ist mir als ob ich mich in dir bespiegelte« (ebd). Eine eindeutigere narzisstische Figurierung lässt sich kaum denken. Lenz' Funktion für Goethe besteht lediglich darin, diesen in seiner Selbstliebe zu bestärken. Der Autor Lenz bringt dadurch den Missbrauch zum Ausdruck, den er durch Goethe erfährt. Er reagiert im Traum darauf physisch, Lenz wird »roth« (ebd.). Noch hat er Goethe »unter den Armen« (ebd.), später ist es nur noch das eigene Werk, der *Hofmeister* (vgl. S. 20). Und noch bedeutet der Imperativ Goethes »Weiter!« (S. 12), dass »beyde« (ebd.) einer Anhöhe zugehen. Dieser Schlussdialog der Eingangsszene ist aus H_2 vollständig getilgt. Der Auslöschung entgegengesetzt ist lediglich der Schlusssatz Goethes: »Bleiben wir zusammen« (S. 13). Der Träumende legt den Wunsch mit seinem beschwörenden Unterton dem Freund in den Mund, von dem er längst ahnt, dass er auch hier die Identität des Gemeinten verwehrt.

Wie bewusst dem Autor Lenz die drohende Trennung von Goethe gewesen ist, wird in der vorletzten Szene des Stücks erkenntlich. In II/5 formuliert Goethe expressis verbis jenen Anspruch und reklamiert damit die Anerkennung für sich, die nach der Lesart des Autors Lenz selbst zusteht. Lenz lässt Klopstock, Herder und Lessing unisono (!) über ihn sagen: »Der brave Junge. Leistet er nichts, so hat er doch groß geahndet« (S. 56). Der im daktylischen Pentameter geschriebene zweite Satz spricht unmissverständlich dem Autor Lenz die größere literargeschichtliche Bedeutung zu. Das Autoritätstriumvirat der Sturm-und-Drang-Autoren ist die letzthin unabhängige Instanz, die das objektive Urteil über die Leistung des Dichters Lenz spricht. Goethes Einspruch hierauf wird in der pointierten Kürze vom Autor geradezu als Anmaßung herausgestellt. Der Bruch ist unabwendbar, Goethe sieht sich in der Linie einer konsequenten Fortschreibung des Lenz'schen Werks. Lenz sieht die Bedrohung, die Goethe für ihn bedeutet, während er für Goethe lediglich Medium der Selbstbespiegelung bleibt. Die Menge der hereinstürmenden jungen Leute, die denselben Anspruch erheben wie Goethe, potenziert die Bedrohung, die für Lenz aus dieser Situation resultiert. Das Auslöschen des eigenen Werks und damit der eigenen Identität beginnt bereits mit dem Verbot des Autors Goethe, das *Pandämonium Germanikum* drucken zu lassen. Die Realität holt am Ende des Textes im Traum die Fiktion ein, die Fiktion erweist sich bereits als Realität. Die Forschung verweist in diesem Zusammenhang auf jenen Zettel mit dem Personenverzeichnis von Goethes *Hanswurst Hochzeit*, auf dessen Rückseite Lenz folgendes notierte:

Sie können sich auf mein Ehrenwort verlassen, daß besagtes Blatt mit *meinem guten Willen* niemals veröffentlicht wird. Auch wurde es nur *mit Rücksicht auf einen großen Teil Ihrer Leser* geschrieben, deren Geschwätz im Hinblick auf Sie und Ihre Schriften niemals bis zu Ihnen gelangt. Ich hätte nie geglaubt, daß Dir das irgendwelchen Kummer bereiten könne, ich habe es nur mitgeteilt, um zu sondieren, wie Du diese Dinge aufnehmen würdest, um in Zukunft etwas Vernünftiges darüber sagen zu können. Das sind meine Absichten. *Ich habe alles aufgeboten*, das zu unterdrücken, und kann Dir *im voraus versichern*, daß es niemals das Licht der Welt erblicken wird. Le. (WuBr 3, S. 836; im Original Französisch).

So kam es zu Lenz' handschriftlicher Anweisung auf beiden Handschriften, »wird nicht gedruckt«. Das gleiche Schicksal erfuhren auch Lenz' im selben Zeitraum wie das *Pandämonium Germanikum* entstandene *Briefe über die Moralität der Leiden des jungen Werthers*, die auf Friedrich Heinrich Jacobis und Goethes Einspruch hin nicht gedruckt wurden. Die Auslöschung des Dichters Lenz begann.

Um Interferenzen und Referenzen ebenso wie die Eigenständigkeit und die Bedeutung des *Pandämonium Germanikum* erkennen zu können, muss man den Text in den Kontext genuiner Sturm-und-Drang-Literatursatiren stellen.[9] Wie bereits die Mikroanalyse der ersten Szene gezeigt hat, handelt es sich bei diesem Stück um einen Text der Selbstvergewisserung. Im Angriff auf die etablierten Literaten beschwört Lenz nochmals die Paaridentität zwischen ihm und Goethe. Auf das sonst andernorts oft beschworene Gruppengefühl wurde längst Verzicht geleistet. Dies mag gewissermaßen der psychische Unterbau der Beweggründe gewesen sein, die Lenz zur Niederschrift des Stücks veranlasst und auch noch zur Bearbeitung motiviert haben. Der unmittelbare Anlass hingegen ist mit Sicherheit in einer bösartigen Anspielung Friedrich Nicolais zu sehen. Dieser hatte in der im Januar 1775 veröffentlichten *Werther*-Parodie *Freuden des jungen Werthers. Leiden und Freuden Werthers des Mannes. Voran und zuletzt ein Gespräch* in dem Teil *Leiden Werthers des Mannes* geschrieben:

's war da ein junges Kerlchen, leicht und lüftig, hatt' allerlei gelesen, schwätzte drob kreuz und quer, und plaudert' viel, neust' aufgebrach-

---

[9] Die Forschungslücke, die im Bereich der Erforschung der Literatursatire des Sturm und Drang seit langem zu beklagen war, wird nun geschlossen werden (vgl. die Darmstädter Dissertation von Franziska Herboth *Literatursatire des Sturm und Drang*, i. Dr.). Damit kann Hüchtings Arbeit zu diesem Thema von 1942, die immer noch die Fußnotenliteratur trotz der offensichtlichen Mängel durchzieht, endgültig ad acta gelegt und als trauriges Zeugnis der Wissenschaftsgeschichte des Sturm und Drang begriffen werden (vgl. Heide Hüchting: Die Literatursatire der Sturm- und Drang-Bewegung. Berlin 1942). – Die Forschungsliteratur zur Satire der Aufklärung streift, wenn überhaupt, nur nebenbei die Literatursatire des Sturm und Drang, vgl. Jörg Schönert: Roman und Satire im 18. Jahrhundert. Ein Beitrag zur Poetik. Mit einem Geleitwort von Walter Müller-Seidel. Stuttgart 1969, Maria Tronskaja: Die deutsche Prosasatire der Aufklärung. Aus d. Russ. übers. v. Brigitta Schröder. Berlin 1969, Regine Seibert: Satirische Empirie. Literarische Struktur und geschichtlicher Wandel der Satire in der Spätaufklärung. Würzburg 1981. In dem Buch: Satiren der Aufklärung. Hgg. v. Gunter Grimm. Durchges. u. erg. Ausgabe. Stuttgart 1979, fehlt im Quellenteil jeglicher Hinweis auf Sturm-und-Drang-Literatursatiren.

termaßen, vom ersten Wurfe, von Volksliedern, und von historischen Schauspielen, zwanzig Jährchen lang, jed's in drei Minuten zusammengedruckt, wie ein klein Teufelchen im Pandämonium. Schimpft' auch alleweil' auf'n Batteux, Werther selbst konnt's schier nicht besser. Sonst konnte der Fratz bei hundert Ellen nicht an Werthern reichen, hatte kein' Grütz' im Kopf und kein Mark in'n Beinen. Sprang ums Weibsen herum, fispelte hier, faselte da, streichelte dort, gabs Pfötchen, holt' n Fächer, schenkt' 'n Büchschen, und so gesellt' er sich auch zu Lotten.[10]

Lenz kannte mit Sicherheit diesen Text von Nicolai, über den Boie in einem Brief an Lenz vom 11. April 1776 bemerkt: »Wider N.[icolai] jetzt auch noch was zu sagen, da die Freuden längst vergessen sind, wäre ja zu spät« (WuBr 3, S. 425). Goethe hatte diese Art von Wertheriaden kurz »das Berliner ppp Hundezeug«[11] genannt. Lenz verstand die Anspielung in Nicolais Satire, er wusste, dass er selbst mit jenem »jungen Kerlche[n]« gemeint war, das von Nicolai auch als »Geelschnabel« und »Lecker«[12] bezeichnet wird. Bereits der Titel *Pandämonium Germanikum* referiert auf diese Textstelle aus Nicolais Satire.[13] Wenn Lenz als »ein klein Teufelchen im Pandämonium« von Nicolai tituliert wird, dann impliziert dies ein hohes Maß an Diffamierungswillen. Als Teufelchen hielte sich Lenz im Bereich aller Dämonen auf, wenn man so Pandämonium versteht. Und damit wird jegliche literarische Eigenständigkeit, Originalität und Individualität des Dichters radikal in Frage gestellt.

Lenz antwortet auf diese Invektive Nicolais mit dem Titel *Pandämonium Germanikum*, was soviel heißen kann wie Gesamtheit al-

---

[10] Friedrich Nicolai: ›Freuden des jungen Werthers. Leiden und Freuden Werthers des Mannes‹. Voran und zuletzt ein Gespräch [1775]. Mit Materialien ausgew. u. eingel. v. Wilhelm Große. Stuttgart 1980, S. 18f.

[11] Goethe: Briefe. Band 1: Briefe der Jahre 1764 - 1786, S. 179 (Brief an Auguste Gräfin zu Stolberg v. 10. März 1775).

[12] Nicolai: ›Freuden des jungen Werthers‹, S. 21.

[13] Vgl. Paul Reiff: *Pandämonium germanicum*, by J.M.R. Lenz, in: Modern Language Notes 18/3 (1903), S. 69-72, und Jean Murat: Le »Pandaemonium Germanicum«, in: revue d'Allemagne 3/1 (1971), S. 255-266.

ler deutschen Dämonen. Dass zu diesen Goethe und Lenz, Klopstock, Lessing und Herder nicht gehören, belegt der Text. Lenz tut Nicolai nicht einmal die Ehre an, unter der Vielzahl der zitierten Autoren namentlich genannt zu werden. Vergegenwärtigt man sich, welche Fülle von Literatursatiren, Parodien und Pamphleten in den Jahren 1773 bis 1775 erschien, so wird die Abwesenheit Nicolais in Lenz' Text verständlich. Nicolais Ausfall gegenüber Lenz wird, gemessen am eigentlichen Thema des Textes, völlig nebensächlich. Die kritisch-eristische Atmosphäre dieser Jahre ist so satirisch und diffamatorisch aufgeladen, dass das *Pandämonium Germanikum* umso mehr aus dem Korpus anderer Literatursatiren heraussticht. Zu untersuchen wäre in diesem Zusammenhang, inwiefern die Literatursatiren der 1770er Jahre die konterrevolutionären Satiren der 1790er Jahre vorbereiten, wie beispielsweise Kotzebues *Der weibliche Jakobiner-Klub*, Goethes *Bürgergeneral*, Ifflands *Die Kokarden* oder Schummels *Die Revolution in Scheppenstedt*. Folgt man dem Vorschlag von Hans-Wolf Jäger, die konservative Revolutionsdramatik der 1790er Jahre im Hinblick auf ihre Thesen und Wirkungsabsichten zu typologisieren, so gelangt man zu dem triadischen Schema von Defension, Denunziation und Agitation.[14] Dieses Raster scheint mir durchaus tauglich zu sein, die Literatursatiren der 1770er Jahre in einem neuen Beziehungsgeflecht zu untersuchen. Dieser Untersuchungbereich verstünde sich als Ergänzung zu der von Werner Rieck erarbeiteten gleichfalls triadischen Klassifikation, die in erster Linie die Binnenstruktur der Texte untersucht. Rieck führt aus, dass sich die Kritik der Literatursatiren des Sturm und Drang auf drei literarische Erscheinungen beziehe: »1. literarische und theoretische Besonderheiten der deutschen und der europäischen Aufklärung, 2. literarische Parallelerscheinungen zum Sturm und Drang wie Sentimentalität und Gefühlskult [...] und 3. Entartungserscheinungen der

---

[14] Vgl. Hans-Wolf Jäger: Gegen die Revolution. Beobachtungen zur konservativen Dramatik in Deutschland um 1790, in: Jahrbuch der deutschen Schillergesellschaft 22 (1978), S. 362-403, hier S. 373f.

eigenen Bewegung«.¹⁵ So lassen sich die von Jäger erstellten Kategorien durchaus als Substruktur jedes einzelnen Punktes von Riecks Kritikmodell einlesen. Auf Nicolais *Werther*-Parodie bezogen würde dies beispielsweise bedeuten, dass Nicolai im *defensorischen Bereich* Werte, (poetologische) Normen und Verhaltensstandards aufgeklärter bürgerlicher Ordnung verteidigt. Im *denunziatorischen Bereich* diffamiert er nicht nur den Prätext des *Werthers*, sondern auch einzelne Autoren des Sturm und Drang (wie z.B. Lenz), sowie den generellen emanzipativen Anspruch dieser Bewegung. Im *agitatorischen Bereich* versucht der Text die dominanten, tradierten Mentalitätsstandards als die eigentlich überlegenen auszuweisen. In diesem Bereich lassen sich die meisten intertextuellen Referenzen mit parodistischer, satirischer oder wiederum diffamatorischer Absicht feststellen. Die Literatursatiren im engeren Sinn, vor deren Hintergrund Lenz' *Pandämonium Germanikum* zu situieren ist und die Lenz auch bekannt waren, sind Goethes *Götter, Helden und Wieland* (1774, entstanden Ende September/Anfang Oktober 1773), Nicolais *Werther*-Parodie (Januar 1775), Heinrich Leopold Wagners *Prometheus, Deukalion und seine Recensenten* (Februar 1775) und Johann Jakob Hottingers *Menschen, Thiere und Göthe* (Herbst 1775). Bereits am 8. April 1775 hatte Lenz mit Lavater über Wagners anonym erschienene Satire, die zunächst Goethe zugeschrieben worden war,

---

¹⁵ Werner Rieck: Literatursatire im Sturm und Drang [1969], in: Sturm und Drang. Hgg. v. Manfred Wacker. Darmstadt 1985, S. 144-164, hier S. 155. – Vgl. auch ders.: Poetologie als poetisches Szenarium – Zum *Pandämonium Germanicum* von Jakob Michael Reinhold Lenz, in: Lenz-Jahrbuch 2 (1992), S. 78-111. – Fritz Werfelmeyer: Der scheiternde Künstler auf der Höhe mit »Bruder Goethe« und Zuschauer. Selbstdarstellung im *Pandämonium Germanicum*, in: David Hill (Hg.): Jakob Michael Reinhold Lenz. Studien zum Gesamtwerk. Opladen 1994, S. 140-160. – Vgl. auch die sich an Pierre Bourdieu orientierende Interpretation von Hans-Gerd Winter: »Poeten als Kaufleute, von denen jeder seine Ware, wie natürlich, am meisten anpreist«. Überlegungen zur Konfrontation zwischen Lenz und Goethe, in: Lenz-Jahrbuch/Sturm-und-Drang-Studien 5 (1995), S. 44-66.

korrespondiert.[16] Goethes Farce ist noch im engeren Sinn eine Personalsatire, in deren Gravitationsfeld aus Spott und Ironie Wieland steht. Der Verspottete erwacht am Ende des Stücks aus seinem Traum, während in Lenz' *Pandämonium Germanikum* der Spötter am Ende aus dem Traum erwacht. Bezeichnend ist, dass bei beiden Autoren, Goethe wie Lenz, die Fiktion des Traums Wunschvorstellungen und Kritik gleichermaßen zu thematisieren erlaubt. Der Traum ist der Ort, wo die Wirklichkeit befragt und wo sie gebeugt werden kann, ohne mit gesellschaftlichen, mentalen oder logischen Normen zu kollidieren. Hottingers und Wagners Texte hingegen sind versifizierte Satiren – und in diesem Sinne auch in einer aufgeklärten Tradition stehend. Hottinger referiert in seiner Satire *Menschen, Thiere und Göthe* zwar unmittelbar auf Goethes *Werther* und Wagners *Prometheus [...]*, denunziert aber insgesamt auch die emanzipative Haltung der Sturm-und-Drang-Autoren. Dies zeigt sich zum einen am Inventar der dramatis personae, u.a. treten Gans, Rabe, Hund, Esel und Frosch auf. Zum anderen wird dies auch durch die Satirisierung programmatischer Positionen des Sturm und Drang belegt. So sagt z.B. der Hund zu Prometheus: »Wir beyde schiken uns wol zusammen, / Mögt alle Regeln zum Feu'r verdammen. / Is Quark, is für den Pöbel nur, / Viel besser Herr Doktor [d.i. Prometheus, M.L.] is Natur – / Holla –«.[17] Der moraldidaktische Appell im Epilog des Stücks, auf den Lenz und Goethe in ihren Literatursati-

---

[16] Vgl. eine der wenigen Arbeiten zu diesem Text: Elisabeth Genton: Prometheus, Deukalion und seine Rezensenten. Eine umstrittene Literatursatire der Geniezeit, in: Revue d'Allemagne 3/1 (1971), S. 236-254.

[17] [Johann Jakob Hottinger:] Menschen, Thiere und Göthe, eine Farce. Voran ein Prologus an die Zuschauer und hinten ein Epilogus an den Herrn Doktor. [1775], in: Rheinischer Most. Erster Herbst. O.O. 1775. – (J.J. Hottinger.) Menschen, Thiere und Goethe. Eine Farce. 1775. – (Hch. Leop. Wagner.) Confiskable Erzählungen. 1774. Wien bey der Bücher-Censur. Wortgetreue Neudrucke der seltenen Originalausgaben. Mit einer litherarhistorischen Einleitung v. M. Desceltes. (= Bibliothek litherarischer und kulturhistorischer Seltenheiten Nr. 4/5). Leipzig 1904, S. 1-24; hier S. 10.

ren verzichten, führt als aufgeklärter Ordnungsruf den agitatorischen und den denunziatorischen Bereich des Stücks zusammen: »S' is ä Flegeley 'üch an jedem Biedermann z'reibä, / Der 'üch nit thät nach 'üerm Gustus schreibä. [...]. S' is Thorhät, s' is eitle Bewegung. / Schnakscher Einfall is nit Widerlegung. / Is wol 'n Gaudium für d'n Narren; / Aber der klug Mann denkt, Herr Doktor hat 'nen Sparren«.[18] Die Aufforderung aus Wagners Literatursatire »Spitz jezt die Ohren, liebs Publikum«[19] kann als programmatischer Warnruf des Literatursatirenstreits zwischen aufgeklärten Autoren und Autoren des Sturm und Drang in den 1770er Jahren verstanden werden. Auch Wagners Satire rückt noch Wieland in den Mittelpunkt des Spotts: »Ey sieh doch! guck! das nenn ich mir Original! / So was macht Jupiter W** [d.i. Wieland, M.L.] nicht mal«.[20] Doch wird der Streit um die Beurteilung von Goethes *Werther* mindestens gleichrangig thematisiert. Neben (1.) die Auseinandersetzung um eine einzelne Person tritt (2.) die Auseinandersetzung um einen literarischen Text, der gleichwohl nicht minder personenbezogen geführt wird. Und (3.) werden die Friktionen zwischen den nicht nur literarischen Blöcken Sturm und Drang und Aufklärung deutlich markiert. Prometheus sagt in seinem Schlussmonolog in diesem Stück: »Den Spektakel auf einmal zu enden / Hätt freylich Prometheus die Mittel in Händen; / Doch da er zu gros denkt Insekten zu jagen, / Mag ihnen Epilogus d'Meynung noch sagen.«[21] Und dieser lässt denn auch an Deutlichkeit nichts zu wünschen übrig: »Aber so machts halt euer schäuslich Kritik / Verfolgt's Genie, erstickt manch Mästerstück.«[22] Das Bild der Insekten, die es zu jagen gilt, taucht dann

---

[18] [Hottinger:] Menschen, Thiere und Göthe, S. 23.

[19] Heinrich Leopold Wagner: Prometheus, Deukalion und seine Recensenten [1775], in: Ders.: Gesammelte Werke in fünf Bänden. Zum ersten Mal vollständig hgg. durch Leopold Hirschberg. Bd. 1: Dramen I [mehr nicht erschienen]. Potsdam 1923, S. 7-26; hier S. 17.

[20] Wagner: Prometheus, Deukalion und seine Recensenten, S. 19.

[21] Wagner: Prometheus, Deukalion und seine Recensenten, S. 25.

[22] Wagner: Prometheus, Deukalion und seine Recensenten, S. 26.

bei Lenz wieder in jenem Brief an Lavater auf, worin er ihn auf Wagners Literatursatire hingewiesen hatte. Lenz fügt einem in Wielands *Teutschem Merkur* erschienenen Epigramm von Christian Heinrich Schmid mit dem Wortlaut »Es wimmelt heut zu Tag von Sekten / Auf dem Parnaß« die knappe Bemerkung hinzu »Und von Insekten« (WuBr 3, S. 307).

Bei keinem der genannten Autoren erfüllt die Literatursatire die Funktion der Selbstvergewisserung. Hier ist Lenz' *Pandämonium Germanikum* mit Sicherheit singulär. Auch der Auftritt des Satireschreibers im Stück selbst bleibt die Ausnahme. Erst Christian Dietrich Grabbe wird den Selbstauftritt des Autors in einer Satire in seinem Stück *Scherz, Satire, Ironie und tiefere Bedeutung* von 1827 wieder geschickt dramaturgisch nutzen. Keine der Literatursatiren der 1770er Jahre ist so erzwungen defensiv angelegt, wie Lenz' Stück. Der Autor muss sich bereits gegen die zunehmende kommunikative und soziale Isolation verteidigen, an deren Ende dann als Folge subtiler Diffamierung die Psychiatrisierung durch die ehemaligen Freunde und Sturm-und-Drang-Gruppenmitglieder steht. Zugleich macht das *Pandämonium Germanikum* nochmals deutlich, dass schon im Bewusstsein der Sturm-und-Drang-Autoren selbst die Theorie der Einzigartigkeit im Geniepostulat zu einer gewollten Exklusivität führt. Die produktionsästhetische Voraussetzung von Genialität ist im *Pandämonium Germanikum* in ein Elitebewusstsein umgekippt, auch wenn es noch als Traum, gleichwohl als visionärer Traum, camoufliert wird.

Lenz und Ossian – eine Anmerkung

Die Ossian-Rezeption in der deutschen Literatur ist ein Stiefkind der literaturwissenschaftlichen Forschung.[1] Spezialarbeiten zur einschlägigen Rezeption vornehmlich bei Herder und Goethe liegen zwar vor. Doch Einzelarbeiten darüber hinaus sind rar. Der Ossian ist eine Art Signaltext für die Literaten des Sturm und Drang,[2] und neben Homer, Pindar, Prometheus, Dürer und Hans Sachs gehört auch Ossian zur heiligen Familie des Sturm und Drang.[3] Herder wünschte sich 1769, »daß Ossian der Lieblingsdichter junger Epischer Genies werde!«[4] Dieser Wunsch scheint in Erfüllung gegangen zu sein. Herder selbst trug maßgeblich dazu bei mit seinem Aufsatz *Auszug aus einem Briefwechsel über Oßian und die Lieder der Völker*, entstanden 1771 und in der Sammlung *Von Deutscher Art und Kunst* 1773 veröffentlicht. Nach wie vor verharrt allerdings die Untersuchung der Ossian-Rezeption vieler Sturm-und-Drang-Autoren noch im Schatten literaturgeschichtlicher Großprojekte. Dazu gehört auch die Ossian-Übersetzung von Jakob Michael Reinhold Lenz.[5] Das mag daran liegen, dass es über dessen Ossian-Rezeption nur spärliche Informationen gibt. Selbst die Tatsache, dass Lenz eine eigene Ossian-Übersetzung angefertigt und sie in der *Iris* veröffentlicht hat, ist edi-

---

[1] Immer noch unverzichtbar ist die Bibliographie von Rudolf Tombo: Ossian in Germany. Bibliography, General Survey, Ossian's Influence upon Klopstock and the Bards. New York 1966 [¹1901].

[2] Vgl. Matthias Luserke: Sturm und Drang. Autoren – Texte – Themen. 2. Aufl. Stuttgart 1999, S. 143. Vgl. auch das Kapitel *Ossian und die Volkspoesie* ebd., S. 80-87.

[3] Vgl. Luserke: Sturm und Drang, S. 103.

[4] Zitiert nach Luserke: Sturm und Drang, S. 82.

[5] Ich möchte ausdrücklich auf den Aufsatz von Howard Gaskill zu diesem Thema hinweisen, der im Lenz-Jahrbuch/Sturm-und-Drang-Studien 8 (1998) veröffentlicht wird und 2001 erscheint und eine empfindliche Lücke der Lenz-Forschung schließt.

torisch bislang nicht ins Gewicht gefallen.⁶ Seit der Erstpublikation von 1775/76 – wenn man einmal von dem Gesamtreprint der *Iris* 1971 absieht⁷ – gab es keinen Nach- oder Neudruck, geschweige denn einen Einzeldruck dieser Arbeit von Lenz.⁸ Ein ähnliches Schicksal hat auch eine andere Übersetzungsarbeit von Lenz erfahren, seine Übersetzung von Sergei Pleschtschejews *Übersicht des Russischen Reichs* von 1787.⁹ Und besser ist es auch seiner Plautus-Bearbeitung *Die Algierer* nicht ergangen.¹⁰

1762 hatte der Schotte James Macpherson das Buch *Fingal. An Ancient Epic Poem in Six Books* veröffentlicht und den Anspruch erhoben, eine Übersetzung aus dem Gälischen eines alten Barden namens Ossian, der im dritten Jahrhundert gelebt haben sollte, ledig-

---

⁶ So fehlt etwa Ossian im Werkverzeichnis bei Winter: J.M.R. Lenz, allerdings erhebt der Autor auch nicht den Anspruch auf eine vollständige Bibliographie.

⁷ Der bei Tombo genannte zeitgenössische Reprint, der in Düsseldorf und Berlin 1775/76 in sechs Bänden erschienen sein soll, konnte von uns nicht gefunden und insofern konnten die Angaben Tombos nicht verifiziert werden (vgl. Tombo: Ossian in Germany, S. 14).

⁸ Das ändert sich erst im Jubiläumsjahr 2001, vgl. Jakob Michael Reinhold Lenz: Ossian fürs Frauenzimmer. Mit einem Nachwort herausgegeben von Matthias Luserke. Hildesheim, Zürich, New York: Georg Olms Verlag 2001. – Über die anlassgebundenen Möglichkeiten und Chancen, wenig bekannte und ökonomisch wenig Erwartungen heischende Veröffentlichungen einem größeren Interessentenkreis bekannt zu machen und von Verlagsseite aus zu wagen, vgl. Matthias Luserke: Über das Goethe-Jahr 1999, in: Ders. (Hg.): Goethe nach 1999. Zwischen Edition und Deutung. Göttingen 2001 [i.Dr.].

⁹ Vgl. Sergei Pleschtschejew: Übersicht des Russischen Reichs nach seiner gegenwärtigen neu eingerichteten Verfassung. Aus dem Russischen übersetzt von J.M.R. Lenz. [Moskau 1787]. Mit einem Nachwort v. Matthias Luserke und Christoph Weiß. Hildesheim, Zürich, New York 1992.

¹⁰ Vgl. Matthias Luserke, Christoph Weiß: Arbeit an den Vätern. Zur Plautus-Bearbeitung *Die Algierer* von J.M.R. Lenz, in: Lenz-Jahrbuch 1 (1991), S. 59-91.

lich herauszugeben. Schon bald wurden Zweifel laut an dieser Darstellung, doch änderte dies nichts an dem Siegeszug dieses Textes durch die deutschsprachige Literatur des 18. Jahrhunderts. Michael Denis legte 1768/69 die erste vollständige deutschsprachige Übersetzung des Ossian vor, deutsche Teilübersetzungen gab es schon zuvor.[11] Aus der noch zu schreibenden Geschichte der Ossian-Rezeption in der deutschen Literatur möchte ich nur drei höchst unterschiedliche Positionen hervorheben und dabei die Goethe-Rezeption (*Werther*) und Herder-Rezeption (*Von deutscher Art und Kunst*) außen vor lassen. Heinrich Wilhelm von Gerstenberg schreibt in den *Briefen über Merkwürdigkeiten der Litteratur* im achten Brief 1766: »Daß entweder Hr. Macpherson seinen Text ausserordentlich verfälscht, oder auch das untergeschobne Werk einer neuern Hand allzu leichtgläubig für ein genuines angenommen hätte, glaubten wir gleich aus den mancherley Spuren des Modernen sowol, als aus den verschiednen kleinen *hints*, die der Dichter sich aus dem Homer etc. gemerkt zu haben schien, wahrzunehmen«.[12]

Am 25. März 1789 teilt Charlotte von Lengefeld Friedrich Schiller ihre Ossian-Begeisterung mit, in der Annahme, dass sie den Dichter für etwas Neues gewinnen könne: »Von Oßian schicke ich Ihnen ehstens wieder einen Gesang, wenn Sie ihm noch nicht kennen, es ist Darthula, mir däucht als wäre es eins der schönsten Gedichte Oßians. sein Geist ist so lebendig, und es hat so schöne Bilder.«[13] Schiller antwortet darauf am 26. März 1789: »Darthula ist eins der schönsten Stücke aus Oßian. Gleich der Anfang, die Anrede

---

[11] Vgl. Ruprecht Wimmer: Michael Denis und seine Ossian-Übersetzung, in: Herta-Elisabeth Renk, Margaret Stone (Hgg.): Germanistische Tangenten. Deutsch-britische Berührungen in Sprache, Literatur, Theatererziehung und Kunst. Regensburg 1989, S. 35-47, hier S. 36.

[12] Briefe über Merkwürdigkeiten der Litteratur. Hgg. v. Heinrich Wilhelm Gerstenberg et.al. Drei Sammlungen und Fortsetzung in einem Band. Reprografischer Nachdruck der Ausgaben Schleswig und Leipzig 1766 - 1767 und Hamburg und Bremen 1770. Hildesheim, New York 1971, S. 104.

[13] Friedrich Schiller: Nationalausgabe. Bd. 33/1: Briefwechsel. Briefe an Schiller 1781 - 28.2.1790. Hgg. v. Siegfried Seidel. Weimar 1989, S. 324.

an den Mond hat unendlich viel anziehendes und eine rührende Einfalt. ›Sind deine Schwestern vom Himmel gefallen und kommst du hieher, sie zu betrauren?‹ Es ist überaus menschlich und menschlich-schön, wie er alles, auch die leblose Natur, durch Sympathie an *sich* anschließt, und mit *seinen* Empfindungen belebt. Ich freue mich, mich eines der angenehmsten Augenblicke meiner frühern Jugend durch Sie wieder zu erinnern«.[14] Der Hinweis auf seine Jugend enthält zweierlei Querverweise. Einmal auf die Karlsschule, zum anderen auf die *Anthologie auf das Jahr 1782*.[15] Darin findet sich das Gedicht *Ossians Sonnengesang aus dem Gedichte Karthon* von Friedrich von Hoven.[16] Schiller hatte schon Ende 1781 diese Übersetzung Hovens brieflich angefordert, er wusste also von dieser Arbeit.

»Gestern las ich Ossians Darthula, und es wirkte so angenehm auf mich; der alte Wunsch, einen Heldentod zu sterben, ergriff mich mit großer Heftigkeit; unleidlich war es mir, noch zu leben, unleidlicher, ruhig und gemein zu sterben. Schon oft hatte ich den unweiblichen Wunsch, mich in ein wildes Schlachtgetümmel zu werfen, zu sterben. Warum ward ich kein Mann! Ich habe keinen Sinn für weibliche Tugenden, für Weiberglückseligkeit. Nur das Wilde, Große, Glänzende gefällt mir. [...] ich bin ein Weib und habe Begierden wie ein Mann, ohne Männerkraft«.[17] Das schreibt Karoline von Günderrode an Gunda Brentano am 29. August 1801. Und knapp zwei Monate später, am 20. Oktober 1801 kommentiert sie

---

[14] Friedrich Schiller: Nationalausgabe. Bd. 25: Briefwechsel. Schillers Briefe 1.1.1788 – 28.2.1790. Hgg. v. Eberhard Haufe. Weimar 1979, S. 233.

[15] Dass sich auch in Schillers späteren großen Abhandlungen Ossian-Lesespuren finden, sei der Vollständigkeit halber erwähnt. Die erste intensive Beschäftigung mit Ossian jedenfalls fällt in die Karlsschulzeit.

[16] Vgl. Anthologie auf das Jahr 1782. Herausgegeben von Friedrich Schiller. Faksimiledruck der bei Johann Benedict Metzler in Stuttgart anonym erschienenen ersten Auflage. Mit einem Nachwort und Anmerkungen hgg. v. Katharina Mommsen. Stuttgart 1973, S. 112-114.

[17] »Ich sende Dir ein zärtliches Pfand«. Die Briefe der Karoline von Günderrode. Hgg. und mit einer Einleitung versehen v. Birgit Weißenborn. Frankfurt a.M., Leipzig 1992, S. 78f.

rückblickend ihre Lektüreerfahrung mit Ossian: »Vor einiger Zeit gelang es mir, mich in eine schöne erhabne Phantasiewelt zu schwingen, in Ossians halbdunkle Zauberwelt; aber die seligen Träume zerfließen; sie kommen mir vor wie Liebestränke, sie betäuben, exaltieren und verrauchen dann, das ist das Elend und die Erbärmlichkeit aller unserer Gefühle [...] Ein pygmäisches Zeitalter, ein pygmäisches Geschlecht [...]«.[18] Welche der äußerst zahlreichen Übersetzungen oder Teilübersetzungen Ossians Karoline von Günderrode gelesen hat, wissen wir nicht. Doch es besteht kein Zweifel, Ossian ist eine zeitgenössische Phantasielektüre, welche die geschlechterdifferenten Sehnsüchte nach Stärke, Anerkennung, Macht und Ruhm auf literarische Heldenfiguren zu projizieren erlaubt.

Lenz steht in dieser Hinsicht, die hier nur als Perspektive angedeutet und keineswegs zufriedenstellend analysiert werden kann, am Anfang einer geschlechterdistinkten Identifikationslektüre.[19] Frauen und Männer suchen gleichermaßen den Helden, die Frauen, um aus der aufgeklärt-patriarchalen Ohnmacht auszubrechen, die Männer, um defizitäre Nationalgefühle zu kompensieren. Lenz schreibt einen *Ossian fürs Frauenzimmer*. In einem seiner Gedichte erwähnt er einmal Ossian. Der erste Vers der dritten Strophe *Über die deutsche Dichtkunst* lautet: »O Homer, o Ossian, o Shakespear« (WuBr 3, S. 115). Ferner werden Ariost, Dante, Horaz, Milton, Petrarca, Pope, Sophokles u.a. genannt, um die Defizienz der deutschen Dichtkunst durch die Aufzählung dieser eindrucksvollen Ahnenreihe der Literatur zu unterstreichen. In der letzten Strophe ist vom »düsterleuchtenden Auge Ossians« (ebd., S. 117) noch die Rede. Insgesamt werden also jene Leitfiguren der jungen deutschen Schriftstellergeneration des Sturm und Drang genannt, zu denen auch Ossian gehört. Das Gedicht kann nicht genau datiert werden, 1774

---

[18] »Ich sende Dir ein zärtliches Pfand«, S. 82.
[19] Ich interessiere mich also nicht für Übersetzungsfragen; vgl. dazu Rudolf Horstmeyer: Die deutschen Ossianübertragungen des XVIII. Jahrhunderts. Greifswald 1926, und Howard Gaskill: German Ossianism: A Reappraisal?, in: German Life and Letters 42 (1989), S. 329-341 (mit weiterführenden Literaturangaben).

oder 1775 soll es geschrieben worden sein. Dies wird durch die inhaltliche Berührung mit der Ossian-Thematik gestützt. Zu welchem Zeitpunkt genau Lenz mit seiner Ossian-Übersetzung begann, ist nicht bekannt. Doch kann man davon ausgehen, dass er mindestens einige Wochen oder sogar Monate zur Ausarbeitung und Druckeinrichtung benötigte. Da der erste Teil der Übersetzung in der Juni-Ausgabe der Iris 1775 erschienen ist, kann man eine Entstehung zwischen Herbst 1774 und Frühjahr 1775 annehmen. Dies wird auch durch einen Brief von Lenz an Goethe gestützt, der eine intensive Beschäftigung mit Ossian verrät. Im Februar 1775 klagt Lenz Goethe gegenüber, welche Widerstände er in seiner neu gegründeten Straßburger *Deutschen Gesellschaft* zu überwinden habe, unter anderem »steife leise Schneckenmoralphilosophie die ihren großmütterlichen Gang fortkriecht, daß ich oft drüber die Geduld verlieren möchte. Da konnte Götz nicht *durch* dringen, der *beiden gleich* abspricht. Daher fing ich an *ut vates* den Leuten Standpunkt ihrer Religion einzustecken, daß itzt unter viel Schwürigkeiten vollendt ist, die Erfolge wird die Zeit lehren. Und nun stürm ich mit Ossians Helden hinein das alte Erdengefühl in ihnen aufzuwecken, das ganz in französische *Liqueurs evaporirt* war. Daß wirs ausführen können was ich mit ganzer Seele strebe, auf Heid und Hügel Deine Helden wieder naturalisieren« (WuBr 3, S. 306).

Im Juli 1775 lesen wir in einem Brief von Lenz, der sich zu diesem Zeitpunkt noch in Straßburg aufhält, an Lavater: »In die Iris ist nun der Anfang gemacht worden meine Übersetzung von Ossianen einzurücken« (WuBr 3, S. 328). Am 18. November 1775 teilt Lenz seinem Vater in der Randnotiz zu einem Brief mit: »Wenn Sie können, lassen Sie sich die *Iris* eine periodische Schrift fürs Frauenzimmer kommen. Die Frau geheime Staatsrätin la Roche, eine der ersten Frauen des Jahrhunderts, schreibt die freundschaftl. Briefe darin, die Oper Erwin und Elmire ist von Goethen, die Übersetzung des Ossians von mir« (ebd., S. 352).[20] Christian Heinrich Schmid schrieb am 26. März 1776 an Lenz – dieser Brief ist nicht bei Damm abgedruckt: »Ziehen Sie doch ja von *Oßian* und *Shakspear* Ihre Hän-

---

[20] Dieser Hinweis im Namensverzeichnis fehlt bei Damm.

de nicht ab. Ein Ehrenretter Petrarchs, Oßians und Shakspears gewesen zu seyn, ist eine Hauptblume in Ihrem Kranz«.[21] Doch eine Fortsetzung der *Ossian*-Übersetzung ist von Lenz nicht überliefert. Im September 1776 schränkt Lenz die Bedeutung des Ossians als ›Unterrichtslektüre‹ allerdings drastisch ein. Vermutlich dachte er dabei an seine eigene Ossian-Übersetzung. Lenz erteilt in Kochberg Charlotte von Stein Englischunterricht und berichtet darüber in einem Brief an Goethe: »Nur find ich daß sich ein Frauenzimmer fürs Englische ganz verderben kann, wenn sie mit Ossianen anfängt. Es geht ihr sodenn mit der Sprache wie mir [...]« (ebd., S. 495).

An Charlotte von Stein setzte Lenz nach oder während seiner Abreise aus Weimar einen Brief auf, der am 9. November 1776 abgeschickt wurde. Darin heißt es: »I intreat you to remember the passage in Master Goethe's Goetz from Berlichingen that there is something of divinity in the conversation of a *Carrictura*. I hope you will not need an explanation of this name nothing than your heart the bettest could make it, [...]« (WuBr 3, S. 509).[22] Damm bietet folgende Übersetzung: »Ich bitte Sie inständig, sich der Stelle in Meister Goethes Götz von Berlichingen zu erinnern, wonach etwas Göttliches in der Unterhaltung einer Carric Thura steckt. Ich hoffe, Sie werden keine Erklärung für diesen Namen brauchen« (WuBr 3, S. 892). Leider gilt die Handschrift zu diesem Brief als verschollen, so dass sich nicht mehr nachprüfen lässt, wie exakt und zuverlässig die Transkription schon beim ersten Druck erfolgt war. Ohne dass die Mutmaßungen ins Kraut schießen sollen, aber ist es so schwer vorstellbar, dass Lenz ›Carricatura‹ oder ›Carrictura‹ als Verlesung von ›Carricatura‹, oder gar ›Caricature‹ geschrieben hat? Weshalb löst Damm dieses Wort in »Carric Thura« auf und verweist im dazugehörenden Kommentar auf den Titel eines Ossian-Gesangs, der »nach dem Namen des Schlosses Cathullas, des Königs von Inistore« (WuBr 3, S. 893) benannt ist?

---

[21] Briefe von und an J.M.R. Lenz. Gesammelt und herausgegeben von Karl Freye und Wolfgang Stammler. 1. Bd. Reprint Bern 1969 [Leipzig 1918], S. 214f.
[22] Im Original durchgehend kursiv.

Weder die Belege zu Ossian im Werk von Jakob Michael Reinhold Lenz noch die Belegstellen in den Briefen noch die Ossian-Übersetzung selbst enthalten einen Hinweis darauf, welche Ossian-Ausgabe Lenz für seine Übersetzung vorgelegen hatte. Vieles spricht dafür, nicht zuletzt auch der persönliche freundschaftliche Umgang beider Autoren, dass Lenz die *Ossian*-Ausgabe von Johann Heinrich Merck kannte. Allerdings müssen weitere textphilologische Untersuchungen diese Vermutung erhärten. Merck hatte im Mai 1773 in Darmstadt die ersten beiden Bände der *Works of Ossian* veröffentlicht (zu dem Goethe übrigens die Titelvignette beisteuerte), 1774 folgte der dritte und 1777 der vierte Band.[23] Das war der erste englische Nachdruck der Gedichte Ossians in Deutschland.

Die Ossian-Übersetzung von Lenz verteilt sich wie folgt auf die unterschiedlichen Nummern der Zeitschrift *Iris*:

1.) *Iris*, dritter Band, drittes Stück, Juni 1775: *Ossian fürs Frauenzimmer* (S. 163), *Vorbericht* (S. 164-165) und *Fingal, ein alt Gedicht von Ossian* (S. 166-192), unterzeichnet mit »L« und abgeschlossen mit dem Hinweis »Die Fortsetzung künftig« (S. 192).

2.) *Iris*, vierter Band, zweites Stück, August 1775: *Fingal. Zweyter Gesang* (S. 83-105). Keine Initiale zur Verfasserschaft.

3.) *Iris*, fünfter Band, zweites Stück, Februar 1776: *Fingal. Dritter Gesang* (S. 87-107). Keine Initiale zur Verfasserschaft.

4.) *Iris*, sechster Band, zweites Stück, ohne Monatsangabe 1776: *Fingal. Vierter Gesang* (S. 335-353). Keine Initiale zur Verfasserschaft.

5.) *Iris*, siebter Band, zweites Stück, ohne Monatsangabe 1776: *Fingal. Fünfter Gesang* (S. 563-580). Keine Initiale zur Verfasserschaft.

6.) *Iris*, achter Band, erstes Stück, ohne Monatsangabe 1776: *Fingal. Sechster Gesang* (S. 812-830).

---

[23] Die bibliographischen Angaben zum Publikationsjahr des vierten Bandes differieren gelegentlich, vgl. Helmut Prang: Johann Heinrich Merck. Ein Leben für andere. Frankfurt a.M. 1949, S. 81, 85, 115 u. 153.

Herausgeber der *Iris* war Johann Georg Jacobi. Sie erschien zwei Jahre lang zwischen 1774 und 1776, wobei das letzte Heft erst 1778 ausgeliefert und auf 1776 zurückdatiert wurde. Doch da war Lenz schon in seine Heimat zurückgekehrt. Jürgen Wilke urteilt, mit Lenz' Ossian-Übersetzung sei die Nähe der Zeitschrift »zum Sturm und Drang nochmals deutlich belegt«.[24] Die einleitenden Bemerkungen mit dem Titel *Ossian fürs Frauenzimmer* scheinen aus der Feder des Herausgebers Jacobi zu stammen: »Die Uebersetzungen aus dem Ossian in *Werthers Leiden* haben den mehrsten Leserinnen vorzügliche Freude gemacht. Sollten letztere nicht begierig seyn, ienen alten Dichter genauer kennen zu lernen? Wohl ihnen, wenn er den Ton ihres Herzens trift! Immer werden seine starken Gesänge voll Wahrheit und Natur unserm verzärtelten Zeitalter einen heilsamen Wink, und unsern Müttern Anlaß geben, aus ihren Kindern *deutsche Männer* und *deutsche Mädchen* zu bilden«.[25] Der *Vorbericht* enthält lediglich Namenserklärungen, die zum Verständnis der Lektüre nötig sind. Es ist wohl mehr als plausibel davon auszugehen, dass dieser *Vorbericht* aus Lenz' Feder stammt:

Zu besserem Verständniß des Stücks müssen wir voraus erinnern, daß die Haupthelden desselben und der Dichter mit seiner Muse *eine Familie* ausmachen. *Ossian* war der Dichter, ein Sohn *Fingals*; seine Muse und Zuhörerin zugleich, war *Malvina*, eine Tochter *Toscars*, auch *Fingals* Sohn, und *Ossians* Bruder. *Oscar* war *Ossians* Sohn, *Fingals* Enkel, *Malvinas* Vetter, den sie geliebt zu haben scheint, wovon sich auch *Ossians* zärtliche Freundschaft für sie herschreibt.

Die Namen: *Erin, Inisfäl*, zeigen dasselbe Land an, das allem Vermuthen nach *Irrland* war. So wie *Morven, Ardven, Cona, Fingals* Vaterland bedeuten, das man in *Schottland* vermuthet. *Swaran* scheint aus *Norwegen* gekommen zu seyn, das *Lochlin* anzeigen will, wozu auch die

---

[24] Jürgen Wilke: Literarische Zeitschriften des 18. Jahrhunderts (1688 – 1789). Teil II: Repertorium. Stuttgart 1978, S. 121. – Die Arbeit von Otto Manthey-Zorn: Johann Georg Jacobis Iris. Zwickau 1905, S. 46 (zu Lenz' *Ossian*-Übersetzung), ist völlig unergiebig.

[25] Ossian fürs Frauenzimmer, in: Iris, dritter Band, drittes Stück, Juni 1775, S. 163.

Großbrittannien gegen Mitternacht gelegnen Inseln *Orkney* und *Schottland* gezählt wurden, von denen das erstere hier *Inistore* heißt.[26]

Die Übersetzung selbst ist zwar in Prosaform geschrieben, gleichwohl hymnisch und pathetisch im Ton, mit zahlreichen Inversionen. Sie gleicht einem homerischen Epos. Gegen Ende hin zum *Sechsten Gesang* wird der Stil zunehmend prosaisch. Das kann ein Kennzeichen für eine schnelle Bearbeitung sein. Denn ausgeschlossen ist nicht, dass Lenz zunächst lediglich einen Teil übersetzt hatte und auf einen weiteren Auftrag des Herausgebers wartete. Uns mag heute die Begeisterung für dieses Epos etwas befremdlich erscheinen. Doch galt der *Ossian*, wie Tombo in seiner Dissertation eindrucksvoll nachgewiesen hat, den Literaten des 18. Jahrhunderts geradezu als Modelektüre. Der Sturm und Drang hatte mit Goethe, Herder und Lenz auch an diesem literarischen Mainstream Anteil. Wir sollten zur Kenntnis nehmen, dass auch Jakob Michael Reinhold Lenz wesentlich hierzu beitrug, freilich zu einem Zeitpunkt, als der Sturm und Drang bereits sich selbst schon historisch zu werden begann.

---

[26] Vorbericht, in: Iris, dritter Band, drittes Stück, Juni 1775, S. 164-165. Geringfügige Druckfehler wurden stillschweigend korrigiert.

III. MUTMASSUNGEN ÜBER JAKOB

Mutmaßung I oder Wer schrieb ›Jupiter und Schinznach‹?

Was bedeuten Mutmaßungen? Im Unterschied zur bloßen Spekulation und Hypothese sind Mutmaßungen auf Indizien gegründet. Ob aus der Verkettung von Indizien letztlich doch wieder nichts als Thesen, Spekulationen und Hypothesen entstehen, hängt von den Kriterien, den Modi der Verkettung und ihrer Interpretation ab. Ein anderer Blick ergibt vielleicht eine andere Verkettung oder lässt Unbedeutendes bedeutend erscheinen und umgekehrt. Mir geht es also bei diesen Mutmaßungen in vier Kapiteln lediglich darum, das Denken über die eine Seite, die abwesende Seite im Werk von Jakob Michael Reinhold Lenz und die abwesende Seite in der Lenz-Forschung, anzuregen. Mehr an Hoffnung ist damit nicht verknüpft, aber auch nicht weniger. Und es gilt bei diesem Navigieren in unbekanntem Gewässer das alte, aber bewährte ›lege meo periculo‹ der klassischen Philologie. Lesarten zum Text zu sichern war schon immer die Aufgabe der Editionsphilologie, Lesarten über den Text voranzutreiben die Aufgabe der Literaturwissenschaft – eben »(so gut ich Philolog sein kann)« (WuBr 2, S. 609), wie Lenz in den *Stimmen des Laien* sagt. Oder um in den Worten eines anderen Autors zu sprechen: »Aber Jakob ist immer quer über die Gleise gegangen. [...] das wollen wir doch mal sagen«.[1]

Die Daten sind bekannt. Im Sommer 1774 lernt Lenz Johann Georg Schlosser kennen, der als Hof- und Regierungsrat des Markgrafen Karl Friedrich von Baden und Oberamtsverweser der Markgrafschaft Hochberg im badischen Emmendingen lebt und mit Goethes

---

[1] Anfangs- und Schlusssatz aus Uwe Johnson: Mutmassungen [!] über Jakob. Roman. Frankfurt a.M. 1966 [¹1959], S. 7 und S. 308.

Schwester Cornelia verheiratet ist.[2] Lenz war als Dichter kein Unbekannter mehr. Seit Herbst 1774 versucht er seinen Lebensunterhalt als freier Schriftsteller zu verdienen, den Dienst bei den adligen Militärs von Kleist hat er quittiert. Aber Schulden und eine unglückliche, weil nicht standesgemäße Liebe zu der adligen Straßburgerin Henriette von Waldner zwingen ihn, die Hoffnungen auf ein berufliches und ökonomisches Auskommen auf Goethe in Weimar zu richten. Ende März 1776 macht sich Lenz »über Hals und Kopf« (WuBr 3, S. 406), wie er schreibt, auf die Reise. »Ich bin arm wie eine Kirchenmaus«, teilt er noch von Straßburg aus dem in Darmstadt wohnenden Freund Johann Heinrich Merck mit, »von verschiedenen Sachen, die teils unter der Presse, teils noch in Göthens Händen sind, hab ich gar keine Abschrift; die andern sind noch nicht gestaltete Embryonen, denen ich unterwegs Existenz geben will« (WuBr 3, S. 406). Auf dem Weg nach Weimar, wo er sich im Umfeld des Hofes von Karl August eine Anstellung erhofft, trifft Lenz in Darmstadt Merck. Mit ihm reist er in das nahe Frankfurt weiter. Friedrich Maximilian Klinger reitet den beiden in Werther-Tracht entgegen. In Frankfurt besucht Lenz Goethes Eltern, dann setzt er die Reise nach Weimar fort, wo er am 2. April 1776 eintrifft. Unterwegs hatte er brieflich erfahren, dass Henriette von Waldner inzwischen geheiratet hat, ein »Todesstreich« für ihn, er trage »die Hölle im Herzen«: »Mein Schicksal ist nun *bestimmt*, ich bin dem Tode geweihet« (WuBr 3, S. 419), schreibt er etwas pathetisch an Lavater. Am 1. Dezember 1776 muss Lenz Weimar wieder verlassen.

Eine Einladung Lavaters nach Zürich scheint Lenz zunächst ausgeschlagen zu haben. Am 13. Dezember 1776 trifft der von Weimar und besonders von Goethe Enttäuschte in Emmendingen ein.[3] Un-

---

[2] Vgl. Petra Maisak: »Sein Haus, ein Sammelplatz für Deutschland's Edle«. Johann Georg Schlosser, Goethes Schwester Cornelia und ihre Freunde in Emmendingen. Marbach a.N. 1992.

[3] Zur Quellenlage vgl. »Lenzens Verrückung«. Durch diese Publikation ist auch die ältere Darstellung von Gustav A. Müller: Der Dichter Jakob Michael Reinhold Lenz in Emmendingen, in: Ders.: Goethe-Erinnerungen in

bekannt ist ihm der Ort nicht. Schon im Jahr 1775 hatte sich Lenz hier kurz bei Johann Georg und Cornelia Schlosser aufgehalten. Nun wird er insgesamt zweieinhalb Jahre – vom Dezember 1776 bis Juni 1779 – in Emmendingen und Umgebung bleiben, unterbrochen lediglich durch seine ausgedehnten Reisen in die Schweiz und ins elsässische Steintal. Weihnachten und Neujahr verbringt Lenz wahrscheinlich bei den Schlossers. Erst in den Tagen vom 17. bis 24. Januar 1777 unternimmt er eine siebentägige Reise zu Gottlieb Konrad Pfeffel in das etwa sechzig Kilometer entfernte Colmar. Pfeffel leitet dort eine von ihm gegründete École militaire und ist als Philanthrop einer der wichtigsten Vertreter der Aufklärung in Süddeutschland. Dem Straßburger Sturm-und-Drang-Kreis war er zwar wohlwollend, aber keineswegs unkritisch verbunden. Mit Schlosser in Emmendingen, mit Lavater in Zürich und Sarasin in Basel pflegt er einen intensiven Briefwechsel. So wird er auch für Lenz zu einem wichtigen Gesprächspartner, der ihn mit Meinungen und Informationen zu Personen und Vorkommnissen aus dem literarischen Leben Deutschlands und der Schweiz versorgt. *Das Hochburger Schloß* entsteht gleich nach Lenz' Ankunft in Emmendingen im Januar oder Februar 1777 und wird im April in Wielands *Teutschem Merkur* gedruckt. Die Burgruine Hochburg ist nur wenige Kilometer von Emmendingen gelegen und war Residenz der Markgrafen von Baden. Für Lenz bildet die fast schon romantisch zu nennende Kulisse lediglich den Ausgangspunkt für grundsätzliche Überlegungen zu Shakespeare. Im Wesentlichen geht es ihm um Zuschreibungsfragen einzelner Stücke und um ihre moralische und ästhetische Beurteilung, wobei sich Lenz als ein leidenschaftlicher Verteidiger Shakespeares erweist.

Pfeffel macht Lenz auch auf die Schweiz neugierig, obgleich Lenz schon immer seine Schweizer Freunde besuchen wollte. Allein fehlte es stets an dem nötigen Reisegeld. Lenz muss mit seinen Reiseabsichten bis zum Frühjahr warten. Erst im April 1777 kann er sich auf den Weg in die Schweiz machen. In der Zwischenzeit ist Lenz

---

Emmendingen: Neues und Altes in kurzer Zusammenfassung. Leipzig 1909, S. 35-78, überholt.

aber literarisch nicht untätig. Im Januar 1777 hatte er schon seine Erzählung *Der Landprediger* zu schreiben begonnen, die noch im April, Mai und Juni des gleichen Jahres im *Deutschen Museum* von Heinrich Christian Boie, einem weiteren Lenz-Freund, gedruckt wird. Es ist auffallend, dass der Dramatiker Lenz während seines Emmendinger Aufenthalts kein neues Stück schreibt und die alten Skizzen und Entwürfe aus der Straßburger und Weimarer Zeit erst wieder in Livland hervorholt. In einem Brief an Jakob Sarasin vom September 1777 nennt er sich immerhin einen »dramatischen Spürhund« (WuBr 3, S. 550). Die Unstetigkeit seiner Lebensverhältnisse scheint ihm aber jegliche produktive Kraft zu nehmen.

Mitte April tritt Lenz dann seine Schweizer Reise von Emmendingen aus an. Das Fernziel ist der Gotthard. Auf dieser Reise wird auch der Prosahymnus *Die Erschaffung der Welt* entstanden sein (vgl. WuBr 3, S. 217). Lenz verbringt einige Tage bei dem Basler Freund und Förderer Jakob Sarasin und seiner Frau. Am 5. Mai führt ihn sein Weg weiter nach Zürich. Dort besucht er Lavater. Einen Brief an ihn, den Lenz auf der Reise von Weimar nach Emmendingen geschrieben hatte, unterzeichnete er mit »der herumirrende Lenz« (WuBr 3, S. 519). Vom 12. bis zum 15. Mai ist er auf Einladung der Helvetischen Gesellschaft in Schinznach. Das heutige Bad Schinznach ist im Kanton Aargau an der Aare gelegen. Nomen est omen, dass ein nur acht Kilometer weiter entfernter Ort Lenzburg heißt?

Er verlebt angenehme Tage im Kreis seiner Schweizer Freunde. Es entsteht jenes kleine Rollengedicht *Jupiter und Schinznach*, eine Gemeinschaftsarbeit der Freunde, die sofort gedruckt wird und im gleichen Jahr 1777 erscheint. Noch unter dem Deckmantel der poetischen Satire schreibt Lavater: »[...] er ist ein Faulenz. / [...] 'S ist alles verloren an Michael Lenz« (WuBr 3, S. 814f.).[4] Das sollte sich

---

[4] Möglicherweise spielt Goethes Mutter in einem Brief an Wieland auf diese Formulierung Lavaters an, immerhin war sie über die poetischen Produktionen der Schweizer durchaus im Bilde: »Auch ists schlecht von Lentz daß Er lieber Faulentzt und seinen Freunden beschwerlich wird, als daß er zu seinem Vater nach Hauß ginge« (Zitiert nach: »Lenzens Verrückung« 1999, S. 188. Die Herausgeber datieren den Brief auf November 1778, während

einige Zeit später anders anhören. Schon am 27. August wird sich Lavater vernehmen lassen »Lenz Lenzelt noch bey mir«[5] und meint damit dessen Untätigkeit. Doch über die ersten Tage seiner Schweizreise schreibt Lenz am 26. Mai 1777 an Boie begeistert: »Ich schwärme in der Schweiz herum, habe in Schinznach vier goldene Tage gelebt, in Zürich, Basel und Schafhausen viel Liebe genossen« (WuBr 3, S. 529). Unterwegs in der Schweiz, um den 20. Juni, erfährt Lenz, dass Cornelia Schlosser am 8. Juni 1777 im Kindbett gestorben ist. Sofort kehrt er nach Emmendingen zurück, wo er am 24. Juni wieder eintrifft. Fragt man nach den Ursachen seiner allmählich einsetzenden psychischen Zerrüttung, so sollte man auch diese Traumatisierung, den Verlust der so auf Distanz geliebten Person, mit bedenken. Cornelia war schließlich auch das familiäre Bindeglied, das ihn so oder so noch mit Goethe verband. Nun, nach ihrem Tod, ist der Riss mit Goethe für Lenz offensichtlich. »Ich bin hier angekommen Bester! Du kannst Dir vorstellen mit welchem Herzen, als ich überall mir entgegen schallen hörte, sie ist tot. [...] Mir füllt diese Lücke nichts« (WuBr 3, S. 533), schreibt er am Tag seines Eintreffens in Emmendingen an Lavater. Schon am 4. Juli ist Lenz wieder auf Reisen in Basel. In einem Briefgedicht vom August an das Ehepaar Sarasin verarbeitet er den Tod Cornelia Schlossers. »Wie Freundin fühlen Sie die Wunde / Die nicht dem Gatten bloß, auch mir das Schicksal schlug. / [...] / Auch ich auch ich im seligsten Momente / Schlug eine zärtliche Tangente / Zur großen Harmonie in ihrem Herzen an / Mit ihrem Bruder, ihrem Mann« (WuBr 3, S. 545). Als Begleiter des Freiherrn von Hohenthal aus Sachsen ist Lenz mit dem Ziel Italien unterwegs. »Ich bin ein Fremder, wie Schlosser sagt, unstet und flüchtig und habe soviele die mit mir unzufrieden sind« (WuBr 3, S. 559). Das ist eine bittere Bilanz, die Lenz im September

---

Die Briefe der Frau Rath Goethe. Gesammelt und herausgegeben von Albert Köster [Leipzig 1976, S. 57], November 1777 annimmt). Die Mutter Goethes, Merck und Wieland gehören freilich, dies wird in dieser auszugsweisen Mitteilung nicht deutlich, zu jenen Helfern in der Not, die durch finanzielle Zuwendungen Lenz noch einige Zeit unterstützen!

[5] Zitiert nach: »Lenzens Verrückung« 1999, S. 63.

1777 zieht. Zwischen dem 28. November und dem 12. Dezember wandert er, immer noch sich in der Schweiz aufhaltend, von Winterthur über St. Gallen und das Appenzell »an den Bodensee herab« (WuBr 3, S. 565). Genaueres ist über diese Reise, die Reiseroute und die Motive des Wanderers nicht bekannt. Vielleicht hat Lenz die Feiertage oder zumindest den Jahreswechsel bei den Sarasins in Basel verbracht, wenn man von einem Neujahrsgruß an Lenz von Goethes Mutter darauf schließen kann, der freilich undatiert ist:

> Ich wünsch auch Wein u. Mägden Kuss
> Und Eurem Klepper Pegasus
> Die Krippe stets voll Futer.
> Wer nicht liebt Wein Weib und Gesang,
> Der bleibt ein Narr sein leben lang,
> Sagt Dr. Martin Luter
>
> von Göthens Mutter
> Neu Jahrs Wunsch
> an Lenz.[6]

Erst im neuen Jahr, am 9. oder 10. Januar 1778 kommt Lenz wieder in Emmendingen an. Er wird von den beiden Schweizer Freunden Kaufmann und Ehrmann begleitet. Christoph Kaufmann wurde von Lavater als der Genieapostel – Maler Müller nannte ihn ›Gottes Spürhund‹ – in den Kreis der Sturm-und-Drang-Literaten eingeführt. Im November des Vorjahres hatte er sich um diskrete materielle Hilfe für Lenz bemüht. »Wer L..z kennt muß ihn lieben«,[7] hatte er ans Ende einer Liste mit der notwendigsten Ausstattung für Lenz geschrieben, die er an Freunde mit der Bitte um Unterstützung schickte.

---

[6] Ich zitiere nach dem Original aus dem Sarasinschen Familienarchiv, Staatsarchiv des Kantons Basel-Stadt, Signatur: Privatarchive 212 F 11,27,10 Beilage 2. Ich danke herzlich Herrn PD Dr. Philipp Sarasin und Herrn Archivar Daniel Kress für die Druckerlaubnis. Die Wiedergabe bei Blei: Lenz Bd. 1, S. 530, ist korrupt.

[7] »Lenzens Verrückung«, S. 93.

Am 19. oder 20. Januar 1778 bricht Lenz zu seiner vierten Reise auf. Diesmal führt sein Weg ins Steintal. Er reist gemeinsam mit Kaufmann, dessen Braut Elise Ziegler und Ehrmann, die im elsässischen Waldersbach Pfarrer Johann Friedrich Oberlin besuchen wollen. Vermutlich am 18. oder 19. Februar 1778 kommt Lenz wieder in Emmendingen an, als einer, von dem gesagt wird, dass er seelisch und geistig zerrüttet sei. Schlosser bereitet nun seine Rückkehr nach Livland vor. Von jetzt an wird Lenz' Geschichte eine Krankengeschichte. Am 7. April berichtet Schlosser, man habe Lenz festbinden müssen und wolle ihn in das Frankfurter Tollhaus überstellen. Lenz wird bewacht. Um Ostern übernimmt der Emmendinger Schuster Süß die Betreuung von Lenz. Lenz lernt das Schuhmacherhandwerk und erholt sich sichtlich. Anfang August 1778 muss er jedoch Emmendingen verlassen, die Gründe hierfür liegen im Dunkeln. Vielleicht ein Rückfall? Vielleicht wollte Schlosser sicher gehen, dass seine Wiederverheiratung mit Johanna Fahlmer am 27. September 1778 unbeeinträchtigt blieb? Jedenfalls wird Lenz nach Wiswyl, dem heutigen Weiswil, drei Kilometer vom Rhein entfernt nordwestlich »nur drei Stunden von Emme[n]dingen« (WuBr 3, S. 574) gelegen, bei einem Förster namens Lydin untergebracht. Erst nachdem es dort zu einem Vorfall mit einem Schulprovisor gekommen war, muss Lenz Ende Oktober wieder nach Emmendingen zurückgebracht werden. Schlosser bemüht sich währenddessen weiterhin, Geld für die Rückreise von Lenz nach Livland sowie für eine Kur zusammenzubekommen. Ende Januar 1779 wird Lenz nach Hertingen, nördlich von Basel in Rheinnähe, zu einem Arzt gebracht. Möglich, dass das Thermalbad im nahen Bad Bellingen den Ausschlag für diesen Aufenthaltsort gab, wurde doch von den Freunden von Lenz auch erwogen, ob nicht eine Wasser- oder Sprudelkur ihm helfen könne. Lenz wurde zunehmend verhaltensauffällig. Schlosser drängte die Familie, ihn in seine Heimat zurückzuholen. Im Juni 1779 war es soweit, Lenz, der nun als geistig verwirrt galt, wurde von seinem Bruder Carl Heinrich Gottlob nach Riga zurückgebracht. In diesen zweieinhalb Jahren seit der Ausweisung aus Weimar gab es keinen Kontakt zwischen Lenz und Goethe, soweit wir dies aus den Quellen wissen. Goethes Mutter berichtet der Herzogin

Anna Amalia in Weimar unter dem Datum vom 15. Dezember 1780, »Lentz lebt noch, ist noch närrisch – ist Hoffmeister geworden, wo, habe ich vergeßen«.[8]

Was sich aber als Rückkehr liest, wird im wirklichen Leben des Jakob Michael Reinhold Lenz zu einem existenziellen Desaster. Die Heimatlosigkeit des Dichters, seine Einsamkeit und Verlassenheit – weder von der Familie noch von den ehemaligen Freunden wie Goethe, Herder oder Lavater erfährt Lenz später Hilfe – finden 1792 ihr Ende. Lenz stirbt am 23. oder 24. Mai 1792 in Moskau, er »vegetirte bis an sein Ende fort«, wird Lavater 1794 in der *Urania* unter der Überschrift *Zwei Gedichte von dem seeligen Lenz* schreiben:

> Das unglückliche Schicksal des, gleich treflichen Kopfs und treflichen Menschen ist bekannt. Sein rastloser Geist, seine übermässige Reizbarkeit, sein Durst nach Liebe, der nicht befriedigt ward, und schwehrlich auf dieser Erde befriedigt werden konnte, verbunden mit der Tiefe seines Gefühls, da Alles bei ihm bis ins Innerste nachklang, hatten nur zu bald die Organe zerrüttet, wodurch die Seele wirkt. Seine Freunde thaten Alles, um ihn wieder herzustellen, und den Geist in Ruhe zu bringen, dem sein Haus zu enge war, der es zerstörte, ehe er ein anderes hatte. Aber vergebens! – Die misshandelten Werkzeuge des Denkens stumpften sich ab, und *Lenz* vegetirte bis an sein Ende fort.
>
> In den folgenden zwei Gedichten ist schon diese überspannte Reizbarkeit fühlbar, die ihn zerstört hat. Das Erste athmet jenen Durst nach Liebe, der so allmächtig in dem Menschen brennen kann, und der natürlich umherforscht nach einem Wesen, das ihn stillen könnte. Der Unglückliche glaubte etwas gefunden zu haben, und er ist ausser sich vor Wonne und Dank. Die Geliebte ist ihm ein Gottesbild, in ihr will er Gott lieben, und durch diese Liebe Alles werden, wozu *solche* Liebe inspiriren kann. Seine Liebe ist fromm, wie jede reine Liebe ist, sein Erguß kennt so wenig Sylbenmaas wie sein Herz Fesseln kennt; und doch ist diese Regellosigkeit der Einzige Rythmus, der sich zu einem *solchen* Erguß gebührt.
>
> Das Andere ahndet schon, was der Geist anrichten, was aus ihm werden würde. Es hat für mich ein ganz eigenes Interesse, und eine

---

[8] Die Briefe der Frau Rath Goethe. Gesammelt und herausgegeben von Albert Köster. Leipzig 1976, S. 138.

fürchterliche Wahrheit, die nur der nachfülen kann, dem auch ein hoher Grad von Reizbarkeit ward.

Doch wozu noch lange kommentiren? – Für viele Leser dieser Monatschrift sind diese Gedichte durchaus nicht; mögen sie kommentirt werden, wie sie wollen. Und für Andere, die sie in ihrem Innersten verstehen, bedarf es keines Kommentars.[9]

Und von alledem findet sich nichts in *Jupiter und Schinznach*. Es müssen in der Tat »vier goldene Tage« für Lenz gewesen sein. Weshalb hat sich die Lenz-Forschung bislang mit diesem Text nicht beschäftigt? Betrachten wir die Daten und Umstände des Schinznacher Aufenthalts genauer. Lenz reist zusammen mit Lavater von Zürich nach Schinznach. Er hält sich an die Empfehlung der Gesellschaft von der Mitgliederversammlung des Jahres 1776, Lavater wird ihm diese Empfehlung mit der Einladung bekannt gemacht haben. Er traf demnach in Schinznach am 12. Mai 1777 auch mit den anderen Mitgliedern zusammen, obwohl erst ab dem 13. Mai 1777 gearbeitet und gefeiert wurde. »Der Ort der Zusammenkunft wird für das könftige Jahr wieder Schinznach, und der Tag der ersten Versammlung Dienstag vor Pfingsten seyn, also daß die Mitglieder am Abend zuvor, Montags den 12. May, einzutreffen gebeten sind«,[10] heißt es im Protokoll der Jahresversammlung 1776.

»Herr Michael Lenz, aus Liefland«[11] liest man in den *Verhandlungen der Helvetischen Gesellschaft in Schinznach, im Jahr 1777* in der Liste der »Gäste«, »von Mitgliedern eingeführt«, unter der Rubrik »Fremde«, womit die Nichtschweizer gemeint sind. In der Lenz-For-

---

[9] Urania für Kopf und Herz. Hgg. v. J.L Ewald. Erster Band. Hannover 1794, S. 45-46. Vgl. auch den auszugsweisen Abdruck bei Franz Blei (Blei: Lenz Bd. 1, S. 531), dort allerdings mit der falschen Jahresangabe 1793 und fehlerhafter Seitenangabe. Dieses Dokument fehlt in der Sammlung »Lenzens Verrückung«.

[10] Verhandlungen der Helvetischen Gesellschaft in Schinznach, im Jahr 1776. O.O., S. 9.

[11] Verhandlungen der Helvetischen Gesellschaft in Schinznach, im Jahr 1777. O.O., S. 5.

schung – und jüngst in einer verdienstvollen Studie von Seiten der Büchner-Forschung – ist stets zu lesen, dass bei diesem Treffen auch Sarasin, Füssli, Geßner und Hirzel anwesend gewesen sein sollen.[12] Dafür gibt es aber keine Belege. Die *Verhandlungen* bieten für jede Jahresversammlung stets eine Liste aller bei den Treffen anwesenden Mitglieder und auswärtigen Gäste. Für die Jahresversammlung im Mai 1777 ist die Anwesenheit dieser vier Freunde und Korrespondenzpartner von Lenz nicht belegt, obwohl Lenz davon ausging, in Schinznach Sarasin zu treffen. Am 11. Mai 1777 schrieb er von Zürich aus an dessen Frau, »und ich hoffe etwas [...] Herrn Sarasi (den ich schon unterwegens vermute) in Schinznach vorlesen zu können« (WuBr 3, S. 528). Lediglich aus einem Brief Sarasins an seine Frau wissen wir, dass zumindest er doch anwesend gewesen sein muss: »Glücklich sind alle meine Augenblicke mitten unter Sturm und Regen. – Lavater beseelte heuer unsern freundschaftlichen Kreis mit seeligster Laune. – Pfeffel vergiesst Tränen der Freude und wird als Bruder von Schinznach wiederkehren. Lenz gibt und empfängt Vergnügen nach bestem Wissen und Gewissen«.[13]

Jener »Küttner, von Leipzig«[14] ist nicht, wie es bei Damm heißt, Karl August Küttner (1749 – 1800; vgl. WuBr 3, S. 909 u. 966), sondern Carl Gottlob Küttner (1755 – 1805), der in Leipzig studierte, seit 1776 in der Schweiz als Hauslehrer lebte und später als Reise-

---

[12] Vgl. »Lenzens Verrückung«, S. 16f.

[13] Zitiert nach: Ulrich im Hof: Die Entstehung einer politischen Öffentlichkeit in der Schweiz. Struktur und Tätigkeit der Helvetischen Gesellschaft. Frauenfeld, Stuttgart 1983, S. 63 (= Ulrich im Hof, François de Capitani: Die Helvetische Gesellschaft. Spätaufklärung und Vorrevolution in der Schweiz Bd. 1). Zur Jahresversammlung 1777 vgl. dort S. 63-67. – Eine knappe Einführung in die Geschichte der Helvetischen Gesellschaft bietet Ulrich Im Hof: Die Helvetische Gesellschaft 1761 – 1798, in: Deutsche patriotische und gemeinnützige Gesellschaften. Hgg. v. Rudolf Vierhaus. München 1980, S. 223-240.

[14] Verhandlungen der Helvetischen Gesellschaft in Schinznach, im Jahr 1777, S. 5.

schriftsteller reüssierte.¹⁵ Von Küttner sind zwei Briefe an Lenz einschließlich des Gedichts *An Lenzen zum Abschied* erhalten (allerdings nicht bei Damm abgedruckt), aus denen man schließen kann dass sich die beiden Autoren vor dem Schinznacher Treffen in Basel begegnet sein müssen:

[Basel, 28. April 1777.]

An Lenzen zum Abschied.

Edler! Du gehst dahin
Und mein tränendes Aug sieht Dir nach.
Genoßen und genoßen gehst Du nur halbgenoßen
Diesem unersättlichen, allaufzehrenden Herzen.
Hier ist nichts für mich in dem weiten All.
Viele sind mir nichts, können nichts mir seyn
Und der einzge, der vielleicht mir seyn könte
Was mich füllte mit überströmender Wonne
Will nicht.
Du läßt mich allein.
Edler! Wärs vielleicht beßer,
Hätt ich nie den Himmel in Dir mir dämmern sehn?
Ach! Ich ahnde, ahnde in Dunkel,
Was Du mir seyn köntest, was ich vielleicht Dir.
Stolzer Gedanke!

---

[15] Vgl. dazu die Dissertation von Felix Friedrich: Carl Gottlob Küttner. Ein Beitrag zur Geschichte der Geographie und des deutschen Geisteslebens am Ausgange des 18. Jahrhunderts. Crimmitschau 1903. Auf seiner Reise in die Schweiz 1776 machte Küttner Station in Weimar, wo er Goethe, Bertuch und Wieland traf, in Frankfurt, wo er Goethes Eltern besuchte und in Mannheim, wo er Maler Müller begegnete (vgl. ebd. S. 8). In dieser Dissertation findet der Aufenthalt in Schinznach leider keine Erwähnung. Lerse und Lenz habe er kennengelernt, werde beiläufig in Briefen an Bertuch vom 22. März und 17. Mai 1777 erwähnt (vgl. ebd., S. 10f.). – Das Geburtsjahr Küttners übernehme ich von dieser Dissertation (vgl. ebd., S. 4), während der entsprechende Artikel zu Küttner in Killys Literatur Lexikon Bd. 7, S. 79, das Jahr 1753 bietet.

Und doch nicht zu stolz für dies Herz,
Das mit ewiger Wärme
Umfaßen möcht all seine Lieben,
Verzehren Sie, sich, im unlöschbaren Brand,
Das sich heben möchte hinan
Dorthin, wo der Cherub nicht weiter kann.
Unbändig, brennend für Wünschen
Und nicht gesättigt.
Ach! wie mir wohl wär,
Wenn ich, schwebend zwischen Himmel und Erde,
Zu groß fürs Thier, zu klein für die Gottheit,
Leidend vom unselgen Gefühl
Mittelding zu seyn;
Vom Druck,
Sich klein zu fühlen,
Gröser seyn zu wollen –
Wenn der Tod da käme,
Heute mit einem entzwei den Faden
Endete. auf ewig.
Leb wohl, Heilger, denn du bist mirs,
Leb wohl. Geh Deine Straße.
Zertritt, zertrümre!
Aber schone des Schwachen,
Des lieben Schwachen
Der Gröse mehr als ahndet,
Der den Willen hat zu allen,
Der faßen möchte mit Adlers Klaun
Und die Kraft nicht hat,
Der umfaßen möcht das Weltall,
Und zu klein sich fühlt.

Geh Deine Straße!
Brauß auf mit der schnellen Aar,
Wühl in den Trümmern von Habsburg,
Sauge Größ aus dem Andenken der Großen,
Die dort sich betteten;
Jauchz am Zürichersee,
Drück gegen der Alpen Last –

Komm in meinen Arm zurück
Gröser und herrlicher,
Bring Leben und allmächtiges Wehen,
Geist und Kraft in meinen morschen Bau.
Fülle, fülle ganz mein Herz,
Leitre zu Feuer es,
Daß es auflodre
In ewigen Flammen.

Lieber, Sie haben mich hintergangen, gingen mit dem Vorsatz, nicht wieder zu kommen. Hatt ich doch die Ahndung, Ich lief im Zimmer auf und ab, als Sie fortwaren, alles schwand um mich her, ich lachte, braußte und – wißen Sie ein Wort, das mehr sagt, geben Sie mir's und ich will Ihnen danken. Solcher Stunden hab ich nicht viele; ich triebs einige Zeit, dann macht ich mir Luft. Sie sehen was draus entstand. Es ist ganz der erste Wurf; ich habs Ihnen abgeschrieben, wies in meiner Schreibtafel steht, ich ändre kein Wort, es ist Herzensfülle. Zeigen Sies niemanden; warum – ist offenbar. Leben Sie 1000 mal 1000 mal wohl.

Küttner.[16]

Der zweite Brief Küttners an Lenz gleicht eher einem Abschiedsbillett:

[Schinznach, 12. – 15. Mai 1777.]
Lenz von deinem Auge kein Blick, du streckst nicht nach mir den Arm, reichst mir keine Hand! Doch du bist wohl lebe wohl, sieh auch nach mir.[17]

Lenz scheint die drängende Bitte Küttners um Freundschaft abgelehnt, den Bittenden zurückgestoßen zu haben. Er erwähnt Küttner später beiläufig in einem Brief vom 10. Oktober 1777 an Sarasin. Im

---

[16] Ich danke der Latvijas Akadçmiskâ bibliotçka, Riga, für die Kopien der Autographen. Signatur: Ms 1113 – 32/27 (Inv. N Rk 89). Abdruck der Briefe und des Gedichts in: Briefe von und an J.M.R. Lenz. Gesammelt und herausgegeben von Karl Freye und Wolfgang Stammler. 2. Bd. Reprint Bern 1969 [Leipzig 1918], S. 72–75.

[17] Briefe von und an J.M.R. Lenz, S. 77.

Goethe-Jahrbuch von 1881 teilt Ludwig Geiger aus Bertuchs Nachlass noch zwei weitere Briefe Küttners mit. Am 22. März 1777 schreibt dieser aus Basel: »In Schinznach sah ich Schlossern und Lavatern, den ich hernach in Zürich wieder traf, [...]. Lenzen, der sich zeither bei Schlosser aufgehalten hat, erwartet man in Basel.«[18] Und ebenfalls aus Basel berichtet er am 11. Mai 1777: »Letzthin hab ich wieder einmal 8 Tage gelebt und alles um mich her mit Wohlgefallen angesehn, weil ich mit dem lebte, der alles mir werth machen konnte. Lenz war hier; wir lernten uns bald kennen und, einige Mahlzeiten ausgenommen, die er in der Stadt that und einige Visiten, die er machen musste, haben wir uns keinen Augenblick getrennt. [...] Lenz ist mir lieber geworden, als er mir je war; ich habe himmlische, noch ungekannte Züge in ihm entdeckt, die ihn auf immer mir werth machen. Aber ich habe nicht in ihm den Jüngling gefunden, nicht das Ideal, das ich mir aus den ersten seiner Werke von ihm gemacht hatte; ich vermuthete einen starken, kraftvollen Menschen und ich fand einen duldenden, liebevollen. Ich habe mit Erstaunen an ihm gesehn, wie er eine Menge Dinge um sich her tragen kann, die ich nicht ohne Verdruss und Bitterkeit sehe; er spricht von vielen Dingen mit Schonung, die ich nicht mit Gelassenheit nennen kann. [...] Er ist vergangene Woche nach Zürich gegangen und auf den Montag denk ich ihn in Schinznach zu treffen, wo die Versammlung der so genannten helvetischen Gesellschaft sein wird.«[19] Dies ist übrigens eine Charakterisierung, die im gleichen Jahr auch Bodmer teilt, der in sein Tagebuch notiert: »Lenz war zu Lavatern

---

[18] Zitiert nach: Mittheilungen von Zeitgenossen über Goethe. I. Aus Bertuchs Nachlass. Veröffentlicht von Ludwig Geiger, in: Goethe-Jahrbuch 2 (1881), S. 392-394, hier S. 392. Unklar ist, ob die Datierung dieses Briefes fehlerhaft ist oder sich Küttner tatsächlich schon vor dem eigentlichen Treffen der *Helvetischen Gesellschaft* in Schinznach aufgehalten hat.

[19] Mittheilungen von Zeitgenossen über Goethe, S. 393. Dieses literarische Porträt wird hier ausführlich zitiert, da es auch nicht in dem ansonsten sehr zuverlässigen Band »*Lenzens Verrückung*« wiedergegeben ist.

gekommen. Man sagte, dass Lenz vor Genie zerspringen möchte. Ich sehe nicht, dass er in dieser Gefahr stehe.«[20]

Außer Iselin, Lavater und von Salis sind auch Pfeffel und Ramond de Carbonnières, der Dichterfreund aus dem Straßburger Sturm-und-Drang-Kreis, in Schinznach anwesend. Das Schinznacher Treffen von 1777 wird in der Einleitung folgendermaßen resümiert und bestätigt damit von dritter Seite Lenz' persönlichen Eindruck: »Ein dreytägiges Wolleben des Geistes, von der ersten Minute bis an den Abscheid stets abwechselnd und stets erhöht«.[21]

1777 trat die *Helvetische Gesellschaft* zum 17. Mal zusammen.[22] Über die Inszenierungen dieser Jahrestreffen wissen wir so viel: Die Mitglieder wählten einen Vorsitzenden oder Präsidenten. Eine Kommission wurde eingerichtet, deren genaue Aufgabe nicht definiert war, die aber mit kulturellen-literarischen Aktivitäten betraut wurde. Es gab anlässlich der mehrtägigen Versammlung stets einen Haupt- oder Festvortrag, der in den meisten Fällen über den Rechenschaftsbericht des jährlich wechselnden Präsidenten hinausging und beispielsweise Themen der Schweizer Geschichte gewidmet war. Die Gesellschaft traf sich in diesen drei Tagen zu drei Arbeitstreffen, den so genannten Versammlungen. In den *Verhandlungen der Helvetischen Gesellschaft in Schinznach, im Jahr 1777* wird von

---

[20] Jakob Baechtold: Bodmer's Tagebuch (1752 bis 1782), in: Turicensia. Beiträge zur Zuercherischen Geschichte 46 (1891), S. 190-216, hier S. 206. – Auch dieses Zeugnis ist nicht im Band »*Lenzens Verrückung*« abgedruckt.

[21] Verhandlungen der Helvetischen Gesellschaft in Schinznach, im Jahr 1777, S. 5.

[22] Vgl. zur Geschichte und politischen Bedeutung der *Helvetischen Gesellschaft* die Dissertation von Dimtcho-Hristov Tourdanov: Die Helvetische Gesellschaft und die Herausbildung einer aufklärerischen bürgerlichen Öffentlichkeit in der Schweiz im 18. Jahrhundert. Eine sozialhistorische Untersuchung. Diss. Zürich 1995, der auch die älteren Arbeiten zur *Helvetischen Gesellschaft* resümiert, aber nicht auf die literaturgeschichtliche Bedeutung eingeht.

einer Rede«[23] gesprochen, die der »Vorsteher« zur Eröffnung gehalten habe. Danach wird »die gewohnte Comißion«[24] eingesetzt. Diese Kommission erhält den Auftrag, »daß man künftig zu End einer jeden Versammlung Freywillige auffodern möchte, einem schon mehrmals geäusserten Wunsch gemäß, wichtige Themata aus unsern vaterländischen Rechten und Geschichten in beliebiger Form auszuarbeiten; auch denen Herren Comittirten insbesonders aufgetragen seyn sollte, diese Vorbetrachtung zu thun, – so daß die Gesellschaft vor sicher jedes Jahr in einer Morgenstunde des zweyten Tags mit einem derley Aufsätzen angenehm und nützlich unterhalten werde.«[25] Mitglieder dieser Kommission waren u.a. Pfenninger und Pfeffel.

Obwohl die *Gesellschaft* ein Männerbund war, sich historischen, politischen, religiösen und moralischen Themen annahm, kann sie doch nicht als eine Art säkularer Geheimbund mit Logencharakter verstanden werden. Gleichwohl zählten Logenbrüder wie beispielsweise Iselin zu ihren Mitgliedern. Viel eher ist die *Helvetische Gesellschaft* zu dieser Zeit durch eine Mischung aus literarischer Gesellschaft, Gelehrtengesellschaft und Patriotischer Gesellschaft gekennzeichnet. Ulrich im Hof unterscheidet in seinem Standardwerk zur Geschichte der *Helvetischen Gesellschaft* mehrere Stufen, in denen sich der Versammlungsstil dieser Gesellschaft entwickelte. Eine dritte Stufe beginne 1774 und sei »durch ein buntes Treiben von ›Impromptus‹, kleinen Produktionen und Versen charakterisiert«.[26]

Jupiter und Schinznach ist die einzige literarische Gemeinschaftsarbeit der *Helvetischen Gesellschaft*. Das lässt natürlich der Spekulation Raum, dass diese Veröffentlichung von ihren Autoren gar nicht

---

[23] Verhandlungen der Helvetischen Gesellschaft in Schinznach, im Jahr 1777, S. 7.

[24] Verhandlungen der Helvetischen Gesellschaft in Schinznach, im Jahr 1777, S. 7.

[25] Verhandlungen der Helvetischen Gesellschaft in Schinznach, im Jahr 1777, S. 7f.

[26] Im Hof: Die Entstehung einer politischen Öffentlichkeit in der Schweiz, S. 212.

im Kontext der Jahresversammlung 1777 gesehen werden wollte, sondern als literarische Spielerei, als Gelegenheitsprodukt außerhalb des engeren Gesellschaftskontextes begriffen wurde. Dann – so die Weiterführung dieser Hypothese – wären die meisten Gedichte Rollengedichte und der Kreis der beteiligten Autoren würde weiter einzuschränken sein. Die Qualität der einzelnen Gedichte ist höchst unterschiedlich, sie reicht von belanglosen Reimereien im Stile gereimter Tischreden oder Toasts bis hin zu ironischen und artifiziellen Versen. Insgesamt kann man sich des Eindrucks nicht erwehren – aber auch dies bleibt Mutmaßung –, dass es sich um eine Sammlung von Trinkliedern, so genannten Skolien handelt und dabei durchaus nach antikem Vorbild vorgegangen wurde. Dazu würde auch der Untertitel von *Jupiter und Schinznach* passen, »Drama per musica«, gleichwohl muss man sich die Musik als fiktive Darstellungsform vorstellen.[27] Der vollständige anonym erschienene Titel lautet *Jupiter und Schinznach. Drama per musica. Nebst einigen bey letzter Versammlung ob der Tafel recitirten Impromptus* (o.O. 1777). Unter Dramma per musica wird in der Musikgeschichte eine im 17., 18. und frühen 19. Jahrhundert weit verbreitete und nicht minder beliebte Gattungsbezeichnung für italienische Opernlibretti verstanden.[28] Dramma per musica ist ein Parallelbegriff zu Opera seria, es wurde zur wichtigsten Präsentationsform italienischer Sprache. Meist waren aufwendige und teure Produktionen zur Inszenierung erforderlich, und die Musik- und Gesangspartien setzten hochgradige Spezialisten voraus, weshalb die Darbietungen an die Aufführungsmöglichkeiten der Großstädte und Höfe gebunden waren. Die Texte selbst bestanden aus nicht regelmäßig wechselnden sieben- und elfsilbigen Versen für das Rezitativ und aus unterschiedlichen Metren für die Arien. Die Handlung beschränkte sich in der Regel auf etwa fünf bis acht Personen. Das Rezitativ galt als Ausdrucksmittel der Handlung, die Arie als Ausdrucksform der Affekte. Oft

---

[27] Vgl. dazu grundsätzlich Laurenz Lütteken: Das Monologische als Denkform in der Musik zwischen 1760 und 1785. Tübingen 1998, bes. S. 75ff.

[28] Ich stütze mich im Folgenden auf die grundlegende und sehr ausführliche Darstellung von Reinhard Strohm in MGG, Bd. 2, 1995, Sp. 1452-1500.

sind in den Texten Sentenzen zu finden, die volkstümliche oder sprichwörtliche Weisheiten tradieren. In der Musikologie wird von einem Prozess der Dramatisierung der Musik und der Musikalisierung des Dramas gesprochen.[29] Insgesamt gilt das Dramma per musica schon zeitgenössisch als Reformgattung. Im 18. Jahrhundert war es dem Ideal der Nähe zur Natur und der Vorstellung vom Seelenadel verpflichtet. Von alledem lassen sich auch nicht andeutungsweise die geringsten Ansatzpunkte in *Jupiter und Schinznach* finden. Der Gattungsuntertitel ist somit hochgradisch ironisch aufgeladen, durch den anspielenden Rückgriff auf die beliebte musikalische Tradition wird das als Kunstwerk zitiert, was den Beteiligten in der Schweizer Provinz nur als Gelegenheitsdichtung drastisch deutlich vor Augen steht.

Das Festmahl (»Tafel«) als thematisierter ›Redesituation‹ lässt durchaus an die antike Skolien-Tradition denken, reihum wurden demnach Verse geschmiedet und Trinklieder ausgebracht und Sinnsprüche formuliert. Viele Gedichte greifen ein Stichwort aus dem Vorhergehenden auf und assoziieren frei weiter. Die Themen sind dabei höchst unterschiedlich, konzentrieren sich aber auf gnomische, patriotische und moralisch-religiöse Inhalte oder sind, wie im Fall der Gedichte auf Lavater, Lenz und Pfeffel, personenbezogen. Das französische Impromptu bezeichnet nach der *Allgemeinen Enzyklopädie der Wissenschaften und Künste* von 1838 »jede durch augenblickliche Veranlassung, ohne Vorbereitung und längeres Besinnen, hervorgebrachte geistige Production, die indessen, wenn auch nicht ganz erschöpfend, doch treffend und gelungen, den Gegenstand, mit dem sie sich beschäftigt, darstellen oder charakterisieren muß. Im weiteren Sinne kann ein solches Impromptu in jeder beliebigen Gestalt geschaffen werden, daher ist ein witziger Einfall, eine kurze, ohne alle vorhergehende Überlegung gesprochene Rede, ja sogar eine unvorbereitete, auf geistigen Motiven beruhende, unerwartete Handlung ebenso zu nennen. Im engern Sinne dagegen bezeichnet es ein kleines, durch plötzliche Veranlassung plötzlich entstandenes Gedicht, in freier, dem Dichter anheim gestellter Form,

---

[29] Vgl. MGG, Bd. 2, Sp. 1487.

das sich jedoch meist dem Epigramme, sei es nun in dessen antiker oder in moderner Bedeutung, nähert«.[30] Damit wird der besondere Charakter dieser Stegreifdichtung unterstrichen, die das 18. Jahrhundert »in beliebiger, vielfach epigrammatischer Form, auf der Bühne als Zwischenaktseinlage oder überhaupt improvisierte Auff[ührung]«[31] kannte. In Goethes *Lila* findet sich beispielsweise ein solcher Hinweis: »Da wird ein schönes Impromptu zusammen gehext werden!«[32] Ebenso in einem Brief an Anna Louise Karsch vom 11. September 1776: »Machen Sie mir einmal ein Pack Impromptus zusammen, die Sie nicht mehr achten«,[33] und in Goethes Brief an Friedrich August Wolf vom 28. November 1806 ist zu lesen: »Auch ist die beste Vorlesung oft ein glückliches Inpromptu, eben weil der Mund kühner ist als die Feder«.[34] Das lateinische »Impromptus«, das als musikalische Gattungsbezeichnung im 18. Jahrhundert nicht nachweisbar ist und im 19. Jahrhundert nur sehr selten außerhalb der zweihändigen Klaviermusik begegnet,[35] kann vielmehr wörtlich verstanden werden als ›Ungewandtheiten‹. Dies unterstreicht zwar den Charakter der Stegreifdichtung und berührt insofern die phonetische Schreibweise und das Bedeutungsfeld des französischen ›Impromptu‹. Doch bleibt die Unsicherheit, inwieweit die gedruckte Fassung von *Jupiter und Schinznach* tatsächlich noch den spontanen, improvisierten Charakter der ursprünglichen Formulierungen und die Situationsgebundenheit wiederzugeben in der Lage ist.

Ein anderer, aber nicht minder unsicherer Gedanke ist es, den Gebrauch des Wortes ›Impromptus‹ von Herders *Shakespear*-Auf-

---

[30] Allgemeine Enzyklopädie der Wissenschaften und Künste [...], hgg. v. J.S. Ersch u. J.G. Gruber. Zweite Sektion. Leipzig 1838; Bd. 15, S. 366.
[31] MGG, Bd. 6, 1957, Sp. 1090-1092, hier Sp. 1090.
[32] Goethe: MA Bd. 2.1, S. 141.
[33] Goethe: WA IV/3, S. 105.
[34] Goethe: WA IV/19, S. 236. – Über die CD-ROM-Version der Weimarer Ausgabe lassen sich insgesamt elf Belegstellen zum Wortfeld Impromptus bei Goethe finden.
[35] Vgl. MGG, Bd. 6, 1957, Sp. 1091.

satz, der erstmals in den Blättern *Von deutscher Art und Kunst* (1773) gedruckt wurde, herzuleiten. Dort ist zu lesen: »Die Griechische Tragödie entstand gleichsam aus Einem Auftritt, aus den Impromptus des Dithyramben, des mimischen Tanzes, des *Chors*.«[36] Herder spielt damit auf jene Textpassage in der Aristotelischen *Poetik* an, worin Aristoteles die Entstehung des Dramas aus dithyrambischen Dialogen erklärt. Diese Texte wurden improvisiert. Die Tragödie habe »ursprünglich aus Improvisationen bestanden (sie selbst und die Komödie: sie selbst von seiten derer, die den Dithyrambos [...] anführten.«[37]

Vielleicht stammt die Anregung zum gattungsbestimmten Untertitel auch von Lenz selbst? Immerhin hat er nachweislich das Gedicht *Impromptü auf dem Parterre* geschrieben (vgl. WuBr 3, S. 109f.). Vielleicht ist der Druck bereits Ergebnis einer wie auch immer ausgefallenen redaktionellen Überarbeitung. Außerdem macht das Epitheton »einige« deutlich, dass es sich bei der Veröffentlichung um eine Auswahl handelt. Die Länge der Gedichte variiert zwischen vier und mehr als 40 Zeilen, die Regel aber sind knappe Vier- und Sechszeiler, die häufigsten Reimschemata sind Paar- und Kreuzreime. *Jupiter und Schinznach* enthält mehr Gedichte als Mitglieder anwesend waren. Das bedeutet, dass einige Mitglieder mehrere Gedichte geschrieben haben können. Auszuschließen ist aber auch nicht, dass einige Gedichte mehrere Verfasser haben. Obgleich dies der Anlage des Textes, dem mutmaßlichen Vortragszeremoniell und der deutlichen Abgrenzung der einzelnen Gedichte voneinander widerspräche.

Die nun eigentlich spannende Frage für die Lenz-Forschung lautet: Welche Anteile in *Jupiter und Schinznach* stammen von Lenz? Zumal die Verfasserschaft etlicher anderer Gedichte, die Lenz zugeschrieben werden und heute Bestandteil der Lenz-Ausgabe sind, in

---

[36] Herder, Goethe, Frisi, Möser: Von deutscher Art und Kunst. Einige fliegende Blätter [1773]. Hgg. v. Hans Dietrich Irmscher. Stuttgart 1988, S. 66.

[37] Aristoteles: Poetik. Griechisch/Deutsch. Übersetzt u. hgg. v. Manfred Fuhrmann. Stuttgart 1984, S. 15 (= 1449 a 11).

der Fachwelt höchst unterschiedlich beurteilt wurde und wird. Halten wir uns zunächst an die Fakten. Beweise für eine unwiderlegliche Autorschaft einzelner Gedichte gibt es nicht, denn Handschriften sind nicht überliefert. In der immer noch maßgeblichen Lenz-Ausgabe von Sigrid Damm werden die Lenz zugeschriebenen Zeilen aus *Jupiter und Schinznach* auf Seite 20/21 (Originalpaginierung) WuBr 3, Seite 212 und die Seite 23 (Originalpaginierung) WuBr 3, Seite 212 abgedruckt.[38] Allerdings unter dem irreführenden Titel *[Schinznacher Impromptüs]*.

In den Gedichten werden mehrere Namen genannt, wobei die Frage unbeantwortet bleiben muss, weshalb nur die drei Referenten Pfeffel, Lavater und Lenz ihre Verse namentlich unterzeichnen. Am häufigsten, weil über eine bloße Namensnennung hinausgehend, fällt der Name von Lenz, insgesamt drei Mal:

– S. 4: »Komm her / Du Wettermacher Jupiter! / Wo *Lenz* gekniet, da knie auch du. / Nun klage jeder. Höre zu.« Dies ist das Eröffnungsgedicht, die Verse spricht der »Herr Vorsteher« (ebd.), danach treten sieben einzelne Kläger auf.

– S. 22: »Herr Lenz, der mächtige Versifex, / Von einem Genius und einer Hex«, und

– S. 23f.: »Doch glaubt mir als einem wahren Propheten, / Lenz wird noch einer der grösten Poeten / Die unsern deutschen Helikon zieren«. Diese insgesamt 20 Zeilen werden in der Lenz-Forschung Pfeffel zugeschrieben, doch einen Beweis dafür gibt es nicht. Ebenso gut könnte auch Ramond de Carbonnières der Autor sein, immerhin bewunderte er den Dichter Lenz grenzenlos,[39] und insofern wäre die Bemerkung, Lenz werde noch einer der größten Poeten, nicht ironisch, sondern enthusiastisch zu verstehen.

---

[38] Die zitierten Seitenzahlen geben die Originalpaginierung nach folgender Ausgabe wieder: Jakob Michael Reinhold Lenz u.a.: Jupiter und Schinznach / Ramond de Carbonnières: Die letzten Tage des jungen Olban. Mit einem Nachwort hgg. von Matthias Luserke. Hildesheim, New York 2001.

[39] Vgl. das Kapitel »Der Lenz-Freund Ramond de Carbonnières« in diesem Buch.

Von den weiteren Mitgliedern und Gästen der *Helvetischen Gesellschaft* werden im Text außerdem noch erwähnt Doktor Stokar (S. 8 und S. 9, hier »Stockar«, und S. 21 dto.), von Salis (S. 3 und S. 27 in der Dedikation), Pfeffel (S. 23 zweimal), Lavater (S. 23) und Iselin (S. 24). Daneben sind noch die Zeitgenossen Renner und Pestalozzi (S. 12) angeführt und es gibt die übliche Nennung mythologischer und historischer Namen wie Apoll, Hans Sachs, Mahomet, Hannibal. Mit der beschriebenen Person im Schlussgedicht ist Pfeffel gemeint. Die Verse haben folgenden Wortlaut:

> Klein von Körper, groß von Geist,
> Grösser noch von Herzen:
> Wißt' Ihr, Freunde, wie der heißt? –
> Oft schon hat er Euch gespeist
> Mit den feinsten Scherzen.
> Mit wetteifernden Bemüh'n
> Schützt Ihr ihn vor'm Falle.
> Eins noch, und Ihr rathet ihn
> So gewiß ich ehrlich bin
> Nun beym ersten Schalle:
> *Aüssers nicht, doch inners Licht*
> *Leuchtet ihm; er sieht Euch nicht*
> *Und Ihr seht ihn alle.* (S. 27f.)

Des Rätsels Lösung ergibt sich aus einem anderen, nicht bei Damm abgedruckten, sondern von Karl Weinhold und Franz Blei wiedergegebenen Gedicht mit dem Titel *Rätsel auf Pfeffel*, das einem zeitgenössischen Urteil zufolge von Lenz und Lavater gemeinsam verfasst worden sein soll:

> Auf löß ein Räthsel mir geschwind –
> Ein Rath den jeder liebgewinnt,
> Dess Güte dickes Blut verdünt,
> Der manches sucht und manches findt
> Sich leiten lässt als wie ein Kind
> Ein Autor ist wie wenig sind
> Mit einem sechsten Sinn empfindt

Der auf die Simpathie sich gründt
Im Stillen auf ein Liedlein sinnt
Der Mayen Käfern Faden spinnt
Dem Salomon nach Haußhe Zündt
Und doch an beyden Augen blind?
                              Lavater und Lentz.
Ist in Schintznach A 1777 gemacht worden
/ 12 à 15 Mai 1777. /[40]

Dem Duktus nach ist dies Lavaters Ton, die Entsprechungen zu seinem Gedicht auf Lenz (vgl. *Jupiter und Schinznach*, S. 18-20) sind offensichtlich. Möglich also, dass nur Lavater, und nicht auch Lenz, der Verseschmied ist.

Neben den unmittelbar beweiskräftigen Belegen der Namensnennung gibt es in *Jupiter und Schinznach* drei Kategorien der Zuschreibung, die ich provisorisch als *Indizienthesen* bezeichne und die nicht mit der direkten Beweiskraft von Belegen und Dokumenten verwechselt werden dürfen: Eindeutige Zuschreibungen, mutmaßliche Zuschreibungen und hypothetische Zuschreibungen.

Eindeutige Zuschreibungen sind solche Zuschreibungen, deren Beweiskraft sich eindeutig erschließen, aber nicht handschriftlich do-

---

[40] Die letzte Zeile mit der Zeitangabe ist von anderer Schreiberhand. – Ich zitiere das Gedicht nach der mir vorliegenden Kopie des Originals, das sich als Beilage 1 zum Briefwechsel Jacob Sarasin-Battier mit Jakob Michael Reinhold Lenz (Signatur PA 212 F 11, 27) im Staatsarchiv des Kantons Basel-Stadt, Sarasinsches Familienarchiv, befindet. Ich danke Herrn PD Dr. Philipp Sarasin, Basel, für die Abdruckerlaubnis. – Die Wiedergabe des Wortlauts bei Blei ist mehr als modernisiert (vgl. Jakob Michael Reinhold Lenz: Gesammelte Schriften. Hgg. v. Franz Blei. Erster Band. München, Leipzig 1909, S. 208 u. S. 530. Blei hält sich dabei fast genau an den Wortlaut bei Karl Weinhold: Gedichte von J. M. R. Lenz. Mit Benutzung des Nachlaßes Wendelins von Maltzahn hgg. v. Karl Weinhold. Berlin 1891, S. 313.) Weshalb das Gedicht nicht in die Lenz-Ausgabe von Damm aufgenommen wurde, bleibt unerklärlich.

kumentieren lässt. Nur drei Gedichte der Sammlung sind namentlich unterzeichnet. Das sind im einzelnen:

- *An den Verfasser dieses Drama* (o. S. [= S. 3]) von Pfeffel; insgesamt 13 Zeilen,
- *Ein Männgen von hoher Intelligenz [...]* (S. 18-20) von Lavater; insgesamt 43 Zeilen (einschließlich Motto),
- *Woher, Herr Seelen-Archiater [...]* (S. 20-21) von Lenz; insgesamt 10 Zeilen.

Nur Pfeffels Widmungsgedicht trägt einen Titel, die Gedichte von Lavater und Lenz sind nach der Anfangszeile betitelt.

Mutmaßliche Zuschreibungen bewegen sich im Rahmen von Plausibilitätserwägungen. Wenn sich beispielsweise ein lyrisches Ich als Schweizer bezeichnet, kann man ex negativo Lenz als Verfasser ausschließen, es sei denn, es wäre ein Rollengedicht, was bei einem Skolion aber eher unwahrscheinlich ist. Für die Autorschaft des Gedichts *Herr Pfeffel, glaube mir [...]* (S. 23 = WuBr 3, S. 212) gibt es keine Beweise. Die Lenz-Forschung hat es bislang unwidersprochen Lenz zugeschrieben. Dabei stützte man sich auf nicht weiter ausgeführte Strukturanalogien. Auf Lavaters Lenz-Gedicht (abgedruckt bei Damm WuBr 3, S. 814f.) folgt im Original unmittelbar die gereimte Antwort von Lenz. Auf Pfeffels Lenz-Gedicht (abgedruckt bei Damm WuBr 3, S. 814) folgt ebenfalls unmittelbar eine Antwort, allerdings ist diese nicht mit Lenz unterzeichnet. Für die Annahme, dass das Pfeffel zugeschriebene Gedicht auf Lenz auch tatsächlich aus Pfeffels Feder stammt, gibt es keinen Beleg. Man erschließt es aus der Antwort *Herr Pfeffel, glaube mir* und der hypostasierten Strukturanalogie. Doch auch dies bleibt ungesichert. Die mutmaßliche Zuschreibung, Lenz sei der Verfasser des Antwortgedichts und damit die Bestätigung, dass beide aufeinander folgenden Gedichte zusammengehören, also der Verfasser des Lenz-Gedichts tatsächlich Pfeffel ist, lässt sich meines Erachtens aber durch eine inhaltliche Deutung stärken. Zunächst der Wortlaut:

Herr Pfeffel, glaube mir, dein Name
Ward einst verfälscht von einer Dame
Qui grecaijoit comme on dit à Paris.
Aus deinen Versen sieht man klar,
Zehn Fehler gegen einen Treffer
Verwett' ich, daß dein Name war
Nicht *Pfeffel*, sondern Hofrath – *Pfeffer*. (S. 23)

In Pfeffels Lenz-Gedicht ist eine sexualmetaphorische Bedeutungs- und Anspielungsebene eingeschrieben, die das Antwortgedicht von Lenz aufgreift und verstärkt. Pfeffel eröffnet das sexualisierte Wortfeld mit den Begriffen Fastnachtzeit, Hexe, zeugen, Mätressen, keusch, Huren, kastrieren. Dem antwortet Lenz mit Dame, Paris, Pfeffel und Pfeffer. Den Schlüssel zu dieser Deutung liefert die sexualmetaphorische Enzyklopädie Bornemans, worin bekanntlich auch sprachhistorische lexikographische Quellen ausgewertet werden.[41] Demnach ist Pfeffer die sprachliche Umschreibung für sexuelle Leidenschaft, das Verb pfeffern bedeutet koitieren. Der Hinweis von Lenz als mutmaßlichem Autor, eine Dame habe Pfeffels Name »verfälscht«, sowie der französischsprachige Verweis machen phonetisch den Namen Pfeffel als pfeff-elle lesbar. Dies könnte durchaus einer unmittelbaren, akzentuierten Rede- und Hörsituation bei Tisch (»Tafel«) entsprechen. Pfeff-elle wiederum ließe sich lesen als ›sie pfeffert‹, demgegenüber dann Pfeffer als pfeff-er im Sinne von ›er pfeffert‹ gelesen werden muss. Wenn Pfeffel also früher Pfeffer hieß, so war er nach dieser Lesart derjenige, der selbst koitierte. Da er nun heute, nach der vermeintlichen Namensänderung Pfeffel heißt, so ist es die Frau, die ihn koitiert. In die symbolische Deutung übersetzt heißt dies, früher hatte Pfeffel Macht, heute wird er beherrscht. Lenz bringt damit das männliche Phantasma von Macht- und Potenzverlust auf den Begriff. Er deutet auf diese Weise die Per-

---

[41] Vgl. Ernest Borneman: Sex im Volksmund. Der obszöne Wortschatz der Deutschen. Reinbek b. Hamburg 1991. Einen ähnlichen Deutungsvorgang habe ich mit Blick auf *Hanswursts Hochzeit* von Goethe beschrieben, vgl. Matthias Luserke: Der junge Goethe. Ich weis nicht warum ich Narr soviel schreibe. Göttingen 1999, S. 150-154.

son Pfeffels und reagiert auf *dessen* Kastrationsdrohung (»Und laß ihn [...] castriren«, S. 23), welche Pfeffel kurz zuvor vorgetragen hatte. Dies ist ein herber Angriff von Lenz, wenn man berücksichtigt, dass der knapp einundvierzigjährige Pfeffel zu diesem Zeitpunkt 1777 schon seit fast zwei Jahrzehnten erblindet war. Dass Lenz aber prinzipiell mit der symbolischen Deutbarkeit sexualmetaphorischer Rede immer wieder spielt, ist in der Forschung in den letzten Jahren in einschlägigen Arbeiten wiederholt thematisiert worden. Das Pfeffel-Gedicht von Lenz fügt sich in diesen Befund.

Das nachfolgende Gedicht spricht ebenfalls eine Person direkt an. Es gehört nach meinem Dafürhalten unmittelbar zum vorhergehenden Pfeffel-Gedicht von Lenz, müsste dann also gleichfalls aus Lenz' Feder stammen:

Gottes und der Menschheit Priester,
Lavater! Ich liebe dich:
Weist du, was? Behalte mich,
Mache mich zu deinem Küster. (S. 23)

Wer in der Runde der Mitglieder der *Helvetischen Gesellschaft* hätte mehr Anlass gehabt, ein solch persönliches und enthusiastisches Gedicht auf Lavater zu verfassen, als Lenz? Es sei in diesem Zusammenhang an Lenz' Begeisterung über Lavaters *Physiognomik* erinnert, die sich auch in einem Gedicht niederschlug.[42]

Der Titel *Jupiter und Schinznach* der Sammlung erklärt sich aus der Tatsache, dass der Text in zwei verschiedene Teile auseinanderfällt. Dies bestätigt auch die Formulierung des Untertitels *Drama [...] nebst einigen [...] Impromptus*. Der erste Teil betrifft die Seiten 3 bis 7, die dem Gattungsuntertitel des Textes *Drama per musica* gerecht werden. Bevor der Vorsteher seine ersten Verse vorträgt, wird vom Text ein Rezitativ verlangt. Nach den Versen des letzten, siebten Klägers erfolgt eine Aria, acht Zeilen von Jupiter schließen sich an, und ein Chor beendet diesen ersten Teil mit dem Zweizeiler »Ja! Jupiter weißt was er thut – / Deckt Freund, Euch – mit dem Frey-

---

[42] Vgl. das Gedicht Lenz an L. bei d. Lesung d. Physiognk., WuBr 3, S. 137.

heitshut!« (S. 7). Der zweite Teil (S. 8-28) trägt die mehr als bloß dedikatorische Überschrift »An den / Präsidenten / Junker Doctor Stokar, von Schaffhausen« (S. 8). Gegenstand der Klage des Dramas, also des ersten Teils, ist das schlechte Wetter, das die Durchführung der Festversammlung (der »Tafel«) erheblich beeinträchtigt. In Pfeffels Dedikationsgedicht mit dem Titel *An den Verfasser dieses Drama* (S. 3) wird Karl Ulysses von Salis-Marschlins direkt angesprochen und verklausuliert auf die Umstände angespielt: »Du edler Salis, der im Schmerz / Sein und des Himmels Werk gehindert, / Zerstört zu seh'n, mit heiterm Scherz / Der Freunde blutend Mitleid lindert – – / Dein Drama leg' ich auf mein Herz« (S. 3). Diese Anspielung erhellt sich aus den Versen des ersten Klägers. Von Salis schreibt expressis verbis:

Jupiter, ich klage dich an:
Daß es regnet, das sieht jedermann;
Und daß der Regen machet naß –
Wer läugnet das?
Consequenter thust du uns nezen –
So folgt aus allen diesen Säzen:
Wir können uns nicht recht ergezen;
Du störest, Alter! unsre Freud.
Hör Alter, das ist nicht gescheut! (S. 4)

Und auch in einem späteren Gedicht der Sammlung wird auf die widrigen Witterungsbedingungen der Zusammenkunft hingedeutet: »Sonne! Warum hüllest du / Dich in Wolken ein? / Siehst nicht unsrer Wonne zu? / Wirst nicht neidisch seyn?« (S. 25).

Natürlich eröffnet Pfeffels Gedicht auch die Lesart, dass von Salis sich mit seinem Drama einigem Spott der Tafelrunde ausgesetzt sah. Und noch eine andere Beobachtung lässt sich an die Funktion von Pfeffels Gedicht anknüpfen. Aus den Tatsachen, dass es als Dedikationsgedicht die Textsammlung einleitet und dass Pfeffel seinen Namen unter das Gedicht setzt, ließe sich schließen: Pfeffel ist der Herausgeber von *Jupiter und Schinznach*. Halten wir auch hier das Positivum fest. Nimmt man Pfeffels Dedikation wörtlich – woran zu zweifeln kein Anlass besteht –, dann hat demnach das Drama, also die Seiten 4 bis 7, von Salis zum Autor. Eingangs auf Seite 4 wird der »Herr Vorsteher« als aktiver Sprecher (s.o.) genannt. Im Jahresbericht von 1776 liest man, dass der »Vorsteher für das Jahr 1777« in der Person des »Hr. Doktor Stockar, von Neunforn, von Schaffhausen«[43] gewählt worden sei. Also sind die ersten vier Zeilen auf Seite 4, die ich oben zitiert habe, wie die anderen Verse dieses ersten Teils ein Rollengedicht. Dem Autor von Salis war Lenz als Dichter bekannt, dies läßt sich aus dem Eingangsvierzeiler erschließen. Die Verfasserschaft des ersten Teils wäre also geklärt. Und für Pfeffels Herausgeberschaft der Textsammlung insgesamt liegen Plausibilitätsgründe vor.

Die Kategorie der hypothetischen Zuschreibungen ist mit Sicherheit die am meisten mit Hypothesen und Spekulationen verknüpfte. Hier gilt um so mehr die alte bewährte Warnung der Philologen ›lege meo periculo!‹ Quasi differenzialdiagnostisch, ex negativo, lässt sich mutmaßen, dass etliche Gedichte nicht von Lenz sind, da ihre Wortwahl oder die Reimbildung einfach zu schlecht sind für einen erfahrenen Poeten. Viele Verse von *Jupiter und Schinznach* sind in Syntax, Wortwahl und Metrik unbeholfen, andere hingegen zeichnen sich durch Witz, Eloquenz und Rhythmus aus und verraten eine erstaunliche Nähe zur Lyrik von Lenz.

Die folgende hypothetische Zuschreibung folgt einer einfachen logischen Operation, wonach nicht Urheber eines Gedichts in Schinznach sein kann, wer gar nicht anwesend war, vorausgesetzt, er war wirklich nicht anwesend und vorausgesetzt, die vorhandenen Dokumente (Mitgliederverzeichnis) sind nicht lückenhaft. Es handelt sich um dieses fast schon klassische Skolion:

---

[43] Verhandlungen der Helvetischen Gesellschaft in Schinznach, im Jahr 1776. O.O., S. 9. In den *Verhandlungen der Helvetischen Gesellschaft in Schinznach, im Jahr 1777*, wird sein Beruf mit »Stadtschreiber« (S. 7) angegeben.

> Mein Weib und Schinznach
> Die hab ich lieb;
> Wer mir sie stiehlet –
> Der ist ein Dieb. (S. 14)

Wer ist der Verfasser? Lenz schreibt an Jakob Sarasin unter dem Datum vom 10. Oktober 1777: »Hier in Ermangelung eines Liedgens an ›*Ihr Weib und Schinznach*‹ das ich schuldig bleibe bis Körper und Gemüt bei mir in bessern Umständen sind [...] ein Liedgen auf Schlossers jüngstes Kind« (WuBr 3, S. 561). Spielt er damit auf eben jene fast gleichlautende Zeile aus *Jupiter und Schinznach* an? Dem Brief legte er das Gedicht *Willkommen kleine Bürgerin* auf das am 10. Mai 1777 geborene jüngste Kind Schlossers bei. Cornelia Schlosser, Goethes Schwester, war am 8. Juni 1777 im Kindbett gestorben, Lenz muss das Gedicht solange bei sich behalten haben. Nach dieser Briefstelle wäre Sarasin als Autor des Gedichts zu vermuten, vorausgesetzt, er hielt sich auch tatsächlich in Schinznach auf (s.o.). Wenn das Gedicht aber von Lenz stammt, dann ist es ein Rollengedicht. Vielleicht war Lenz sein Vierzeiler noch erinnerlich und er konnte davon ausgehen, dass Sarasin den Kontext kannte?

So bleiben letztlich noch vier weitere Gedichte, die durchaus Lenz hypothetisch zugeschrieben werden könnten:

> Mit lärem Magen soll ich Verse machen;
> Mit vollem soll ich drüber lachen:
> Ach! Laßt mich – laßt mich itzo ruhn –
> Und dieses erst, dann jenes thun. (S. 11)

Die Banalität des Themas und die Schlichtheit der Sprache sprechen nicht gegen Lenz, man denke etwa an seine *Schauervolle und süß tönende Abschiedsode* (vgl. WuBr 3, S. 176-181). Anapher und Chiasmus setzen freilich einen erfahreneren Dichter voraus – wer sollte dies in der Tafelrunde gewesen sein? Als mögliche Autoren kämen Lavater und Pfeffel, grundsätzlich auch Ramond de Carbonnières noch in Betracht. Dessen Drama *Die letzten Tage des jungen Olban* erschien in demselben Jahr 1777, in dem auch *Jupiter und Schinznach* veröffentlicht wurde, auf Französisch. Carbonnières hatte Lenz noch vor dem Schinznacher Treffen nach Emmendingen am 5. April 1777 ein Exemplar geschickt. Ein Jahr später folgte anonym sein 91 Seiten umfassender Gedichtband *Elégies* (Yverdon 1778). Deutsche Gedichte sind von ihm freilich nicht überliefert.

> Wer, was er Gutes kann, auch will,
> Und's redlich thut und mausestill,
> Und niemals mehr will als er kann:
> Mich dünkt, der ist ein Ehremann. (S. 15)

Dieses Gedicht spielt ganz offensichtlich mit der berühmten Sturm-und-Drang-Formel. Auf Lavater geht der Chistoph Kaufmann in den Mund gelegte und zur gängigen Parole erhobene Imperativ zurück »Man kann, was man will; / Man will, was man kann!«[44] Lavater hatte dies als Motto dem Kupferstich Kaufmanns in den *Physiognomischen Fragmenten* beigegeben.[45] Dem Einwand, dass der dritte Band der *Physiognomik* erst im Jahr 1777 erschienen ist, also zum Zeitpunkt des Schinznacher Treffens vielleicht noch gar nicht ausgeliefert war, lässt sich mit dem Hinweis begegnen, dass zum einen Lenz vorab bereits Inhalte der *Physiognomik* durch Lavater selbst kennengelernt hatte (vgl. Damm WuBr 3, S. 794) und zum anderen er in Zürich bei Lavater vor der Reise nach Schinznach möglicherweise Druckfahnen, Exemplare oder das Manuskript des dritten Bandes selbst (oder eine Abschrift davon) in der Hand hatte. Lenz erwiese somit – wenn dieser Vierzeiler von ihm ist – seine Reverenz gegenüber Lavater.

Zwei weitere Gedichte, um es blumig zu formulieren, atmen den Geist Lenz'scher Verfasserschaft. Plausible Argumente, gar Belege kann ich nicht anführen, substanzielle Fragen nicht aufwerfen:

---

[44] Johann Caspar Lavater: Physiognomische Fragmente, zur Beförderung der Menschenkenntniß und Menschenliebe. Dritter Versuch. Leipzig, Winterthur 1777, S. 161.

[45] Vgl. Luserke: Sturm und Drang, S. 193f.

Wahrheit, Brüder! Macht uns frey,
Bricht des Geistes Bande.
Bleibt der Retterin getreu,
Daß ihr Seegen herrlich sey
In der Freyheit Lande. (S. 18)

Nicht Apollo, nicht den Musen
Bist du Schinznachts Flur geweiht;
Nur von Freundschaft glüht der Busen
Der sich hier des Lebens freut:
Selbst die Weisheit streicht die Falten
Weg, um, auf der Freunde Ruf,
Froh mit uns das Fest zu halten
Das uns Göttin Freyheit schuf. (S. 25)

Die poetische Sprache, die Harmonie des Versmaßes, die Wahl der Themen – wohlgemerkt, Belege sind dies nicht für die Verfasserschaft von Lenz. Wohl aber sollte man diese Gedichte zum Anlass nehmen, die Diskussion über Zuschreibungen neu aufzugreifen, um über die Verfahren der Verifikation und Falsifikation weiter nach Argumenten zu suchen und über den philologischen Diskussionsstand des späten 19. Jahrhunderts hinauszukommen.

Als Ergebnis kann man Folgendes festhalten: *Jupiter und Schinznach* überliefert nachweislich ein mit Lenz unterschriebenes Gedicht. Zwei Gedichte stammen mit hoher Wahrscheinlichkeit von Lenz, *Herr Pfeffel, glaube mir* und *Gottes und der Menschheit Priester*. Zudem ist Pfeffel der mutmaßliche Herausgeber der Textsammlung. Bei fünf weiteren Gedichten kommt die Verfasserschaft von Lenz in Frage, da die Wortwahl, die poetische Diktion oder die rhetorischen Stilmittel eine gewisse Vertrautheit im Umgang mit der Produktion von Versen voraussetzen. Dies betrifft die Gedichte *Mein Weib und Schinznach*, *Mit lärem Magen soll ich Verse machen*, *Wer, was er Gutes kann, auch will*, *Wahrheit, Brüder! Macht uns frey* und *Nicht Apollo, nicht den Musen*.

»Unstet und flüchtig« (WuBr 3, S. 559) – so eine Formulierung vom September 1777 – bleibt Lenz auch in *Jupiter und Schinznach*.

Vor dem Hintergund aber, dass sich in Damms Lenz-Ausgabe Gedichte finden, deren Autorschaft nicht zweifelsfrei Lenz zugeordnet werden kann, scheint es mir geboten, über weitere Lenz-Gedichte nachzudenken, die man ihm bislang nicht zugeschrieben hatte.

Mutmaßung II oder Wer schrieb »eine Satire Nielk«?

Im Jahre 1838 erschien ein Buch, dessen Wahrheitswert bis heute zum Teil oder vollständig in Zweifel gezogen wird, Karl August Böttigers *Literarische Zustände und Zeitgenossen*. Darin findet sich folgender Bericht über den Aufenthalt von Lenz in Weimar:

> *Lenz* studirte in Königsberg. Zwei Herrn v. Kleist sollten von dort in französische Dienste kommen. Keiner von den Junkern verstand ein Wort französisch, und keiner konnte recht lesen und schreiben. Sie bereden Lenzen, als ihr Dolmetsch mitzugehen. So kamen sie alle drei nach Straßburg. Aber bald kam der arme Lenz dort in große Noth, da beide Kleists bei ihrem Regimente bekannt wurden und ihren Wechsel aufgezehrt hatten. Ein Bruder wies ihn immer an den andern. In dieser Noth mußte Lenz sich mit Stundengeben erhalten, und in dieser Lage lernte ihn *Goethe* und *Lerse* kennen, die beide damals in Straßburg sich aufhielten. Als Goethe nach Weimar gekommen war, vernahm Lenz seines »Herrn Bruders« Glücksfall, und macht sich nun auch auf den Weg, um diesem Sterne sich zu nahen. Er kam eines Tages sehr zerlumpt und abgerissen in Weimar im Erbprinzen an, und schickt sogleich eine Karte an Goethe, der dem Herzog in einer Unpäßlichkeit Unterhaltung leistete, des Inhalts: »Der lahme Kranich ist angekommen. Er sucht, wo er seinen Fuß hinsetze. Lenz.« Goethe lachte laut auf, als er dies Billet erhielt, und weiset es dem Herzog, der sogleich befiehlt, er solle geholt werden. Sein Ansehn war äußerst lächerlich. Eine kleine zusammengedrückte Figur, aber voll Selbstgefühl und Keckheit, die er denn auch gleich den folgenden Abend bewies. Da war Hofball, über welchen damals noch der ceremoniöse Graf Görz seine Hand hielt, so sehr sich auch der Herzog darüber formalisirte. Lenz hörte im Erbprinzen, es sei diesen Abend Hofball *en masque*. Er läßt sich einen rothen Domino holen, und erscheint so Abends im Saal, wo nur Adlige Tanzrecht und Zutritt haben. Ehe man ihn noch durchbuchstabiren kann, hat er schon ein Fräulein von Lasberg (die sich nachmals mit Werther's Leiden in der Tasche in der Ilm ersäufte, weil sie ihr Liebhaber, ein Liefländer, sitzen ließ) an der Hand und tanzt frischweg. Es wird ruchbar, daß ein bürgerlicher Wolf unter die Herde gekommen sei, alles wird aufrührerisch. Der Hofball desorganisirt sich. Der Kammerherr von Einsiedel kommt athemlos zum Herzog herauf und er-

zählt ihm die Geschichte. Dieser befiehlt ihm, Lenzen heraufzuholen, und liest ihm ein derbes Kapitel. Nun wird er von Fuß an gekleidet und bei allen Geniestreichen als *plastron* gebraucht. Als man hier nicht länger mit ihm sich stallen konnte, schickte man ihn fort, und so kam er nach Emmendingen zu Goethe's Schwager Schlosser. Gegen ein *Kleinsches* Product verfertigte er noch eine Satire Nielk (Klein), die Lerse noch im Manuscript besitzt, und zwei Tage darauf zeigten sich die ersten Spuren der Tollheit. – Im Belvedere sonnte er sich einmal, nachdem er an der Krippe gewesen war, und rief aus: Ach! mir ist so wohl wie einem Kuhblatter.

Auch *Klinger* kam nach Emmendingen, als er von Weimar verabschiedet war. Lerse fragte ihn, warum er sich nicht lieber in Weimar eine Stelle verschafft habe, wo sein Landsmann (Klinger ist auch Frankfurter) für ihn sorgen könne. Da erzählte er, daß Goethe eben ihn fortgebracht habe[1]). Man habe damals im Gange des herzogl. Wohnhauses sich oft im Schießen nach dem Ziele geübt. Dabei sei es Sitte gewesen, statt der Zielscheibe ein Portrait hinzusetzen. Er habe einst Goethe's Portrait hingesetzt, wonach wirklich geschossen worden. Dies habe ihm Goethe nie verzeihen können. Indeß waren, wie Bertuch bemerkt, eher andere Gründe seiner Ungnade vorhanden. Er hatte allerhand Klätschereien zwischen hohen Damen gemacht und wurde als ein *tracassier* verabschiedet. Als er nach Emmendingen kam, konnte er kaum richtig schreiben und rechnen, und wollte sich doch mit aller Gewalt dem Militair widmen. (Weimar, den 29. Nov. 1798, als *Lerse* mich früh besuchte.)[2]

Und später ist über Lenz nochmals zu lesen:

Göthes Fortun zog zuerst *Lenzen* hieher, der gradezu als Hofnarr behandelt, als er aber einmal zwischen der alten Herzogin, die Göthen mehr als bloß gewogen war u. der begünstigten Liebhaberin der Frau v.

---

[1] [Fn. von Böttiger:] »Doch muß ich zur Steuer der Wahrheit bemerken, daß der Richtigkeit dieser Erzählung von sehr unterrichteter Seite her widersprochen worden ist, weil Göthe bis zu seinem Tode hohe Achtung für Klinger hatte und fortwährend mit ihm in Briefwechsel stand.«

[2] Karl August Böttiger: Literarische Zustände und Zeitgenossen. Hgg. v. K.W. Böttiger. Reprint Frankfurt a.M. 1972, S. 18-20.

Stein eine Klätschrei gemacht hatte, plötzlich fortgeschafft wurde, u. von *Kalben* noch einige L[ouis]d'or Reisegeld bekam. Dann kam der alles zermalmende, rohes Fleisch kauende *Klinger*. Mendoza-Lenz hatte auf des Herzogs Unkosten sein Geniewesen getrieben, u. war in allem aus der Herzog[lichen] Schattulle erhalten worden. Bei *Klingern* wurde man schon sparsamer.[3]

Karl August Böttiger (1760 – 1835)[4] war 1791 als Direktor des Weimarer Gymnasiums von Herder berufen worden. Goethe und Schiller entwickelten eine ausgeprägte Abneigung gegen Böttiger, Berufsneid und Neid auf den Erfolgreichen Journalisten Böttiger dürften dabei auch eine Rolle gespielt haben. Bestätigt jedenfalls ist Goethes Titulierung von Böttiger als »Tigeraffe«[5] und belegt ist auch Goethes Ablehnung von Kleins Epos *Athenor* (Frankfurt a.M., Leipzig 1802), das er als »gereimte Tollhausproduction« und »Wahnsinn«[6] bezeichnete. Schließlich ist überliefert, dass Böttiger den Kontakt zwischen Goethe und dem Verleger Vieweg herstellte, als es um die Drucklegung von *Hermann und Dorothea* (1797) und Goethes sehr hohe Honorarforderung ging. Die Entfremdung zwischen Böttiger und Goethe trat also erst nach 1798, nach der oben zitierten Notiz über Lerses Besuch in Weimar ein.

---

[3] Karl August Böttiger: Literarische Zustände und Zeitgenossen. Begegnungen und Gespräche im klassischen Weimar. Hgg. v. Klaus Gerlach u. René Sternke. Berlin 1998, S. 73.

[4] Zu Leben und Werk Böttigers vgl. Ernst Friedrich Sondermann: Karl August Böttiger. Literarischer Journalist der Goethezeit in Weimar. Bonn 1983. Zu den zeitgenössischen Quellen vgl. Arthur von Nordstern: Carl August Böttiger. Dresden 1836, und die knappe Biographie von K.W. Böttiger: Karl August Böttiger. Eine biographische Skizze. (Aus den ›Zeitgenossen‹ besonders abgedruckt). Leipzig 1837.

[5] Brief an Wieland vom 13.1.1802; Goethe: WA IV/16, S. 4.

[6] Goethe: WA IV/16, S. 84 (Brief an Schiller vom 9. Mai 1802). Eine vernichtende Rezension Goethes erschien in der *Jenaischen Allgemeinen Litteraturzeitung* vom 14. Februar 1805.

Der handschriftliche Nachlass Böttigers in der Sächsischen Landesbibliothek, Staats- und Universitätsbibliothek Dresden und im Germanischen Nationalmuseum Nürnberg gibt keinen Aufschluss und keine näheren Hinweise auf diese vermeintliche oder tatsächliche *Nielk*-Satire von Lenz. Gegen Böttiger ist immer wieder seine angebliche Klatschsucht geltend gemacht worden, man berief sich dabei auf das Werk *Literarische Zustände und Zeitgenossen*.[7] Doch muss Böttiger zugute gehalten werden, dass seine Notizen von seinem Sohn aus dem Nachlass veröffentlicht wurden, dass eine Endredaktion durch den Verfasser selbst also nie stattgefunden hat.[8]

Der abschließenden Notiz von Böttiger über den Ort, den Zeitpunkt und die Umstände der Niederschrift dieses Kapitels über das Weimarer Geniewesen nach zu urteilen, schrieb er es an dem Tag, als er sich mit Lerse getroffen hatte. Es ist anzunehmen, dass das Gespräch auch auf Lenz und auch auf diese Satire *Nielk* kam, und Lerse möglicherweise Böttiger anvertraut hat, dass er das Manuskript noch besitze. Entscheidend aber ist, dass aus Böttigers Aufzeichnung wie auch aus der Erinnerung an das Gespräch mit Lerse nicht hervorgeht, dass Lerse in irgendeiner Form Böttiger auf den Druck *Der Paraden-Platz* von 1789 hingewiesen hat. Dies läßt sich auf zweierlei Weise deuten: 1.) Lerse kannte den Druck gar nicht, oder 2.) das gedruckte Stück *Der Paraden-Platz* ist nicht jene Satire, deren Manuskript Lerse 1798 noch besessen hatte oder besessen haben soll. Die Hypothese, dass es sich bei der Jahresangabe des gedruckten Titelblatts um einen Zahlendreher handle, *Der Paraden-Platz* also tatsächlich erst 1798 und nicht schon 1789 erschienen ist, und der Druck damit gleichsam eine Reaktion auf das Gespräch zwischen Böttiger und Lerse darstellte und das Gespräch die Entschlossenheit, das bis dahin ungedruckt gebliebene Manuskript von Lenz zu veröffentli-

---

[7] Wenn schon von Klatsch gesprochen wird, dann darf ein Autor nicht unerwähnt bleiben, Wilhelm Bode: Der weimarische Musenhof 1756 – 1781. Berlin 1918, bes. S. 222-253 (Kapitel zehn: Lenz und Klinger).

[8] Vgl. Bern Maurach: Zeitgenosse Goethe. K.A. Böttigers verschmähte kritische Notizen über Goethe, in: Jahrbuch des freien Deutschen Hochstifts 1978, S. 225-255.

chen, zeitigte, mag zwar vorstellbar, indes kaum noch zu belegen sein. Andererseits wäre die Frage zu diskutieren, wie wahrscheinlich der Druck einer solchen Satire ausgerechnet im Jahr der Französischen Revolution gewesen ist. In welchem Monat des Jahres 1789 dieser Text freilich erschienen ist, lässt sich heutzutage nicht mehr rekonstruieren.

Franz Christian Lerse (1749 – 1800) studierte in Gießen und Leipzig Theologie. In Straßburg lernte er Goethe kennen und war mit ihm befreundet. Sein Denkmal im *Götz* und in *Dichtung und Wahrheit* ist genügend bekannt. 1774 wurde er Lehrer für Geschichte und neuere Sprachen an der École militaire in Colmar, die Pfeffel leitete. Im Jahr darauf wurde er zum Zweibrücker Hofrat ernannt.[9] Am 13. Oktober 1775 teilte Lenz Pfeffel mit, »Herr Lerse ist nach Zweibrücken abgegangen, und ich habe leider bei meinen häufigen Zerstreuungen seines Umgangs nicht so häufig genießen können als ich wohl gewünscht hätte« (WuBr 3, S. 347). Während der Revolutionsjahre kommandierte Lerse die Colmarer Nationalgarde. Von 1792 an war er Hofmeister des jungen Grafen Moritz von Fries in Wien, den er im Jahr 1794 – 97 zu dessen Jurastudium nach Leipzig begleitete. Im April 1796 besuchten sie gemeinsam Weimar, am 28. November 1798 hielten sie sich wieder dort auf. Lerse starb am 15. Juni 1800.

In Ersch-Grubers *Allgemeiner Encyclopädie* von 1889 finden wir unter dem Eintrag zu Lenz – der Artikel wurde von Paul Theodor

---

[9] Vgl. zum Folgenden Erich Schmidt: Lerse, in: Allgemeine Deutsche Biographie Bd. 18, 1883, S. 431-432, hier S. 431, und Christina Florack-Kröll: Lerse, in: Neue Deutsche Biographie Bd. 14, 1985, S. 320-321. – Vgl. ferner Maria Lanckoronska: Franz Christian Lerse, ein Jugendfreund Goethes, in: Jahrbuch der Sammlung Kippenberg N.F. 2 (1970), S. 151-169, die stark den Kunsthistoriker Lerse in den Mittelpunkt ihrer Darstellung rückt. Über *Nielk* gibt es in ihrem Aufsatz keine Angaben. – In der Miszelle von Woldemar Freiherr von Biedermann: Franz Lerse in Weimar, in: Ders.: Goethe-Forschungen. Anderweitige Folge. Leipzig 1899, S. 107-110, geht es um eine Zuschreibungsfrage, die ebenfalls *Nielk* nicht berührt.

Falck[10] geschrieben – folgende Bemerkung über die *Nielk*-Satire: »Magisch zum Elsaß hingezogen, begab er sich nach Colmar zu Pfeffel und Lerse, wo er seine ergreifende Ballade ›Geschichte auf der Aar‹ dichtete und seine Satire ›Nielk‹ (d.h. Klein) an Lerse verschenkte«.[11] Da wusste Falck offenbar mehr, als uns überliefert ist, nachweisen jedenfalls lässt sich diese ›Schenkung‹ nicht.[12] Ich habe versucht, dem handschriftlichen Nachlass von Lerse nachzuspüren, mögen andere Germanistengenerationen erfolgreicher sein. Eine Anfrage beim örtlichen Archiv über den Verbleib des Gräflich Fries' schen Familienarchivs in Cerná Hora (Schwarzenberg), südlich des Riesengebirges im Kreis Trautenau gelegen, blieb ohne Ergebnis. Die Anfrage galt der Vermutung, dass sich in diesem Archiv möglicherweise noch Textzeugen von Lerse selbst bewahrt haben, vielleicht sich sogar eine Spur zur *Nielk*-Satire finden ließe. Nachfragen im Colmarer Stadtarchiv erbrachten keinen Ansatz eines Hinweises.[13] Die entscheidende Frage bleibt also (vorerst) unbeantwortet: wie gelangte das *Nielk*-Manuskript in Lerses Besitz?

---

[10] Vgl. den Aufsatz von Heinrich Bosse: Über den Nachlaß des Lenz-Forschers Paul Theodor Falck, in: Lenz-Jahrbuch. Sturm-und-Drang-Studien 2 (1992), S. 112-117.

[11] Lenz, in: Ersch, Gruber (Hg.): Allgemeine Encyclopädie der Wissenschaften und Künste in alphabetischer Folge, 2. Section, 43. Theil. Leipzig 1889, S. 87-91, hier S. 89 (vgl. auch ebd., S. 88, allgemeiner Hinweis auf *Nielk*).

[12] In seinem verdienstvollen Aufsatz führt Rüdiger Scholz in der Liste der nicht edierten Handschriften von Lenz unter der Nummer 45 »*Nielk* (Satire 1777)« auf, vgl. Rüdiger Scholz: Eine längst fällige historisch-kritische Gesamtausgabe: Jakob Michael Reinhold Lenz, in: Jahrbuch der deutschen Schillergesellschaft 34 (1990), S. 195-229, hier S. 207. Da er sich auf Falcks oben zitierte Angaben stützt, kann dies im weiteren vernachlässigt werden.

[13] Nach Auskunft der Colmarer Stadtbibliothek befindet sich in ihren Beständen nur das Manuskript von Lerse *Anzeige der Gemählde und Statuen der ehemaligen Antonier Kirche zu Isenheim in Obern-Elsass*. Ich danke Monsieur Conservateur Général Gueth für die Auskunft und den Hinweis auf das Lerse-Lemma in: Nouveau dictionnaire de biographie alsacienne, Bd. 24, S. 2315.

In Böttigers Mitteilung wird der Titel *Nielk* als anagrammatisches Pseudonym des Namens Klein und als Satirisierung des Autors Anton von Klein (1746 - 1810) gelesen.[14] Kleins Schriften aus den achtziger und neunziger Jahren des 18. Jahrhunderts bieten keinen Anhaltspunkt, der die Publikation einer Satire auf ihn plausibel machen könnte. Klein gab die *Mannheimer Schaubühne* 1781 und 1782 in fünf Bänden, die *Schriften der Kurfürstlichen deutschen Gesellschaft in Mannheim* 1787 bis 1789 und die *Rheinischen Beiträge* 1783 bis 1790 heraus. Sein viel gescholtenes Singspiel *Günther von Schwarzburg* erschien 1777.[15] Heinrich Leopold Wagner hatte sich sogar vor Gericht wegen einer, wie man meinte, unangemessenen Rezension dieses Stücks zu verantworten. In den *Frankfurter gelehrten Anzeigen* vom 27. Dezember 1776 hatte er in der 104. Nummer heftig das Stück kritisiert. Neben der nicht gelungenen Charakterisierung der Figuren, vornehmlich Karls IV., bemängelte er vor allem den schlechten Geschmack des Autors, dessen Eitelkeit und unverschämte Prahlsucht, die Figuren sprächen wie Schulknaben, eine Handlung habe der Verfasser dem Dekorateur überlassen, er wisse nicht einen Charakter anzulegen, das Stück sei albernes Gewäsch.[16] Kurfürst Karl Theodor von der Pfalz intervenierte daraufhin beim

---

[14] Vgl. zu den zeitgenössischen Quellen über Anton von Klein, die aber für unsere Fragestellung keinerlei Aufschluss bieten, u.a. Litterärisches Leben des königlich-baierischen geheimen Rates und Ritters Anton von Klein, mit Rückblicken auf die schönste und wichtigste Epoche der Deutschen, besonders der pfälzischen Litteratur. Wiesbaden 1818. - Karl Krükl: Über das Leben des elsässischen Schriftstellers Anton von Klein am Hofe Karl Theodors von der Pfalz mit seinen Beziehungen zu Wieland, Schubart, Schiller, Babo u.a. Eisenach 1901.

[15] [Anton von Klein:] Günther von Schwarzburg ein Singspiel in drei Aufzügen für die Kuhrpfälzische Hofsingbühne. Mannheim o.J. [1777]. Zu Kleins Kritik an Lessing vgl. Jean-Marie Valentin: Tragédie héroïque - Tragédie bourgeoise. Anton von Klein (1746 - 1810) et sa critique de Lessing, in: Germanistik aus interkultureller Perspektive. Straßburg 1988, S. 77-92.

[16] Vgl. die Rezension in den *Frankfurter gelehrten Anzeigen*, 27.12.1776, Nr. 104, S. 830-832.

Frankfurter Rat und äußerte sein »Befremden«, dass einer seiner Untertanen, nämlich Klein, »ohne seinerseits gegebenen Anlaß öffentlich beschimpft und dessen Arbeit, welche Sie Ihres Beifalls für würdig gefunden und solches auch durch die verfügte Aufführung auf Ihro Hoftheater zu verstehen gegeben habe, für die allerschlechteste, zumalen ohne Beweis ausgeschrieen werde«.[17] Der zuständige Zensor sowie der Herausgeber der *Frankfurter gelehrten Anzeigen* Dienet, der den Verfasser jener anonym erschienenen Rezension nannte, sollten sich dafür rechtfertigen. Klein war als Professor der schönen Wissenschaften zugleich auch Geheimsekretär des Kurfürsten in Mannheim. Das sicherte ihm eine privilegierte Stellung, denn Kritik an seinem literarischen Werk wurde als Kritik an der Staatsmacht und als Missachtung der Obrigkeit empfunden. Es zeugt von der unerschrockenen Respektlosigkeit des Sturm-und-Drang-Autors vor weltlicher und geistlicher Macht, wie Wagner sich im Prozess verteidigt und eine ironische Wiedergutmachung veröffentlicht hat. Wagner bündelte seine Kritik in der Aussage: »Kurz, Herr Professor Klein, der keinen Charakter anzulegen, keinen ihm schon in der Historie deutlich angelegten zu benutzen weiß, nur immer selbst sprechend, nie andere sprechen lassen will, noch weniger die einem theatralischen Schriftsteller so nötige Kunst versteht, in anderer Seele zu reden, schickt sich zum Operndichter wie der Esel zum Lautenschlagen«.[18] Übrigens bedachte auch Goethes Mutter Kleins Werk mit subtilem Spott und teilte Wagners ästhetisches Urteil: »Wir haben jetzt ein Steckenpferd welches uns ein groß gaudium macht, das ist die neue Deutsche Oper von Herrn Profeßer Klein in Mahnheim, *Günther von Schwartzburg*. Sie ist von der löblichen Samstags Gesellschaft mit Noten, Anmerkungen, ja sogar mit Handzeichnungen verbessert und vermehrt worden«,[19] schrieb sie am

---

[17] Karl Wolf: Heinrich Leopold Wagners Verteidigung vor der Frankfurter Zensurbehörde, in: Euphorion 30 (1929), S. 281-289, hier S. 282. Wolf wertete unmittelbar die Zensurakten aus.
[18] Zitiert nach Wolf: Heinrich Leopold Wagners Verteidigung, S. 283.
[19] Die Briefe der Frau Rath Goethe, S. 46.

1. Februar 1777. Deinet und Wagner wurden zu einer Geldstrafe verurteilt und mussten einen Widerruf drucken:

> Da man mit gröster Bedauernüß vernommen, daß die dießen gelehrten Anzeigen *Nro. 104.* abgewichenen Jahres eingerückte Recension der zu Mannheim aufzuführenden teutschen Oper: Günther von Schwartzburg betittult, höchster Orthen nicht nur ungnädig aufgenommen, sondern auch sonsten verschiedentlich als anstößig betrachtet worden; So werden alle diejenige Stellen und Ausdrücke, welche in ermeldter, auf Treue und Glauben von dem Verleger angenommenen und einverleibten Recension gegen Willen und Vorhaben eingeflossen und als beleydigend etwa angesehen werden mögten, nicht nur hiermit offentlich wiederruffen sondern man erkläret auch im Angesicht des Publicums, daß man nie gesonnen gewesen, dem Churfürstl Herren geheimden *Secretaire* Klein, als Autor ermeldter Oper, den man von Person nicht einmal zu kennen die Ehre hat, im allermindesten zu nahe zu treten noch sonsten jemand, wer es auch sey, im geringsten zu beleidigen.[20]

Unterzeichnet wurde dieser schon das damalige Juristendeutsch leicht parodierende Widerruf von Deinet, es ist aber anzunehmen, dass Wagner daran mitgewirkt hat. Wagners Einspruch gegen die Geldstrafe, worin er Klein nochmals als eitlen und prahlsüchtigen Schriftsteller attackiert und den *Günther von Schwarzburg* weit unter Mittelmaß eingestuft hatte, wurde vom Frankfurter Rat abgelehnt, die Höhe der Strafe allerdings etwas gemildert.[21] Wagner stellte die zentrale Frage, die sich aus obrigkeitlicher Sicht als rhetorische Frage erwies, und seine Empörung ist noch über die Jahrhunderte hinweg zu spüren: »Ich [...] glaubte in einem *freyen Staat* frey meine Mitbürger warnen zu dörfen, und deswegen soll ich bestraft werden? [...] Unmöglich!«[22] Der vom Rat geforderte Widerruf wurde in der nächsten Nummer der *Frankfurter gelehrten Anzeigen* gedruckt, und wenig später erschien dann eine zweite Besprechung von Kleins

---

[20] Frankfurter gelehrte Anzeigen, 3. u. 7.1.1777, Nr. 1 u. 2, S. 16.
[21] Vgl. Wolf: Heinrich Leopold Wagners Verteidigung, S. 284.
[22] Wolf: Heinrich Leopold Wagners Verteidigung, S. 286.

Singspiel, in der alles, was zuvor kritisiert worden war, nun gelobt wurde. In der deutschen Literatur werde Klein mit seinem Singspiel Epoche machen und sich Ruhm erwerben, man solle die Splitterrichterei lassen und nicht »kunstrichtern – Danken wollen wir vielmehr dem Verfasser im Namen des Vaterlandes, dem er mit dem Günther von Schwarzburg ein so kostbares Geschenk gemacht hat.«[23] Ermuntern wolle man den deutschen Klein, auf diesem Weg fortzuschreiten, sich durch das Geschrei der Neidsüchtigen nicht irre machen zu lassen, der Autor kenne die Schönheiten der Natur und die Regeln der Kunst, er empfinde lebhaft und feurig und rede die Sprache des Herzens ebenso wie die Sprache des Vaterlands. »Möchte der beneidenswürdige Verfasser«, schließt Wagner seine Besprechung, die als klassischer Widerruf in die Geschichte der Literaturkritik eingehen kann, »uns bald wieder mit einem so schönen Werke, wie dieses ist, beglücken!«[24]

Fragen wir nun nach Hinweisen auf Lerse, Nielk und Anton von Klein im Werk von Jakob Michael Reinhold Lenz. Kurz vor seiner Abreise aus Weimar bittet Lenz Ende November 1776 Pfeffel, ihn wärmstens an Lerse zu empfehlen, »dessen wir uns mit Goethe oft erinnert haben« (WuBr 3, S. 514). Auch Lerse war eine Zeitlang das Verbindungsglied zu Goethe in der Erinnerungs- und Gedächtnisarbeit von Lenz. An Klinger schreibt Lenz im Sommer oder Herbst 1776, die Datierung ist unsicher: »Ich hab Euch versprochen, es Euch sauer zu machen Klinger so Maler Müller und Wagner selbst, den ich recht sehr schätze. Nehmt Euch also in Acht vor mir, pariert ja wohl und wenn Ihr Blöße findet, so stoßt herein auf *mich*, wie Ihr wollt und wie Ihr könnt. Göthe hat ein Pasquill von mir, worin Euch allen die Köpfe gewaschen werden – bis Ihr gescheuter seid« (WuBr 3, S. 480). Der Kommentar bei Damm zu diesem Pasquill lautet lapidar »verlorengegangen. Goethe, in dessen Händen es war, konnte keineswegs an einem öffentlichen Streit des ehemaligen

---

[23] Frankfurter gelehrte Anzeigen, 24. u. 28.1.1777, Nr. 7 u. 8, S. 59-62, hier S. 61.

[24] Frankfurter gelehrte Anzeigen, 24. u. 28.1.1777, Nr. 7 u. 8, S. 62.

Sturm-und-Drang-Kreises interessiert sein« (WuBr 3, S. 881). Von Forschungsseite aus, dies sei wenigstens am Rande erwähnt, gibt es keine einsichtigen Gründe, weshalb mit diesem Pasquill nicht das *Pandämonium Germanikum* gemeint sein kann, das immerhin bereits im Frühsommer 1775 geschrieben worden war.[25] Die *Nielk*-Satire hingegen scheidet definitiv aus, da der Text, wenn denn die gedruckte Fassung identisch ist mit der handschriftlichen Fassung und wenn die Satire aus Lenz' Feder stammt, keine Satire auf den Sturm und Drang oder seine Autoren darstellt.

Interessant, aber nicht minder spekulativ, ist eine andere Spur. Lenz schließt einen Brief an Jakob Sarasin am 17. November 1777 mit den Worten ab: »Grüßen Sie Ihre Gemahlin und Kinder. Einlage bitte an Lersen zu besorgen« (WuBr 3, S. 563). Im Kommentar zum Brief wird vollständig auf eine Mutmaßung verzichtet, doch gerne hätte man erfahren, woraus diese Briefeinlage bestanden hat. Wir wissen es nicht. Wir können lediglich Mutmaßungen anstellen: Der erwähnte Brief wird im Sarasinschen Familienarchiv, Staatsarchiv Basel, unter der Signatur Privatarchiv 212 F 11, 27 aufbewahrt. Dies entspricht dem 27. Band der Korrespondenz von Jakob Sarasin. Der Brief von Lenz hat die fortlaufende Nummer 13. Auf dem Briefpapier sind zwar »vier eindeutig erkennbare Falzspuren, die jeweils über den ganzen Brief verlaufen«,[26] auszumachen. Doch die Maße des Briefs mit 16 cm x 20 cm reichen bei weitem nicht aus, um einer umfangreicheren, seitenstarken Beilage Platz zu gewähren. Selbst wenn man eine noch so winzige Schrift von Lenz und ein noch so kleines Format für ein etwaiges Manuskript annähme,- unmöglich kann diese Beilage das gesuchte Manuskript der *Nielk*-Satire gewesen sein, alles deutet eher auf ein einzelnes Blatt (Gedicht oder Brief?) hin.

---

[25] Vgl. Lenz: Pandämonium Germanikum. Eine Skizze. Synoptische Ausgabe beider Handschriften, S. 66.
[26] Diese und alle anderen Angaben zum Brief verdanke ich Herrn Archivar lic. phil. Daniel Kress. Ihm und Herrn PD Dr. Philipp Sarasin, Basel, sei für die Unterstützung der Recherchen recht herzlich gedankt.

In Lenz' Werk finden sich mehrere Textstellen, an denen er auf den Autor Anton von Klein oder den Straßburger Paradeplatz anspielt. Die bibliographischen Angaben des Titelblatts der *Nielk*-Satire lautet vollständig *Der Paraden-Platz in Straßburg, oder Der bekehrte Schwelger. Ein Original-Lustspiel in 5 Aufzügen. von [!] Philipp Nielk. [O.O.] 1789*. In der Erzählung *Der Landprediger* werden die bewährten Anakreontiker Hagedorn, Uz und Gleim genannt, Klopstock wird gelesen und Goethes Singspiel *Erwin und Elmire*, das im Sommer 1776 in Weimar mit der Musik der Herzogin Anna Amalia uraufgeführt wurde, wird gespielt. Johannes Mannheim, der Pfarrer, hinter dem unschwer Lenz selbst zu erkennen ist, führt mit seinen Freunden verschiedene Dramen auf, »hauptsächlich aber parodierten sie unnatürlich sentimentale Stücke auf ihre Art, wie z.E. den *Günther von Schwarzburg* und dergleichen, welches denn ein unversiegbarer Quell von Ergötzungen für sie ward« (WuBr 2, S. 451). Der Spott gilt in dieser Prosadichtung also der zeitgenössisch gängigen, der Mainstreamdichtung. Im Januar 1777 bei Schlosser in Emmendingen mit der Niederschrift begonnen und im April-, Mai- und Juni-Heft 1777 von Boies *Deutschem Museum* erschienen, verarbeitet Lenz in dieser Erzählung unzweifelhaft Erlebnisse aus den unmittelbar zurückliegenden Weimarer Monaten auf ironische Art und Weise.

Anders verhält es sich mit den nicht zur Veröffentlichung bestimmt gewesenen Aufzeichnungen unter dem Titel *Das Tagebuch*, das im Herbst 1774 entstand und das Lenz im Sommer 1775 Goethe schenkte. Friedrich Schiller ist es zu verdanken, dass schon bald nach dem Tod von Lenz ›einige Lenziana‹ veröffentlicht werden. Am 17. Januar 1797 bittet er Goethe, »fällt Ihnen etwas von der Lenzischen Verlaßenschaft in die Hände, so erinnern Sie Sich meiner. Wir müssen alles was wir finden, für die Horen zusammenraffen«.[27] Goethe antwortet am 1. Februar: »Auch einige *Lenziana* lie-

---

[27] Schillers Werke. Nationalausgabe. Bd. 29: Briefwechsel. Schillers Briefe 1.11.1796 – 31.10.1798. Hgg v. Norbert Oellers u. Frithjof Stock. Weimar 1977, S. 35.

gen bey. Ob und wie etwas davon zu brauchen ist, werden Sie beurtheilen«.²⁸ Schiller bedankt sich bereits einen Tag später:

> Die Lenziana, soweit ich biß jetzt hinein gesehen, enthalten sehr tolles Zeug, aber die Wiedererscheinung dieser Empfindungsweise zu jetzigen Zeiten wird sicherlich nicht ohne Interesse seyn, besonders da der Tod und das unglückliche Leben des Verfaßers allen Neid ausgelöscht hat, und diese Fragmente immer einen biographischen und pathologischen Werth haben müssen.²⁹

Jene ›Lenziana‹, die Schiller von Goethe 1797 erhalten hatte, schlossen auch das Manuskript des *Tagebuchs* ein, doch der Druck unterblieb. Der erfolgte erst 1877, aus Schillers Nachlass. Das Manuskript ist expressis verbis an Goethe auch auf der fiktionalen Ebene des Textes adressiert. Der Eingangssatz lautet: »Ich muß dir lieber Goethe – zum Verständnis dessen was du lesen wirst, einige Nachrichten voranschicken« (WuBr 2, S. 289). Lenz bezieht sich im *Tagebuch* auf das phantasierte Liebeserlebnis mit Susanna Cleophe Fibich – die Araminta des *Tagebuchs* –, deren Elternhaus direkt am Paradeplatz in Straßburg stand. Im Text finden sich nun mehrere Hinweise auf diese topographische Besonderheit:

1.) »Die Abendtrommel ging vorbei, die andern alle traten in der benachbarten Kammer ans Fenster« (WuBr 2, S. 293). Lenz spielt auf die abendliche Parade an.

2.) »Sie befahl mir den Abend wiederzukommen, ich tat's nicht, aber ich spazierte mit einem guten Freunde S-n [= Salzmann, M.L.]

---

²⁸ Goethe: WA IV/12, S. 27.

²⁹ Schillers Werke. Nationalausgabe. Bd. 29, S. 43. – Allerdings sollte man das Adjektiv ›pathologisch‹ in diesem Zusammenhang nicht überstrapazieren. Schiller war schließlich von Haus aus Arzt, und auch Herder nannte er »eine ganz pathologische Natur«, was er schreibe sei »Wie ein KrankheitsStoff« (NA 29, S. 71; Brief vom 1. Mai 1797 an Körner), den diese auswerfe, für die gute Sache ginge Herder gänzlich verloren, und ähnlich beklagt er sich in dem gleichen Brief auch über Schlosser.

auf dem Platz vor ihrem Fenster auf und ab« (WuBr 2, S. 298). Gemeint ist damit der Paradeplatz.

3.) »Ich werde sehen, ob er nicht wird zur Parade dort gewesen sein. (Das Haus steht am Paradeplatz und man sieht alle Morgen die Wache dort abziehn.)« (WuBr 2, S. 307). Lenz erklärt also an dieser Stelle des Manuskripts die Besonderheit des Vorgangs der Parade wie auch der Lage des Hauses.

4.) »Ich ging hin, die Parade zu sehen. [...] G- kam zum Unglück mir in die Quer, [...]. Da führt ich ihn auf die Promenade und fand eben meine ganze Gesellschaft dort, weil es ein sehr schöner Sonntag war« (WuBr 2, S. 323f.). Die Initiale ›G‹ ist bislang unaufgelöst, vermutet, aber nicht plausibel erklärt, wird Johann Gottfried Röderer (1749 – 1815), der Straßburger Freund von Lenz.

5.) Außerdem ist in der *Moralischen Bekehrung eines Poeten* (1775) in der zehnten Selbstunterhaltung zu lesen: »[...] wenn ich bedenke wie unmöglich es dem meisten Teil der jungen Leute in Strasb.[urg] ist, einen vernünftigen Gedanken ein edles Gefühl zu erhalten, wie alles sich bei ihnen täglich zerstreuen verwischen muß, wie zuletzt ihre ganze Fassungskraft stumpf und matt wird und sie herumtrottende Tiere und Kälber ohne Menschensinn und Menschengefühl werden müssen – das heiße warme Klima, der Nationalcharakter, die ewige unersättliche sinnliche Neugier, das Auf- und Abziehen der geputzten Damen und Herren auf der Promenade, das ewige Zerstreuen und Vermannigfaltigen der Konkupiszenz (der Wurzel alles moralischen Gefühls) auf hunderttausend Gegenstände, das ewige Klavierspielen auf unsern armen Nerven ohne Zweck ohne Ganzes, das uns in einem immerwährenden zerstörenden abnutzenden Traum erhält –« (WuBr 2, S. 349f.).

Soviel lässt sich also gesichert festhalten: Lenz waren aufgrund seines langjährigen Straßburger Aufenthalts sowohl der Paradeplatz als auch die gesellschaftliche Bedeutung des Platzes selbst durchaus vertraut. Einem Stück dann diesen Titel zu verleihen (*Der Paraden-Platz*) muss, auch wenn es zunächst banal klingen mag, nicht gegen die Verfasserschaft von Lenz sprechen.

Im Jahr 1868 lesen wir dann in der von August Stöber herausgegebenen Zeitschrift *Alsatia* folgende Notiz:

Ein älteres seltenes Alsaticum.

Der Parade-Platz in Straßburg oder der bekehrte Schwelger. Ein Original-Lustspiel in 5 Aufzügen von Philipp Nielk, 1789, ohne Angabe des Druckorts noch des Buchdrucks. Zwischen dem Namen des Verfassers und der Jahreszahl befindet sich eine Vignette, die ein Körbchen mit Blumen und Früchten vorstellt; am Ende des 78 kleine Oktav-Seiten umfassenden Bändchens, erscheint eine zweite Vignette: eine schiefliegende Leier, unter welcher sich zwei Posaunen kreuzen. außer Hrn. Buchhändler I. Noiriel, von Straßburg, habe ich noch niemanden im Elsaß gefunden, dem dieses Lustspiel bekannt wäre; er besitzt ebenfalls ein Exemplar davon. F.R. Heitz, der gelehrte Bücherkenner und reiche Bücherbesitzer, trug es, vor einigen Jahren, meiner Angabe zufolge, auf die Liste seiner Desiderata.

Liest man des Verfassers Namen – *Nielk* – rückwärts, so ergibt sich daraus *Klein*; einen solchen Schriftsteller gab es wohl um jene Zeit; er hat das von Goethe so scharf mitgenommene Gedicht *Athenor* geschrieben; allein unser Lustspiel ist in ganz andrer Manier abgefaßt als das seinige; es gehört wahrscheinlich dem Saltzmännischen Kreise an, und erinnert an einzelnen Stellen ganz an Lenzens Darstellungsweise, nur mit weniger Vehemenz der Sprache. Es wäre erwünscht Näheres über den Verfasser zu erfahren.[30]

Zur Druck- und Distributionsgeschichte des Textes lassen sich ebenfalls nur wenige gesicherte Daten zusammentragen. Das Original des Stücks war in bundesdeutschen Bibliotheken nicht mehr nachweisbar. Lediglich in Straßburg fand sich noch jenes Exemplar, das bereits August Stöber vorgelegen hatte. Den Stempeln der Ausleihkarte nach zu urteilen scheint dieses Original 1913 zum letzten Mal ausgeliehen worden zu sein. Mutmaßlich geschah dies für den Neudruck des Stücks, der im selben Jahr in der Reihe *Straßburger Biblio-*

---

[30] Alsatia. Beiträge zur elsässischen Geschichte, Sage, Sitte und Sprache, herausgegeben von August Stöber. 1862 – 1867. Mülhausen 1868, S. 526.

thek erfolgte und dem folgendes Vorwort von Th. Rebe vorangestellt war:

Als äußerst seltenen straßburger Druck bringen wir hier ein Theaterstück, dessen Handlung auf dem heute so berühmten Kleberplatz im Jahre 1789 sich abspielte. Die zwei genannten Wirtshäuser ›Zum Schiffbruche‹ und ›Zum Glücksrade‹ sind fingierte Benennungen.

Im ›Bibliographe Alsacien‹, herausgegeben von Ch. Mehl, fand sich das Buch von August Stöber folgendermaßen zitiert (Bd. IV, S. 136):

›Je possède, depuis quelques annéss, un exemplaire incomplet, car y manque les pages 5 à 12. d'un alsatique inconnu à M. C. F. Heitz, notre bibliophile alsacien. (Folgt der Titel.) Cette comédie, écrite en prose, me semble procéder de l'un des membres de la Société littéraire de l'Aktuar Salzmann; elle rappele, quant au style, certaines pièces du malheureux Lenz. Quel en est l'auteur? le nom de *Nielk* lu à rebours donnerait *Klein*. Notre compatriote, l'excellent libraire J. Noiriel, croit en posséder également un exemplaire, mais il n'a pu le retrouver jusqu'à ce jour[31].‹

Nachforschungen nach einer Ausgabe waren in der Universitäts- und Landesbibliothek und anderswo vergeblich. Das einzige Exemplar erhielten wir zur Benutzung von der Stadtbibliothek (O 4786a), deren Verwaltung wir auch an dieser Stelle unsern verbindlichsten Dank sagen. Das betreffende Exemplar trägt ein von August Stöber geschriebenes und signiertes Blatt folgenden Inhalts:

›Geschenkt von H. Notar Ingold, in Sennheim. Mühlausen, 1860. Sehr selten. Hr. Heitz Buchh. und großer Kenner der Alsatica, kennt dies Lustspiel nicht und hat es in seine Desiderata aufgeschrieben. Die in gegenwärtigem Exemplare fehlenden S. 5-12, habe ich aus einem Hrn. Buchh. J. Noiriel, v. Straßburg gehörenden Ex. abgeschrieben, dem zweiten, das mir bis jetzt vorgekommen.

Der Name des Verfassers, Philipp Nielk, ist nirgends in elsäss. Schriften zu finden; er ist wohl ein Pseudonym; von hinten nach vorn gelesen, gäbe Nielk: Klein. Vendu à l'encan du Curé Ahlfeld, de St.

---

[31] [Fn. von Rebe:] »Wie aus einem Eintrag im Buche selbst zu ersehen ist, ist das Ex. von Noiriel später doch aufgetaucht.«

Pierre-le-Vieux, en Décembre 1878. à M. Thiébaud de Strasbourg: 95 francs.‹

Ob das Stück vom elsässischen Standpunkt aus von einem ›Schwob‹, oder vom deutschen Standpunkt von einem ›Wackes‹ geschrieben worden ist, entzieht sich unserer Kenntnis.

Straßburg, November 1913   Th. Rebe.[32]

Fassen wir die offenen Fragen zusammen: Wir wissen nicht, ob Lenz überhaupt einen Text geschrieben hat, auf die Böttigers Gattungsbezeichnung Satire und Titulierung mit *Nielk* zutrifft. Wenn Lenz einen *Nielk* geschrieben hat, dann wissen wir lediglich aus Böttigers Erinnerung von 1798, dass er diesen Text etwa zwischen 1776 und 1777 verfasst haben muss. Wir wissen ferner, dass Lerse ein Manuskript mit dem Titel *Nielk* besaß. Über dessen Verbleib ist nichts in Erfahrung zu bringen. Wir wissen nicht, ob Lerses Lenz-Manuskript *Nielk* und *Der Paraden-Platz* identisch sind und ob es im gedruckten Text möglicherweise mehrere Textschichten von unterschiedlichen Verfassern (Lenz und Lerse) gibt. Und wir wissen ebenfalls nicht, denn auch hier lassen uns die bekannten Dokumente im Stich, ob es irgendwelche Hinweise darauf gegeben hat, dass Lenz nach 1777, jedenfalls zwischen 1777 und 1789 eine Satire geschrieben hat, etwa in einem der verloren gegangenen Briefe mit einem anderen Titel belegt.

Wenn wir aber Böttigers Ausführungen folgen, dann lässt sich positiv formulieren: Lenz hat 1776 eine Satire mit dem Titel *Nielk* geschrieben. Diese Satire existierte 1798 noch im Manuskript. Der Druck *Der Paraden-Platz* war Böttiger unbekannt. Die Drucklegung muss unabhängig vom Schreibanlass Jahre später aus einem anderen, nicht mehr nachvollziehbaren Grund erfolgt sein. Aus der Mitteilung von Böttiger geht eindeutig hervor, dass Lenz den *Nielk* nicht in Weimar, sondern später schrieb. Vielleicht hat Lerse sogar den

---

[32] Philipp Nielk: Der Paraden-Platz in Straßburg oder Der bekehrte Schwelger. Ein Original-Lustspiel in fünf Aufzügen. 1789. Straßburg 1913 (= Straßburger Bibliothek), S. V-VI (Exemplar der Universitätsbibliothek Freiburg i.Br.).

Druck 1789 vermittelt oder es handelt sich auf dem Titelblatt der Erstausgabe um einen Zahlendreher, und Lerse brachte das Manuskript erst nach der Begegnung mit Böttiger im November 1798 zum Druck, der dann bei Erscheinen des Textes mit der falschen Jahresangabe zurückdatiert wurde.

Gewiss sind dies Mutmaßungen, mehr nicht. Betrachten wir nun den Text. Das Personenverzeichnis ist im Nachdruck weggelassen worden. Im Originaltext führt es folgende Figuren auf: Die Brüder »Licentiat« der Rechte Ficker und der »Doctor Ficker«, ferner

>Herr von Ernsthofen.
>Herr Leichtheim, ein Fremder.
>Henkel, ein Wirth.
>Johann, des Licentiaten Bedienter.
>Lucks, sein Frisör.
>Fräulein von Ernsthofen.
>Mamsel Sophie.
>Mamsel Mariann.
>Eine falsche Wache.[33]

Der erste Akt stellt den Lizentiaten Ficker vor, der mit seiner Geliebten Clara von Ernsthofen einen Ball besuchen möchte, aber nicht mehr über das nötige Kleingeld verfügt. Deshalb schickt er seinen Bedienten Johann los, seine Taschenuhr zu barer Münze zu machen. Johann indes lässt sich die Uhr von Juden abschwatzen und gegen ein leeres, wertloses Uhrgehäuse eintauschen. In diesem Moment erscheint der Fremde, Herr Leichtheim, auch dies ein sprechender Name. Er sucht einen Cicerone, um in Straßburg erfolgreich Frauenbekanntschaften machen zu können. Johann kommt da gerade recht, nachdem Leichtheim dessen Misslichkeiten sich hatte erzählen lassen. Am Ende des ersten Akts wird ein Pakt geschlossen, und der Untertitel des Stücks erhellt sich: »Bey unserm jugendlichen

---

[33] Der Paraden-Platz in Straßburg, oder Der bekehrte Schwelger. Ein Original-Lustspiel in 5 Aufzügen. von [!] Philipp Nielk. [O.O.] 1789, o.S. [= S. 2].

Feuer [...] schlagen Sie drein und lassen Sie allen Ihren Wünschen und Begierden den Zügel schießen! Wir wollen noch heute die Göttin der Liebe selbst ermüden, und dem Gotte der Schwelgerey zu Wette schwelgen«,[34] worauf der Licentiat dem neuen »Bruder« enthusiastisch antwortet, dass man den Mädchen »ohne eine einzige Kanone auf sie loszufeuern, ihren Leib und ihre Seele in Flammen setzen, und in Besitz nehmen können«.[35] Das Interesse der beiden Schürzenjäger gilt Sophie und Mariann, die der Fremde zuvor zufälligerweise kennen gelernt hatte.

Zweiter Akt: Im Wirtshaus *Zum Schiffbruch*, auch dies ein komischer, sprechender Namen, treffen sich Leichtheim, Lizentiat Ficker, Sophie und Mariann zu einem Stelldichein. Durch eine umständliche Erzählung wird Leichtheim veranlasst, seine Kleider in einem Nebenraum gegen ein Bauernkleid auszuwechseln. Auch die beiden Frauen begeben sich in ein Nebenzimmer um sich umzuziehen. Eine Verwechslungskomödie scheint sich anzubahnen. Doch in diesem Moment tritt der Wirt Henkle mit (falschen) Soldaten auf, um die Frauen wegen ihres anrüchigen Lebenswandels festnehmen zu lassen. Was die beiden Männer nicht wissen, aber worüber der Leser schon unterrichtet wurde: der Wirt und die Frauen stecken unter einer Decke. Die Soldaten suchen Sophie und Mariann und müssen feststellen, dass sie mit Leichtheims Kleidern und seinem Geld getürmt sind.

Im dritten Akt taucht der leibliche Bruder des Lizentiaten Ficker auf, der Arzt Doktor Ficker. Die einzelnen Szenen spielen allesamt auf dem Paradeplatz. Der Doktor trifft die Geschwister Herr und Frau von Ernsthofen, zukünftiger Schwager und Braut des Lizentiaten, die inzwischen die seltsamen Umtriebe und Liebeshändel von Ficker beobachten konnten. Während Clara von Ernsthofen die mangelnde Vernunft im Umgang mit ihr, also eine vernunftlose Liebe des Lizentiaten beklagt, gelingt es dem Doktor, ihren Entschluss hinauszuzögern die Liebesbeziehung zu beenden. Der Lizentiat indes ist sich seiner Lage durchaus bewusst, er resümiert Leicht-

---

[34] Nielk: Der Paraden-Platz, S. 16.
[35] Nielk: Der Paraden-Platz, S. 17.

heim gegenüber, »aber ich verliere ein Fräulein, eine Göttin, die viel Geld besitzt, und die ich, ohne einen Heller im Vermögen zu haben, erobern könnte«.[36] Der Lizentiat Ficker leiht sich bei seinem Bruder nochmals etwas Geld, um damit auf den Ball gehen und seine Clara umstimmen zu können. Er schwört, dass er zukünftig »alle Nymphen hassen«[37] und alle seine Gedanken und Werke dem Fräulein von Ernsthofen aufopfern werde. Nur Tugendhaftigkeit und ein zärtliches Herz würden ihn in Zukunft noch interessieren. Der Doktor arrangiert mit dem Frisör Lucks eine Probe dieser neuen brüderlichen Gesinnung. Lucks solle sich als Frau verkleiden, den Bruder in den Gasthof *Zum Glücksrad* locken und ihn zu verführen trachten.

Der vierte Akt stellt den Ballsaal vor. Der Lizentiat und Frau von Ernsthofen sprechen sich aus, er schwört ihr seine reine, zärtliche Liebe, sie ziert sich anfänglich, fordert Proben seiner wahren und beständigen, männlichen und vernünftigen Liebe. Sie gibt dann vor, nach Hause gehen und sich für den Ball umziehen zu wollen, nicht ohne zuvor die Losung auszugeben »keine neue Liebeshändel oder Schwelgereyen«.[38] Während ihrer Abwesenheit wird dann die Verführungs- und Verwechslungsgeschichte durch den Bruder inszeniert. Doktor Ficker hat sich als ein alter Bekannter des Lizentiaten verkleidet. Da es sich um einen Maskenball handelt, klingt die Verwechslung für den Leser resp. Zuschauer glaubwürdig. Dieser Freund namens Fröhlich aus Colmar verhilft Ficker sofort zu einer Frauenbekanntschaft – just jenem verkleideten Frisör Lucks –, bei der er als »der Baron von Fickerthal«[39] vorgestellt werden möchte. Was der Lizentiat nicht weiß, aber in der letzten Szene dieses Aktes in wenigen Zeilen dem Leser und Zuschauer mitgeteilt wird: Der Bruder des Lizentiaten und der Bruder des Fräuleins von Ernsthofen haben sich abgesprochen, sie inszenieren die Verwechslungs- und Verführungskomödie gemeinsam.

---

[36] Nielk: Der Paraden-Platz, S. 37.

[37] Nielk: Der Paraden-Platz, S. 41.

[38] Nielk: Der Paraden-Platz, S. 52.

[39] Nielk: Der Paraden-Platz, S. 54.

Der letzte, fünfte Akt schließlich bringt die Auflösung aller Verwechslungen. Lizentiat Ficker befindet sich mit dem begehrten, unbekannten Fräulein alleine auf einem Zimmer. Ficker nennt sie englisches Fräulein und Göttin seiner Seele. Sie solle das tyrannische Vorurteil überwinden, der zärtlichen Stimme der Menschheit und dem heiligen Wink der unfehlbaren Natur folgen und sich ihm hingeben. In dem Augenblick, wo die Situation in eine gewaltsame Verführung umzuschlagen droht, erscheinen der Bruder, die Geschwister Ernsthofen und Leichtheim und brechen in ein »lautes Gelächter«[40] aus. Dadurch wird dem Stück das Grotesk-Komische bewahrt. Die Situation ist dermaßen überzeichnet, dass die Äußerung aggressiver Affekte an dieser Stelle, wie man sie auch hätte erwarten können, der Szene insgesamt ihrem komischen Charakter benommen hätte. Es kommt zu einer Aussprache, in deren Verlauf sich herausstellt, dass der Bruder Clara von Ernsthofen liebt und sie heiraten wolle, der Lizentiat hingegen sein Unrecht einsehen müsse. Ficker sieht sein Fehlverhalten ein, er sei durch dieses drastische Mittel zur Selbsteinsicht endlich Mensch geworden, erklärt er und verzichtet. Zwischen den Brüdern entspinnt sich ein längerer ›monologischer Dialog‹, worin die Vorzüge eines bürgerlichen Lebens und empfindsamer Lebensführung gepriesen werden. Der Lizentiat will sich für immer von ehemaliger Geliebten und Bruder verabschieden, doch dann erfährt das Stück wohl seine überraschendste Wendung. Der Doktor eröffnet seinem Bruder, dass Clara von Ernsthofen ihn immer noch liebe und ihn heiraten wolle. Dass der Lizentiat darauf sofort sie als »Göttin meiner Seele«[41] tituliert – jene Formel also aufgreift, womit er noch kurz zuvor eine andere zu verführen versuchte –, lässt für die Zukunft dieses Paares nichts Gutes hoffen und mag ein Körnchen Ironie des Autors bei aller empfindsamen Harmonie im Schlusstableau sein. Mit einem Ballett oder einer Pantomime, wie es in der Regieanweisung heißt, endet das Stück.

---

[40] Nielk: Der Paraden-Platz, S. 60.
[41] Nielk: Der Paraden-Platz, S. 64.

Keine Frage, das Stück ist sehr konstruiert, voller Zufälle, die so aufeinander abgestimmt und so zugespitzt sind, dass sie fast schon grotesk wirken. Man kann von dem Verfasser jedenfalls annehmen, dass er über entsprechende Erfahrungen als Komödienschreiber verfügen musste. Der Autor, wer auch immer er gewesen ist, war jedenfalls mit der Straßburger Topographie bestens vertraut. Wenn es kein Ortsansässiger war, so muss er doch immerhin einige Zeit dort gelebt haben.

Zu den Signifikanzen des Stücks zählen auch einige sprachliche Besonderheiten und Auffälligkeiten. Besonders ins Auge sticht das Wort »ehender«. Frau von Ernsthofen fragt den Lizentiaten Ficker, »wenn Sie mich denn so zärtlich lieben, und so heftig wünschen, mich zu besitzen, warum suchen Sie denn meine Gegenliebe nicht ehender durch eine gute Aufführung, als durch leere Worte zu gewinnen?«[42] August Wilhelm Hupel bemerkt dazu in seinem *Idiotikon der deutschen Sprache in Lief- und Ehstland* (1795): »ehender st. eher. selt. und pöb. Doch findet man es auch bey *Fischer*«.[43] Nach der Auflösung der Siglen[44] heißt dies, »ehender: anstatt, oder das Wort bedeutet ›eher‹. Den Ausdruck hört man selten, pöbelhaft, unedel, niedrig, nur für den Pöbel schicklich. Doch findet man es auch bei Herrn Archiat. v. Fischers liefländ. Landwirtschaftsbuch«. Die Wörter »Nickel« (S. 30 für Diebinnen), »Brunetchen« (S. 52), »Geblüt in Jast« (S. 54), Pursch und Bal (mehrfach belegt), beede, »Banduren« (S. 18 für Räuber), »Baurentrutschel« (S. 45) und andere mögen zwar sprachgeschichtlich lokal geprägt sein, können aber nicht als Indiz für die Landsmannschaft des Autors gelten. Lenz hätte genug Zeit und Gelegenheit gehabt, in Straßburg selbst süddeutsche und elsässische Sprachbesonderheiten kennenzulernen.

---

[42] Nielk: Der Paraden-Platz, S. 50.

[43] [Hupel:] Idiotikon der deutschen Sprache in Lief- und Ehstland. Nebst eingestreueten Winken für Liebhaber. Riga 1795. Unveränderter fotomechanischer Nachdruck der Originalausgabe 1795. Zwickau o.J., S. 56.

[44] Vgl. [Hupel:] Idiotikon der deutschen Sprache in Lief- und Ehstland, S. XIX und XX.

Auffallend ist auch die lange Passage, worin sich der Lizentiat Ficker über die zeitgenössische Medizinkunst, die Ärzte und ihre Geldgier auslässt.[45] Doch kann dies schwerlich als ein Argument gegen die Verfasserschaft von Lenz herangezogen werden.

Auch die Namen geben nur wenige Hinweise. Unklar bleibt, weshalb auf dem Titelblatt ›Philipp Nielk‹ steht, wenn es sich um ein Pseudonym handelt. Ein historischer Autor dieses Namens konnte jedenfalls bislang nicht nachgewiesen werden. Lerses Vater hieß zwar mit Vornamen Philipp, und Goethes Diener in Weimar hieß Philipp Seidel, er und Lenz korrespondierten miteinander. Doch kann man daraus nur schwerlich weitere Schlüsse ableiten, da Philipp in der zweiten Hälfte des 18. Jahrhunderts ein Allerweltsvorname war. Und die Namen der Figuren? Johann heißt auch der Bediente in Lenz' *Der tugendhafte Taugenichts*. Auch im *Väterchen*, der Plautus-Übertragung von Lenz, taucht ein Johann auf, und in der *Henriette von Waldeck* nennt Lenz ebenfalls einen Bedienten Philipp. Fieckchen wiederum heißt eine Frauenfigur in *Die Aussteuer*. Anton von Kleins Frau, die dieser 1788 heiratete, war die Tochter des Freiherrn von Fick.[46] Die männliche Hauptfigur im Stück heißt Ficker. Ist dies vom Autor eine beabsichtigte Allusion gewesen? Wenn dies so war, dann bedeutet dies für die Entstehungsgeschichte des Textes, dass Lenz den *Nielk* erst nach der Heirat Anton von Kleins oder als Satire auf diese Heirat geschrieben haben kann. Ist das aber schlüssig? Wenn Lenz hingegen, wie ich oben im Anschluss an die Mitteilungen Böttigers vermutete, den *Nielk* zwischen 1776 und 1777 verfasst hat, dann ist die Namensähnlichkeit keine willentliche Anspielung auf von Kleins Frau, sondern Zufall. Es sei denn, derjenige, der den Druck des *Nielk*-Manuskripts (Lerse also?) veranlasste, hat kurzfristig den ursprünglichen Namen der männlichen Hauptperson mit Blick auf von Kleins Heirat geändert. Das aber ist mehr als eine Hypothese, insofern soll sie hier nicht weiter verfolgt werden. Und der Beruf von Ficker – Lizentiat der Rechte –,

---

[45] Vgl. Nielk: Der Paraden-Platz, S. 39.
[46] Vgl. Krükl: Über das Leben des elsässischen Schriftstellers Anton von Klein, S. 74.

sollte das auf Goethe anspielen? Worin läge dann aber die Anspielung, außer in der Anzüglichkeit des Worts? Die Frage also, ob es einen erkennbaren Zusammenhang der *Nielk*-Satire mit Anton von Klein als Person oder mit einem seiner Werke gibt, muss klar verneint werden. Ob daraus freilich der Schluss zu ziehen sei, dass das Stück *Der Paraden-Platz* insgesamt nicht das von Böttiger gemeinte *Nielk*-Stück sei, kann hier nicht allgemein beantwortet werden. Wenn *Nielk* bzw. *Der Paraden-Platz* eine Satire darstellt, dann ist die satirisierte Person jener Männertyp, der im Stück als Schwelger bezeichnet und als Lizentiat Ficker benannt wird. Von einer promiskuitiven Lebensweise wird er zur bürgerlichen Anständigkeit durch entsprechend entlarvende und komische Szenen erzogen. Die Anspielungen mögen für die Zeitgenossen vielleicht leichter zu decodieren gewesen sein, als dies uns heute noch gelingen mag.

Mutmaßung III oder Die »Eseley«. Spekulation über eine naheliegende Erklärung

Hans-Gerd Winter fasst das Bild der spärlichen wissenschaftlichen Äußerungen über die *Moralische Bekehrung eines Poeten* so zusammen: Das Schreiben werde in diesem Text zum Lebensersatz, da eine wirkliche Beziehung zur geliebten Frau nicht aufgenommen werden könne.[1] Demgegenüber versuche ich in diesem Kapitel eine andere Lesart zu entwickeln, die den Text dort ernst nimmt, wo er als Fiktion erscheint, welche die Wirklichkeit im buchstäblichen Sinn auf den Begriff bringt. Die daraus abzuleitende These dieser Mutmaßung lautet: Lenz schenkt in Weimar Goethe das Manuskript der *Moralischen Bekehrung*. Darin besteht das, was Goethe im Tagebuch als »Lenzens Eseley« benannt hat. Lenz begeht – nach Goethe – zweimal diese »Eseley«, die der Forschung Rätsel aufgibt. Die Fakten sind dürr. Das erste Mal geschieht es in der Nacht vom 24. auf den 25. April 1776. Goethe schreibt in einem Brief an Charlotte von Stein vom 25. April 1776: »Lenzens Eseley von gestern Nacht hat ein Lachfieber gegeben. Ich kann mich gar nicht erhohlen«.[2] Beim zweiten Mal wiederholt Goethe unter dem Datum vom 26. November 1776 in seinem Tagebuch nur die knappen Worte »Lenzens Eseley«.[3] Das Wort ›Eseley‹ gehört nicht gerade zu den häufig gebrauchten Begriffen Goethes. Außer den beiden schon zitierten Belegstellen in einem Brief an Charlotte von Stein und in der Tagebuchnotiz findet sich noch eine dritte Erwähnung ebenfalls in einem Brief Goethes an Frau von Stein vom 17. Mai 1778: »So viel kann ich sagen ie gröser die Welt desto garstiger wird die Farce und ich schwöre, keine Zote und Eseley der Hanswurstiaden ist so eckelhafft als das Wesen der Grosen Mittlern und Kleinen durch einan-

---

[1] Vgl. Hans-Gerd Winter: J.M.R. Lenz. 2. überarbeitete u. aktualisierte Aufl. Stuttgart, Weimar 2000, S. 49.

[2] Goethe: WA IV/3, S. 54.

[3] Johann Wolfgang Goethe: Tagebücher. Historisch-kritische Ausgabe. Bd. I, 1. Hgg. von Wolfgang Albrecht und Andreas Döhler. Stuttgart, Weimar 1998, S. 30.

der«.[4] Demnach gehört zur Semantik dieses Begriffs für Goethe das Anstößige, und legt man seine eigenen Hanswurstiaden zugrunde, dann ist auch das Sexuelle dazuzurechnen. Nimmt man noch die vierte, letzte Belegstelle hinzu, so impliziert der Begriff ›Eseley‹ auch ein Höchstmaß an *persönlicher* Beleidigung. In einem Brief an Meyer vom 7. Juni 1817 heißt es über einen Dritten: »[...] er hat in seiner Sappho eine Eseley gegen mich ausgehen lassen, die ihm soll theuer zu stehn kommen, wenn ich den Humor behalte«.[5]

»Er meinte wenn eine Frau einen Mann hätte der sie nicht befriedigen könnte, wär es ihr keine Sünde einen andern zu halten nur daß es niemand erführe« (WuBr 2, S. 323). Diese Worte legt Jakob Michael Reinhold Lenz der Figur des Schwagers, dem jüngsten Bruder von Scipio in seinem *Tagebuch* in den Mund. Hinter dieser Figur verbirgt sich der historische Christoph Hieronymus Johann von Kleist, der jüngste der drei Kleist-Brüder, in dessen Dienst Lenz nur kurze Zeit in Straßburg stand. Der Icherzähler des *Tagebuchs*, Lenz, und dieser Scipio reden über die Notwendigkeit der Einrichtung von Bordellen in Preußen zur öffentlich legitimierten Triebabfuhr. Lenz' Kommentar: »Ich glitschte nicht ab von meinem Thema dem Frauenzimmer« (WuBr 2, S. 323). Und dieses Thema setzt Lenz in der Prosaschrift *Moralische Bekehrung eines Poeten von ihm selbst aufgeschrieben* fort. *Das Tagebuch*, die *Moralische Bekehrung* und *Der Waldbruder* bilden eine Art »Großtext«,[6] wie es Jörg Schönert in seinem instruktiven Aufsatz genannt hat. Allerdings wählt Lenz in der *Moralischen Bekehrung* von Beginn an nicht mehr die Sicherheit fiktionaler Referenzen, sondern legt schonungslos und offen seine

---

[4] Goethe: WA IV/3, S. 225.

[5] Goethe: WA IV/28, S. 125.

[6] Jörg Schönert: Literarische Exerzitien der Selbstdisziplinierung. ›Das Tagebuch‹ im Kontext der Straßburger Prosa-Schriften von J.M.R. Lenz, in: »Unaufhörlich Lenz gelesen ...«. Studien zu Leben und Werk von J.M.R. Lenz. Hgg. v. Inge Stephan und Hans-Gerd Winter. Stuttgart 1994, S. 309-324, hier S. 312.

Gedanken und Gefühle dar.⁷ Einer anderen Interpretationsthese nach, der ich in diesem Zusammenhang nicht folge, ist die Frau »nicht die Begehrte, ja nicht einmal die Gemeinte«, sondern lediglich »Manövriermasse zwischen den Männern«⁸ Lenz und Goethe, die ihren Machtkampf im literarischen Feld auf diese Weise austrügen. Diese These ist in sich zwar konsistent, weicht aber dem Drängen des Begehrensdiskurses im Text selbst aus und erkennt in Lenz' Leidenschaft nur ein taktisches Verhalten geleitet von instrumenteller Vernunft, das sich nicht für die Frau, sondern nur für den Freund Goethe interessiere.⁹ Lenz betreibt, wie er an einer Stelle des Textes schreibt, Herzensanatomie und Seelenarbeit. Er bekennt sich in der Schrift zu seiner schwärmerischen, aber um nichts weniger leidenschaftlichen Liebe zu der mit Schlosser verheirateten Cornelia Schlosser, geborene Goethe. Und damit ist ein unvermeidliches Konfliktpotenzial genannt; was Lenz über Cornelia schreibt, schreibt er über die Schwester Goethes.¹⁰

---

⁷ Und in diesem Punkt weiche ich von der Interpretation Schönerts ab, sehe also in der *Moralischen Bekehrung* kein *fiktionales* erotisch-sexuelles Experiment (vgl. Schönert: Literarische Exerzitien der Selbstdisziplinierung, S. 318ff.). In allen anderen Punkten stimme ich Schönert vorbehaltlos zu. – Auch Jürgen Stötzer spricht vom »petrarkistische[n] Idealbild«, das sich der Erzähler von Cornelia Schlosser mache, vgl. Jürgen Stötzer: Das vom Pathos der Zerrissenheit geprägte Subjekt. Eigenwert und Stellung der epischen Texte im Gesamtwerk von Jakob Michael Reinhold Lenz. Frankfurt a.M. 1992, S. 64-81, hier S. 76. Gleichlautend schon Rudolf Käser: Die Schwierigkeit ich zu sagen. Rhetorik der Selbstdarstellung in Texten des ›Sturm und Drang‹. Herder – Goethe – Lenz. Bern 1987, S. 335. Käser liest die *Moralische Bekehrung* als Versuch einer moralischen Selbstdisziplinierung des Autors Lenz.

⁸ Inge Stephan: »Meteor« und »Sterne«. Zur Textkonkurrenz zwischen Lenz und Goethe, in: Lenz-Jahrbuch/Sturm-und-Drang-Studien 5 (1995), S. 22-43, hier S. 38.

⁹ Vgl. Stephan: »Meteor« und »Sterne«, S. 39.

¹⁰ Vgl. zu Cornelia Goethe die nach wie vor spärliche, dazu selten wissenschaftliche Literatur, u.a. Petra Maisak: »Sein Haus, ein Sammelplatz für Deutschland's Edle«. Johann Georg Schlosser, Goethes Schwester Cornelia

Der Text zur *Moralischen Bekehrung* soll – folgt man den Kommentaren – im Frühjahr und Sommer 1775 niedergeschrieben worden sein. Schon recht früh hat Lenz das Manuskript Goethe überlassen, ja geschenkt. Entweder wurde es diesem mit der Post unmittelbar nach der Fertigstellung geschickt oder Lenz brachte es nach Weimar mit und gab es dort Goethe selbst. Belege für die eine oder andere Annahme gibt es nicht. Die verbreitete Feststellung der Forschung, die *Moralische Bekehrung* wurde »im Laufe des Sommers 1775 von Lenz an Goethe gegeben«,[11] kann so nicht bestätigt werden. Das Manuskript der *Moralischen Bekehrung* ist nach Auskunft des Goethe- und Schiller-Archivs Weimar ›schon immer‹ in Goethes Besitz gewesen. Es gibt allerdings keinerlei Hinweise darauf, zu welchem Zeitpunkt diese Archivalie in Goethes Besitz übergegangen ist. Man kann also nicht ausschließen, dass es schon kurz nach der Niederschrift von Lenz Goethe geschickt, wenn es 1775 entstanden ist, oder übergeben wurde, wenn es 1776 geschrieben worden ist.

---

und ihre Freunde in Emmendingen. Marbach a.N. 1992. – Sigrid Damm: Cornelia Goethe. 2. Aufl. Frankfurt a.M. 1988. – Georg Witkowski: Cornelia die Schwester Goethes. 2. veränderte Aufl. Frankfurt a.M. 1924, bes. S. 159-176. Witkowskis Lenz-Bild ist freilich von der Goethe-Philologie des 19. Jahrhunderts geprägt (sein Buch erschien erstmals 1903). Er charakterisiert Lenz als eitel und intrigant, die *Moralische Bekehrung* infolgedessen als reines Phantasieprodukt. – Ulrike Prokop: Die Melancholie der Cornelia Goethe, in: Schwestern berühmter Männer. Zwölf biographische Portraits. Hgg. v. Luise F. Pusch. Frankfurt a.M. 1985, S. 49-122. – Dies.: Die Illusion vom großen Paar. 2 Bde. Frankfurt a.M. 1991. – Goethe an Cornelia. Die dreizehn Briefe an seine Schwester. Hgg. v. André Banuls. Hamburg 1986. – Cornelia Goethe: Briefe und Correspondance Secrete 1767 - 1769, hgg. u. aus dem Franz. übertragen v. Melanie Baumann, Marion Benz, Daniela Jopp, Stefanie Krummel, Matthias Schirmeier u. Hans Schoofs. Freiburg i.Br. 1990.

[11] Schönert: Literarische Exerzitien der Selbstdisziplinierung, S. 323, Anm. 28, der sich auf Winter stützt (vgl. Winter: J.M.R. Lenz, S. 48). Diese Aussage wird in der Forschung seit Generationen ungeprüft weitergegeben und hat inzwischen den Status einer empirischen Behauptung erlangt.

Im Kommentar der Lenz-Ausgabe von Sigrid Damm ist zu lesen, dass die *Moralische Bekehrung* »nicht als ein rein persönliches Dokument, sondern von vornherein als dichterisches Werk konzipiert« (WuBr 2, S. 864) gewesen sei. Damm spricht, in Übernahme der Formulierung Kräuters, von einem »kleine[n] Roman« (ebd.). Diese Einschätzungen lassen sich bei näherer Betrachtung nicht halten, denn es gibt keinerlei Hinweise darauf, dass Lenz die *Moralische Bekehrung* als fiktive Schrift (»dichterisches Werk«) verstanden wissen wollte, im Gegenteil. Die Hinweise im Text selbst lassen nur das Selbstverständnis der Schrift als Tagebuch zu. Die Gattungsbezeichnung ›Roman‹ für die *Moralische Bekehrung* ist verfehlt, wenn nicht gar grotesk. Kräuter notierte zwar auf das Vorsatzblatt zum Manuskript »Anfang eines phantastischen Romans, von Lenz, von dessen eigner Hand.«[12] Doch beinhaltet die Gattungsbezeichnung ›Roman‹ bereits eine Bewertung über den fiktiven Charakter des Geschriebenen. Und diese Notiz unterstellt außerdem dem Manuskript einen Fragmentcharakter (»Anfang«), der dem Text *nicht* eignet. Das hat Karl Weinhold, der auf Anregung Erich Schmidts hin das Manuskript 1889 veröffentlichte, in seinem Kommentar ausführlich dargelegt.[13] Weinhold nennt die *Moralische Bekehrung* irreführend den *Poeten*, da er nach einer Briefnotiz von Lenz an seinen Bruder vom 7. November 1774 davon ausgeht, dass sich Lenz schon zu diesem Zeitpunkt mit einem solchen Manuskriptprojekt beschäftigt habe. »Ostern kommt mein letztes Stück heraus: der Poet, Weg zum Ehemann, das meinem Herzen am nächsten ist« (WuBr 3, S. 305). Aus der ursprünglich beabsichtigten dramatischen Fassung habe Lenz dann eine Prosaversion gemacht. Schon Weinhold stellte also klar, »es ist das kein fantastischer Roman, wie Kräuter schrieb, sondern es sind ›Selbstunterhaltungen‹, tagebuchartige Betrachtungen und Ge-

---

[12] Nach Kräuters Notiz auf dem Manuskript zitiert, das sich im Goethe- und Schiller-Archiv, Stiftung Weimarer Klassik, in Weimar befindet, Signatur GSA 36/N9, Bl. 1. – Ich danke dem Goethe- und Schiller-Archiv, namentlich Frau Dr. Silke Henke, für die Zusammenarbeit recht herzlich.

[13] Vgl. Karl Weinhold: Anmerkungen des Herausgebers zu dem Poeten von J.M.R. Lenz, in: Goethe-Jahrbuch 10 (1889), S. 89-105.

fühlsentwickelungen, in Nachahmung eines Lavaterschen Buches verfaßt, und um die Neigung des Dichters zu Cornelia Schlosser sich bewegend«.[14] Man könnte allerdings an diese Beobachtungen die Überlegung anschließen, dass Kräuters Formulierung mutmaßlich auf eine Sprachregelung Goethes zurückgehen könnte. Weinhold rekonstruierte die Entstehungszeit des Manuskripts. Im November 1774 habe Lenz die erste Idee dazu gehabt, im Mai, Juni und Juli 1775 den Text niedergeschrieben. Dass ich diese Rekonstruktion der Entstehungsdaten nicht plausibel finde, geht aus dem Nachfolgenden hervor. Weinholds Bewertung ist, gemessen an den sonstigen abwertenden moralischen und ästhetischen Urteilen über den Text, bemerkenswert: »Das Schriftstück gehört stilistisch zu dem besten, das Lenz geschrieben hat, obschon auch in ihm viel leeres und mattes und formell verfehltes und falsches unterläuft«.[15] Er unterstellt Lenz »kein wahres tiefwurzelndes Liebesgefühl«[16] Cornelia Schlosser gegenüber. Die Beurteilung Weinholds fällt insgesamt ambivalent aus. Während er den ästhetischen Wert des Manuskripts erkennt, verurteilt er dessen Inhalt mit moralischen Argumenten. Weinhold geht von der Vorsätzlichkeit Lenz'scher Motive aus, dieser habe willentlich den Entschluss gefasst sich in Cornelia Schlosser zu verlieben. Eine von Lenz insinuierte »Briefliebelei«[17] wäre völlig gegen »den ernsten Sinn Corneliens gewesen«, die Lenz als eitlen, »aber im Grunde gutmüthigen und ziemlich unschuldigen Schwärmer«[18] behandelt habe. Weinhold charakterisiert Lenz als selbstgefällig und töricht und spricht von verliebter Träumerei, von verliebtem Spiel und von eitler Galanterie. Die *Moralische Bekehrung* sei gleichermaßen »Lenzreliquie«[19] wie »Cornelien-Phantasie«.[20]

---

[14] Weinhold: Anmerkungen, S. 90.
[15] Weinhold: Anmerkungen, S. 91.
[16] Weinhold: Anmerkungen, S. 91.
[17] Weinhold: Anmerkungen, S. 93.
[18] Weinhold: Anmerkungen, S. 94.
[19] Weinhold: Anmerkungen, S. 90.
[20] Weinhold: Anmerkungen, S. 91.

Johann Georg Schlosser, Cornelias Mann, verabschiedete sich im März 1776 mit den Worten von Lenz: »Adieu, lieber Lenz, auf den Herbst also sehen wir Dich gesünder, fröhlicher, besser wieder. – Versags uns nicht! Wie sollst Du's? Da wird's eine wirklich seelige Familiengruppe werden«.[21] Schlosser ahnte nicht, was zwischen seiner Frau und Lenz vorgefallen war und welche Phantasien Lenz entwickelt hatte. Er ahnte auch nicht, dass es zu dieser Familiengruppe nicht mehr kommen würde. Zwar verbrachte Lenz den Jahreswechsel 1776/77 in Emmendingen. Doch am 8. Juni 1777 starb Cornelia Schlosser. Als Lenz davon erfuhr, widmete er ihr ein Briefgedicht, gerichtet an Gertrud Sarasin:

Wie Freundin fühlen Sie die Wunde
Die nicht dem Gatten bloß, auch mir das Schicksal schlug.
[...]
Ganz von der armen Welt vergessen
Wie oft hat sie beglückt durch sich
Auf seinem Schoß mit Siegerstolz gesessen
Ach und ihr Blick erwärmt auch mich.
Auch ich auch ich im zärtlichsten Momente
Schlug eine zärtliche Tangente
Zur großen Harmonie in ihrem Herzen an
Mit ihrem Bruder, ihrem Mann.
[...]
Mein Schutzgeist ist dahin, die Gottheit die mich führte
Am Rande jeglicher Gefahr
[...]
Und ohne sie sind freundschaftliche Triebe
Ist selbst der höchste Rausch der Liebe
Nur Mummerei die uns entehrt
Nicht ihres schönen Namens wert.
[...]
Ich muß abbrechen weil die Post eilt. (WuBr 3, S. 545f.)

---

[21] Zitiert nach Weinhold: Anmerkungen, S. 93. Dieser Brief ist in der Lenz-Ausgabe von Damm nicht enthalten.

Unter jener »Lenzischen Verlaßenschaft«,[22] die in Manuskriptform von Goethe an Schiller geschickt worden war, befand sich nicht die *Moralische Bekehrung eines Poeten*. Weshalb? Warum hat Goethe sie Schiller nicht wenigstens zur Lektüre ausgehändigt?[23] Hat er Schiller gegenüber überhaupt davon gesprochen? Erinnerte er sich denn noch daran, im Besitz dieses Manuskriptes zu sein? Wie auch immer und wann auch immer das Manuskript in Goethes Hände gelangte, es musste für ihn ungeheure Sprengkraft besitzen. Ich wage die Behauptung, dass es das gefährlichste Manuskript für Goethe war, das er jemals in Händen gehalten hatte. Weshalb? Lenz bekennt sich darin zu einer Leidenschaft, die Goethes äußerst ambivalent geliebter Schwester Cornelia galt.

Betrachten wir den Text genauer. Die Schrift gliedert sich in 15 Selbstunterhaltungen, wie Lenz sie nennt, und ahmt somit das Beispiel eines Augustinischen Soliloquiums nach. Lenz wollte diesen Text nicht veröffentlichen, er wusste – dies ist zu mutmaßen – um die Brisanz des Themas. Eine inhaltliche Deutung des Textes könnte man unter das Motto stellen ›Begehren und Geständniszwang‹. Lenz verwendet eingangs eine nautische Metapher, diejenige der Seefahrt und der Entdeckungsreise. In dieser nur wenige Zeilen umfassenden Vorrede betont er die Sorgfältigkeit und Genauigkeit, die Topographie und die Kartographie, das historische Bewusstsein und die Notwendigkeit von Entdeckungen neuer Länder. Die Absicht des Autors ist darin zu sehen, »damit der künftige Seefahrer durch diesen Bericht in Stand gesetzt würde jede hier angezeigte Gegend der See und des Landes leicht finden und ganz sicher besuchen zu können« (ebd., S. 330).[24] Wer aber ist der künftige Seefahrer? Das kann aus

---

[22] Schillers Werke. Nationalausgabe. Bd. 29, S. 35 (vgl. das Kapitel »Mutmaßung II oder Wer schrieb ›eine Satire Nielk‹«? in diesem Buch).

[23] Auch Weinhold bemerkt, es sei leicht einzusehen, dass Goethe das Manuskript Schiller nicht überließ. Weshalb, führt Weinhold allerdings nicht aus (vgl. Weinhold: Anmerkungen, S. 95).

[24] Die Vorrede ist, wie Weinhold feststellte, ein sehr ungenaues Zitat aus: Geschichte der See-Reisen und Entdeckungen im Süd-Meer, welche auf Befehl S. Grossbrit. Majestät unternommen [...]. Berlin 1774, 3 Bde, hier Bd.

der Sicht des Textes nur jener sein, der auf den Spuren von Lenz mit seinen Angaben navigiert, also der Textdeuter.

Lenz nennt seinen Text einen Rechenschaftsbericht über seine Gefühle. Lavaters Selbstbeobachtungen, die sich aus der pietistischen Tradition speisen, dienen ihm dabei als Vorbild, wie er selbst erwähnt. Allerdings wäre auch an das Vorbild Rousseau zu denken, der von Lenz zwar in diesem Zusammenhang nicht angeführt wird, dessen *Bekenntnisse* aber mit Sicherheit ebenso schreibprägend für die Generation der Sturm-und-Drang-Autoren hätten sein können, wie es Lavaters Schriften tatsächlich waren. Im Sinne dieses autobiographischen und autoideographischen Schreibens könnte man die *Moralische Bekehrung* von Lenz auch als einen unwissentlichen Prätext zu Rousseaus *Bekenntnissen* (1782/89) lesen.[25] Der Untertitel *von ihm selbst aufgeschrieben* jedenfalls hebt die Authentizität des Geschriebenen, den dokumentarischen oder zumindest den semidokumentarischen Charakter dieser Schrift hervor. Um welche Gefühle es dabei geht, wird sehr schnell deutlich. Schon immer habe er geliebt, Liebe sei von jeher sein Hauptthema gewesen, es sei bekannt, dass sie am Ende stets auf »Geschlechtervereinigung« (WuBr 2, S. 331) hinauslaufe. Liebe und Sexualität, modern gesprochen das Begehren ist Lenz' Thema. Zwischen »Imagination« und »Vernunft«, zwischen Phatasma und Rationalisierungszwang bewegen sich dabei seine Reflexionen, die er als Selbstunterhaltungen bezeichnet. Lenz berichtet von einem einschneidenden Erlebnis, einer Reise, auf der er eine Frau getroffen hat, deren Bekanntschaft ihm hilft, über die irritierenden Erfahrungen mit Cleophe Fibich, die Straßburger Goldschmiedetochter, in die Lenz verliebt war, hinwegzukommen. Lenz schreibt lapidar über diese neue Begegnung, »das war die Frau eines meiner besten Freunde« (ebd., S. 332). Doch nicht Lenz macht diese Reise, sondern jene verheiratete Frau, die mit ih-

---

1, S. 7 (vgl. Weinhold: Anmerkungen, S. 96f.). Weshalb dieser Beleghinweis Weinholds nicht in den Kommentar der Lenz-Ausgabe von Damm aufgenommen wurde, bleibt rätselhaft.

[25] Vgl. dazu besonders die Einleitungspassage zum ersten Buch der *Bekenntnisse*.

rem Mann zusammen nach Straßburg kommt, wo sie mit Lenz zusammentreffen. Lenz verliebt sich Hals über Kopf in sie und er nimmt an, dass sie diese Gefühle ebenso spontan erwidert. Sie und er sind einige Zeit allein, sie ist die Schwester nicht eines seiner besten, sondern seines besten Freundes. Lenz muss ihr etwas per Handschlag versprechen,- worum es dabei geht, bleibt offen. Bemerkenswert ist der direkte, durch keine Etikette gehemmte körperliche Kontakt von Handküssen, Handdrücken und vertraulichen Versprechungen. »Sie versprach mir zu schreiben, ich mußte ihr gegenteils versprechen, die Briefe zu verbrennen – aber ich habe mein Versprechen nicht gehalten« (ebd., S. 332). Die Briefe werden also von der Frau – und noch hat Lenz nicht ihre Identität gelüftet – als ausgesprochen brisant und intim gleichermaßen eingestuft. Auch Lenz selbst staunt: »Was für Briefe! Gütiger Gott!« (ebd. S. 332).

Bevor wir Genaueres über die Briefe, ihren Inhalt und die Schreiberin erfahren könnten, belehrt Lenz seine männlichen Zeitgenossen, sie sollten sich an seinen »Leiden« (ebd., S. 333 u. 345) ein abschreckendes Beispiel nehmen. Die Referenz auf Goethes Roman *Die Leiden des jungen Werthers* ist offensichtlich. Doch anders als der Freund notiert Lenz seine Erfahrungen »nicht als Roman sondern als Wahrheit« (ebd., S. 333). Dies ist ein versteckter Vorwurf, dass der Verfasser des *Werthers* wohl wenig von dem selbst erlebt habe, worüber er in seinem Text schrieb. Lenz reklamiert den höheren Grad von lebensgeschichtlicher und damit von literarischer Authentizität für sich. Seine Absicht heißt eindeutig, »jetzt anatomiere ich dieses Herz und werf es in mein Raritätenkabinettchen« (ebd., S. 333), womit er die abgelöste Liebe zu Cleophe Fibich meint. Doch am Ende seiner *Moralischen Bekehrung* wird er Gleiches über sich selbst schreiben, adressiert an die geliebte/Geliebte Cornelia, »nimm diese Worte die ich Dir versiegele, dieses Herz wie ich es in der Stille vor mir selbst ausgeweidet habe« (ebd., S. 353).

Lenz berichtet nun lange über die Irrfahrten der Liebe zu Cleophe Fibich, dann scheint er plötzlich aus einem Traum, wie er es später nennen wird, aufzuwachen und stellt die Frage: »Wo bin ich? S. ich sollte Dich aufgeben [...] Nein S. – ich kehre zu Dir zurück [...] würdiges zärtliches Weib! Retterin! Engel des Himmels meine

Mutmaßung III oder Die »Eseley« 239

verirrte Seele auf die rechte Bahn zu leiten« (ebd., S. 335). Wer aber ist diese »S.«? Wer ist »C.« (ebd., S. 331)? Schnell wird deutlich, dass sich in diesen Initialen Phantasmen mehrerer Frauen und deren Wirklichkeit förmlich überblenden. Eine geheime, ihm unbekannte magnetische Kraft zieht Lenz unwiderstehlich auf die andere Seite des Rheins, »wo meine mir ewig unvergeßliche Freundin in den Umarmungen eines Mannes der ihrer wert ist, sich vielleicht bemühte mich Unwürdigen zu vergessen« (ebd., S. 336). Kein Zweifel, Lenz spielt mit dieser S. von der anderen Rheinseite das Modell Werther durch, freilich erheblich gesteigert. S. alias Lotte ist nicht versprochen, sondern verheiratet, ihr Mann alias Albert ist nicht unsympathisch, sondern gehört zu Lenzens alias Werthers Freunden, und der Bruder von S. steht drohend im Hintergrund. Seine Rolle ist bis zu diesem Zeitpunkt im Text noch nicht näher definiert. Der Mann ist seiner Frau durchaus »wert«, doch mehr wert, also werter/Werther ist ihrer der Autor Lenz.

Lenz hat ihr einen »unsinnige[n] Brief« (ebd., S. 336) geschrieben – was stand darin? Ihre Antwort kennen wir nicht, jedoch ein Detail, »ich verliere zuviel dabei hatte sie mir einmal geschrieben, aber es muß, es muß gesagt sein« (ebd, S. 336). Was konnte so panisch, so existenziell, so brisant sein zwischen einer verheirateten Frau und einem jungen Autor, wenn nicht deren gegenseitige Liebe? »Ganz freudig« reist Lenz »nach E.«, er muss sie sehen, er weiß noch nicht, dass sie schwer erkrankt ist, und es fällt der Satz »wie ein Eroberer der in einer überwundenen Stadt den Einzug hält« (ebd., S. 336). Lenz besucht also diese S., verheiratet mit seinem Freund, und er fühlt sich wie ein Eroberer, dem nun die Beute gehört. Lenz muss sich sicher gewesen sein, dass diese Frau, nach allem, was sie ihm gesagt, geschrieben, angedeutet, nach allem, was er in ihre Worte und Zeilen hineingedeutet hatte, dass diese Frau bereit ist, alles hinter sich zu lassen, ihre Ehe aufzugeben, die bürgerliche Sicherheit, die gesellschaftliche Reputation und die Bedeutung, die sie für ihren Bruder besaß. Als Lenz in »E.« ankommt, erfährt er von ihrer Krankheit, er macht sich Vorwürfe, schuld daran zu sein, und er notiert ohne weitere Codierung: »Siehe meine Reue Cornelia!« (ebd., S. 337). Nun, gegen Ende der ersten Selbstunterhaltung wird diese

Frau genannt, es ist Cornelia Schlosser, geborene Goethe, die Schwester von Johann Wolfgang, verheiratet mit Lenz' Freund Johann Georg Schlosser, Amtmann in Emmendingen. Das weiß die Forschung seit langem, der Leser erfährt es erst an dieser Stelle der *Moralischen Bekehrung*. Mit diesem Wissen lässt sich nun der weitere Text deuten.

»Eine verheuratete Frau dachte ich – wie wäre der Gedanke mir eingefallen, wenn ich reine Flammen für Dich gefühlt hätte« (ebd., S. 337). Lenz wollte also eine Liebesbeziehung mit Cornelia, er hat ihr Avancen gemacht, vielleicht seine Liebe erklärt. Und auch Cornelia muss entsprechend empfunden haben, wie Lenz' Reaktionen zeigen. Wie weit das Begehren Besitz von beiden ergriffen hat, lässt sich nur schwer ausloten, der Text ist in diesem Punkt ambivalent, er lässt zumindest die Möglichkeit einer gegenseitigen heftigen Leidenschaft zu. Immer wolle er sie lieben, schreibt Lenz, ihr Porträt möchte er »auf ewig« in sein Herz »ätzen« (ebd., S. 338). Neben die Liebe tritt nun die Verehrung, gleichsam als stilles Korrektiv zur unbändigen Leidenschaft. Lenz überhöht die Geliebte. Imperativisch wendet er sich an sie, »nein liebe mich, Cornelia! [...]. Liebe mich Cornelia [...] Liebe mich Cornelia!« (ebd., S. 338), obwohl er weiß, dass diese Niederschrift nie ihre Adressatin erreichen wird. »O daß ich diesem Papier Flügel geben und es vor Deine Augen bringen könnte. Aber es ist unmöglich« (ebd., S. 337). Dies markiert einen Wendepunkt im Text. Während im *Werther* offen die Hauptfigur Tötungsphantasien sich und Lotte eingesteht, gelingt es Lenz, sein Aggressionspotenzial zu kanalisieren. Er schreibt und beschreibt. Doch anders als *Werther* wechselt Lenz nicht seine Lektüre, ersetzt nicht Homer durch Ossian, sondern er stellt sie selbst her, er schreibt sich selbst – *von ihm selbst aufgeschrieben* – seinen eigenen Text jenseits des Fiktionalisierungszwangs. Fertig geschrieben liegen die Briefe an Cornelia bereit, doch er darf sie nicht abschicken. »Verdammtes Etikette! Du kehrtest Dich nicht dran, aber ich muß!« (ebd., S. 338). In welchen Punkten hat sich Cornelia über bürgerliche Schicklichkeitsstandards und Verhaltensnormen hinweggesetzt, und weshalb konnte Lenz dies nicht ebenso tun? Bereits ein Besuch bei Lenz in Straßburg könnte eine solche Tabuverletzung bedeutet haben. Das Ende der ersten Selbstunterhaltung gestaltet sich als ein regelrechter Hymnus auf Cornelia. Sie habe Schleusen aufgezogen, die Fluten einer tiefen Empfindung und heftigen Leidenschaft seien nicht mehr einzudämmen. Erste, beste, heiligste Freundin nennt Lenz Cornelia, unumschränkte Beherrscherin seines Herzens, Freundin, Engel, Trost, Beglückung seines Lebens und Kleinod, »Cornelia! Abgott meiner Vernunft und meines Herzens zusammen, Beruhigung und Ziel aller meiner Wünsche, Cornelia! Cornelia!!!« (ebd., S. 339), so lauten die Schlusszeilen dieser Selbstunterhaltung.

Das zweite Soliloquium spricht eingangs von den »Nachtsünden« (ebd., S. 340), welche der Autor begangen habe. Und Lenz erklärt, was er darunter versteht. Es seien die Bilder der Geliebten, die nachts ihren »Heiligenschein« verlören, »ich wälze mich mit ihnen in Wollüsten. Cornelia rette mich!« (ebd., S. 340). Das Begehren nach der geliebten Frau verzehrt Lenz. So offen über tabuisierte Sexualität zu schreiben, ist auch für die gewählte Textform eines itinerarischen Soliloquiums, das von Beginn an nicht zur Veröffentlichung vorgesehen ist, erstaunlich. Bei aller Überhöhung, die Lenz dem Bild Cornelias angedeihen lässt, bezieht er doch aus Briefen, Gesprächen und Gesten mit ihr genügend Bestätigung, die sein sexuelles Verlangen nährt und legitimiert. Darin mag der eigentliche Anstoß für Goethe gelegen haben, dass der Freund Lenz über den Körper der Schwester verfügt, die dem Bruder bislang als unkörperlich und asexuell galt. Cornelia wird von Lenz nicht als passiv Geliebte dargestellt, sondern sie ist selbst aktiv, ermuntert Lenz, zieht ihn an und weist ihn zurück, jedenfalls schreibt sie ihm, er wartet auf »den nächsten Brief« (ebd., S. 341). Lenz ist sich sicher, Cornelia liebt ihn, er nennt sie in einem Atemzug »meine Muse, moralische Freundin, Lenkerin meines Herzens« (ebd., S. 340f.) und »Urania!« (ebd., S. 341). Urania ist der Beiname der griechischen Liebesgöttin Aphrodite. Sie gilt als eine der neun Musen, Tochter Jupiters und Melpomenes. »Man hält sie für die Vorsteherinn der Sternseherkunst«.[26] Sie solle »eigentlich die reine und auf nichts körperliches abzielende

---

[26] Benjamin Hederich: Gründliches mythologisches Lexikon. Reprografischer Nachdruck der Ausgabe Leipzig 1770. Darmstadt 1996, Sp. 2478.

Liebe bedeuten«.²⁷ Lenz überschreibt im doppelten Wortsinn ein Gedicht aus dieser Zeit mit dem Namen *Urania*, und die Kommentatoren vermuten zu Recht, dass es sich auf Cornelia Schlosser bezieht. Ruft er im Titel die Körperlose und Reine an, löscht er gleichsam an der Oberfläche das Begehren aus, so bleibt es dennoch erhalten. Die Überschreibung bewahrt sich als ein Palimpsest. Die Selbstbändigung gelingt gleichwohl nur im Augenblick:

Urania

Du kennst mich nicht
Wirst nie mich kennen
Wirst nie mich nennen
Mit Flammen im Gesicht.

Ich kenne dich
Und kann dich missen –
Ach mein Gewissen
Was peinigest du mich?

Dich missen? Nein
Für mich geboren –
Für mich verloren?
Bei Gott es kann nicht sein.

Sei hoch dein Freund
Und groß und teuer –
Doch, ist er treuer
Als dieser der hier weint?

Und dir mißfällt – –
O Nachtgedanken!!
Kenn ihn, den Kranken
Sein Herz ist eine Welt. (WuBr 3, S. 138)

---

²⁷ Hederich: Gründliches mythologisches Lexikon, Sp. 2480.

Auch im Gedicht *Der verlorne Augenblick / Die verlorne Seligkeit[.] Eine Predigt über den Text: Die Mahlzeit war bereitet, aber die Gäste waren ihrer nicht wert* begegnet uns die plötzliche Tilgung des Begehrens. Von diesem Gedicht sind zwei Fassungen überliefert, an denen man den Vollzug vom Phantasma der Körperlichkeit (im Sprachmodus des Konjunktivs) zur Wirklichkeit des Begehrens (im Sprachmodus des Indikativs) nachvollziehen und gleichsam entstehen sehen kann:

A.	B.
Von nun an die Sonne in Trauer	Von nun an die Sonne in Trauer
Von nun an finster der Tag	Von nun an finster der Tag
Des Himmels Tore verschlossen	Des Himmels Tore verschlossen
Wer tut sie wieder zu öffnen	Wer ist der wiedereröffnen
Wer tut mir den göttlichen Schlag	Mir wieder entschließen sie mag.
Hier ausgesperret verloren	Hier ausgesperret verloren
Sitzt der Verworfne und weint	Sitzt der Verworfne und weint
Und kennt im Himmel, auf Erden	Und kennt in seliger Schöpfung
Gehässiger nichts als sich selber	Gehässig nichts als sich selber
Und ist im Himmel, auf Erden	Ach außer sich selbst keinen Feind.
Sein unversöhnlichster Feind.	
Aufgingen die Tore	Aufgingen die Tore.
Ich sah die Erscheinung	Ich sah die Erscheinung
Wie fremd ward mir	Und war's kein Traum.
Ich sah sie die Tochter des Himmels	Und war's so fremd mir
Gekleidet in weißes Gewölke	Die Tochter die Freude
In Rosen eingeschattet	Der Segen des Himmels
Düftete sie hinüber zu mir	Im weißen Gewölken
In Liebe hingesunken	Mit Rosen umschattet
Mit schröcklichen Reizen geschmückt	Düftend hinüber zu mir
O hätt' ich so sie trunken	In Liebe hingesunken
An meine Brust gedrückt	Wie schröcklich in Reizen geschmückt
Mein Herz lag ihr zu Füßen	Schon hatt' ich so selig so trunken
	Fest an mein Herz sie gedrückt

Mein Mund schwebt' über sie
Ach diese Lippen zu küssen
Und dann mit ewiger Müh'
Den süßen Frevel zu büßen!

In dem einzigen Augenblick
Große Götter was hielt mich zurück
Was preßte mich nieder
Wieder wieder
Kommt er nicht mehr der Augen-
blick
Und der Tod mein einziges Glück.

O daß er kehrte
O daß er käme
Mit aller seiner Bangigkeit
Mit aller seiner Seligkeit
Drohte der Himmel
Die Kühnheit zu rächen
Und schiene die Erde
Mit mir zu brechen
Heilige! Einzige
Ach an dies Herz
Dies trostlose Herz
Preß ich dich Himmel
Und springe mit Freuden
In endlosen Schmerz.
(WuBr 3, S. 139f.)

Ich lag im Geist ihr zu Füßen
Mein Mund schwebt' über ihr
Ach diese Lippen zu küssen
Und dann mit ewiger Müh'
Den süßen Frevel zu büßen –

In dem einzigen Augenblick
Große Götter was hielt mich zurück
Kommt er nicht wieder?
Er kehrt nicht wieder
Ach er ist hin der Augenblick
Und der Tod mein einziges Glück

Daß er käme
Mit bebender Seele
Wollt' ich ihn fassen
Wollte mit Angst ihn
Und mit Entzücken
Halten ihn halten
Und ihn nicht lassen
Und drohte die Erde mir
Unter mir zu brechen
Und drohte der Himmel mir
Die Kühnheit zu rächen
Ich hielte ich faßte dich
Heilige Einzige
Mit all deiner Wonne
Mit all deinem Schmerz
Preßt' an den Busen dich
Sättigte einmal mich
Wähnte du wärst für mich
Und in dem Wonnerausch
In den Entzückungen
Bräche mein Herz.
(WuBr 3, S. 140-142)

»So Cornelia lieb ich Dich« (WuBr 2, 342), heißt es weiter in der *Moralischen Bekehrung*. Die Frau als »Hausgöttin« (ebd., S. 340) ist die entkörperlichte Sternseherin, welche die Zukunft kennt und die unerreichbar geworden ist. Die Liebe zu Cornelia vergleicht Lenz nun mit einem religiösen Erweckungserlebnis und liefert damit einen wichtigen Hinweis zur Deutung des Titels *Moralische Bekehrung*. »Du hast mich bekehrt« (ebd., S. 340) weiß er, Liebe ist das Mittel, Gott zu lieben, und Liebe erscheint den Menschen im Menschen. Lenz bemüht theologische Argumentationshilfen, um Rationalisierungsformen seines Begehrens zu finden. Diese Passagen lesen sich wie Notizen aus einem seiner theologisch-moralischen Vorträge (vgl. ebd., S. 341f.). Als Mann hat er verstanden, dass Cornelia seine Liebe nicht weiter erwidern wird, als Mann fühlt er sich aber auch missachtet, nicht mehr mehr wert/werther als der Mann, mit dem sie verheiratet ist. Er fühlt sich weniger wert und »ausgeschlossen« (ebd., S. 342). Lenz bringt an dieser Stelle nun einen weiteren Mann mit ins Spiel, das ist Johann Wolfgang und ihre Freundschaft für den »großen Bruder« (ebd., S. 342). Dann erfolgt am Ende der zweiten Selbstunterhaltung die plötzliche Wende. Lenz fordert von Cornelia, sie solle ihn neben ihren Bruder stellen, ihm Lenz dieselbe Aufmerksamkeit, Zuneigung und Freundschaft bewahren wie ihrem Bruder: »Stelle mich bei Deinem Bruder« (ebd., S. 342). Cornelia bleibt für Lenz das Ziel seiner Wünsche, »Mein alles, meine Cornelia!« (ebd., S. 342). Man stelle sich vor, was Goethe bei der Lektüre dieser Passage gefühlt haben muss.

In der dritten Selbstunterhaltung greift Lenz seine Schreibabsicht vom Beginn auf. Seine Leidenschaft für Cornelia steht unter Bekenntniszwang, da er sie schuldhaft erfährt. Alles wolle er ihr »gestehen«, ihr und sich »Rechenschaft« (ebd., S. 342) ablegen. Auch die achte Selbstunterhaltung eröffnet er mit den Worten »Ich muß Dir etwas gestehen Cornelia!« (ebd., S. 347), sein Dasein nennt er sogar ein »Gericht« (ebd., S. 346). Das Junktim von Begehren und Geständnis des Begehrens ist für Lenz nicht aufzulösen. Der Eindruck, ausgeschlossen zu sein vom Kreis der liebespendenden Frau in Emmendingen, erklärt auch, weshalb Lenz die Fortifikationsmetaphorik bemüht, wobei ihm gesellschaftliche Freuden als »Festungsarbeit« (ebd., S. 344) erscheinen, die ihm seine Versinglung – oder wie Lenz es bezeichnet, seine »Vereinzelung« (ebd., S. 344)[28] – um so drastischer vor Augen stellt. Wollte er schon eingangs Cornelia erobern und als erfolgreicher Feldherr ihren Mann verdrängen, so deutet auch jetzt die Erfahrung ausgeschlossen zu sein auf das Verständnis einer Liebe als Bollwerk hin, hinter dem sich die Geliebte zunehmend verschanzt. Dies bringt einen tragisch-dynamischen Ton in die Soliloquien. Lenz beschreibt, wie er seinen Alltag zu strukturieren versucht, um das Begehren bändigen zu können. Cornelia bleibt für ihn der »Engel« (ebd., S. 343), welchem er freiwillig folgt.

Die vierte Selbstunterhaltung wirft die Frage auf, ob Lenz die Briefe und Gegenbriefe nicht verbrennen soll. Der Auslöschung des Begehrens durch Rationalisierungsversuche im Gedicht und in der Schrift folgt nun die Tilgung seines Mediums. »Schwarz vor den Augen« werde ihm, wenn er sich vorstelle, dass einer seiner Briefe, die er nicht abgeschickt hat – und es bleibt offen, ob er tatsächlich Briefe meint oder sich damit auf die Soliloquien bezieht – bei Cornelia »ein unbefriedigtes nie zu befriedigendes Verlangen verursachen könnte« (ebd., S. 344). Wenn man sich des eingangs zitierten Worts aus dem *Tagebuch* erinnert, würde Lenz auf diese Weise sich selbst eine Legitimation für sein Angebot zum Ehebruch verschaffen. Lenz erklärt noch einmal, welche Schreibabsicht ihm die Feder führt: »Ich schreibe mir das hier auf, damit ich mich daran halten könne wenn mich der Sturmwind der Leidenschaft außer den Grenzen der Klugheit treiben wollte«; sein Ziel ist und bleibt Cornelia, die ihn »vernünftig lieben lehrt« (ebd., S. 344). Der Schlusssatz dieses Soliloquiums mag Rätsel aufgeben. »Cornelia laß uns beide uns zu den Menschen herabhalten« (ebd., S. 345), doch bedeutet das nicht, endlich Mensch sein zu wollen, also den Wunsch, die Liebe und Leidenschaft leben zu können?

---

[28] Vgl. zu diesem zentralen Leitbegriff des Sturm und Drang auch das Kapitel »Die Anti-Läuffer. Thesen zur Sturm-und-Drang-Forschung« in diesem Buch.

Die sechste Selbstunterhaltung richtet den Blick auf das Verhältnis zu Goethe, obgleich sie mit einem befehlsmäßigen »Cornelia!« (ebd., S. 345) beginnt und mit einem »Liebe Cornelia!« (ebd., S. 346) endet. Dieser Aspekt ist für Lenz zunehmend wichtiger geworden im Verlauf der Niederschrift der *Moralischen Bekehrung*. Der Prozess des Schreibens ist gleichsam an die Echtzeit gekoppelt, die *Moralische Bekehrung* reflektiert neben dem dominanten Leidenschaftsdiskurs auch das sich dynamisch verändernde Verhältnis zu Goethe. Lenz schildert sich als einen Menschen, der gezwungen ist gut zu scheinen, der aber über niedrige und hässliche Eigenschaften – so seine Worte – verfügt, die nicht in Handlungen ausbrechen. Worum geht es? Die Antwort von Lenz: »Ich beneide Deinen Bruder über den Ruhm seiner Zeitverwandten. Ich halte es für ein großes Unrecht das ich leide wenn man ihm meine Werke zuschreibt, da ich doch bedenken sollte, [...] daß ich größtenteils meinen Unterhalt jetzt aus seinen Händen empfange« (ebd., S. 345). Diese Verwechslung mit Goethe mache die Leser aufmerksam und die Kritiker milde gestimmt. Nie habe sich Lenz bislang über eine Kränkung oder anderes Fehlverhalten Goethes zu beschweren gehabt. Der Hinweis auf die augenblickliche Lebenssituation (»meinen Unterhalt jetzt«) impliziert ein Indiz für den Zeitpunkt der Niederschrift. Seit dem 2. April 1776 befindet sich Lenz in Weimar, wo er von der Gutwilligkeit Goethes und des Goethe-Freundeskreises abhängig ist. Dass damit hingegen Goethes Vermittlung für den Druck des *Hofmeisters* gemeint sein könnte, wie es der Kommentar zu dieser Textstelle nahelegt (vgl. ebd., S. 867), scheint mir nicht plausibel.

Lenz ist in Weimar, die ersten Verstimmungen werden ihm bewusst, noch wehrt er sich gegen eine Demontage des Freunds, »o mein Goethe! Mein Goethe, daß Du mich nie gekannt hättest« (ebd., S. 345). Dies erklärt auch, weshalb plötzlich in den Selbstunterhaltungen dieses kleine ›Goethe-Kapitel‹ erscheint. Das bedeutet, dass Lenz die ersten fünf Soliloquien zwischen 1774 und 1776, also zwischen dem Kennenlernen Cornelias durch ihre Briefe an die gemeinsame Bekannte Luise König in Straßburg, Lenz' Wirtin, oder der ersten Begegnung mit Cornelia selbst in Straßburg und dem Aufenthalt in Weimar im Sommer 1776 entstanden sein können.

Lenz hätte damit zwei Jahre lang an diesem Text geschrieben. Vorausgesetzt, das in Weimar liegende Manuskript der *Moralischen Bekehrung* ist das Originalmanuskript und nicht eine von Lenz' Hand stammende Abschrift oder Reinschrift, dann ist auch ausgeschlossen, dass er nachträglich dieses ›Goethe-Kapitel‹ in das Gesamt des Textes eingefügt hat. Das Kapitel ist gewissermaßen organisch aus dem Fluss des Schreibens heraus entstanden.

Doch die Angst drängt zur Schrift, Lenz muss es schreiben: »Die höchst kindische Furcht man werde unsere Produktionen mit einander vermischen – dieser nagende Geier der mich nie verläßt – Elender sage ich zu mir selbst, ist Goethe so arm, die Fülle seines Genies so ausgetrocknet, daß er sich mit Deinen Schätzen zu bereichern nötig hätte« (ebd., S. 346). Das klingt nicht so, als befürchte Lenz nur eine Verwechslung seiner Werke mit Goethes Arbeiten. Hier muss etwas vorgefallen sein, ein Text muss Goethe zugeschrieben worden sein, der aber aus Lenz' Feder stammte. Mehr noch, Lenz unterstellt Goethe dies willentlich getan zu haben. Das ist der Vorwurf, den Lenz unmissverständlich erhebt, Goethe hat unter seinem eigenen Namen wissentlich einen Text von Lenz veröffentlicht. Man stelle sich auch an diesem Punkt wieder Goethe vor, als er mit diesem Vorwurf konfrontiert wurde. Aber worauf könnte sich das im Jahr 1776 beziehen? Plausibel scheint mir – denn von der Lenz-Forschung haben wir auf diese Frage noch keine Antworten vorliegen –, dass Lenz den Abdruck einiger *Sesenheimer Lieder* in der *Iris* meint.[29] Es gebe aber auch »Sachen die es nicht verdienen« (ebd., S. 346) bewundert zu werden, erklärt er in der siebten Selbstunterhaltung. Und das schreibt Lenz über Goethe-Texte! Dies ist die einzige Textstelle im überlieferten Werk des Jakob Michael Reinhold Lenz – und er notiert dies nebenbei –, wo er sich ablehnend, gar abschätzig über einen Text Goethes äußert. Lenz wartet zu diesem Zeitpunkt auf eine Antwort von Cornelia. Er hat ihr geschrieben, vermutlich einen leidenschaftlichen Liebesbrief, und befürchtet nun, dass er in »unrechte Hände« gefallen sein und bei Cornelias Mann

---

[29] Zum Problem der Arbeitsgemeinschaft der beiden Autoren Lenz und Goethe vgl. Luserke: Der junge Goethe, S. 61-66.

»Verdruß« (ebd., S. 347) verursachen könnte. Er befindet sich »hier« und ärgert sich über einen »S.« (ebd. S. 346). Wenn er sich in Weimar aufhält, wer ist dann mit ›S.‹ gemeint? Der Vergleich mit der Handschrift schließt einen Lese- bzw. Transkriptionsfehler definitiv aus. Gemeinhin wird die Initiale ›S.‹ mit Salzmann aufgelöst, der aber lebt in Straßburg. Ein Widerspruch? Ist es zu spekulativ, eine Verschreibung anzunehmen oder – nicht minder hypothetisch – vielleicht Seidel, der seit Herbst 1772 in Goethes Dienst war und u.a. den *Götz* abgeschrieben hatte? Immerhin wird dieser ›S.‹ von Lenz als Goethes »geschworenster Freund« und zugleich »unvernünftigster Bewunderer« (ebd., S. 346) bezeichnet. Gewissheit wird man in dieser Frage nicht erlangen können.

In der achten Selbstunterhaltung bekennt Lenz, dass der Gedanke an Cornelia ihn ruhig mache und die hinreißende »Wut der Leidenschaft« (ebd., S. 347), jener Sturmwind der Leidenschaft also, von dem er noch kurz zuvor gesprochen hatte, nicht mehr bedrohlich erscheine. »Cornelia daß ich Dein überwallendes Aug im Abendrot küssen könnte und so mich zufrieden schlafen legen und einen Göttertraum von Dir träumen« (ebd., S. 349). Was aber ist ein Göttertraum? Ein Traum, der im psychoanalytischen Sinne die Wunscherfüllungsfunktion übernimmt?

Unmittelbar daran anschließend nennt Lenz dann in der neunten Selbstunterhaltung einen Traum, der ihn nie verlasse, es ist ein Suizidwunsch. Lenz sitze mit Cornelia und ihrem Mann an einem Tisch, kurz darauf stehe er auf dem Münster und wolle sich in die Tiefe stürzen. Kein Zweifel, Lenz bestraft sich auf diese Weise für sein Begehren nach der »verheurateten Frau« (ebd., S. 337). Lenz selbst hat den Traum »ganz anders ausgelegt« (ebd., S. 349). Wie, erfahren wir nicht. Aber welche anderweitigen Deutungen lässt er zu? Die Textstelle selbst ist mehrdeutig. »Und mein Traum – mein Traum der mich nie verläßt. Du warst's und Dein Mann mit dem ich am Tisch saß – kurz drauf stand ich auf dem Münster und wollte mich herabstürzen. Mit welcher Herzensbeklemmung stand ich da. O ich habe den Traum ganz anders ausgelegt. Alle Umstände stimmen zusammen. Gnade Gott! Erbarmer! Vater!« (ebd., S. 349). Lenz erwähnt zuvor, ihm sei an diesem Abend Rousseaus Briefroman *Ju-*

lie oder Die neue Héloïse (1761) in die Hand gefallen – meint das »Du warst's« dann, dass sich Lenz Cornelia als Héloïse imaginierte und er ihren Tod phantasierte? Träumt Lenz, dass er auf dem Münster steht, oder begab er sich nach diesem Traum tatsächlich dorthin? Von der Frage des Zeitpunkts und dem Ort der Niederschrift der *Moralischen Bekehrung* her gesehen, gehört der Teilsatz über das Münster mit zum Traum. Wenn sich Lenz also während der Niederschrift der *Moralischen Bekehrung* in Weimar aufhält, dann sind möglicherweise ab der neunten Selbstunterhaltung alle weiteren Soliloquien dort aus der Rückschau geschrieben worden. Die Eventualität dieser Aussage hängt davon ab, ob der Suizidwunsch auf dem Münster als Traum oder als Realitätsbeschreibung aufgefasst wird. Die zehnte Selbstunterhaltung indes müsste demnach sicher in Weimar aus dem Gedächtnis geschrieben worden sein, denn die Parenthese zur Überschrift lautet »(nachdem ich mit G. in E. gewesen war)« (ebd., S. 349). Lenz besuchte zusammen mit Goethe Cornelia und Johann Georg Schlosser in Emmendingen am 27. Mai 1775 und blieb bis zum 5. Juni 1775. Im November 1775 muss Lenz nochmals einen Besuch in Emmendingen gemacht haben. An Herder schreibt er über dessen Frau unter dem Datum vom 20. November 1775: »Sie und die Schlossern (von der ich eben komme) sind die Frauen meiner Freunde [...]« (WuBr 3, S. 354).

Man kann die Textpassage auch in dem Sinne lesen, dass der Traum in dem »Du warst's« sich erschöpft, demnach also ausschließlich Cornelia den Trauminhalt darstellt. Der Satzteil »Dein Mann mit dem ich am Tisch saß« bricht ab, die anakoluthische Konstruktion deutet auf einen verweigerten, nicht versprachlichten Inhalt hin, welcher der diskursiven Zensur unterworfen wird. Wäre der Inhalt zu anstößig gewesen? Eine (geträumte) Konfrontation der beiden Männer hätte aus der Perspektive des (geträumten oder tatsächlichen) Liebhabers Lenz nur Aggression auf den Rivalen erzeugen bzw. thematisieren können. Vor dem Hintergrund, dass Lenz den Besuch in Emmendingen als Eroberungszug und die Eroberung der Frau als eine Fortifikation des Begehrens beschrieben hatte, wäre Schlosser in dieser Lesart jener gewesen, der mit einer Niederlage von diesem »Tisch« aufgestanden wäre. Bestand also der Traum darin, Schlosser seine Liebe zu Cornelia zu gestehen und weitere Konsequenzen daraus mit ihm zu besprechen? Lenz eröffnet diese neunte Selbstunterhaltung mit den Worten »Ich lese in dem Augenblick Juliens Tod in der Héloïse« (WuBr 2, S. 349). Das kann sich nur auf den dreizehnten Brief des sechsten Teils der *Julie oder Die neue Héloïse* beziehen. Bevor Julie stirbt, schreibt sie ihrem Geliebten einen letzten Brief. Man kann diese Referenz von Lenz auf Rousseau, die Anrufung der anerkannten literarischen Autorität auch als Codierung des eigenen Begehrens begreifen. Damit wird dieser verschlüsselte Hinweis aber prinzipiell wieder decodierbar. Ohne dies weiter im Einzelnen auszuführen möchte ich eine sehr begrenzte Zitatauswahl dieses letzten Briefes von Julie vorstellen, um den Anspielungsreichtum eines solchen knappen Hinweises von Lenz ermessen zu können. Rousseaus Julie schreibt:

> Wir müssen unsre Pläne aufgeben. [...] Wir waren gesonnen, uns wieder zu vereinen [...]. Wenn das Herz, das nicht von ihm [= dem Willen, M.L.] abhängt, Ihnen gehörte, so quälte mich dies, war aber nicht mein Verbrechen. Ich habe getan, was ich tun mußte; meine Tugend blieb unbefleckt und meine Liebe ohne Reue. [...] Wie nun, wenn ich mit Ihnen das ganze Leben zugebracht hätte? [...] Sie wissen, es gibt einen Mann, des Glücks würdig, nach dem er nicht zu streben weiß. Dieser Mann ist Ihr Befreier, der Ehegatte der Freundin, die er Ihnen zurückgegeben hat. [...] Bringen Sie Ihr Leben bei ihm zu! [...] Wenn Du diesen Brief sehen wirst, werden die Würmer schon Deiner Geliebten Gesicht zernagen [...]. Sollte aber meine Seele ohne Dich leben können? Welche Seligkeit genösse ich wohl ohne Dich? Nein, ich verlasse Dich nicht; ich werde Dich erwarten [...] allzuglücklich, daß ich mit meinem Leben das Recht erkaufe, Dich immer ohne Schuld zu lieben und es Dir einmal noch zu sagen.[30]

Nebenbei bemerkt, Lenz wird selbst geradezu lebensgeschichtlich diesen codierten Auftrag erfüllen. Nach seiner Ausweisung aus

---

[30] Jean-Jacques Rousseau: Julie oder Die neue Héloïse. Briefe zweier Liebenden aus einer kleinen Stadt am Fuße der Alpen. München 1988, S. 777-780.

Weimar wird er zur Geliebten und ihrem Mann reisen, und nach dem Tod der Geliebten wird er sich beim Witwer und in dessen Umgebung einige Zeit aufhalten. Bislang hat man in der Lenz-Forschung diese Daten mit Recht als Ausdruck der Besorgnis Schlossers um seinen Freund Lenz gedeutet. Doch erfüllt damit Lenz auch diesen durch die Liebe Cornelias literarisch codierten Auftrag, sich nach ihrem Tod um ihren Mann zu kümmern, freilich mit zweifelhaftem Erfolg und weder damals noch für uns heute mehr als eine solche Hilfe erkennbar.

Rousseaus Roman wurde, so empfindsam er auch im Ton ist, von den Zeitgenossen als eindeutig anstößig und tabubrechend durch die Thematisierung der Sexualität empfunden. Julies Liebesnacht mit St. Preux wird schon im dritten Teil, 18. Brief geschildert, und ihre Sorge schwanger zu sein im 57. Brief des ersten Teils beschrieben. »Zwei zärtliche Liebende« nennt sie in der dritten Person sich und den Geliebten, »selbst die Vorstellung, das Ehebette zu beflecken, flößt ihnen keinen Abscheu mehr ein – sie sinnen auf Ehebruch!«[31] Im 53. Brief des ersten Teils schreibt sie an St. Preux: »So komm denn, Seele meines Herzens, Leben meines Lebens, komm und vereinige Dich wieder mit Dir selbst! Komm unter dem glücklichen Geleit der zärtlichen Liebe, Deines Gehorsams und Deiner Opfer Lohn zu empfangen. Komm und bekenne selbst im Schoße des Vergnügens, daß es seinen stärksten Reiz nur der Vereinigung der Herzen zu danken habe!«[32] In den *Anmerkungen übers Theater* nannte Lenz die *Héloïse* »das beste Buch, das jemals mit französischen Lettern ist abgedruckt worden« (WuBr 2, S. 662).

Demnach fällt es sehr schwer den Begehrensdiskurs in der *Moralischen Bekehrung* zu ignorieren. Zu eindeutig und einsichtig sind die Signale, die der Text selbst Zeile für Zeile aussendet, und begreiflich wird auch mehr und mehr, wie sehr sich Goethe durch dieses Manuskript getroffen fühlen konnte. Für ihn ist die Schwester die asexuelle Frau, deren Leiblosigkeit er noch – oder gerade – aus der vieljährigen Distanz in *Dichtung und Wahrheit* beschwört:

---

[31] Rousseau: Julie oder Die neue Héloïse, S. 367.

[32] Rousseau: Julie oder Die neue Héloïse, S. 146.

Mutmaßung III oder Die »Eseley« 253

Sie war ein eignes Wesen, von dem schwer zu sprechen ist; wir wollen suchen das Mitteilbare hier zusammenzufassen.

Ein schöner Körperbau begünstigte sie, nicht so die Gesichtszüge, welche, obgleich Güte, Verstand, Teilnahme deutlich genug ausdrückend, doch einer gewissen Regelmäßigkeit und Anmut ermangelten.

Dazu kam noch daß eine hohe stark gewölbte Stirne, durch die leidige Mode die Haare aus dem Gesicht zu streichen und zu zwängen, einen gewissen unangenehmen Eindruck machte wenn sie gleich für die sittlichen und geistigen Eigenschaften das beste Zeugnis gab. Ich kann mir denken, daß wenn sie wie es die neuere Zeit eingeführt hat, den oberen Teil ihres Gesichtes mit Locken umwölken, ihre Schläfe und Wangen mit gleichen Ringeln hätte bekleiden können, sie vor dem Spiegel sich angenehmer würde gefunden haben, ohne Besorgnis andern zu mißfallen wie sich selbst. Rechne man hiezu noch das Unheil daß ihre Haut selten rein war, ein Übel das sich, durch ein dämonisches Mißgeschick, schon von Jugend auf gewöhnlich an Festtagen einzufinden pflegte, an Tagen von Konzerten Bällen und sonstigen Einladungen.

Diese Zustände hatte sie nach und nach durchgekämpft, indes ihre übrigen herrlichen Eigenschaften sich immer mehr und mehr ausbildeten.

Ein fester nicht leicht bezwinglicher Charakter, eine teilnehmende Teilnahme bedürfende Seele, vorzügliche Geistesbildung, schöne Kenntnisse, so wie Talente, einige Sprachen, eine gewandte Feder daß, wäre sie von außen begünstigt worden, sie unter den gesuchtesten Frauen ihrer Zeit würde gegolten haben.

[...]

Zu allem diesem ist noch ein Wundersames zu offenbaren: in ihrem Wesen lag nicht die mindeste Sinnlichkeit. Sie war neben mir heraufgewachsen und wünschte ihr Leben in dieser geschwisterlichen Harmonie fortzusetzen und zuzubringen.[33]

Cornelia hatte sich massiv gegen eine Verbindung ihres Bruders mit Lili Schönemann ausgesprochen. Nach Goethes Darstellung gab sie den Rat, »gut, sagte sie, wenn ihr's nicht vermeiden könntet, so müßtet ihr's ertragen; dergleichen muß man dulden aber nicht wäh-

---

[33] Goethe: MA Bd. 16, S. 768f.

len«.³⁴ Meinte Cornelia damit in erster Linie die Ehe oder ein sexuelles Verhältnis, also allgemein Sexualität, wie Hans Schoofs nahelegt?³⁵ Auch ein Gespräch zwischen Goethe und Eckermann vom 28. März 1831, das über den vierten Teil von *Dichtung und Wahrheit* ging, ist in diesem Zusammenhang aufschlussreich:

> ›Sie war ein merkwürdiges Wesen‹, sagte Goethe, ›sie stand sittlich sehr hoch und hatte nicht die Spur von etwas Sinnlichem. Der Gedanke, sich einem Manne hinzugeben, war ihr widerwärtig, und man mag denken, daß aus dieser Eigenheit in der Ehe manche unangenehme Stunde hervorging. Frauen, die eine gleiche Abneigung haben oder ihre Männer nicht lieben, werden empfinden, was dieses sagen will. Ich konnte daher meine Schwester auch nie als verheiratet denken, vielmehr wäre sie als Äbtissin in einem Kloster recht eigentlich an ihrem Platze gewesen.³⁶

An anderer Stelle notierte Eckermann den Inhalt des Gesprächs mit den knappen Worten: »Seine Schwester. Ausschlag. Beischlaf. Viel Jugendliches in der Liebe, weil es poetisch«.³⁷ Und Schlosser schrieb schon bald nach dem Umzug von Karlsruhe nach Emmendingen an seinen Bruder über Cornelia: »Ihr ekelt vor meiner Liebe«.³⁸ Cornelia, die unsinnliche, asexuelle Frau? Lenz jedenfalls zeichnet in der *Moralischen Bekehrung* ein andres Bild von ihr, ein Bild, das erheblich von demjenigen ihres Bruders abweicht.

Die zehnte Selbstunterhaltung spricht erstmals von einem Geständnis nicht des Manns, sondern der Frau. Mit den Worten »Ach Cornelia! Heiliger Schutzgeist« (ebd., S. 349) eröffnet Lenz dieses Soliloquium. Durch das »Geständnis Deiner Liebe« (ebd., S. 349) fühlt er sich sicher, wie ein Schutzschild wirke diese Liebe. »Gottlob daß

---

[34] Goethe: MA Bd. 16, S. 811.

[35] Vgl. Cornelia Goethe: Briefe und Correspondance Secrete, S. 188.

[36] Johann Wolfgang Goethe: Gedenkausgabe der Werke, Briefe und Gespräche. Hgg. v. Ernst Beutler. Zürich 1948, Bd. 24, S. 491.

[37] Goethes Gespräche in vier Bänden. [Ausgabe Biedermann]. Bd. 3, Tl. 2: 1825 – 1832. Zürich 1972, S. 762 [= Nr. 6797].

[38] Witkowski: Cornelia, S. 154.

ich Dich habe – und wenn Du nicht da bist Dein Porträt und Deinen Petrarca« (ebd., S. 350). Petrarca ist ein »Geleitsmann« (ebd., S. 350), und Cornelia scheint Lenz auch ermuntert zu haben, sich selbst an einer Petrarca-Übersetzung zu versuchen, die im Sommer 1775 entstand, *Petrarch, ein Gedicht aus seinen Liedern gezogen* (Winterthur 1776; vgl. WuBr 3, S. 124-136). In einem Brief an Knebel vom 6. März 1776 ist zu lesen: »Ich habe einen *Petrarch* geschrieben, für den mich die hiesigen Damen steinigen, weil sie das alles für geistliche Lieder halten« (WuBr 3, S. 394). Daraus kann man schließen, dass Lenz selbst eine moraltheologische und allegorische Lektüre Petrarcas ablehnt und – so läßt sich mutmaßen – Cornelia Schlosser mit ihm. In der *Moralischen Bekehrung* ruft Lenz nochmals emphatisch aus »O wer lehrte Dich so die Tiefen meines Herzens durchschauen. O göttliche Frau! Schutzgeist« (WuBr 2, S. 350). Damit wird in dieser Selbstunterhaltung zweierlei benannt, was für die bisherige Lesart der *Moralischen Bekehrung* als ein mutmaßliches Dokument leidenschaftlicher, beiderseitiger und vollzogener Liebe bedeutsam ist. Zum einen Cornelias Liebesgeständnis, zum anderen der Name Petrarca. Wir wissen von Johannes Froitzheim, dass Cornelia beim Abschied Lenz' von Emmendingen in sein Stammbuch einige Verse aus einem Sonett Petrarcas eintrug. Cornelias Zitat aus dem 24. Sonett Petrarcas – wie auch Schlossers eigenständiger Eintrag – seien »als Mahnungen zur Vollendung angekündigter Werke aufzufassen«.[39] Das angesprochene Sonett hat folgenden Wortlaut:

Ihr lieben Augen, strahlend ohne gleichen,
Ihr traft mein Herz, ihr schlugt ihm solche Wunden,
Daß nur in eurem Glanz es wird gesunden.
– Nichts kann der Ärzte arme Kunst erreichen.

---

[39] Joh. Froitzheim: Zu Strassburgs Sturm- und Drangperiode 1770 – 1776. Urkundliche Forschungen nebst einem ungedruckten Briefwechsel der Strassburgerin Luise König mit Karoline Herder aus dem Herder- und Röderer-Nachlass. Straßburg 1888, S. 81, Anm. 2 (= Beiträge zur Landes- und Volkskunde von Elsass-Lothringen, Heft VII).

Ihr lieben Augen, wesenlos verbleichen
der Jugend Träume, seit ich euch gefunden.
Euch dien ich. Euch geweiht, zu allen Stunden
Klingt unbeirrt mein Lied in eurem Zeichen.

Ihr schönen Augen, jedes Unterfangen
Ward gnädig euch von Gott mit Sieg belohnt;
Die Welt ist euer, euer mein Verlangen.

Ihr schönen Augen, mir im Herzen wohnt,
Im Herzen leuchtet ewig euer Licht!
Euch zu besingen ist mir ewig Pflicht![40]

Subtiler lässt sich eine Liebeserklärung kaum gestalten, vorausgesetzt, man geht auf diesen Begehrensdiskurs in der *Moralischen Bekehrung* und ihrem literarischen Umfeld ein und denkt sich Cornelia Goethe nicht als ein körperloses Wesen. Dies haben Goethe und nach ihm die von der Goethe-Forschung dominierte Philologie getan. Philologisch irritierend bleibt lediglich, dass Froitzheim in einer anderen Publikation aus dem heute als verschollen geltenden Stammbuch von Lenz diese Verse Cornelia Schlossers als Stammbucheintragung zitiert:

Sie vedrem chiaro poi, come sovente
Per le cose dubbiose altri s'avanza,
E come spesso indarno si sospira.[41]

In der deutschen Übersetzung heißt dies:

---

[40] Francesco Petrarca: Sonette an Madonna Laura. Italienisch-Deutsch. Nachdichtung von Leo Graf Lanckoronski. Stuttgart 1980, S. 37.

[41] Joh. Froitzheim: Lenz, Goethe und Cleophe Fibich von Straßburg. Ein urkundlicher Kommentar zu Goethes Dichtung und Wahrheit. [...]. Straßburg 1888, S. 63 (= Beiträge zur Landeskunde- und Volkskunde von Elsass-Lothringen, Heft IV).

Verklärt erkennt die Seele dann betroffen:
Um Nichts zu seufzen und um Nichts zu bangen
Macht uns aus dunkelm Wahn ans Licht gelangen.[42]

In der Strophe zuvor ist zu lesen:

Die Sehnsucht ist, der Wunsch ist nun vollendet;
Das Lachen stirbt, das Weinen, Fürchten, Hoffen,
Darin wir lange blindlings uns verschwendet.[43]

Dieses Zitat stammt allerdings aus dem 13. Sonett Petrarcas – eine Verwechslung von Froitzheim? Zwischen Petrarcas Madonna Laura und Rousseaus Héloïse bewegt sich jedenfalls die literarische Codierung der Cornelia Schlosser, die sie selbst betreibt und die mit ihr vollzogen wird.

Die elfte, zwölfte, dreizehnte und vierzehnte Selbstunterhaltung kreisen um das ›richtige Leben im falschen‹. Lenz beschwört die Erinnerung an den Aufenthalt bei Cornelia, er fühlte sich dort »gesättigt« und »befriedigt« (WuBr 2, S. 350). Die Reflexionen schwanken zwischen theologisch-moralischer Besinnung und Aufruhr gegen Konventionen. In der letzten, der fünfzehnten Selbstunterhaltung verabschiedet er sich von der Geliebten, »Leb wohl Cornelia!« (ebd., S. 353), die Karte des Begehrens ist gezeichnet, die Entdeckungsfahrt zu Ende. Die Absicht, das Manuskript Cornelia zukommen zu lassen, ist nun am Ende des Textes offensichtlich. Die Bedenken, Cornelia die Selbstunterhaltungen auszuhändigen, sind zerstreut. Auch dieses letzte Soliloquium ist aus der Retrospektive geschrieben oder aber dem fertigen Manuskript redaktionell angeglichen worden. Denn Lenz spielt auf Goethes Besuch in Straßburg an, am Tag der Niederschrift dieser Selbstunterhaltung habe er den Ort, wo sie eine Nacht in der Ruprechtsau verbracht hatten, aufgesucht (vgl. ebd., S. 353). Völlig unvermittelt schiebt der Bruder sich wieder vor das Bild der Geliebten. Lenz schreibt: »Ach ich muß von ihm,

---

[42] Petrarca: Sonette an Madonna Laura, S. 27.
[43] Petrarca: Sonette an Madonna Laura, S. 27.

Länder zwischen uns setzen, Goethe erster Gespiele meiner Jugend, Goethe – muß unser Weg auseinander? Wir Unzertrennliche? – Wo und wie werde ich Dich wieder antreffen? Wirst Du noch mein sein? Wird Dein Herz mich begleiten?« (ebd., S. 353). Lenz spricht sogar von »Trennung« (ebd., S. 353). Das könnte sich ebensogut auch auf Cornelia beziehen, doch weshalb taucht am Ende der *Moralischen Bekehrung* wieder Goethe auf? Es gibt nur eine Erklärung, die Schuldgefühle von Lenz Goethe gegenüber wegen der Liebe zu seiner Schwester Cornelia waren übermächtig.

Aufschlussreich sind schließlich die Schlusszeilen des Manuskripts, in denen Lenz noch einmal widerruft und damit die ganze Ambivalenz, ja Aporie dieser Liebesbeziehung unterstreicht. »Dies sollte Dir nie zu Gesicht kommen. Aber [...] wo darf ich's sonst verwahren als bei Dir. Bedenke daß es nur für mich selbst geschrieben ward. Ich sage Dir nimmer Adieu« (ebd., S. 353). Das ›Lebe wohl!‹ des Beginns wird ebenso widerrufen wie die Behauptung, Cornelia könne und dürfe den Text nicht lesen. Der Wunsch, Cornelia möge das Manuskript kennen, ist größer. Und auch die Aussage, dass er es nur für sich selbst geschrieben habe, wird durch die Realhistorie überholt. Lenz überlässt das Manuskript der *Moralischen Bekehrung* Goethe. Hat Lenz vielleicht neben dem Manuskript auch die Briefe von Cornelia an ihn dem Freund Goethe ausgehändigt? Obwohl der Autor hervorhebt, dass er diese Briefe nicht einmal seinem »geheimsten Busenfreunde« (ebd., S. 332) überlassen würde. Die Übergabe des Manuskripts – wenn wir denn dieser Mutmaßung folgen wollen – kann sich nur in Weimar ereignet haben.[44] Weshalb also sollte darin nicht ›Lenzens Eseley‹ bestanden haben?

Das Spektrum der Mutmaßungen darüber, was sich nun ›eigentlich‹ hinter dieser ›Eseley‹ verberge, ist groß, und ich will nicht im Detail die einzelnen Standpunkte wiederholen. Man glaubte jeden-

---

[44] Davon geht auch Karl Weinhold aus. Unter Lenz' Papieren, die er nach Weimar mitgenommen habe, hätte sich auch das Manuskript der *Moralischen Bekehrung* befunden (vgl. Weinhold: Anmerkungen, S. 95). Einen Beleg für diese schlüssige Annahme, dies sei nochmals betont, gibt es freilich nicht.

falls stets den Esel gefunden und die ›Eseley‹ erklärt zu haben. Besonders exponiert ist Eisslers Mutmaßung. »Entgegen der vorherrschenden Meinung vermute ich, daß Lenz Goethes Zuneigung zur Herzogin aussprach [...]. Es würde nicht überraschen, wenn der gewitzte Beobachter Lenz dieses Geheimnis entdeckt hätte. Wenn meine Annahme richtig ist, hatte er einen sehr viel, heikleren Punkt berührt als Goethes Verhältnis zu Charlotte von Stein«.[45] Werner H. Preuss sieht in der Satire *Der Tod der Dido* (gedruckt 1780/81) die zur Ausweisung führende ›Eseley‹.[46] Egon Menz hingegen vermutet andere literarische Ursachen. Die *Geschichte des Felsens Hygillus* sei der eigentliche Stein des Anstoßes.[47] Ob die ›Eseley‹ nun aus einem einzelnen Text, dem berühmten im Brief von 29. November 1776 an Kalb genannten »Pasquill« (WuBr 3, S. 516) auf Goethe, oder in einem anderen, zweiten Text oder in einem ganzen Faktorenbündel bestanden hat, entscheidend ist, dass sich Goethe durch Lenz erheblich gekränkt fühlte. Man kann Winter zustimmen, der »offensichtlich eine schwere Beleidigung Goethes, die von allen Beteiligten geheimgehalten wird«,[48] vermutet. Ob diese Beleidigung schriftlich oder mündlich oder körpersprachlich sich vollzogen hat, wissen wir nicht. Die ›Eseley‹ selbst dürfte nach allem, was zu mutmaßen ist, lediglich der Anlass für die Ausweisung aus Weimar gewesen sein. Die Ursache für die sich abkühlende Freundschaft zwischen Lenz und Goethe und schließlich für den Bruch liegt wohl in einem Bündel aus unterschiedlichen Motiven. Unverständnis und Ablehnung, Eifersucht und Neid dürften auf beiden Seiten eine Rolle gespielt haben. Die Frage aber, weshalb Lenz das Manuskript der *Morali-*

---

[45] K.R. Eissler: Goethe. Eine psychoanalytische Studie 1775 – 1786. München 1987, Bd. 1, S. 64.

[46] Vgl. Werner H. Preuss: »Lenzens Eseley«: »Der Tod der Dido«, in: Goethe-Jahrbuch 106 (1989), S. 53-90 (mit Textabdruck).

[47] Vgl. Egon Menz: Lenzens Weimarer Eselei, in: Goethe-Jahrbuch 106 (1989), S. 91-105 (mit Textparaphrase). Diese Erzählung ist in der Damm-Ausgabe nicht abgedruckt, sie findet sich aber in der Lenz-Ausgabe von Franz Blei.

[48] Winter: J.M.R. Lenz, S. 84.

schen Bekehrung Goethe anvertraut hat, bleibt unbeantwortet. War es eben dies, ein Vertrauensbeweis? War es Torheit? War es eine Provokation, die gezielt bürgerliche Schicklichkeitstandards verletzte und die »Grenze der Diskretion«[49] bewusst überschritt? Aus Goethes Sicht jedenfalls kann es eine ›Eseley‹ gewesen sein. Weshalb hat die Lenz-Forschung diese Spur niemals verfolgt? Ist es zu abwegig ihr nachzugehen? Oder war das Thema tabuisiert? Auch dies sind nur Mutmaßungen.

---

[49] Stephan: »Meteore« und »Sterne«, S. 34.

Mutmaßung IV oder Schlossers ›Anti-Pope‹

Am 25. März 1789 nachmittags schreibt Charlotte von Lengefeld an Schiller: »Ich möchte daß es eine gute Uebersezung von Popens Versuch über den Menschen gäbe, es ist erstaunend viel Schönes darin, und so gut gesagt, ich denke es würde Ihnen gefallen, ich las lezt wieder einige stellen die ich möchte gut übersezen können um sie Ihnen mit zu theilen.«[1] Schiller antwortet darauf bereits einen Tag später, am 26. März 1789: »Von Popens Versuch existiren einige Uebersetzungen, wovon die eine glaube ich von Schloßers Hand ist. Schloßer hat auch einen Antipope gemacht, worinn er den Versuch vom Menschen poetisch widerlegt. Die andre Uebersetzung ist kalt und flach«.[2] Es ist bemerkenswert, dass sich Schiller an ein Buch von Schlosser erinnert, das bereits 1776 erschienen war und das mutmaßlich, denn gesicherte wissenschaftliche Erkenntnisse liegen über die Frage der Rezeption dieser Schrift nicht vor, keine Massenlektüre darstellte. »Es ist kein Wunder, wenn sich keine Rezension über diesen Anti-Pope findet. Er scheint überhaupt kaum gewirkt zu haben«,[3] resümiert Erich Loewenthal. Auch von Schlossers Schweizer Freunden Iselin, Kaufmann und Lavater sind keine Reaktionen überliefert.[4] Ein Faksimile des Titelblatts ist im Ausstellungskatalog von 1989 *Johann Georg Schlosser* abgebildet. Allerdings wird dort ein Exemplar mit Druckort »Bern bey Beat Ludwig Walthard, 1776«[5]

---

[1] Friedrich Schiller: Nationalausgabe. Bd. 33/1: Briefwechsel. Briefe an Schiller 1781 – 28.2.1790. Hgg. v. Siegfried Seidel. Weimar 1989, S. 324.

[2] Schiller: Nationalausgabe, Bd. 25, S. 233.

[3] Erich Loewenthal: Johann Georg Schlosser seine religiösen Überzeugungen und der Sturm und Drang. Dortmund 1935, S. 64f.

[4] Vgl. Loewenthal: Johann Georg Schlosser, S. 65. Allerdings zitiert Loewenthal einige spärliche Hinweise aus einem Brief Hamanns an Herder (vgl. ebd., S. 64).

[5] Vgl. Johann Georg Schlosser (1739 – 1799). Eine Ausstellung der Badischen Landesbibliothek und des Generallandesarchivs Karlsruhe. Karlsruhe 1989, S. 243 [mit sehr guten Einzelbeiträgen zu Leben und Werk Schlossers]. Die Angabe zum Gesamtumfang des *Anti-Pope* mit 144 Seiten kann

gezeigt, während mir selbst ein Exemplar mit den Angaben »Leipzig, 1776 in der Weygandschen Buchhandlung« vorlag. Ich vermute, dass es sich bei dem Berner Druck um einen unrechtmäßigen Nachdruck handelt. Denn Schlosser selbst schickte ein Belegexemplar mit Widmung in die Schweiz, an den Freund Bodmer. In der Züricher Stadtbibliothek wird ein Exemplar des *Anti-Pope* – übrigens ebenfalls aus dem Leipziger Druck – aufbewahrt, das von Schlossers Hand eine Widmung an Bodmer enthält. Bodmer war der Vorbesitzer des Buchs:

O Bodmer rufest Du vor Dein Gericht
des deutschen kühne Klag, den falschen Trost des Britten;
Sey billig, tadle nicht;
Wir leiden noch, du hast bald aus gelitten.[6]

Auch anderen Freunden und Teilnehmern der so genannten Zirkularkorrespondenz Schlossers schenkte der Verfasser den *Anti-Pope*. In einem unveröffentlichten Brief vom 28. Juli 1776 an Pfeffel und Lerse heißt es gleich zu Beginn: »Ich schike Ihnen hier das lezte Exemplar vom Antipope das ich habe. Lesen Sie ihn mit Parteylichkeit für ihren Freund. Das arme Büchlein wird wunderlich mißhandelt. Den einen ists Evangelium, den andern Antichrist.«[7] Demnach muss der *Anti-Pope* in der ersten Jahreshälfte 1776 erschienen sein. Sogar in der Korrespondenz von Goethes Mutter findet sich eine, wenngleich auch bescheidene Spur des *Anti-Pope*. An Wieland schreibt sie

---

nicht stimmen, da es sich sonst um einen völlig anderen Text handeln müsste. Der Leipziger Druck umfasst immerhin 223 Seiten.

[6] Der Wortlaut des Epigramms ist abgedruckt im Archiv für Litteratur-Geschichte 9 (1880), S. 437f., hier S. 437. Ich zitiere nach dem Originalexemplar (Signatur: 25. 760a) mit geringfügigen Abweichungen gegenüber dem gedruckten Epigramm in Interpunktion, Groß-, Klein- und Getrenntschreibung. Ich danke Herrn Dr. Urs Leu von der Zentralbibliothek Zürich, Kantons-, Stadt- und Universitätsbibliothek, für die Unterstützung.

[7] Ich danke der Stadt- und Universitätsbibliothek Frankfurt a.M. für die Erlaubnis zur Veröffentlichung.

über ihren Schwiegersohn Schlosser oder über das Buch am 24. November 1778: »Lieber Sohn! Habt die Güte und bestelt innliegende Briefe auf beste – bey dem Anti-Pope ist auch alles besorgt, jeder hat so seine Art und Kunst«.[8] Das muss sich nun freilich nicht auf das gleichnamige Buch Schlossers beziehen, denn wie der Kommentar zu dieser Briefstelle ausweist, hatte Wieland für Schlosser den Spitznamen Anti-Pope aufgebracht.[9]

Die Frage, weshalb Schlossers *Anti-Pope* in einem Buch über Jakob Michael Reinhold Lenz ein kleines Kapitel gewidmet wird, ist leicht zu beantworten. Die enge Freundschaft zwischen Lenz und Schlosser ist bezeugt, sie soll an dieser Stelle nicht nochmals in der Wiederholung der Fakten dokumentiert werden.[10] Lediglich ein Aspekt gewinnt an Bedeutung, das ist die Tatsache, dass Lenz den Emmendinger Freund in die Straßburger *Deutsche Gesellschaft*, dessen Sekretär er war, einführte. Das Protokoll der Sitzungen, soweit es uns durch Stöber mit den Korrekturen von Froitzheim überliefert ist, bemerkt dazu: »Den 16ten Febr. [1776] las Herr Lenz ein ursprünglich englisch geschriebenes von ihm selbst in's deutsche übersetzte Gedicht des Herrn Hofrath Schlossers bis auf den 1ten Brief vor: Antipope genannt«.[11] Worauf bezieht sich dieses »von ihm

---

[8] Die Briefe der Frau Rath Goethe, S. 75.

[9] Vgl. Die Briefe der Frau Rath Goethe, S. 601.

[10] Zur Einführung vgl. Ernst Beutler: Johann Georg Schlosser, in: Ders.: Essays um Goethe. Dritte, vermehrte Auflage. Wiesbaden 1946, Bd. 1, S. 117-127. – Ingegrete Kreienbrink: Johann Georg Schlosser und die Familie Goethe, in: Deutsche Akademie der Wissenschaften zu Berlin. Veröffentlichungen des Instituts für deutsche Sprache und Literatur 11: Beiträge zur deutschen und nordischen Literatur. Festgabe für Leopold Magon. Berlin 1958, S. 204-225. – Detlev W. Schumann: Eine politische Zirkularkorrespondenz J.G. Schlossers und seiner oberrheinischen Freunde, in: Goethe-Jahrbuch 22 (1960) S. 240-268. – Johan van der Zande: Bürger und Beamter. Johann Georg Schlosser (1739 – 1799). Stuttgart 1986 (in Zandes Darstellung kommt die Darstellung dieser Freundschaft entschieden zu kurz). – Maisak: »Sein Haus, ein Sammelplatz für Deutschland's Edle«, 1992.

[11] Froitzheim: Zu Strassburgs Sturm- und Drangperiode 1770 – 1776, S. 50f.

selbst«, auf Lenz als Übersetzer oder auf Schlosser, der dann Autor und Übersetzer in einer Person wäre? Natürlich wissen wir, dass sich Lenz über dieses Vorlesen hinaus mit Pope beschäftigt hat. In seinem Werk gibt es durchaus eine Pope-Lesespur, die belegt, dass sich Lenz immer wieder zu unterschiedlichen Zeiten mit dem Werk des Engländers beschäftigt hat. Eine inhaltliche Analyse müsste dies sorgfältig über die eigentlichen positivistischen Stellenbelege hinaus verfolgen, doch soll dies nicht Ziel dieses Kapitels sein. Halten wir uns an die Fakten und versuchen wir eine chronologische Rekonstruktion, ohne den Anspruch auf Vollständigkeit der wichtigsten Belegstellen erheben zu wollen:

1.) In seiner *Berichtigung einer Anekdote den Dichter J.M.R. Lenz betreffend* berichtet Friedrich Nicolai, dass Lenz auf dem Weg von Königsberg nach Straßburg bei seiner Durchreise in Berlin 1772 ihm eine »Uebersetzung von *Popens Essay on Criticism* in deutschen Alexandrinern«[12] zur Beurteilung vorgelegt habe. Lenz brachte demnach bereits ein Manuskript aus Königsberg mit, und diese Pope-Übersetzung kann zu den frühesten literarischen Arbeiten von Lenz gerechnet werden. Leider ist sie nicht erhalten geblieben.

2.) Die *Stimmen des Laien auf dem letzten theologischen Reichstage im Jahr 1773* entstanden schon zwischen 1772 und 1774. Gedruckt wurde diese Schrift 1775, übrigens in demselben Verlag, der Weygandschen Buchhandlung, in dem auch Schlossers *Anti-Pope* veröffentlicht wurde. Lenz schreibt am Ende,

[...] beantworten Sie mich, widerlegen Sie mich, rezensieren, kritisieren, reformieren und satirisieren Sie mich, wo und wieweit ich's verdiene, so kann doch dieses Geschwätz uns allen noch wozu nützlich werden, denn es war kein Buch so schlecht, das Pope nicht mit Nutzen zu lesen vorgab, und ich wollte auf die Rechnung gern mich zu schlechten Schmierern gesellen, wenn ich alle meine Leser zu Popen machen könnte (WuBr 2, S. 618).

---

[12] Zitiert nach: Jakob Michael Reinhold Lenz im Spiegel der Forschung. Hgg. v. Matthias Luserke. Hildesheim, New York 1995, S. 12.

3.) Im Gedicht *Über die deutsche Dichtkunst*, zwischen 1774 und 1775 in Straßburg entstanden, wird Pope neben Homer, Ossian, Shakespeare, Petrarca und anderen als literarische Leitfigur genannt (vgl. WuBr 3, S. 115).

4.) Im *Pandämonium Germanikum* spielt Lenz in der jüngeren Handschrift vom Frühsommer 1775 im Titelgedicht auf Popes Satire *The Dunciad* (1728) mit der Formulierung »Ein Dunsiadisch Spottgedicht«[13] an.

5.) In der Selbstrezension zum *Neuen Menoza* schreibt Lenz in den *Frankfurter gelehrten Anzeigen* vom 11. Juli 1775, »Popens Geißel« hänge »noch ungebraucht an der Wand: Wer weiß, wer sie einmal über Deutschland schwingt« (WuBr 2, S. 701).

6.) Den Text *Nur ein Wort über Herders Philosophie der Geschichte*, am 18. Juli 1775 in den *Frankfurter gelehrten Anzeigen* veröffentlicht, schließt Lenz mit der Bemerkung ab: »Wenigstens, sagt Pope in einer seiner Satiren, mag dieses Blatt zeugen (wenn es anders soweit hinausdauert) daß einer da war, der dies mißbilligte und verabscheute« (WuBr 2, S. 672).

7.) Im *Hochburger Schloß* kommt Lenz in einem Textabschnitt auf Popes Shakespeare-Beschäftigung zu sprechen. »Eine ganz andere Verteidigung von Shakespearn nehme ich über mich, gegen seine Verteidiger, gegen seine Schutzredner, gegen Alexander Popen der seine Werke herausgegeben hat. [...] Wie aber, wenn ich bei näherer Untersuchung gefunden, daß Pope all diese Stücke [...] wahrscheinlich nicht gelesen, geschweige auf kritischer Waage abgewogen?« (WuBr 2, S. 756). Die Schrift entstand, nachdem Lenz Weimar verlassen hatte, im Januar/Februar 1777 und erschien im selben Jahr im *Teutschen Merkur*.

8.) In *Etwas über Philotas Charakter* nimmt Lenz auf Popes *Essay on Man* (1733/34) Bezug. »Mich dünkt, Pope sagt mit zwei Worten mehr: *To enjoy is to obey* / Genießen ist gehorchen« (WuBr 2, S. 467). Entstanden ist Lenz' Schrift mutmaßlich in der zweiten Jah-

---

[13] Lenz: Pandämonium Germanikum. Eine Skizze. Synoptische Ausgabe beider Handschriften, S. 9.

reshälfte 1779. *The Essay on Man* ist ein Lehrgedicht in vier Briefen, das die Grundfrage der Theodizee erörtert, wie die Erfahrung des Bösen in der Welt mit der Vorstellung eines guten, gnädigen Gottes zu verbinden sei, den Widerstreit von Vernunft und Leidenschaften thematisiert und nach den Bedingungen menschlichen Glücks fragt.

1765 und 1766 übersetzte Schlosser die ersten vier ›Briefe‹.[14] Er wählte fünfhebige Jamben, die paarweise gereimt sind (heroic couplets). Goethe berichtet in *Dichtung und Wahrheit*, Schlosser habe seine Pope-Übersetzung schon beim Besuch in Leipzig dabei gehabt: »Er studierte die Engländer fleißig, *Pope* war, wo nicht sein Muster, doch sein Augenmerk, und er hatte, im Widerstreit mit dem *Versuch über den Menschen* jenes Schriftstellers, ein Gedicht in gleicher Form und Silbenmaß geschrieben, welches der christlichen Religion über jenen Deismus den Triumph verschaffen sollte. Aus dem großen Vorrat von Papieren, die er bei sich führte, ließ er mir sodann poetische und prosaische Aufsätze in allen Sprachen sehen, die, indem sie mich zur Nachahmung aufriefen, mich abermals unendlich beunruhigten«.[15] 1776 taucht im Druck statt den Versen dann eine Prosaversion auf. Zehn Jahre also, nachdem Schlosser eine eigene englische Version in Versen des *Essay on Man* geschrieben hatte, wird die Prosafassung veröffentlicht, die nur noch wenige englische Verse – mutmaßlich aus der älteren Fassung Schlossers – enthält.

Der *Anti-Pope* ist in zwei Teile untergliedert. Die Briefe eins bis vier umfassen den eigentlichen *Anti-Pope*, Brief Nummer fünf ist eine Prosaübersetzung von Popes *Essay on Man*.[16] Neben dem Vorleser Lenz und dem Verfasser Schlosser gibt es noch einen Herausgeber,

---

[14] Die Angaben zur Entstehungsgeschichte bei Alfred Nicolovius: Johann Georg Schlosser's Leben und literarisches Wirken. Bonn 1844. Reprint Bern, Frankfurt a.M. 1973, sind nicht sehr hilfreich, da sie größtenteils den Text paraphrasieren. – Vgl. auch Loewenthal: Johann Georg Schlosser, S. 28f.

[15] Goethe: MA Bd. 16, S. 291.

[16] Vgl. Heinrich Schweinsteiger: Das Echo von Pope's Essay on Man im Ausland. Leipzig 1913, S. 99-102.

der ein sechsseitiges Vorwort schreibt. Versucht man die Filiationen exakt zu differenzieren, stellt sich die Frage, ob der Verfasser mit dem Herausgeber und der Herausgeber mit dem Vorleser identisch sind, oder ob der *Anti-Pope* zwei Verfasser hat. Die oben zitierte Protokollnotiz der *Deutschen Gesellschaft* ist doppeldeutig, sie sagt einmal aus: Das ursprünglich englisch geschriebene Gedicht Schlossers wurde von Lenz ins Deutsche übersetzt und seine Übersetzung las er selbst vor. Oder das ursprünglich geschriebene Gedicht Schlossers wurde von diesem selbst auch ins Deutsche übersetzt, und Lenz las die Schlossersche Übersetzung vor. Und schließlich bleibt unklar, ob demnach die Formulierung »bis auf den 1ten Brief« ›mit Ausnahme des ersten Briefs‹ oder ›bis zum Ende des ersten Briefs‹ bedeutet. Natürlich kann man nicht vollständig ausschließen, dass sich Schlosser auf ein Spiel mit dem Publikum einlässt, wonach er gleichermaßen die Rollen des Autors, des Übersetzers und des Herausgebers besetzen würde. Doch ausgeschlossen ist auch nicht, dass Lenz selbst die Vorrede in der Rolle des Herausgebers schrieb oder sogar an der Übersetzung mitgewirkt hat. Die beiden Asterisken, welche die Anonymisierung des Wohnortes des Herausgebers am Ende der Vorrede symbolisieren, könnten – dies ist freilich spekulativ und hat keinerlei Indiziencharakter – eher auf einen zweisilbigen Ort hinweisen. Dies würde den Gepflogenheiten anonymisierter Ortsangaben im 18. Jahrhundert durchaus entsprechen, wonach die Anzahl der Asterisken auch die Anzahl der Silben des Ortsnamens repräsentieren kann. In Frage käme dann nicht Emmendingen, sondern Straßburg. Da der Text des *Anti-Pope* insgesamt als kaum bekannt vorausgesetzt werden muss, soll an dieser Stelle der Wortlaut der Vorrede vollständig wiedergegeben werden:

Das Gedicht, welches hier unter dem Titel Anti-Pope erscheint, ist von einem Deutschen unter Umständen, die das Publikum wenig bekümmern werden, bis auf den fünften Brief englisch verfaßt, und vom Verfasser selbst übersetzt worden. Der fünfte Brief ward über zehn Jahre nachher von dem nehmlichen Verfasser, aber, weil er vielleicht weder Lust noch Zeit hatte, mehr englische Verse zu machen, deutsch nur entworfen, und nicht völlig ausgearbeitet.

Man thut dem Verfasser einen üblen Dienst, daß man eine, auch von ihm aufgesetzte Uebersetzung des Popischen Versuchs über den Menschen an die Seite setzt. Allein, der verschiedne Gesichtspunct, in welchem beyde die Lehre von der besten Welt ansehen, erforderte eine so verschiedene Ausführung, daß keine Vergleichung zwischen beyden angestellt werden darf. Der Verfasser des Anti-Pope wird auch selbst auf Pope's Genie keinen Anspruch machen, sondern zufrieden seyn, wenn er nur einen der ächten Dichter unsrer Nation etwa reizen sollte, diesen Gegenstand, den Pope blos für die Metaphysiker bearbeitet hat, für das Herz zu bearbeiten. – Wir glauben, daß, wenn dieses einmal geschieht, der Glückliche den Pope, der Unglückliche einen solchen Anti-Pope immer lesen wird, so lang' es Menschen giebt, die über ihr Schicksal zu räsonniren der Mühe werth achten. Für die übrigen hat Voltäre gesorgt.

Wir haben den Verfasser ersucht, manche übertriebene Stelle zu mildern, und manches, was blos ihn und seine Umstände betrifft, entweder wegzulassen, oder zu verkürzen. Aber das war seine Antwort:

›Ich werde an dem Gedicht nichts ändern. Wollte ichs so einrichten, wie ich itzt denke, so muste ichs ganz umschmelzen. Vor zehn Jahren floß es ganz aus meinem Herzen; nun würde es mehr aus meinem Kopfe fließen. Nimmt das Publikum keinen Antheil daran, so wie es ist; so werde es vergessen mit andern: an dem, was ich itzt daraus machen würde, könnte es gewis keinen nehmen. Was Sie Uebertreibungen nennen, weis ich nicht. Ich glaube, wenn man alles auf alle zieht, so wird allerdings manches übertrieben scheinen und seyn; aber jedes einzelne Bild wird in der Natur sein Original finden: und jeder kann fürchten dieses Original zu werden‹.

Wir wusten hierauf nichts zu antworten!

Im Anti-Pope haben wir diejenige Stellen, die dem Uebersetzer im Deutschen nicht genug ausgedrückt schienen, aus dem englischen Original, welches noch nie gedruckt worden, beygesetzt. Im Popischen Versuch war das nicht nöthig, weil der in aller Händen ist.

Wir hoffen auch Verzeihung zu erhalten, oder vielleicht von Manchen Dank, daß wir von diesem Popischen Versuch eine neue Uebersetzung bekannt machen. Die schon bekannten poetischen sind alle unerträglich, und die prosaische in den sämmtlichen Popischen Werken ist nicht überall richtig; aber sie schien überall frostig. Ob der neue Uebersetzer dem Engländer weniger Unrecht gethan hat, lassen wir den Leser entscheiden! – Warburtons Commentar hat der Uebersetzer nicht im Deutschen anfügen wollen; es schien ihm ungeschickt, dem denkenden

Leser vorzugreifen, und die so rund, so stark, so gedrungen ausgedrückte Gedanken des Dichters, in der Ueberschwemmung der Worte des immer kalten, oft schiefen Commentators zu ersäufen.

** im März 1776.

Der Herausgeber.[17]

Ist Schlossers *Anti-Pope* tatsächlich »eine der merkwürdigsten Schriften in der deutschen Literatur des achtzehnten Jahrhunderts«, wie Detlev Schumann im Vorwort zu seinem Reprint von Schlossers *Kleinen Schriften* 1972 meinte?[18] Wilhelm Kühlmann untersuchte Schlossers Protesthaltung orthodoxer Aufklärung gegenüber und seine Sympathien für die jungen Sturm-und-Drang-Literaten. Er kommt zu dem Schluss, der *Anti-Pope* könne als ein Dokument der Dialektik der Aufklärung verstanden werden und sei das bedeutendste Zeugnis des Bruchs mit der Vätergeneration der Aufklärer.[19] Zwischen ›merkwürdig‹ und ›bedeutend‹ wird der tatsächliche Wert dieser Schrift zu finden sein, und es bleibt zu hoffen, dass diese Forschungslücke bald geschlossen werden wird und die Beteiligung von Jakob Michael Reinhold Lenz an diesem Text oder der Herausgabe des *Anti-Pope* in den Horizont des Möglichen rückt.

---

[17] [Johann Georg Schlosser:] Anti-Pope oder Versuch über den Natürlichen Menschen. Nebst einer neuen prosaischen Uebersetzung von Pope's Versuch über den Menschen. Leipzig 1776, S. 3-8.

[18] Johann Georg Schlosser: Kleine Schriften. Hgg. v. Detlev W. Schumann. [Reprint der Ausgabe Basel 1779-93, 6 Bde.]. New York 1972, S. LXXVIf.

[19] Vgl. Wilhelm Kühlmann: Impulse und Grenzen der ›Aufklärung‹ bei Johann Georg Schlosser, in: Johann Georg Schlosser (1739 - 1799). Eine Ausstellung, S. 15-32, hier S. 17.

IV. WEITERFÜHRENDE LITERATUR (AUSWAHL)

Agricola, Kathrin: »Wäre ich König, so wäre der Autor mein Freund«. Der ›Wandsbecker Bothe‹ über den ›Neuen Menoza‹ und andere Werke von Jakob Michael Reinhold Lenz (1751-1792), in: Jahresschriften der Claudius-Gesellschaft 5 (1996), S. 5-16.

Albert, Claudia: Verzeihungen, Heiraten, Lotterien. Der Schluß des Lenzschen »Hofmeisters«, in: Wirkendes Wort 39 (1989), S. 63-71.

Albrecht, Wolfgang und Ulrich Kaufmann: Lenzens »Expositio ad hominem« in historisch-kritischer Edition (mit Faksimile), in: Albrecht, Kaufmann, Stadeler (Hgg.): Ich aber werde dunkel sein, S. 78-91.

Albrecht, Wolfgang, Ulrich Kaufmann und Helmut Stadeler (Hgg.): Ich aber werde dunkel sein: Ein Buch zur Ausstellung Jakob Michael Reinhold Lenz. Jena 1996.

Albrecht, Wolfgang: Lenz und Sophie von La Roche: empfindsamer Tugendidealismus als Konsensstifter für Sturm und Drang und (Spät-)Aufklärung, in: Albrecht, Kaufmann, Stadeler (Hgg.): Ich aber werde dunkel sein, S. 24-31.

Altenheim, Hans: Die Wolken, oder wir arbeiten alle vergeblich. J.M.R. Lenz als Autor, in: Lichtenberg-Jahrbuch (1991), S. 85-90.

Altmayer, Claus: Bloß ein vorübergehender Meteor am Horizont der Literaturgeschichte? Zur Lenz-Forschung der neunziger Jahre, in: Der Ginkgobaum. Germanistisches Jahrbuch für Nordeuropa, Estland, Lettland und Litauen, H. 12 (1993), S. 149-161.

Arendt, Dieter: J.M.R. Lenz: »Der Hofmeister« oder Der kastrierte ›pädagogische Bezug‹, in: Lenz-Jahrbuch/Sturm-und-Drang-Studien 2 (1992), S. 42-77.

Arendt, Dieter: Johann Wolfgang Goethe und Jakob Michael Reinhold Lenz oder: »Ich flog empor wie die Rakete«, in: Germanisch-Romanische Monatsschrift 43/1 (1993), N.F., S. 36-62.

Athge, Kai: »Noch kann ich nichts, als sie loben«. Friedrich Wilhelm Gotter als Fürsprecher des jungen Autors, in: Kaufmann (Hg.): Lenz in Weimar, S. 104-119.

Bamberger, Uta: Ein solch unerträgliches Gemisch von helldunkel: Krankheit und tragikomisches Genie bei J.M.R. Lenz. Ann Arbor 1999.

Batley, Edward M.: A critique of Lenz's art of scenic variation, in: Hill (Hg.): J.M.R. Lenz 1994, S. 179-189.

Bauer, Roger: »Plautinisches« bei Jakob Michael Reinhold Lenz, in: Herbert Mainusch (Hg.): Europäische Komödie, Darmstadt 1990, S. 289-390.

Becker, Sabina: Lenz-Rezeption im Naturalismus, in: Lenz-Jahrbuch/ Sturm-und-Drang-Studien 3 (1993), S. 34-63.

Becker-Cantarino, Barbara: Jakob Michael Reinhold Lenz: »Der Hofmeister«, in:

Interpretationen. Dramen des Sturm und Drang. Erweiterte Ausgabe. Stuttgart 1997, S. 33-56.

Berens, Cornelia: »Das gegenwärtige Theater ist Schreibanlaß für Prosa«, Christoph Hein und J.M.R. Lenz – vom Theater zur Prosa und zurück, in: Stephan, Winter (Hgg.): »Unaufhörlich Lenz gelesen...«, S. 391-405.

Bernhardt, Rüdiger: J.M.R. Lenz aus Livland: Tagung in Travemünde vom 15. bis 17. März 1996, in: Deutschunterricht 49 (1996), H. 6, S. 327-328.

Bertram, Georg W.: Philosophie des Sturm und Drang. Eine Konstitution der Moderne. München 2000.

Bertram, Mathias: Das gespaltene Ich. Zur Thematisierung disparater Erfahrung und innerer Konflikte in der Lyrik von J.M.R. Lenz, in: Stephan, Winter (Hgg.): »Unaufhörlich Lenz gelesen...«, S. 353-371.

Bertram, Mathias: Jakob Michael Reinhold Lenz als Lyriker. Zum Weltverhältnis und zur Struktur seiner lyrischen Selbstreflexion. St. Ingbert 1994.

Bertram, Mathias: Zum Lenz-Bild Ludwig Tiecks, in: Zeitschrift für Germanistik 8 (1987), S. 588-591.

Bochan, Bohdan: The Dynamics of Desire in Lenz's »Der Hofmeister«, in: Hill (Hg.): J.M.R. Lenz, S. 120-128.

Bohm, Arnd: Klopstock's Influence on J.M.R. Lenz, in: Colloquia Germanica 25 (1992), H. 3/4, S. 211-227.

Bohnen, Klaus: Irrtum als dramatische Sprachfigur. Sozialzerfall und Erziehungsdebatte in J.M.R. Lenz' »Hofmeister«, in: Orbis Litterarum 42 (1987), S. 317-331.

Bolten, Jürgen: Melancholie und Selbstbehauptung. Zur Soziogenese des Bruderzwistmotivs im Sturm und Drang, in: DVjs 59 (1985), S. 265-277.

Bosse, Heinrich: Berufsprobleme der Akademiker im Werk von J.M.R. Lenz, in: Stephan, Winter (Hgg.): »Unaufhörlich Lenz gelesen...«, S. 38-51.

Bosse, Heinrich: Über den Nachlaß des Lenz-Forschers Paul Theodor Falck, in: Lenz-Jahrbuch/Sturm-und-Drang-Studien 2 (1992), S. 112-117.

Chamberlain, Timothy J.: Rhetoric and the Cultural Code of the »Sturm und Drang«: J.M.R. Lenz's Speech »Über Götz von Berlichingen«, in: Teaching Language through Literature 27 (1988), Bd. 2, S. 24-33.

Chee, Hans-Martin: Literatur als Aufklärung. Jakob Michael Reinhold Lenz' Drama »Der Hofmeister oder Vorteile der Privaterziehung«. Modell einer Unterrichtseinheit für den fortgeschrittenen Literaturunterricht im Fach Deutsch, in: Wirkendes Wort 41 (1991), S. 265-275.

Clasen, Thomas: »Den Trieb haben doch alle Menschen«. Sexualobsessionen in den Dramen des J.M.R. Lenz, in: Thomas Schneider (Hg.): Das Erotische in der Literatur, Frankfurt a.M. u.a. 1993 (Gießener Arbeiten zur neueren deutschen Literatur und Literaturwissenschaft; Bd. 13), S. 55-68.

Daemmrich, Horst: Lenz in themengeschichtlicher Sicht, in: Stephan, Winter (Hgg.): »Unaufhörlich Lenz gelesen...«, S. 10-26.

Damm, Sigrid: Lenz – eine geheime Lernfigur, in: Insel-Almanach auf das Jahr. Frankfurt a.M. 1992, S. 125-132.

Damm, Sigrid: Lenz bei Oberlin, in: Diskussion Deutsch 20 (1989), H. 107, S. 296-301.

Damm, Sigrid: Vögel, die verkünden Land. Das Leben des Jakob Michael Reinhold Lenz. Berlin, Weimar 1985.

Daum, Inka: »Lettre adressée à quelques officiers de la commision hydraulique de la communication d'eau«. Eine französische Schrift aus der letzten Lebenszeit des Autors, in: Albrecht, Kaufmann, Stadeler (Hgg.): Ich aber werde dunkel sein, S. 92-108.

Daunicht, Richard: J.M.R. Lenz im Herbst 1777. Zu einem anonymen Gedicht in Wielands »Teutschem Merkur«, in: Stephan, Winter (Hgg.): »Unaufhörlich Lenz gelesen...«, S. 109-117.

Dedner, Burghard, Hubert Gersch und Ariane Martin (Hgg.): »Lenzens Verrückung«: Chronik und Dokumente zu J.M.R. Lenz von Herbst 1777 bis Frühjahr 1778. Tübingen 1999.

Dedner, Burghard: Die Darstellung von Quellenabhängigkeiten anhand von Beispielen, in: Editio 11 (1997), S. 97-115.

Demuth, Volker: Der gekreuzigte Prometheus. Grenzerfahrungen in fatalen Verhältnissen. Zum 200. Todestag von Jakob Michael Reinhold Lenz, in: Allmende 12 (1992), H. 32/33, S. 7-25.

Demuth, Volker: Realität als Geschichte. Biographie, Historie und Dichtung bei J.M.R. Lenz. Würzburg 1994.

Diffey, Norman R.: J.M.R. Lenz and the Humanizing Role of Literatur, in: Hans-Günther Schwarz, David McNeil, Roland Bonnel (Hgg.): Man and Nature. Proceedings of the Canadian Society for Eighteenth Century Studies IX. Edmonton, Alberta 1990, S. 109-117.

Diffey, Norman: Language and Liberation in Lenz, in: Leidner, Madland (Hgg.): Space to Act, S. 1-9.

Durzak, Manfred: Lenz' »Der Hofmeister« oder die Selbstkasteiung des bürgerlichen Intellektuellen. Lenz' Stück im Kontext des bürgerlichen Trauerspiels, in: Hill (Hg.): J.M.R. Lenz, S. 110-119.

Dusen, Wanda van: Reconciling reason with sensibility: J.M.R. Lenz. Lenz' »Anmerkungen zum Theater«, in: Eitel Timm (Hg.): Subversive sublimities: undercurrents of the german Enlightenment. Columbia, SC 1992, S. 27-35.

Ebersbach, Volker: Fünf Etüden über die Eseley: Goethe und Lenz. Winsen/Luhe u.a. 1994.

Ehrich-Haefeli, Verena: Individualität als narrative Leistung? Zum Wandel der Personendarstellung in Romanen um 1770 – Sophie LaRoche, Goethe, Lenz, in: Physiognomie und Pathognomie. Zur literarischen Darstellung von Individualität. Festschrift für Karl Pestalozzi zum 65. Geburtstag. Hgg. v. Wolfram Groddeck u. Ulrich Städler. Berlin u.a. 1994, S. 49-75.

Eissler, Kurt: J.M.R. Lenz, in: Ders.: Goethe: A Psychoanalytic Study 1775-1786. Band 1, Detroit 1963, S. 16-31, 224-229.

Fingerhut, Karlheinz: War Lenz wahnsinnig? Tatsachenorientiertes Schreiben im Dienste historischer Selbstverständigung. Zu Sigrid Damms »Vögel, die verkünden Land«, in: Diskussion Deutsch 20 (1989), H. 107, S. 302-313.

Fiori, Beth: The Teacher in Jean Paul's »Schulmeisterin Wurz« und J.M.R. Lenz's »Der Hofmeister«, in: Philological Papers 36 (1990), S. 16-21.

Genton, François: Le Drame du *Sturm und Drang* dans la France de l'ancien Régime, in: Le Sturm und Drang: une rupture? Actes du colloque organisé par l'IUFM [...] le 17 novembre 1995 à Besançon. Besançon 1996, S. 135-168.

Genton, François: Lenz et la »misère allemande«, in: Cahiers d'Études Germaniques 52 (1997) N. 1, S. 143-158.

Gersch, Hubert: Die Bedeutung des Details: J.M.R. Lenz, Abbadona und der »Abschied«. Literarisches Zitat und biographische Selbstinterpretation. In Zusammenarbeit mit Stefan Schmalhaus, in: Germanisch-Romanische Monatsschrift 41 (1991), S. 385-412.

Gerth, Klaus: »Moralische Anstalt« und »Sinnliche Natur«. Zur Typologie des Dramas im Sturm und Drang, in: Wolfgang Wittkowski (Hg.): Revolution und Autonomie. Deutsche Autonomieästhetik im Zeitalter der Französischen Revolution. Ein Symposium. Tübingen 1990. S. 30-46.

Gerth, Klaus: »Vergnügen ohne Geschmack«. J.M.R. Lenz' »Menoza« als parodistisches »Püppelspiel«, in: Jahrbuch des freien deutschen Hochstifts 1988, S. 35-56.

Gille, Klaus F.: »Ein gekreuzigter Prometheus«. Zu Lenz und Werther, in: Weimarer Beiträge 40 (1994), H. 4, S. 562-575.

Gim, Chang-Hwa: Dramaturgie des Realismus: eine Untersuchung zur dramatischen Grundlage des empirischen Realismus bei J.M.R. Lenz unter Einfluß Shakespeares. Frankfurt a.M., Bern u.a. 1991.

Glarner, Hannes: »Diese willkürlichen Ausschweifungen der Phantasey«. Das Schauspiel »Der Engländer« von Jakob Michael Reinhold Lenz. Bern, Frankfurt a.M. u.a. 1992.

Glarner, Johannes: »Der Engländer«. Ein Endpunkt im Dramenschaffen von J.M.R. Lenz, in: Stephan, Winter (Hgg.): »Unaufhörlich Lenz gelesen...«, S. 195-209.

Graf, Roman: »Die Folgen des ehelosen Standes der Herren Soldaten«: Male Homosocial Desire in Lenz's »Die Soldaten«, in: Leidner, Madland (Hgg.): Space to Act, S. 35-44.

Graf, Roman: The Homosexual, the Prostitute, and the Castrato: Closet Performances by J.M.R. Lenz, in: Alice A. Kuzniar (Hg.): Outing Goethe and His Age. Stanford 1996, S. 77-93.

Graf, Roman: Voicing Limits: Rereading the Dramatic Theories of J.M.R. Lenz and L.S. Mercier. Diss. phil. Chapel Hill, North Carolina 1993.

Grathoff, Dirk: J.M.R. Lenz in den Fehden zwischen Klassikern und Romantikern, in: Monatshefte 87 (1995), H. 1, S. 19-33.

Greiner, Bernhard: Der Fluchtpunkt des Aufklärungs-Theaters als Leerstelle: J.M.R. Lenz' Komödie »Der Hofmeister« in: Gesellige Vernunft. Zur Kultur der literarischen Aufklärung. Festschrift für Wolfram Mauser. Hgg. v. Ortrud Gutjahr, Wilhelm Kühlmann, Wolf Wucherpfennig. Würzburg 1993, S. 43-55. Auch in: Ders.: Die Komödie. Eine theatralische Sendung: Grundlagen und Interpretationen. Tübingen 1992, S. 185-207.

Grieger, Astrid: »Etwas zu dem Ruhm und Nutzen meines Vaterlandes beyzutragen«. Die politische Dimension der bürgerlichen Kunstkonzeptionen in der Sturm- und Drang-Zeit. Würzburg 1993 (Epistemata: Reihe Literaturwissenschaft).

Gündel, Vera: Jakob Michael Reinhold Lenz' Mitgliedschaft in der Moskauer Freimaurerloge »Zu den drei Fahnen«, in: Lenz-Jahrbuch/Sturm-und-Drang-Studien 6 (1996), S. 62-74.

Guthrie, John: »Shakespeares Geist«. Lenz and the Reception of Shakespeare in Germany, in: Hill (Hg.): J.M.R. Lenz, S. 36-46.

Guthrie, John: Lenz's Style of Comedy, in: Leidner, Madland (Hgg.): Space to Act, S. 10-24.

Guthrie, John: Revision und Rezeption: Lenz und sein »Hofmeister«, in: Zeitschrift für deutsche Philologie 110/2 (1991), S. 181-201.

Haag, Ingrid: Die Dramaturgie der Verschiebung im Hofmeister von Lenz oder: über die Konstellation von Lücke und Glück, in: Cahiers d'Études Germaniques 52 (1997), S. 113-130.

Hacks, Peter: »Lenzens Eseley«: warum wurde J.M.R. Lenz aus Weimar vertrieben? Späte Lösung eines literarischen Kriminalfalles anhand Goethescher Dichtung, in: TransAtlantik (1990), H. 8, S. 37-42.

Hallensleben, Silvia: »Dies Geschöpf taugt nur zur Hure«. Anmerkungen zum Frauenbild in Lenz' »Soldaten«, in: Stephan, Winter (Hgg.): »Unaufhörlich Lenz gelesen...«, S. 225-242.

Hansen, Angela: Lenz' Komödie »Der Hofmeister oder Vorteile der Privaterziehung« – ein neuer Blick. Diss. phil. New York, NY 1990.

Harris, Edward P.: Lenz on Stage: Schröders Adaptation of »Der Hofmeister«, in: Leidner, Madland (Hgg.): Space to Act, S. 132-140.

Hassenstein, Friedrich: Ein bisher unbekannter Brief von J.M.R. Lenz aus Petersburg, in: Jahrbuch des Freien deutschen Hochstifts 1990, S. 112-117.

Haustein, Jens: Jakob Michael Reinhold Lenz als Briefschreiber, in: Stephan, Winter (Hgg.): »Unaufhörlich Lenz gelesen...«, S. 337-352.

Hayer, Uwe: Das Genie und die Transzendenz. Untersuchungen zur konzeptionellen Einheit theologischer und ästhetischer Reflexion bei J.M.R. Lenz. Frankfurt a.M. u.a. 1995 (Frankfurter Hochschulschriften zur Sprachtheorie und Literaturästhetik).

Hill, David (Hg.): Jakob Michael Reinhold Lenz. Studien zum Gesamtwerk. Opladen 1994.

Hill, David: »- und macht mir die Erde zum Himmel«. Utopisches in der Lyrik von J.M.R. Lenz, in: Kagel (Hg.): J.M.R. Lenz, S. 27-35.

Hill, David: »Das Politische« in »Die Soldaten«, in: Orbis Litterarum 43 (1998), S. 299-315.

Hill, David: »Lettre d'un soldat Alsacien a S Excellence Mr le Comte de St Germain sur la retenue de la paye des Invalides«. An Unpublished Manuscript by J.M.R. Lenz, in: Alan Deighton (Hg.): Order from Confusion. Essays Presented to Edward McInnes, New German Studies Texts & Monographs 10 (1995), S. 1-27.

Hill, David: Die Arbeiten von Lenz zu den Soldatenehen. Ein Bericht über die Krakauer Handschriften, in: Stephan, Winter (Hgg.): »Unaufhörlich Lenz gelesen...«, S. 118-137.

Hill, David: J.M.R. Lenz' »Avantpropos« zu den »Soldatenehen«, in: Lenz-Jahrbuch/Sturm-und-Drang-Studien 5 (1995), S. 7-21.

Hill, David: J.M.R. Lenz and William Hamilton: »Yärros Ufer«, in: Forum for Modern Language Studies 30 (1994), H. 2, S. 144-151.

Hill, David: Stolz und Demut. Illusion und Mitleid bei Lenz, in: Wurst (Hg.): J.R.M. [!] Lenz als Alternative?, S. 64-91.

Hill, David: The Portrait of Lenz in »Dichtung und Wahrheit«: A Literary Perspective, in: Hill (Hg.): J.M.R. Lenz, S. 222-231.

Hinck, Walter: »Forme Menschen nach meinem Bilde«. Genie und Schöpfer. (Herder, Goethe, Gotthold Friedr. Stäudlin, Jakob Michael Reinhold Lenz), in: ders.: Magie und Tagtraum. Das Selbstbild des Dichters in der deutschen Lyrik. Frankfurt a.M., Leipzig 1994, S. 55-77.

Hoff, Dagmar von: Inszenierung des Leidens. Lektüre von J.M.R. Lenz' »Der Engländer« und Sophie Albrechts »Theresgen«, in: Stephan, Winter (Hgg.): »Unaufhörlich Lenz gelesen...«, S. 210-224.

Hohoff, Curt: Jakob Michael Reinhold Lenz in Selbstzeugnissen und Bilddokumenten. Reinbek b. Hamburg 1977 u.ö.

Höpfner, Felix: »Un enfant perdu«. Anmerkungen zu Egon Günthers Lenz-Film und ein Gespräch mit dem Regisseur, in: Lenz-Jahrbuch/Sturm-und-Drang-Studien 5 (1995), S. 79-91.

Horn, Peter: »Das heißt, Sie wollten die Welt umkehren«. Realismus und Populismus in Lenz' »Die Soldaten« als ethisch-ästhetische Reaktion gegen den Ästhetizismus des Klassizismus, in: Acta Germanica 22 (1994), S. 153-170.

Ichikawa, Akira: Von Lenz zu Brecht. – Über Brechts »Hofmeister«-Bearbeitung, in: Doitsu bungaku ronkô. Forschungsberichte zur Germanistik, H. 35, Osaka 1993, S. 75-97.

Ignasiak, Detlef: »Die Herzogin ist wirklich (ein) Engel«. Lenz und Luise von Sachsen-Weimar-Eisenach, in: Kaufmann (Hg.): Lenz in Weimar, S. 40-46.

Imamura, Takeshi: J.M.R. Lenz. Seine dramatische Technik und ihre Entwicklung. St. Ingberg 1996 (Saarbrücker Beiträge zu Literaturwissenschaft; 52). [Enthält die umfangreichsten Literaturangaben zu Lenz].

Jakob Michael Reinhold Lenz im Spiegel der Forschung. Hgg. v. Matthias Luserke. Hildesheim, Zürich, New York 1995.

Japp, Uwe: Lesen und Schreiben im Drama des Sturm und Drang; insbesondere bei Goethe und Lenz, in: Paul Goetsch (Hg.): Lesen und Schreiben im 17. und 18. Jahrhundert. Studien zu ihrer Bewertung in Deutschland, England und Frankreich. Tübingen 1994, S. 265-276.

Jürjo, Indrek: Die Weltanschauung des Lenz-Vaters, in: Stephan, Winter (Hgg.): »Unaufhörlich Lenz gelesen...«, S. 138-152.

Kaarsberg Wallach, Martha: Emilia und ihre Schwestern: Das seltsame Verschwinden der Mutter und die geopferte Tochter. Gotthold E. Lessing: »Emilia Galotti«; Jakob Michael Reinhold Lenz: »Hofmeister«, »Soldaten«; Heinrich Leopold Wagner: »Kindermörderin«; Friedrich von Schiller: »Kabale und Liebe«; Johann W. von Goethe: »Faust«, »Egmont«, in: Helga Kraft, Elke Liebs (Hgg.): Mütter – Töchter – Frauen. Weiblichkeitsbilder in der Literatur. Stuttgart, Weimar 1993, S. 53-72.

Kagel, Martin: Bewaffnete Augen: Anschauende Erkenntnis und militärischer Standpunkt in J.M.R. Lenz' »Anmerkungen übers Theater«, in: Colloquia Germanica 31 (1998), H. 1, S. 1-19.

Kagel, Martin: Briefe an den Vater: Figurationen des Vaters in den Schriften von J.M.R. Lenz, in: Ders. (Hg.): J.M.R. Lenz, S. 69-77.

Kagel, Martin: Strafgericht und Kriegstheater. Studien zur Ästhetik von Jakob Michael Reinhold Lenz. St. Ingbert 1997.

Kähler, Hermann: Das kritische erste Weimarer Jahrzehnt, in: Sinn und Form 42 (1990), H. 1, S. 169-186.

Käser, Rudolf: Die Schwierigkeit, ich zu sagen. Rhetorik der Selbstdarstellung in Texten des »Sturm und Drang«. Herder – Goethe – Lenz. Frankfurt a.M., Bern u.a. 1987.

Kaufmann, Ulrich (Hg.): Lenz in Weimar. Jakob Michael Reinhold Lenz 1776 am Weimarer Hof. Zeugnisse – Beiträge – Chronik. München 1999.

Kaufmann, Ulrich: »ausgestoßen aus dem Himmel als ein Landläufer, Rebell, Pasquillant«: Jakob Michael Reinhold Lenz und der Weimarer Musenhof, in: Ignasiak (Hg.): Beiträge zur Geschichte der Literatur in Thüringen, S. 163-179.

Kaufmann, Ulrich: »Ich geh aufs Land, weil ich bei Euch nichts tun kann.« – Zu einigen Aspekten des Aufenthaltes von J.M.R. Lenz am Weimarer Musenhof, in: Stephan, Winter (Hgg.): »Unaufhörlich Lenz gelesen...«, S. 153-166.

Kaufmann, Ulrich: Dichters Wort sucht sich den Ort. Eine Lenz-Trilogie in Goethes Park, in: Albrecht, Kaufmann, Stadeler (Hgg.): Ich aber werde dunkel sein, S. 144-147.

Kaufmann, Ulrich: Neuer Blick auf alte Funde: Die Lenziana in Weimar, in: Hill (Hg.): J.M.R. Lenz, S. 214-221.

Kaufmann, Ulrich: Weimar – Wendepunkt im Leben eines Dichters. Zum 200. Todestag von Jakob Michael Reinhold Lenz, in: Deutschunterricht 45 (1992), H. 6, S. 323-324.

Kes-Costa, Barbara R.: »Freundschaft geht über Natur«. On Lenz's Rediscovered Adaptation of Plautus, in: Leidner, Madland (Hgg.): Space to Act, S. 162-173.

Kes-Costa, Barbara R.: Ätolien, Algier und das Serail. Entführungsthema und Religionsgegensatz bei Plautus, J.M.R. Lenz und Mozart, in: Carleton Germanic Papers 22 (1994), S. 95-105.

Klein, Christian: »Ich weiß nicht, soll das Satire sein, oder -« ...: intertextualité et indétermination dans »Le Précepteur« de Lenz, in: Cahiers d'Études Germaniques 52/1 (1997), N.1, S. 131-142.

Koepke, Wulf: In Search of a New Religiosity. Herder and Lenz, in: Leidner, Madland (Hgg.): Space to Act, S. 121-131.

Koneffke, Marianne: Der »natürliche« Mensch in der Komödie »Der neue Menoza« von Jakob Michael Reinhold Lenz. Frankfurt a.M. u.a. 1990.

Koneffke, Marianne: Die weiblichen Figuren in den Dramen des J.M.R. Lenz: Der Hofmeister. Der neue Menoza. Die Soldaten. Zwischen Aufbegehren und Anpassung, in: Wirkendes Wort 42 (1992), H. 3, S. 389-405.

Korb, Richard: »Der Hofmeister«: Lenz' Sex Comedy, in: Leidner, Madland (Hgg.): Space to Act, S. 25-34.

Krämer, Herbert (Hg.): Erläuterungen und Dokumente: J.M.R. Lenz: Die Soldaten. Stuttgart 1982.

Krebs, Roland: Lenz et le »Sturm und Drang«, in: Cahiers d'Études Germaniques 49 (1994), H. 2, S. 195-197.

Krebs, Roland: Lenz, lecteur de Goethe. Über Götz von Berlichingen, in: Cahiers d'Études Germaniques 52 (1997), S. 65-78.

Landwehr, Jürgen: Das suspendierte Formurteil. Versuch der Grundlegung einer Gattungslogik anläßlich von Lenz' sogenannten Tragikomödien »Der Hofmeister« und »Die Soldaten«, in: Lenz-Jahrbuch/Sturm-und-Drang-Studien 6 (1996), S. 7-61.

Lefevre, André: Geht in die Geschichte. Observations on the study of literary translation on the occasion of Lenz's Coriolan, in: Peter Pabisch, Ingo R. Stoehr (Hgg.): Dimensions. A. Leslie Wilson an contemporary German arts and letters. Krefeld 1993, S. 184-194.

Leidner, Alan C., Helga Stipa Madland (Hgg.): Space to Act: The Theater of J.M.R. Lenz. Columbia 1993.

Leidner, Alan C., Karin A. Wurst (Hg.): Unpopular Virtues: J.M.R. Lenz and the Critics. Drawer 1999.

Leidner, Alan C.: Zur Selbstunterbrechung in den Werken von Jakob Michael Reinhold Lenz, in: Wurst (Hg.): J.R.M. [!] Lenz als Alternative?, S. 46-63.

Leiser Gjestvang, Ingrid: Machtworte: Geschlechterverhältnisse und Kommunikation in dramatischen Texten (Lenz, Hauptmann, Bernstein, Streeruwitz). Ann Arbor 1999.

Lenz-Jahrbuch/Sturm-und-Drang-Studien. Band 1 (1991). Hgg. von Matthias Luserke und Christoph Weiß in Verbindung mit Gerhard Sauder. Ab Band 2 (1992) hgg. von Christoph Weiß in Verbindung mit Matthias Luserke, Gerhard Sauder und Reiner Wild. [Bd. 10 (2000) i. Dr.].

Lösel, Franz: Melodrama und Groteske im dramatischen Werk von Reinhold Lenz, in: Hill (Hg.): J.M.R. Lenz, S. 202-213.

Luserke, Matthias, Christoph Weiß (Hgg.): J.M.R. Lenz: »Pandämonium Germanikum. Eine Skizze«. Synoptische Ausgabe beider Handschriften. Mit einem Nachwort von Matthias Luserke und Christoph Weiß. St. Ingbert 1993.

Luserke, Matthias, Christoph Weiß (Hgg.): Sergei Pleschtschejew: »Übersicht des Russischen Reichs nach seiner gegenwärtigen neu eingerichteten Verfassung«, Aus dem Russischen übersetzt von J.M.R. Lenz. Mit einem Nachwort von Matthias Luserke und Christoph Weiß. Hildesheim u.a. 1992.

Luserke, Matthias, Christoph Weiß: Arbeit an den Vätern. Zur Plautus-Bearbeitung *Die Algierer* von J.M.R. Lenz, in: Lenz-Jahrbuch/Sturm-und-Drang-Studien 1 (1991), S. 59-91.

Luserke, Matthias, Reiner Marx: Die Anti-Läuffer. Thesen zur SuD-Forschung oder Gedanken neben dem Totenkopf auf der Toilette des Denkers, in: Lenz-Jahrbuch/Sturm-und-Drang-Studien 2 (1992), S. 126-150.

Luserke, Matthias: Das »Pandämonium Germanikum« von J.M.R. Lenz. Lenz und die Literatursatire des Sturm und Drang, in: Stephan, Winter (Hgg.): »Unaufhörlich Lenz gelesen...«, S. 257-272.

Luserke, Matthias: Empfindsamkeit/Sturm und Drang, in: Religion in Geschichte und Gegenwart. Vierte, völlig neu bearbeitete Auflage. Tübingen 1999, Bd. 2, Sp. 1261-1267.

Luserke, Matthias: Franz Blei als Editor. Das Beispiel der *Gesammelten Schriften* von Jakob Michael Reinhold Lenz, in: Dietrich Harth (Hg.): Franz Blei. Mittler der Literaturen. Hamburg 1997, S. 205-212.

Luserke, Matthias: J.M.R. Lenz: Der Hofmeister – Der neue Menoza – Die Soldaten. München 1993.

Luserke, Matthias: Louis Ramond de Carbonnières und sein Sturm-und-Drang-Drama *Die letzten Tage des jungen Olban*, in: Lenz-Jahrbuch 4 (1994), S. 81-100.

Luserke, Matthias: Sturm und Drang. Autoren – Texte – Themen. 2. Aufl. Stuttgart 1999.

Lützeler, Paul Michael: Jakob Michael Reinhold Lenz: »Die Soldaten«, in: Interpretationen. Dramen des Sturm und Drang. Stuttgart 1987, S. 129-159.

Madland, Helga Stipa: Image and Text: J.M.R. Lenz. Amsterdam 1994.

Madland, Helga Stipa: J.M.R. Lenz: Poetry as Communication, in: Lessing Yearbook 29 (1997/98), S. 151-174.

Madland, Helga Stipa: Lenz, Aristophanes, Bachtin und »die verkehrte Welt«, in: Stephan, Winter (Hgg.): »Unaufhörlich Lenz gelesen...«, S. 167-180.

Madland, Helga Stipa: Lenzens Sprachwahrnehmung in Theorie und Praxis, in: Wurst (Hg.): J.R.M. [!] Lenz als Alternative?, S. 92-111.

Madland, Helga Stipa: Madness and Lenz: Two Hundred Years Later, in: The German Quarterly 66 (1993), H. 1, S. 34-42.

Madland, Helga Stipa: Semiotic Layers in J.M.R. Lenz's »Der Engländer«, in: Seminar 30 (1994), H. 3, S. 276-285.

Mandet, Jean: L'adapteur de Plaute, in: Cahiers d'Études Germaniques 52 (1997), N. 1, S. 37-48.

Martin, Ariane, Gideon Stiening: »Genie und Wahnsinn« am Beispiel zweier Autoren, in: Aurora (1999), S. 45-70.

Martin, Ariane: Die Ereignisse vor dem 20. Januar 1778. Jacob Michael Reinhold Lenz' »religiöse Paroxismen« in Zürich und Emmendingen, in: Georg Büchner Jahrbuch 9 (1995-99), S. 173-187.

Martin, Ariane: Pfeffels Briefe über Lenz im Steintal, in: Lenz-Jahrbuch/Sturm- und-Drang-Studien 6 (1996), S. 93-99.

Maurach, Martin: Aufklärung im Gespräch: eine interaktionsanalytische Untersuchung des Dramendialogs im Sturm und Drang am Beispiel von Jakob Michael Reinhold Lenz, in: Das achzehnte Jahrhundert 21 (1997), H. 2, S. 176-188.

Maurach, Martin: J.M.R. Lenzens »Guter Wilder«. Zur Verwandlung eines Topos und zur Kulturdiskussion in den Dialogen des »Neuen Menoza«, in: Jahrbuch der Deutschen Schillergesellschaft 40 (1996), S. 123-146.

Mayer, Matthias: Erlösen durch Erzählen. Lenz' Ballade »Die Geschichte auf der Aar«, in: Jahrbuch des Freien deutschen Hochstifts 1998, S. 1-14.

McBride, Patrizia C.: The Paradox of Discourse: J.M.R. Lenz's »Anmerkungen übers Theater««, in: German Studies Review 22 (1999), S. 397-419.

McInnes, Edward: »Kein lachendes Gemälde«: Beaumarchais, Lenz und die Komödie des gesellschaftlichen Dissens, in: Wurst (Hg.): J.R.M. [!] Lenz als Alternative?, S. 123-137.

McInnes, Edward: Lenz und das Bemühen um realistische Tragödienformen im 19. Jahrhundert, in: Stephan, Winter (Hgg.): »Unaufhörlich Lenz gelesen...«, S. 123-137.

McInnes, Edward: Lenz, Shakespeare, Plautus and the »Unlaughing Picture«, in: Hill (Hg.): J.M.R. Lenz, S. 27-35.

McInnes, Edward: Lenz. »Der Hofmeister«. London 1992.

Meinzer, Elke: »Über Delikatesse der Empfindung«. Eine späte Prosaschrift von Jakob Michael Reinhold Lenz. St. Ingbert 1996.

Meinzer, Elke: Biblische Poetik: Die Analogie als Stilprinzip bei J.G. Hamann und J.M.R. Lenz, in: Beiträge zu einem besonderen Kapitel der deutschen Geistesgeschichte des 18. und angehenden 19. Jahrhunderts, Frankfurt a.M. 1998, S. 37-57.

Meinzer, Elke: Die Irrgärten des J.M.R. Lenz. Zur Psychoanalytischen Interpretation der Werke »Tantalus«, »Der Waldbruder« und »Myrsa Polagi«, in: DVjs 68 (1994), S. 695-716.

Menke, Timm: Zwei Thesen zur Rezeption und Krankheit von J.M.R. Lenz, in: Stephan, Winter (Hgg.): »Unaufhörlich Lenz gelesen...«, S. 27-37.

Menz, Egon: »Der verwundete Bräutigam«. Über den Anfang von Lenzens Komödienkunst, in: Hill (Hg.): J.M.R. Lenz, S. 107-109.

Menz, Egon: Aretins Passion, in: Albrecht, Kaufmann, Stadeler (Hgg.): Ich aber werde dunkel sein, S. 66-77.

Menz, Egon: Das »hohe Tragische von heut«, in: Stephan, Winter (Hgg.): »Unaufhörlich Lenz gelesen...«, S. 181-194.

Menz, Egon: Die Mutter, die Kurtisane: Anmerkungen zu Lenz, in: Lenz-Jahrbuch/Sturm-und-Drang-Studien 6 (1996), S. 75-92.

Menz, Egon: Lenzens »Faust«, in: Klaus Deterding (Hg.): Wahrnehmungen im Poetischen All. Festschrift für Alfred Behrmann zum 65. Geburtstag. Heidelberg 1993, S. 166-186.

Menz, Egon: Lenzens Weimarer Eselei, in: Goethe-Jahrbuch 106 (1989), S. 91-105.

Michel, Gabriele: Lenz – »ist er nicht gedruckt?« Über die vernachlässigte Bedeutung der Schriften von J.M.R. Lenz für Georg Büchners Novellentext, in: Lenz-Jahrbuch/Sturm-und-Drang-Studien 2 (1992), S. 118-125.

Michel, Willi: Sozialgeschichtliches Verstehen und kathartische Erschütterung. Lenz' Tragikomödie »Der Hofmeister«, in: Ders.: Die Aktualität des Interpretierens. Heidelberg 1978, S. 34-57.

Mieth, Mathias: Goethe und Lenz, Weimar und Jena. Gedanken zu einem Preis für zeitgenössische Dramatik anlässlich seiner erstmaligen Verleihung (1997), in: Kaufmann (Hg.): Lenz in Weimar, S. 141-145.

Mondot, Jean: Lenz, adapteur de Plaute, in: Cahiers d'Études Germaniques 52 (1997), S. 37-48.

Morton, Michael: Exemplary Poetics: The Rhetoric of Lenz's »Anmerkungen übers Theater« and »Pandaemonium Germanicum««, in: Lessing Yearbook 20 (1988), S. 121-151.

Müller, Maria E. »Der verwundete Bräutigam«. Bemerkungen zu einem Jugenddrama von Jakob Michael Reinhold Lenz, in: Lenz-Jahrbuch/Sturm-und-Drang-Studien 3 (1993). S. 7-33.

Müller, Peter (Hg.): Jakob Michael Reinhold Lenz im Urteil dreier Jahrhunderte. Texte der Rezeption von Werk und Persönlichkeit. 18.-20. Jahrhundert. 3 Bde., gesammelt und hgg. von Peter Müller unter Mitarbeit von Jürgen Stötzer. Bern u.a. 1995.

Niedermeier, Michael: Mitteldeutsche Aufklärer und elsässische »Genies« im Kampf um das pädagogische Musterinstitut des Philantropismus in Dessau, in: Lenz-Jahrbuch/Sturm-und-Drang-Studien 5 (1995), S. 92-117.

Niggl, Günter: Neue Szenekunst in Lenzens Komödie »Die Soldaten«, in: Cahiers d'Études Germaniques 52 (1997), S. 99-111.

Oh, Yangrok: Das Gesellschaftsbild in J.M.R. Lenzens Drama »Der Hofmeister« (1774) und B. Brechts Konzeption der ›deutschen Misere‹, in: Dogilmunhak 31 (1990), H. 4, S. 65-95.

O'Regan, Brigitta: Self and Existence: J.M.R. Lenz's Subjective Point of View. New York 1997.

Orehovs, Ivars: Überraschungen« und »Vernunft« im »Hofmeister« von J.M.R. Lenz, in: Der Ginkgobaum, H. 12 (1993), S. 110-112.

Osborne, John: Motion Pictures: The Tableau in Lenz's Drama and Dramatic Theory, in: Leidner, Madland (Hgg.): Space to Act, S. 91-105.

Osborne, John: Sehnsucht nach Weimar. Bemerkungen zu den Briefen von Louis-François Ramond de Carbonnières an Jakob Michael Reinhold Lenz, in: Lenz-Jahrbuch/Sturm-und-Drang-Studien 5 (1995), S. 67-78.

Osborne, John: Zwei Märchen von J.M.R. Lenz oder »Anmerkungen über die Erzählung«, in: Stephan, Winter (Hgg.): »Unaufhörlich Lenz gelesen...«, S. 325-336.

Pastoors-Hagelüken, Marita: Die »übereilte Comödie«. Möglichkeiten und Problematik einer neuen Dramengattung am Beispiel des »Neuen Menoza« von J.M.R. Lenz. Frankfurt a.M. 1990.

Paterson, Margot: »Liebe auf dem Lande«: A Critical Poem by Jakob Lenz, in: Essays in Memory of Michael Parkinson and Janine Dakyns. Norwich: School of Modern Language & European Studies, University of East Anglia 1996, S. 63-66.

Paterson, Margot: Friederike Brion, Cornelia Schlosser and Charlotte von Stein Viewed Through the Eyes of the Poet Jakob Lenz, in: Margaret C. Ives (Hg.): Women Writers of the Age of Goethe. Lancaster 1997, S. 63-79.

Pautler, Stefan M.: J.M.R. Lenz: Pietistische Weltdeutung und bürgerliche Sozialreform im Sturm und Drang. Göttingen 1999.

Pautler, Stefan Martin: »Wehe dem neuen Projektenmacher«: Überlegungen zur sozialreformerischen Programmatik im Werk von J.M.R. Lenz, in: Albrecht, Kaufmann, Stadler (Hgg.): Ich aber werde dunkel sein, S. 15-23.

Petersen, Peter und Hans-Gerd Winter: Lenz-Opern. Das Musiktheater als Sonderzweig der produktiven Rezeption von J.M.R. Lenz' Dramen und Dramaturgie, in: Lenz-Jahrbuch/Sturm-und-Drang-Studien 1 (1991), S. 9-58.

Petersen, Peter: Eine Französin deutet den »Hofmeister«. Die Oper »Le Précepteur« (1990) von Michèle Reverdy, in: Stephan, Winter (Hgg.): »Unaufhörlich Lenz gelesen...«, S. 422-429.

Pizer, John: »Man schaffe ihn auf eine sanfte Manier fort«: Robert Walser's »Lenz« as a Cipher for the Dark Side of Modernity, in: Leidner, Madland (Hgg.): Space to Act, S. 141-149.

Pizer, John: Der Oberpahlener Kreis. Bausteine zur Biographie des jungen Lenz, in: Lenz-Jahrbuch/Sturm-und-Drang-Studien 4 (1994), S. 69-80.

Pizer, John: Realism and Utopianism in »Der neue Menoza«. J.M.R. Lenz's Productive Misreading of Wieland, in: Colloquia Germanica 27 (1994/95), H. 4, S. 309-319.

Preuß, Werner Hermann: »Lenzens Eseley«: »Der Tod der Dido« (mit Textpublikation), in: Goethe-Jahrbuch 106 (1989), S. 53-90.

Preuß, Werner Hermann: »Verfasser unbekannt« – »typisch Lenz«. Über den Anteil von J.M.R. Lenz an der Zeitschrift »Für Leser und Leserinnen« in: Lenz-Jahrbuch/Sturm-und-Drang-Studien 3 (1993), S. 99-115.

Preuß, Werner Hermann: Aus den Memoiren des »Verwundeten Bräutigams«. Reinhold Johann von Igelström (1740-1799), in: Lenz-Jahrbuch/ Sturm-und-Drang-Studien 7 (1997), S. 89-100.

Preuß, Werner Hermann: Selbstkastration oder Zeugung neuer Kreatur. Zum Problem der moralischen Freiheit in Leben und Werk von J.M.R. Lenz. Bonn 1983.

Profitlich, Ulrich: Zur Deutung von J.M.R. Lenz' Komödientheorie, in: DVjs 72 (1998), S. 411- 432.

Rector, Martin: Anschauendes Denken. Zur Form von Lenz' »Anmerkungen übers Theater«, in: Lenz-Jahrbuch/Sturm-und-Drang-Studien 1 (1991), S. 92-105.

Rector, Martin: Ästhetische Liebesverzichtserklärung. Jakob Lenz' Dramenfragmente »Catharina von Siena«, in: Albrecht, Kaufmann, Stadeler (Hgg.): Ich aber werde dunkel sein, S. 58-65.

Rector, Martin: Götterblick und menschlicher Standpunkt. J.M.R. Lenz' Komödie »Der neue Menoza« als Inszenierung eines Wahrnehmungsproblems, in: Jahrbuch der Deutschen Schillergesellschaft 33 (1989), S. 185-209.

Rector, Martin: La Mettrie und die Folgen. Zur Ambivalenz der Maschinen-Metapher bei Jakob Michael Reinhold Lenz, in: Erhard Schütz (Hg.): Willkommen und Abschied der Maschinen. Literatur und Technik – Bestandsaufnahme eines Themas. Essen 1988, S. 23-41.

Rector, Martin: Lenz und Lessing. Diskontinuitäten der Dramentheorie, in: Dieter Fratzke, Wolfgang Albrecht (Hgg.): Lessing und die Literaturrevolten nach 1770. Kamenz 1999, S. 53-81.

Rector, Martin: Optische Metaphorik und theologischer Sinn in Lenz' Poesie-Auffassung, in: Hill (Hg.): J.M.R. Lenz, S. 11-26.

Rector, Martin: Sieben Thesen zum Problem des Handelns bei Jakob Lenz, in: Zeitschrift für Germanistik. Neue Folge, H. 2-3 (1992), S. 628-639.

Rector, Martin: Zur moralischen Kritik des Autonomie-Ideals. Jakob Lenz' Erzählung »Zerbin oder die neuere Philosophie«, in: Stephan, Winter (Hgg.): »Unaufhörlich Lenz gelesen...«, S. 294-308.

Reddick, John: »Man muß nur Aug und Ohr dafür haben«: Lenz and the Problems of Perception, in: Oxford German Studies 31 (1998), H. 1, S. 1-19.

Rieck, Werner: Poetologie als poetisches Szenarium. Zum »Pandämonium Germanikum« von Jakob Michael Reinhold Lenz, in: Lenz-Jahrbuch/Sturm-und-Drang-Studien 2 (1992), S. 78-111.

Rosanow, M.N.: Jakob M.R. Lenz der Dichter der Sturm-und Drangperiode. Sein Leben und seine Werke. Vom Verf. autorisierte u. durchgesehene Uebersetzung. Dt. v. C. v. Gütschow. Leipzig 1909. Reprint Hildesheim, New York 2001.

Rudolf, Ottomar: Lenz: Vater und Sohn: Zwischen patriarchalem Pietismus und pädagogischem Eros, in: Wurst (Hg.): J.R.M. [!] Lenz als Alternative?, S. 29-45.

Salumets, Thomas: Von Macht, Menschen und Marionetten: zur Titelfigur in Lenz' »Der Hofmeister«, in: Wurst (Hg.): J.R.M. [!] Lenz als Alternative?, S. 158-178.

Sato, Ken-Ichi: J.M.R. Lenz' Fragment »Die Kleinen«, in: Stephan, Winter (Hgg.): »Unaufhörlich Lenz gelesen...«, S. 243-256.

Sato, Ken-Ichi: Sozialkritik und Theaterspaß. J.M.R. Lenz' Komödie »Die Soldaten«, in: Goethe-Jahrbuch (Tokyo) 35 (1993), S. 21-36.

Sato, Ken-Ichi: Über »Der neue Menoza« von J.M.R. Lenz. Volkstheater als Provokation. Japanisch mit deutscher Zusammenfassung, in: Doitsu Bungaku 82 (1989), S. 92-101.

Sauder, Gerhard: Konkupiszenz und empfindsame Liebe. J.M.R. Lenz' »Philosophische Vorlesungen für empfindsame Seelen«, in: Lenz-Jahrbuch/ Sturm-und-Drang-Studien 4 (1994), S. 7-29.

Sauder, Gerhard: Lenz' eigenwillige »Anmerkungen übers Theater«, in: Cahiers d'Études Germaniques 52 (1997), S. 49-64.

Sauder, Gerhard: Romantisches Interesse am Sturm und Drang (Maler Müller, Lenz, Goethe), in: Gerhard Sauder, Rolf Paulus, Christoph Weiß (Hgg.): Maler Müller in neuer Sicht. Studien zum Werk des Schriftstellers und Malers Friedrich Müller (1749 - 1825). St. Ingbert 1990, S. 225-242.

Saulé-Tholy, Jean-Paul: Le personnage dramatique dans le théâtre de Lenz, in: Cahiers d'Études Germaniques 52 (1997), N. 1, S. 15-36.

Saumer, Andreas U.: Theodizee und Triebverzicht: zu J.M.R. Lenzens »Philosophische Vorlesungen für empfindsame Seelen«, in: Lichtenberg-Jahrbuch (1995), S. 242-250.

Sautermeister, Gert: »Unsre Begier wie eine elastische Feder beständig gespannt«. Der »Geschlechtertrieb« in Lenzens Theorie, Lyrik und Dramatik, in: Cahiers d'Études Germaniques 52 (1997), S. 79-98.

Schäfer, Walter Ernst: Mädchenerziehung. Kontroversen zwischen Gottlieb Konrad Pfeffel und J.M.R. Lenz, in: Gesellige Vernunft. Zur Kultur der literarischen Aufklärung. Festschrift für Wolfram Mauser zum 65. Geburtstag. Hgg. v. Ortrud Gutjahr u.a. Würzburg 1993, S. 277-296.

Schmalhaus, Stefan: »Mir ekelt vor jedem feinern Gesicht«. J.M.R. Lenz und die Physiognomik, in: Hill (Hg.): J.M.R. Lenz, S. 55-66.

Schmalhaus, Stefan: Literarische Anspielungen als Darstellungsprinzip. Studien zur Schreibmethodik von Jakob Michael Reinhold Lenz. Münster 1994.

Schmidt, Dörte: Lenz im zeitgenössischen Musiktheater. Literaturoper als kompositorisches Projekt bei Bernd Alois Zimmermann, Friedrich Goldmann, Wolfgang Rihm und Michèle Reverdy. Diss. phil. Freiburg 1992.

Schmidt, Henry J.: J.M.R. Lenz' »Der neue Menoza«. Die Unmöglichkeit einer Geschlossenheit, in: Wurst (Hg.): J.R.M. [!] Lenz als Alternative?, S. 220-228.

Schmitt, Axel: Die »Ohn-Macht der Marionette«. Rollenbedingtheit, Selbstentäußerung und Spiel-im-Spiel-Strukturen in Lenz' Komödien, in: Hill (Hg.): J.M.R. Lenz, S. 67-80.

Schnaak, Thomas: Das theologische Profil des Vaters in einigen Grundzügen, in: Albrecht, Kaufmann, Stadeler (Hgg.): Ich aber werde dunkel sein, S. 15-23.

Schnaak, Thomas: Zum Bildungsgang des jungen Lenz, in: Albrecht, Kaufmann, Stadeler (Hgg.): Ich aber werde dunkel sein, S. 11-14.

Schneilling, Gérard: L'écriture grotesque dans le théâtre de Lenz, in: Cahiers d'Études Germaniques 52 (1997), S. 5-13.

Scholz, Rüdiger: Eine längst fällige historisch-kritische Gesamtausgabe: Jakob Michael Reinhold Lenz, in: Jahrbuch der Deutschen Schillergesellschaft 34 (1990), S. 195-229.

Scholz, Rüdiger: Zur Biographie des späten Lenz, in: Lenz-Jahrbuch/ Sturm-und-Drang-Studien 1 (1991), S. 106-134.

Schönert, Jörg: Literarische Exerzitien der Selbstdisziplinierung. »Das Tagebuch« im Kontext der Straßburger Prosa-Schriften von J.M.R. Lenz, in: Stephan, Winter (Hgg.): »Unaufhörlich Lenz gelesen...«, S. 309-324.

Schulz, Georg-Michael: »Läuffer läuft fort«. Lenz und die Bühnenanweisung im Drama des 18. Jahrhunderts, in: Hill (Hg.): J.M.R. Lenz, S. 190-201.

Schulz, Georg-Michael: Das ›Lust- und Trauerspiel‹ oder Die Dramaturgie des doppelten Schlusses. Zu einigen Dramen des ausgehenden 18. Jahrhunderts, in: Lessing Yearbook 23 (1991), S. 111-126.

Schwarz, Hans-Günther: Dasein und Realität. Theorie und Praxis des Realismus bei J.M.R. Lenz. Bonn 1985.

Sittel, Angela: Jakob Michael Reinhold Lenz' produktive Rezeption von Plautus' Komödien. Frankfurt a.M. 1999.

Soares, Luisa Suzete: »Pandämonium Germanikum« von J.M.R. Lenz. Wunschszenarien und Wirklichkeitsbilder, in: Die Germanistik in Portugal: Dialog und Debatte. Coimbra 1996, S. 135-143.

Sommer, Andreas U.: Theodizee und Triebverzicht: zu Lenzens »Philosophischen Vorlesungen für empfindsame Seelen«, in: Lichtenberg-Jahrbuch (1995), S. 242-250.

Sørensen, Bengt Algot: »Schwärmerei« im Leben und Werk von Lenz, in: Hill (Hg.): J.M.R. Lenz, S. 47-54.

Soulé-Tholy, Jean-Paul: Le personnage dramatique dans le théâtre de Lenz, in: Cahiers d'Études Germaniques 52 (1997), S. 15-36.

Staatsmann, Peter: Inszenierung des Realen. Lenz und die Bühne, in: Kagel (Hg.): J.M.R. Lenz, S. 16-26.

Stephan, Inge, Hans-Gerd Winter: »Ein vorübergehendes Meteor?« J.M.R. Lenz und seine Rezeption in Deutschland. Stuttgart 1984.

Stephan, Inge: »Meteor« und »Sterne«. Zur Textkonkurrenz zwischen Lenz und Goethe, in: Lenz-Jahrbuch/Sturm-und-Drang-Studien 5 (1995), S. 22-43.

Stephan, Inge: Das Scheitern einer heroischen Konzeption. Der Freundschafts- und Liebesdiskurs im »Waldbruder«, in: Stephan, Winter (Hgg.): »Unaufhörlich Lenz gelesen...«, S. 273-293.

Stephan, Inge: Geniekult und Männerbund. Zur Ausgrenzung des Weiblichen in der Sturm- und Drang-Bewegung, in: Kagel (Hg.): J.M.R. Lenz, S. 46-54.

Stephan, Inge; Winter, Hans-Gerd (Hgg.): »Unaufhörlich Lenz gelesen ...«. Studien zu Leben und Werk von J.M.R. Lenz. Stuttgart, Weimar 1994.

Stern, Martin: Akzente des Grams. Über ein Gedicht von J.M.R. Lenz. Mit einem Anhang: Vier unbekannte Briefe von Lenz an Winckelmanns Freund Heinrich Füssli, in: Jahrbuch der deutschen Schillergesellschaft 9 (1966), S. 160-169.

Stockhammer, Robert: Zur Politik des Herz(ens): J.M.R. Lenz' »misreadings« von Goethes »Werther«, in: Hill (Hg.): J.M.R. Lenz, S. 129-139.

Stötzer, Jürgen: Das vom Pathos der Zerrissenheit geprägte Subjekt. Eigenwert und Stellung der epischen Texte im Gesamtwerk von Jakob Michael Reinhold Lenz. Frankfurt a.M., Bern, New York 1992.

Unger, Thorsten: Contingent Spheres of Action: The Category of Action in Lenz's Anthropology and Theory of Drama, in: Leidner, Madland (Hgg.): Space to Act, S. 77-90.

Unger, Thorsten: Handeln im Drama. Theorie und Praxis bei J.Chr. Gottsched und J.M.R. Lenz. Göttingen 1993.

Unger, Thorsten: Omnia vincit amor zum Mitlachen. Funktion der Komik in frühen Übersetzungen von Love's Labour's Lost, in: Ders. (Hg.): Differente Lachkulturen? Fremde Komik und ihre Übersetzung. Tübingen 1995, S. 209-242.

Unglaub, Erich: »Das mit Fingern deutende Publikum«. Das Bild des Dichters Jakob Michael Reinhold Lenz in der literarischen Öffentlichkeit 1770 – 1814. Frankfurt a.M., Bern 1983.

Unglaub, Erich: »Ein neuer Menoza«? Die Komödie »Der neue Menoza« von Jakob Michael Reinhold Lenz und der Menoza-Roman von Erik Pontoppidan, in: Orbis Litterarum 44 (1989), S. 10-47.

Velez, Andrea: Wie »unverschämt« sind Lenz' »Philosophische Vorlesungen«? Diskursive und persönliche Einflüsse auf Lenz' erste moralphilosophische Abhandlung, in: Albrecht, Kaufmann, Stadeler (Hgg.): Ich aber werde dunkel sein, S. 46-57.

Vonhoff, Gert: Kunst als »fait social«. Lenz' »Dido« – auch eine Kritik am Melodram, in: Lenz-Jahrbuch/Sturm-und-Drang-Studien 1 (1991), S. 135-146.

Vonhoff, Gert: Subjektkonstitution in der Lyrik von J.M.R. Lenz. Mit einer Auswahl neu herausgegebener Gedichte. Frankfurt a.M., Bern, New York 1990.

Vonhoff, Gert: Unnötiger Perfektionismus oder doch mehr? Gründe für historisch-kritische Ausgaben, in: Jahrbuch der deutschen Schillergesellschaft 34 (1990), S. 419-423.

Weiß, Christoph: »Abgezwungene Selbstvertheidigung«. Ein bislang unveröffentlichter Text von J.M.R. Lenz aus seinem letzten Lebensjahr, in: Lenz-Jahrbuch/Sturm-und-Drang-Studien 2 (1992), S. 7-41.

Weiß, Christoph: »Waldbruder«-Fragmente. Über einige bislang ungedruckte Entwürfe zu J.M.R. Lenz' Briefroman »Der Waldbruder, ein Pendant zu Werthers Leiden«, in: Lenz-Jahrbuch/Sturm-und-Drang-Studien 3 (1993), S. 87-98.

Weiß, Christoph: J.M.R. Lenz' »Catechismus«, in: Lenz-Jahrbuch/Sturm-und-Drang-Studien 4 (1994), S. 31-67.

Wender, Herbert: Was geschah Anfang Februar 1778 im Steintal? Kolportage, Legende, Dichtung und Wahnsinn, in: Lenz-Jahrbuch/Sturm-und-Drang-Studien 6 (1996), S. 100-126.

Wenzel, Stefanie: Das Motiv der feindlichen Brüder im Drama des Sturm und Drang. Frankfurt a.M., Bern, New York 1993.

Werfelmeyer, Fritz: Der scheiternde Künstler auf der Höhe mit »Bruder Goethe« und Zuschauer. Selbstdarstellung im *Pandämonium Germanicum*, in: Hill (Hg.): Jakob Michael Reinhold Lenz 1994, S. 140-160.

Wilson, W. Daniel: Zwischen Kritik und Affirmation. Militärphantasien und Geschlechterdisziplinierung bei J.M.R. Lenz, in: Stephan, Winter (Hgg.): »Unaufhörlich Lenz gelesen...«, S. 52-85.

Winter, Hans-Gerd: »Denken heißt nicht vertauben«. Lenz als Kritiker der Aufklärung, in: Hill (Hg.): J.M.R. Lenz, S. 81-96.

Winter, Hans-Gerd: »Ein kleiner Stoß und denn geht erst mein Leben an!« Sterben und Tod in den Werken von Lenz, in: Stephan, Winter (Hgg.): »Unaufhörlich Lenz gelesen...«, S. 86-108.

Winter, Hans-Gerd: »Pfui doch mit den großen Männern, [...] Es sind die kleinsten [...] Staubinsekten.« Männliche Kommunikationsstrukturen und Gemeinschaften in Dramen von J.M.R. Lenz, in: Kagel (Hg.): J.M.R. Lenz, S. 55-68.

Winter, Hans-Gerd: »Poeten als Kaufleute, von denen jeder seine Ware, wie natürlich, am meisten anpreist«. Überlegungen zur Konfrontation zwischen Lenz und Goethe, in: Lenz-Jahrbuch/Sturm-und-Drang-Studien 5 (1995), S. 44-66.

Winter, Hans-Gerd: J.M.R. Lenz as Adherent and Critic of Enlightenment in »Zerbin«; or, »Modern Philosophy« and »The Most Sentimental of All Novels«, in: W. Daniel Wilson, Robert C. Holub (Hgg.): Impure Reason. Dialectic of Englightenment in Germany«. Detroit 1993, S. 443-464.

Winter, Hans-Gerd: J.M.R. Lenz. 2. überarbeitete u. aktualisierte Aufl. Stuttgart, Weimar 2000.

Wirtz, Thomas: »Halt's Maul«. Anmerkungen zur Sprachlosigkeit bei J.M.R. Lenz, in: Der Deutschunterricht 41/6 (1989), S. 88-107.

Wirtz, Thomas: Das Ende der Hermeneutik. Zu den Schlußszenen von J.M.R. Lenz' »Verwundetem Bräutigam« und dem »Hofmeister«, in: Zeitschrift für deutsche Philologie 111 (1992), H. 4, S. 481-498.

Wittkowski, Wolfgang: Der Hofmeister: Der Kampf um das Vaterbild zwischen Lenz und der neuen Germanistik, in: Literatur für Leser 2 (1996), S. 75-92.

Wurst, Karin A. (Hg.): J.R.M. [!] Lenz als Alternative? Positionsanalysen zum 200. Todestag. Köln, Weimar, Wien 1992.

Wurst, Karin A.: »Der gekreuzigte Prometheus«. J.M.R. Lenz: Wirkungsgeschichte in Literaturwissenschaft und -kritik, in: Albrecht, Kaufmann, Stadeler (Hgg.): Ich aber werde dunkel sein, S. 108-116.

Wurst, Karin A.: »Von der Unmöglichkeit, die Quadratur des Zirkels zu finden«. Lenz' narrative Strategien in »Zerbin oder die neuere Philosophie«, in: Lenz-Jahrbuch/Sturm-und-Drang-Studien 3 (1993), S. 64-86.

Wurst, Karin A.: A Shattered Mirror: Lenz's Concept of Mimesis, in: Leidner, Madland (Hgg.): Space to Act, S. 106-120.

Wurst, Karin A.: Erzählstrategien im Prosawerk von J.M.R. Lenz. Eine Leseanleitung, in: Kagel (Hg.): J.M.R. Lenz, S. 36-43.

Wurst, Karin A.: J.M.R. Lenz' Poetik der Bedingungsverhältnisse: »Werther«, die »Werther-Briefe« und »Der Waldbruder ein Pendant zu Werthers Leiden«, in: Dies. (Hg.): J.R.M. [!] Lenz als Alternative?, S. 198-219.

Wurst, Karin A.: Überlegungen zur ästhetischen Struktur von J.M.R. Lenz' »Der Waldbruder ein Pendant zu Werthers Leiden«, in: Neophilologus 74 (1990), S. 70-86.

Yakame, Tokuya: J.M.R. Lenz und die Gegenwart. – Betrachtungen zu seiner Rezeption nach dem II. Weltkrieg, in: Doitsu bungaku ronkô. Forschungsberichte zur Germanistik, H. 35 (1993), S. 1-18.

Zeithammer, Angela: Genie in stürmischen Zeiten: Ursprung, Bedeutung und Konsequenz der Weltbilder von J.M.R. Lenz und J.W. Goethe. St. Ingbert 2000.

Zelle, Carsten: Alte und neue Tragödie – Mythos, Maschine, Macht und Menschenherz. Beiträge zur Querelle des Anciens et des Modernes von Saint-Évremond, Lenz, Molitor, Robert und Kürnberger, in: Germanisch-Romanische Monatsschrift 41 (1991), S. 284-300.

Zelle, Carsten: Ist es eine Komödie? Ist es eine Tragödie? Drei Bemerkungen dazu, was bei Lenz gespielt wird, in: Wurst (Hg.): J.R.M. [!] Lenz als Alternative?, S. 138-157.

Zelle, Carsten: Maschinen-Metaphern in der Ästhetik des 18. Jahrhunderts: Lessing, Lenz, Schiller, in: Zeitschrift für Germanistik 7/3 (1997), S. 510-520.

Zierath, Christof: Moral und Sexualität bei Jakob Michael Reinhold Lenz. St. Ingbert 1995.

DRUCKNACHWEISE

- *Die Anti-Läuffer. Thesen zur Sturm-und-Drang-Forschung und Ergänzungen (zusammen mit Reiner Marx)*: Überarbeitete und ergänzte Fassung des gemeinsam geschriebenen Aufsatzes: Matthias Luserke und Reiner Marx: Die Anti-Läuffer. Thesen zur SuD-Forschung oder Gedanken neben dem Totenkopf auf der Toilette des Denkers, in: Lenz-Jahrbuch 2 (1992), S. 126-150.

- *»Zum Tollwerden sind die vernünftigen Diskurse«. Ein Beitrag zur Wissenschaftsgeschichte des Sturm und Drang*: Erstveröffentlichung.

- *Der Lenz-Freund Ramond de Carbonnières*: Erheblich überarbeitete und erweiterte Fassung meines Aufsatzes: Louis Ramond de Carbonnières und sein Sturm-und-Drang-Drama *Die letzten Tage des jungen Olban*, in: Lenz-Jahrbuch/Sturm-und-Drang-Studien 4 (1994), S. 81-100.

- *Die Anmerkungen übers Theater als poetologische Grundlegungsschrift des Sturm und Drang*: Geringfügig überarbeitete Fassung des *Hofmeister*-Kapitels aus meinem Buch: Jakob Michael Reinhold Lenz. Der Hofmeister – Der Neue Menoza – Die Soldaten. München 1993, S. 23-30.

- *Der Hofmeister oder Vorteile der Privaterziehung*: Geringfügig überarbeitete Fassung des *Hofmeister*-Kapitels aus meinem Buch: Jakob Michael Reinhold Lenz. Der Hofmeister – Der Neue Menoza – Die Soldaten. München 1993, S. 31-53.

- *Die Soldaten*: Geringfügig überarbeitete Fassung des *Soldaten*-Kapitels aus meinem Buch: Jakob Michael Reinhold Lenz. Der Hofmeister – Der Neue Menoza – Die Soldaten. München 1993, S. 77-100.

- *Pandämonium Germanikum:* Erheblich überarbeitete Fassung meines Aufsatzes: Das *Pandämonium Germanikum* von J.M.R. Lenz und die Literatursatire des Sturm und Drang, in: »Unaufhörlich Lenz gelesen ...«. Studien zu Leben und Werk von J.M.R. Lenz. Hgg. v. Inge Stephan und Hans-Gerd Winter. Stuttgart 1994, S. 257-272.

- *Lenz und Ossian* – eine Anmerkung: Erstveröffentlichung.

- *Mutmaßung I oder Wer schrieb Jupiter und Schinznach?*: Erheblich erweiterte Fassung meines Beitrags *Mutmaßungen über ›Jupiter und Schinznach‹*, in: Lenz-Jahrbuch/Sturm-und-Drang-Studien 10 (2000).

- *Mutmaßung II oder Wer schrieb »eine Satire Nielk«?*: Erstveröffentlichung.

- *Mutmaßung III oder Die »Eseley«. Spekulation über eine naheliegende Erklärung*: Erstveröffentlichung.

- *Mutmaßung IV oder Schlossers Anti-Pope*: Erstveröffentlichung.